Der Schatz aus Troja

Der Schatz aus Troja

Schliemann und der Mythos des Priamos-Goldes

Mit Textbeiträgen von Wladimir P. Tolstikow und Michail J. Trejster
Übersetzung aus dem Russischen: Christian König

Kulturministerium der Russischen Föderation
Staatliches Puschkin-Museum für Bildende Künste

Katalogbuch
Ausstellung in Moskau
1996/97

Belser Verlag
Stuttgart
Zürich

Die Deutsche Bibliothek – CIP-Einheitsaufnahme

Der Schatz aus Troja: Schliemann und der Mythos des Priamos-Goldes ; Katalogbuch ;
Ausstellung in Moskau 1996/97, Staatliches Puschkin-Museum für Bildende Künste /
Kulturministerium der Russischen Föderation.
Mit Textbeitr. von Wladimir P. Tolstikow und Michail J. Trejster.
Übers. aus dem Russ.: Christian König. –
Stuttgart; Zürich: Belser, 1996
Einheitssacht.: Sokrovišča Troi iz raskopok G. Šlimana < dt. >
ISBN 3-7630-2333-X
NE: Tolstikov, Vladimir P.; Trejster, Michail J.; König, Christian [Übers.];
Gosudarstvennyi Muzej Izobrazitel'nych Iskusstv Imeni A. S. Puškina < Moskva >;
Rossija / Ministerstvo Kul'tury

Gedruckt auf 170 gr. Nuova Nivis Opaca Papier

Übersetzung aus dem Russischen: Christian König
Redaktion: Christoph Wetzel
Satz: Steffen Hahn GmbH, Kornwestheim

Printed in Italy 1996
ISBN 3-7630-2333-X

Grußwort

Liebe Freunde!

Unter den Legenden, welche die europäische Kultur fast von ihrem Anbeginn an begleiten, hat die Legende vom Fall Trojas wohl das erstaunlichste Schicksal.

Für viele und abermals viele Generationen von Europäern war diese antike Geschichte ein Quell der Inspiration, ein unerschöpflicher Born von Motiven, Symbolen und Metaphern, spiegelte sie doch alle Seiten der menschlichen Natur wider: Verehrung der Schönheit, Liebe, Freundschaft, Hingabe, Heimtücke, Verrat, Schläue, Naivität, Grausamkeit und Edelmut. Einerseits ferner Mythos, andererseits greifbare Historie, erregte das trojanische Epos stets die romantischen Geister.

Der Aufschwung der Archäologie in der zweiten Hälfte des 19. Jahrhunderts führte Hunderte von Enthusiasten auf die Suche nach dem historischen Troja. Der Lorbeer des Entdeckers von Troja wurde Heinrich Schliemann zuteil, der aber auch die Verantwortung für Trojas endgültige Zerstörung trägt. Er, ein erfolgreicher deutscher Kaufmann, der in Rußland tätig war, verwendete seine ganze Energie, seine Geschäftstüchtigkeit und seine Hartnäckigkeit auf die wichtigste Leidenschaft seines Lebens – die Suche nach dem homerischen Troja. Er fand das, was er für den berühmten »Schatz des Priamos« hielt. Obwohl diese These inzwischen von der Wissenschaft überzeugend widerlegt werden konnte, so wird doch das »Gold aus Troja« für immer das »Gold Schliemanns« bleiben.

Das 20. Jahrhundert übertraf bei weitem die Vernichtung, der einst Troja zum Opfer gefallen war. Der Zweite Weltkrieg erschütterte Europa als die furchtbarste, die ganze Welt in Mitleidenschaft ziehende Katastrophe und machte die trojanischen Schätze abermals zu einem Opfer der menschlichen Feindseligkeit. Seit rund 50 Jahren wird nun die archäologische Sammlung Schliemanns in Rußland aufbewahrt; sie wurde zum Gegenstand historischer und juristischer Streitigkeiten und Konflikte sowie politischer Spekulationen.

Mein Telemach,
der Trojanische
Krieg ist zu Ende

Die Ausstellung, deren Katalog wir Ihnen vorlegen, ist von den Fachleuten des Puschkin-Museums und vom Kulturministerium der Russischen Föderation als Einladung zum Frieden gedacht. Schließlich gehörten und gehören die Kulturschätze der Antike der ganzen Menschheit.

Ungeachtet der Schwierigkeiten und des sinnlosen Vorhangs der Geheimhaltung haben die Mitarbeiter des Museums sorgfältig die überaus wertvolle goldene Sammlung Schliemanns bewahrt, die heute wieder der Öffentlichkeit zugänglich ist.

Professor Jewgenij Sidorow
– Kulturminister
der Russischen Föderation –

»Ich höre den verstummten Laut der göttlichen griechischen Stimme ...«

A. S. PUSCHKIN, zur Übersetzung der Ilias, 1830

Der im A. S. Puschkin-Museum für Bildende Künste aufbewahrte »Schatz aus Troja« gehört zu den bedeutendsten Sammlungen von Altertümern. Die Welt kennt Komplexe von Zeugnissen, die nach dem Zeitpunkt ihrer Herstellung älter sind, und umfangreichere, was die Anzahl der in ihnen enthaltenen Gegenstände anbelangt. Diese Sammlung aber besitzt eine besondere Aura des Rätselhaften und Geheimnisvollen. Um die trojanischen Schätze ranken sich seit ihrer Entdeckung durch den Archäologen Heinrich Schliemann bis zur Gegenwart Legenden. Man hat bisweilen den Eindruck, daß die treibende Kraft dieser erstaunlichen Sammlung ein tragisches Fatum war, das demjenigen der Helden der *Ilias* ähnelt.

Die Legende vom »Gold Trojas« beginnt mit Schliemann selbst. Blind an Homer glaubend, besessen von einer Leidenschaft, die dem »Zorn des Achilles« nahekommt, suchte er nach der in der *Ilias* beschriebenen Stadt. Und so fand er Troja an der Grenze zwischen Europa und Asien, an der Meerenge der Dardanellen, auf dem Hügel von Hissarlik. Freilich erwies sich die von ihm ausgegrabene Siedlung als tausend Jahre älter als jene, die er eigentlich gesucht hatte. Es war eine der zahlreichen Kulturschichten der alten Stadt. Aber wie das homerische Troja, so war auch diese durch eine Feuersbrunst zerstört worden. Am wichtigsten jedoch ist: In Schliemanns angeblichem Troja des Königs Priamos fanden sich Gegenstände von unschätzbarem Wert, wahrhaft königliche Schätze.

Und genau seit dieser Zeit verfolgt uns eine Irritation, kämpfen wir mit der Versuchung. Wir möchten in den von Schliemann entdeckten Schätzen – in den Diademen, Armreifen und Ohrrin-

gen – den Schmuck der Schönen Helena sehen, und die Wissenschaftler verwenden mit ehrfürchtiger Scheu weiterhin für den wertvollsten Teil der Schätze die Bezeichnung »Schatz des Priamos«. Das Geheimnisvolle, das die Ausgrabungen umgibt, ein bewußtes Verschweigen bei den Schilderungen ihrer Abfolge und auch einige andere Handlungen Schliemanns haben die Erforschung der trojanischen Denkmäler in ein Dunkel gehüllt und den Zweifel genährt, ob die von ihm ausgegrabene Stadt Troja sei.

Die von Schliemann entdeckten Schätze waren nach ihrer Bergung anscheinend niemandem wichtig. Zumindest wollten sie große europäische Museen wie der Louvre in Paris und die Petersburger Eremitage nicht aufnehmen. Schliemann brachte seine Schätze nach Deutschland, nach Berlin. Hier waren sie in den letzten Tagen des Zweiten Weltkriegs einer Gefahr ausgesetzt, die jener ähnelte, durch die das alte Troja unterging. Damals wendete sich abermals das Schicksal des wertvollen Schatzes. Um ihn vor eventueller Gefährdung zu schützen, übergab der Direktor des Museums für Vor- und Frühgeschichte in Berlin den Schatz sowjetischen Militärs. So gelangte er mit anderen wertvollen Kulturgütern nach Rußland.

Die Verbindung »Schliemann und Rußland« ist nicht zufällig und nahm ihren Anfang lange vor dem Zeitpunkt, zu dem die in der Türkei gefundenen Denkmäler in unser Land gelangten. Der deutsche Staatsbürger hatte in Rußland insgesamt 18 Jahre seines Lebens als erfolgreicher Geschäftsmann verbracht, wo er ein erhebliches Vermögen ansammelte. Er wurde Ehrenbürger von Sankt Petersburg. Hier erlernte er die russische Sprache und heiratete eine russische Frau, Jekaterina Lyschina, die ihm drei Kinder gebar. Sergeij, der älte-

ste Sohn, starb im Krieg bei der Blockade von Petersburg. Es sind Briefe bekannt, die Heinrich Schliemann aus Troja seinem Sohn sandte. Schliemann verließ Rußland 1864 und begann einige Jahre später mit den Ausgrabungen. Die Forscher sind der Ansicht, daß Schliemann wichtige Impulse für die Durchführung dieser Arbeiten in Rußland, insbesondere im Kreise seiner russischen Familie erhalten hatte.

Manch seltsame Schicksalswinke erhielt nicht nur Rußland, sondern auch das A. S. Puschkin-Museum für Bildende Kunst, in dem heute die trojanischen Schätze aufbewahrt werden. Bereits vor Eröffnung des Museums war sein Gründer, Professor Iwan Zwetajew, mit Schliemann bekannt und hatte ihm schon damals ein Empfehlungsschreiben für eine Grabungsgenehmigung im Transkaukasus gegeben. Später arbeitete in diesem Museum Alexander Schiwago, ein Orientalist und Verwandter der Frau Schliemanns. Als 1912 das von Zwetajew gegründete Museum der Schönen Künste (heute A. S. Puschkin-Museum für Bildende Künste) seine Tore öffnete, befanden sich unter seinen ersten Sammlungen Galvanokopien von Schliemanns Funden, die damals in den Museen Europas außerordentlich selten anzutreffen waren.

Aber wie wundersam und geheimnisvoll die Bezüge um die trojanischen Schätze auch sein mögen, das wirkliche »Geheimnis«, das sich dem Besucher der Ausstellung darbietet, sind gewiß die Schätze selbst. Die wunderbaren goldenen Trinkgefäße, die aus Hunderten von kleinsten Plättchen zusammengesetzten Diademe, die Äxte aus Nephrit lassen uns die Laute der göttlichen »verstummten Welt« vernehmen. Wir gewinnen Anteil am Geheimnis der Geburt der Kunst und kommen mit der Jugend der Menschheit in Berührung.

Die trojanischen Schätze sind nicht nur Zeugnisse einer fernen Vergangenheit, sie sind Kunstgegenstände. Sie entfalten die Aura der Schönheit bei vollkommenem Einklang von Form und Material, in ihrer plastischen Formkraft, in der sinnhaften Ausdruckskraft selbst der kleinsten Gegenstände, in der Meisterschaft des »königlichen« Stils.

Diese Ausstellung ließ lange auf sich warten, gewiß zu lange. Sicher hätte sie schon längst gezeigt werden sollen. Und damals schon hätte alles entschieden werden müssen, was ihr weiteres Schicksal anbelangt. Nur recht naive oder offenbar mißgünstige Menschen konnten annehmen, daß die Klärung

dieser Frage in irgendeiner Weise von den Museen abhing. Man kann nur sein Bedauern über einige nicht ganz gewissenhafte und nicht gerade würdevolle Veröffentlichungen in der Presse ausdrücken, die wahrhaft schwierige und tatsächlich schwer zu lösende Probleme auf eine »untere Ebene« herabgezogen haben. Was aber letzten Endes entscheidend bleibt, ist der absolute Wert der legendären Zeugnisse der Weltkultur, die das Museum sowohl dem breiten Publikum als auch den Wissenschaftlern zu zeigen die Ehre hat.

Bekanntlich soll A. P. Tschechow einmal zu W. I. Nemirowitsch-Dantschenko, einem der Leiter des Moskauer

»Künstlertheaters«, gesagt haben, er habe Dostojewskijs Roman *Schuld und Sühne* absichtlich nicht gelesen, um sich dieses Vergnügen für die Vierziger aufzusparen. Unser langes, nicht freiwilliges Warten und unsere Ungeduld finden jetzt ihr Ende durch die Freude über die hervorragend erhaltenen legendären Schätze, die der ganzen Menschheit gehören.

Und die Geheimnisse? Sie bleiben. Die Legende lebt fort . . .

Irina Antonowa
Direktorin
– A. S. Puschkin-Museum –

Die Autoren haben als Vertreter des A. S. Puschkin-Museums für Bildende Künste die angenehme Pflicht, all jenen Wissenschaftlern ihren aufrichtigen Dank abzustatten, die als erste Gelegenheit hatten, die nun ausgestellte Sammlung in Augenschein zu nehmen: Hermann Born (Berlin), Klaus Goldmann (Berlin), Katharina Demakopoulou (Athen), Donald Easton (London), Georg Korrés (Athen), Manfred Korfmann (Tübingen), Machteld Mellink (Bryn Mawr), Nikolaj Merpert (Moskau), Wilfried Menghin (Berlin), Mehmet Özdagan (Ankara), Engin Özgen (Ankara), Ufuk Esin (Istanbul).

Unser besonderer Dank gilt Professor Korfmann und seinen Mitarbeitern am »Troja-Projekt«. Bei der Entstehung des Katalogs und der Vorbereitung der Ausstellung erwiesen sich freundschaftliche Treffen und ein reger Meinungsaustausch als außerordentlich angenehm.

Inhalt

Grußwort
Jewgenij Sidorow
Kulturminister der Russischen Föderation
5

**»Ich höre den verstummten Laut
der göttlichen griechischen Stimme«**
Irina Antonowa
Direktorin des A. S. Puschkin-Museums
7

**Der Weg nach Troja
Stationen im Leben Heinrich Schliemanns**
W. P. Tolstikow
11

**Heinrich Schliemann und die Anfänge
der trojanischen Archäologie**
W. P. Tolstikow
15

**KATALOG
zur Ausstellung
»Der Schatz aus Troja«**
25

Die trojanischen Schätze
M. J. Trejster
197

Anhang

Literaturverzeichnis
237

Abkürzungsverzeichnis
247

Verzeichnis der Museen und Privatsammlungen
247

Der Weg nach Troja
Stationen im Leben
Heinrich Schliemanns

W. P. TOLSTIKOW

Heinrich Schliemann wurde am 6. Januar 1822 in Neubukow nahe Wismar in Mecklenburg als Sohn des Pastors Ernst Schliemann geboren. 1823 siedelte die Familie nach Ankershagen über, wo Schliemann seine Kindheit verbrachte. Ab 1833 besuchte er die Realschule von Neustrelitz.

1836 verließ Schliemann die Schule und zog nach Fürstenberg. Dort trat er eine Handelslehre im Laden von Ernst Ludwig Holtz an.

1844 siedelte er nach Amsterdam über, wo er eine Stelle als Buchhalter bei der Firma B. H. Schröder & Co. erhielt und seine Sprachstudien begann.

1846 kam er als Handelsvertreter dieser Firma nach Sankt Petersburg und gründete hier ein eigenes Handelskontor.

1847 wurde er aufgrund seiner großen geschäftlichen Erfolge, vor allem im Handel mit Indigo, bei der Ersten Russischen Kaufmannsgilde eingeschrieben.

Von 1850 bis 1852 unternahm Schliemann seine erste Reise in die USA; in Kalifornien konnte er dank erfolgreicher Bankgeschäfte sein Vermögen verdoppeln. Nach Sankt Petersburg zurückgekehrt, heiratete er Jekaterina Petrowna Lyschina, die Tochter eines russischen Kaufmanns. Diese unglückliche Ehe währte 17 Jahre. Drei Kinder gingen aus der Ehe hervor: der Sohn Sergeij und die Töchter Natalija und Nadeschda.

Während des Krimkriegs (1853–1856) konnte Schliemann durch riskante und teilweise illegale Handelsgeschäfte mit Indigo und Salpeter abermals sein Vermögen vervielfachen und wurde einer der reichsten Männer Europas.

Von November 1853 bis Juli 1859 bereiste er den Orient (unter anderem besuchte er Jerusalem, Damaskus und Athen). 1863 löste er seine Handelsfirma in Petersburg auf, begann ein Leben als »Liebhaber der Altertümer« und nahm eine wissenschaftliche Ausbildung in diesem Fachgebiet auf.

Von 1864 bis 1866 unternahm er eine Weltreise; sie führte ihn über Ägypten und Indien nach China und Japan, in die USA und nach Kuba. Seine Reiseeindrücke veröffentlichte er 1867 in dem Buch *La Chine et le Japon au temps présent*.

Von 1866 bis 1870 war Schliemann an der Pariser Sorbonne eingeschrieben, wo er Sprachen, Geschichte und Philosophie studierte.

1868 reiste Schliemann nach Griechenland und besuchte zudem erstmals die Troas, wo er mit dem britischen Konsul Frank Calvert, einem Kenner der Altertümer der Troas, zusammentraf. Calvert, der einen Teil des Hügels von Hissarlik besaß, überzeugte Schliemann davon, daß die Ausgrabungen nicht auf Pınarbaşı, wo sich nach einer unter den Gelehrten weitverbreiteten Meinung die Ruinen Trojas befanden, sondern auf dem Hügel von Hissarlik vorzunehmen seien. 1869 veröffentlichte er das auf den Materialien dieser Reise beruhende Buch *Ithaka, der Peloponnes und Troja*, das als Zulassungsarbeit für den Eintritt in die Universität Rostock angenommen wurde.

Ebenfalls 1869 reiste Schliemann erneut nach Amerika, wo er, bereits US-Bürger, die Ehe mit seiner russischen Frau Jekaterina Petrowna Lyschina löste. Am 24. September heiratete er in Athen die 18jährige Griechin Sophia Engastro-

Oben: Sophia Schliemann mit Schmuck aus dem »Schatz des Priamos«, um 1875. Links: A. Aronson-Anurro, Bildnis Heinrich Schliemann; Puschkin-Museum.

menos. Aus dieser zweiten Ehe gingen zwei Kinder hervor: Andromache und Agamemnon.

1870 nahm Schliemann mit Unterstützung und unter Beteiligung Frank Calverts, ohne die ihm zugesagte offizielle Erlaubnis der türkischen Behörden abzuwarten, die ersten Probegrabungen auf dem Hügel von Hissarlik vor.

Fortan war Athen der ständige Wohnsitz der Familie Schliemann.

Von 1871 bis 1873 führte Schliemann die erste offizielle Grabungskampagne auf dem Hügel von Hissarlik durch. Ende Mai 1873 entdeckte er 8,5 Meter unter der Oberfläche in unmittelbarer

Die Aufnahme zeigt Heinrich Schliemann im Alter von 58 Jahren.

Nähe des sogenannten Skäischen Tors (Tor FM) einen einzigartigen Komplex mit 8.830 Objekten aus Gold, Elektron, Silber und Bronze, dem er die Bezeichnung »Hort des Priamos« (Schatz A) gab. Der Schatzfund hatte sich in einer zwei bis drei Meter dicken Schicht aus Brandschutt befunden. Nach der heute verwendeten Datierung gehört diese Schicht in die Zeit der Zerstörung der Siedlung Troja II, das dem Zeitraum von 2600 bis 2200 v. Chr. zugeordnet wird.

Die von Schliemann in seinem 1874 in Leipzig erschienenen Buch *Atlas Trojanischer Alterthümer* veröffentlichten Angaben über Umstände und Zeitpunkt der Entdeckung des »Priamos-Schatzes« sind außerordentlich widersprüchlich

und weichen von seinen eigenen, während der Ausgrabungen vorgenommenen Tagebucheintragungen ab. Diese Divergenzen und das Verschweigen von Tatsachen gaben in unserer Zeit dem amerikanischen Forscher David Traill Anlaß zu der Vermutung, Schliemann habe den Schatz verfälscht, das heißt, er habe willkürlich Objekte, die von ihm entweder an verschiedenen Stellen der Grabungsstätte gefunden oder sogar an anderen Orten erworben worden waren, zu einem Fundkomplex zusammengefaßt und sie als einen zusammengehörenden Schatz dargeboten. Diese Anschuldigung Traills wird jedoch von den meisten zeitgenössischen Forschern verworfen.

Schliemann versteckte den Schatz vor den türkischen Behörden und brachte ihn heimlich mit Hilfe Frederick Calverts, des Bruders von Frank Calvert, nach Athen, wo er ihn der Nationalbank zur Aufbewahrung übergab.

In den Jahren 1874 bis 1875 war Schliemann Beklagter in einem von der türkischen Seite angestrengten Gerichtsprozeß in Zusammenhang mit der illegalen Ausfuhr des »Priamos-Schatzes«. Es scheint zu einem Vergleich gekommen zu sein, bei dem Schliemann zur Zahlung einer Entschädigung in Höhe von 10 000 Francs an die türkische Seite verurteilt wurde. Er zahlte jedoch freiwillig 50 000 Francs und wurde so zum Eigentümer von einzigartigen Zeugnissen einer bis dahin der Wissenschaft unbekannten Periode der europäischen Kulturgeschichte.

Im Januar 1876 ernannte die Society of London Antiquaries Schliemann zu ihrem Ehrenmitglied. Von August bis Dezember führte er Grabungen in Mykene durch und entdeckte die Schachtgräber.

Ebenfalls 1876 bemühte sich die Russische Archäologische Gesellschaft um den Erwerb der Sammlung aus den Ausgrabungen Trojas einschließlich des »Priamos-Schatzes«. Diese Bemühungen begleitete eine Polemik in der Presse zwischen Ludolf Stephani, dem Kustos für die antiken Altertümer der Kaiserlichen Eremitage in Sankt Petersburg, und Schliemann. Da die Russische Archäologische Gesellschaft nicht über genügend Mittel für den Ankauf der Sammlung verfügte, wandte sie sich – erfolglos – mit der Bitte um Unterstützung an die Eremitage.

1877 wurde Schliemann zum Ehrenmitglied der Deutschen Gesellschaft für Anthropologie, Ethnologie und Urgeschichte gewählt.

Von Ende September bis Ende November 1878 und von Anfang März bis Juli 1879 führte Schliemann unter Teilnahme von Rudolf Virchow wiederum Ausgrabungen auf dem Hügel von Hissarlik durch und fand eine Reihe von »kleinen Schätzen«.

1880 widmete er sich der Ausgrabung der altgriechischen Stadt Orchomenos in Böotien.

1880/81 vermachte Schliemann seine im South Kensington Museum in London ausgestellte Sammlung trojanischer Altertümer einschließlich des »Priamos-Schatzes« der Stadt Berlin.* Er wurde Ehrenbürger von Berlin sowie Ehrenmitglied der Berliner Gesellschaft für Anthropologie, Ethnologie und Urgeschichte.

Anfang 1882 wurde die Schliemann-Sammlung in zwei Sälen des Berliner Kunstgewerbemuseums der Öffentlichkeit zugänglich. Schliemann setzte die

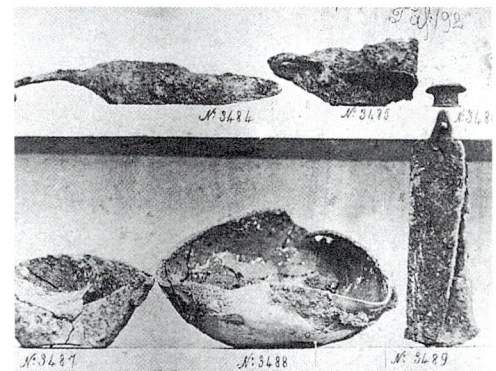

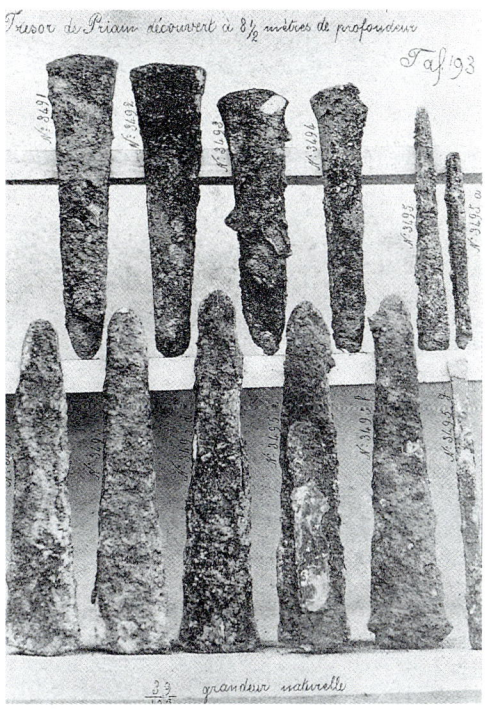

Bestandteile des Schatzfundes A (»Schatz des Priamos«), den Schliemann 1873 entdeckt hat. Rechts reihen sich Waffen aus Bronze, links unten befinden sich die beiden Schnurösenflaschen aus Silber (Kat. 2 und 3) sowie die bronzene »Pfanne« (Kat. 1).

Ausgrabungen in Troja gemeinsam mit Wilhelm Dörpfeld fort.

In seinem Bestreben, den Kontakt mit Rußland, mit dem ihn vieles verband, nicht abreißen zu lassen, propagierte Schliemann in den Jahren 1882/83 Ausgrabungen in der Kolchis. Sein Ziel war es, die historischen Spuren der Argonautensage ausfindig zu machen. Als Vermittler zog er seinen Sohn Sergej hinzu, einen jungen Juristen, der soeben die Moskauer Universität absolviert hatte und in Moskau lebte. Sergej wandte sich an I. W. Zwetajew, Professor der Moskauer Universität und später Gründer des Museums der Schönen Künste. I. W. Zwetajew sandte Empfehlungsschreiben an seinen Freund, den

Sekretär der Russischen Archäologischen Gesellschaft I. V. Pomjalowski. Das Projekt gelangte jedoch über die Planung nicht hinaus.

In den Jahren 1884 und 1885 führte Schliemann gemeinsam mit Dörpfeld Ausgrabungen in Tiryns durch.

1885 wurde er zum korrespondierenden Mitglied des Deutschen Archäologischen Instituts in Berlin gewählt.

Von 1885 bis 1886 unternahm er eine Reise nach Amerika und Kuba.

1886 nahm er unter Mitarbeit Dörpfelds die Ausgrabungen in Orchomenos wieder auf und bereiste Kreta. In Lon-

don hielt Schliemann vor der Hellenic Society einen Vortrag über die Ausgrabungen in Tiryns. Im Dezember wurde das Völkerkundemuseum in Berlin mit der neu eingerichteten trojanischen Sammlung eröffnet.

1887 unternahm Schliemann eine ausgedehnte Ägyptenreise.

1890 führte er gemeinsam mit Dörpfeld seine letzten Ausgrabungen in Troja durch, bei denen der Schatz L entdeckt wurde. Zu diesem Schatz gehören vier einzigartige polierte Axthämmer, von denen drei aus verschiedenen Nephritsorten bestehen und einer aus Lasurit gefertigt ist. Auch diese Funde wurden von Schliemann heimlich aus der Türkei ausgeführt und gingen in seine Sammlung ein.

Am 26. Dezember 1890 starb Schliemann in Neapel, nachdem er sich am 13. November in Halle einer mißglückten Ohrenoperation unterzogen hatte. Dörpfeld begleitete den Leichnam Schliemanns von Italien nach Athen.

Heinrich Schliemann ist auf dem Zentralfriedhof in Athen in einem nach Entwürfen des Architekten Ernst Ziller errichteten Grabmal beigesetzt; als Schmuck dienen eine Büste Homers und Reliefs mit Szenen aus der *Ilias*.

* Schliemann vermachte seine Sammlung »dem deutschen Volke zu ewigem Besitze und ungetrennter Aufbewahrung in der Reichshauptstadt«. Nach der offiziellen Annahme durch den deutschen Kaiser und preußischen König Wilhelm I. am 24. Januar 1881 gelangte die Sammlung in die Obhut der preußischen Staatsregierung, der die Königlichen Museen unterstanden. (Anm. d. Red.)

Heinrich Schliemann
und die Anfänge
der trojanischen Archäologie

W. P. TOLSTIKOW

An der Nordwestspitze Kleinasiens erhebt sich 4,5 km von der heutigen Küstenlinie entfernt im Tal der Flüsse Menderes und Dümrek ein 40 Meter hoher Hügel mit einer Grundfläche, die nicht mehr als 200 x 150 Meter mißt. Dennoch ist der Name dieser auf den ersten Blick kaum wahrnehmbaren Anhöhe in allen Lehrbüchern der Alten Geschichte und Archäologie Europas zu finden. Es ist der Hügel von Hissarlik, dessen Name im Türkischen »kleine Burg« bedeutet. Nach Ansicht der meisten zeitgenössischen Wissenschaftler ruhen im Inneren dieses Hügels die Überreste des legendären Troja-Ilion, jener Stadt also, die in zwei Epen besungen wurde, die zu den großartigsten der europäischen Kultur gehören: in der *Ilias* und der *Odyssee*.

Den Boden des Hügels und seinen Kern bildet gewachsener Fels, um den sich im Laufe der Jahrtausende Kulturschichten abgelagert haben, die eine viele Meter dicke Gesamtschicht bilden. Diese birgt in sich die Überreste von mindestens neun befestigten Siedlungen, deren Geschichte sich in nicht weniger als 43 Bauphasen, von der frühen Bronzezeit bis in die Spätantike, manifestiert. So kann dieses archäologische Denkmal gemäß der modernen wissenschaftlichen Klassifikation zu den aus vielen Schichten bestehenden Siedlungshügeln vom Typ Tell oder Tepe gerechnet werden.

Es gehört zur neueren Geschichte Trojas, daß der Name Hissarlik fest mit dem Namen des Archäologen Heinrich Schliemann verbunden ist. Dieser ging in die Geschichte ein als Entdecker von Troja und der trojanischen Schätze, deren wertvollste und bekannteste Fundkomplexe in diesem Katalog und in der Ausstellung des Puschkin-Museums gezeigt werden.

Die Geschichte der Lokalisierung und Erforschung dieses Denkmals und der bei seinen Ausgrabungen entdeckten und in wissenschaftlicher wie in künstlerischer Hinsicht einmaligen, gewöhnlich als Schatzfunde bezeichneten Objekte steht den von Homer besungenen Wechselfällen des Trojanischen Krieges und der auf ihn folgenden Ereignisse an Dramatik kaum nach.

Da es nicht möglich ist, hier die Geschichte dieses verzweigten Themas detailliert und umfassend darzustellen, verweisen wir den wißbegierigen Leser des Kataloges sowie den Besucher der Ausstellung auf die ausgiebige wissenschaftliche und populärwissenschaftliche Literatur (Siebler 1990, dort angeführte Literatur) und beschränken uns auf die unseres Erachtens entscheidenden Aspekte der Entstehung der trojanischen Archäologie.

Zunächst wenden wir uns der Frage zu, wem erstmals die Lokalisierung von Troja gelungen ist. Entgegen einer weitverbreiteten Vorstellung war Heinrich Schliemann bei weitem nicht der erste in der langen Reihe derjenigen, die den Hügel von Hissarlik und seine Umgebung als Ort des homerischen Troja betrachteten. Diese Lokalisierung der legendären Stadt, die von den Griechen als Ilion und von den Römern als Ilium bezeichnet wurde, besitzt eine jahrtausendealte, bis in die Antike zurückreichende Tradition (Siebler 1990, S. 36–53). Hier opferte der Perserkönig Xerxes auf den Altären einer kleinen griechischen Stadt, die im übrigen den berühmten Namen Ilion trug und erst in türkischer Zeit den Namen Hissarlik erhielt, tausend Stiere, als er mit seinem Heer gegen Griechenland aufbrach. Auch König Alexander der Große huldigte vor dem Feldzug gegen das Persische Reich der Athena Ilias und dem

großen achäischen Helden Achilles. Er überhäufte die hier beheimatete griechische Gemeinde geradezu mit Ehrerbietungen. Auf seinen Befehl hin wurde die Stadt ausgebaut und verschönert und erhielt in der Folge den Namen Alexandreia Troas (Strabo, XIII, 26). Auch in der Zeit der römischen Herrschaft geriet Alexandreia Troas bzw. Novum Ilium keineswegs in Vergessenheit. Seine Heiligtümer erhielten Opfer und Gaben römischer Feldherren und Kaiser, führte doch nach der offiziellen Überlieferung das römische Volk seine Abstammung auf den trojanischen Helden Äneas, den Sohn des Anchises und der Venus, zurück, der sich nach dem Untergang Ilions zusammen mit seinem Vater und seinem Sohn Ascanius retten konnte.

Die Tradition, das homerische Troja eben an diesem Ort zu lokalisieren, wurde auch im Mittelalter nicht aufgegeben. Ein Beispiel ist die im 13. Jahrhundert entstandene Peutingersche Tafel (Tabula Peutingeriana; Wien, Österreichische Nationalbibliothek), die heute aus elf Pergamentblättern bestehende Kopie einer spätantiken Karte des Römischen Reiches mit einer detaillierten Wiedergabe der Verkehrswege. Das Gebiet der Troas ist hier ebenso verzeichnet wie Alexandreia Troas.

Auch in der Neuzeit lebte diese Tradition fort. Allerdings wurden hier zwei Standpunkte vertreten: Gemäß der einen Hypothese lag das homerische Troja auf der Anhöhe Bali Dagi in der Nähe des Dorfes Pinarbaşi oder Bunarbashi, das etwa 13 km von der südlichen Küstenlinie der Dardanellen und etwa 10 km vom Ägäischen Meer entfernt liegt. Nach der anderen Hypothese befand es sich auf dem Hügel von Hissarlik und in dessen Umgebung. Endgültige Klarheit bei der Lösung dieser Frage zugunsten der zweiten Hypothese brachten erst später die systematischen Ausgrabungen, die mit Calvert, Schliemann und deren Nachfolgern ihren Anfang genommen haben. Doch blicken wir zunächst auf die Entstehung dieser beiden Hypothesen zurück.

1768, also hundert Jahre vor Schliemann, äußerte Baron Johann Hermann, ein Freund und Schüler von Johann Joachim Winckelmann, auf seiner Reise durch die Troas die Vermutung, daß Troja auf dem Hügel von Hissarlik zu suchen sei (Gamer 1992, S. 34–50). Auf einer 1787 oder 1793 von dem deutschen Ingenieur Franz Kauffer erstellten Karte, die lange Zeit eine der besten blieb, ist Hissarlik als Standort antiker Ruinen verzeichnet. Im Jahre 1801 lokalisierten Edward Daniel Clarke, der später Professor für Mineralogie an der Universität Cambridge wurde, und sein Schüler John Martin nach Analyse von Funden antiker Münzen mit dem Namen Ilion als Aufschrift das homerische Troja auf dem Hügel von Hissarlik, das nun als Neu-Ilium bezeichnet wurde.

21 Jahre später äußerte der Schotte Charles Maclaren, ein Hobbygeologe und Zeitungsverleger, in seiner Arbeit *A Dissertation on the Topography of the Plain of Troy* die Vermutung, daß sich Troja an der Stelle von Neu-Ilium befinden müsse. In seiner 1863 erschienenen zweiten Arbeit, *The Plain of Troy Described*, die er nach einem Besuch dieses Ortes verfaßt hatte, bestätigte Maclaren seine Lokalisierung Trojas. Dies geschah fünf Jahre vor dem ersten Besuch Schliemanns in der Troas und ein Jahr, bevor der österreichische Diplomat, Reisende und Forscher Johann Georg von Hahn den ersten Versuch unternahm, durch Ausgrabungen die Lage der Ruinen der legendären Stadt zu bestimmen.

Bei seinen Untersuchungen folgte von Hahn einer Hypothese, die bereits im Jahre 1785 durch den französischen Archäologen Jean Baptiste Lechevalier aufgestellt worden war. Dieser hatte während dreier Besuche an Hand der *Ilias* topographische Erkundungen des Ortes angestellt und war zu der festen Überzeugung gelangt, daß Bali Dagi im Gebiet um Pinarbaşi der alten Beschreibung entspreche.

Diese Annahme jedoch führte bei der Suche nach Troja auf den falschen Weg. Denn der österreichische Forscher hatte bei seinen Ausgrabungen in Bali Dagi Reste einer Siedlung aus der klassischen oder allenfalls der archaischen Periode gefunden, d. h. aus dem 7. bis 5. Jahrhundert v. Chr., und sie offensichtlich unter dem Einfluß der Autorität Lechevaliers als Reste der Mauern Trojas interpretiert. Aufgrund dessen war man in der Wissenschaft lange Zeit der festen Überzeugung, die überdies nicht nur durch topographische, sondern auch durch archäologische Daten bestärkt wurde, daß die Überreste des legendären Troja in der Nähe von Pinarbaşi lägen. Diese irrtümliche Lokalisierung war in den Köpfen der Gelehrten des 19. Jahrhunderts so fest verwurzelt, daß sich im September 1871 eine aus Mitgliedern der Preußischen Akademie der Wissenschaften bestehende Gruppe von Archäologen unter Leitung des Berliner Historikers Ernst Curtius nach ihrem Eintreffen in der Troas direkt nach Pinarbaşi begab. Den Hügel von Hissarlik, auf dem Schliemann und Calvert bereits die letzten Vorbereitungen für systematische archäologische Ausgrabungen zu Ende führten, ließen sie links liegen, obwohl zu dieser Zeit bereits die Ergebnisse der von Schliemann und Calvert im Frühjahr 1870 unternommenen Probesondagen auf Hissarlik bekannt waren.

Zur Vorgeschichte der archäologischen Erforschung des alten Troja gehört auch der Beitrag des russischen Wissenschaftlers Pjotr Tschichatschow (Gamer 1992, S. 36). 1842 zeichnete der Kartograph Heinrich Kiepert eine neue Karte der Troas im Maßstab 1 : 200 000, die in ihrer Detailgenauigkeit die bereits vorhandene Karte P. W. Forchhammers und des britischen Marineoffiziers Th. A. B. Spratt von 1842 übertraf. Grundlage dieser Karte waren die topographischen Erkundungen der Troas durch Tschichatschow, die für Spratt so große Bedeutung hatten, daß er sie 1867 in Form einer separaten Arbeit unter dem Titel *Routen in Kleinasien* veröffentlichte.

Mit Pjotr Tschichatschow und seinem Aufenthalt in der Troas ist ein Mann verbunden, dessen Namen ein Ehrenplatz in der Geschichte der Entdeckung Trojas gebührt: Frank Calvert. Er war es, der Schliemann davon überzeugte, daß die Ausgrabungen auf dem Hügel Hissarlik durchzuführen seien und der in nicht geringem Maße zu Schliemanns Erfolgen beigetragen hatte (Gamer 1992, S. 34–50).

Nach Herkunft und Staatsbürgerschaft Brite, gehörte Frank Calvert zu einer Familie, die bereits in der zweiten Generation an den Dardanellen lebte. Der junge Calvert hatte 1849 Tschichatschow auf einer Forschungsreise durch die Troas kennengelernt. Er begleitete ihn und eignete sich dabei eine Reihe notwendiger Kenntnisse und praktischer Fähigkeiten zur Durchführung wissenschaftlicher Untersuchungen an. Die Interessen des wißbegierigen und begabten jungen Mannes, den der russische Wissenschaftler »mein junger Freund« nannte, erstreckten sich auf Geologie, Paläontologie, Botanik und Archäologie. So wurde beispielsweise durch Calvert in der Troas eine umfassende Sammlung von Altertümern zusammengetragen, zu der auch Funde von Hissarlik gehörten. Diese Sammlung gelangte später in das Museum von Çanakkale, einer Hafenstadt an der westlichen Mündung der Dardanellen in der Nähe von Hissarlik. In der Troas aufgewachsen und geboren, war Calvert insbesondere ein hervorragender Kenner der trojanischen Ebene. Nachdem er britischer und später auch amerikanischer Konsul an den Dardanellen geworden war, erwarb Calvert in der festen Überzeugung, daß die Ruinen des homerischen Troja hier verborgen seien, etwa die Hälfte des Hügels von Hissarlik und begann 1865, also fünf Jahre vor Schliemann, mit den ersten archäologischen Untersuchungen, deren Ergebnisse ihn noch weiter in der Richtigkeit seiner Lokalisierung bestätigten. Jedoch hatte Calvert – wohl wissend, welch bedeutende Kulturschichten den Hügel bildeten – erkannt, daß ernsthafte Ausgrabungen erhebliche Geldsummen und zahlreiche Arbeitskräfte erforderten.

Im Jahre 1869 schließlich kam es zu einem Treffen, welches das Schicksal der trojanischen Archäologie bestimmte: Am 8. August betrat Heinrich Schliemann erstmals den Boden der Troas und begab sich in der Hoffnung, die heiligen Mauern von Ilion zu erblicken, sofort nach Bali Dagi. Am 15. August wurde er, nachdem er das Schiff nach Istanbul verpaßt hatte, in das Haus Frank Calverts in Çanakkale eingeladen. Calvert fand einen Menschen, von dem er wahrlich nur träumen konnte: Vor ihm stand nicht nur ein reicher Mann, der über Kapital verfügte und sich für Altertümer interessierte, sondern darüber hinaus ein ehrgeiziger und energischer Millionär, der mit Homers *Ilias* in den Händen auf der Suche nach Troja umherreiste – dessen Mauern nach Cal-

verts fester Überzeugung im Innern »seines« Hügels verborgen waren! Doch während des Gesprächs mit dem Gast wurde Calvert offensichtlich bald klar, daß dieser reiche Mann, der ganze Passagen der *Ilias* auf altgriechisch auswendig rezitieren und sich fließend in vielen Sprachen verständigen konnte, keine klare Vorstellung davon hatte, wo sich Hissarlik befand, sondern gemäß den Hinweisen François Lechevaliers und unter dem Einfluß von Autoritäten wie Ernst Curtius und Feldmarschall von Moltke nur Pinarbaşi besucht hatte.

Bemerkenswert ist, daß die erste Erwähnung des Hügels von Hissarlik im Reisetagebuch Schliemanns vom 14. August (!) datiert, wobei die Benennung dieses Ortes in leicht verfälschter Form wiedergegeben ist, nämlich als »Haserlik« oder »Hessarlik«. Dies läßt sich möglicherweise darauf zurückführen, daß Schliemann bei seiner ersten Reise dem ihm unbekannten Ort keinerlei Bedeutung beimaß, da er seine ganze Aufmerksamkeit auf Bali Dagi in der Nähe von Pinarbaşi konzentriert hatte. Von der Existenz des bemerkenswerten Hügels erfuhr der Reisende erstmals von seinem neuen Bekannten Calvert.

Der Leser sollte dieser Tatsache Aufmerksamkeit schenken. Sie wird von Schliemann selbst in seinem Buch *Ithaka, der Peloponnes und Troja* (Leipzig 1869) in gewisser Weise bestätigt. Dagegen behauptete er später kategorisch, daß er Troja bereits in der Zeit seiner archäologischen Studien in Paris 1866 auf dem Hügel von Hissarlik lokalisiert habe. Jedoch folgt aus dem erwähnten Tagebuch, daß Schliemanns Kenntnisse über die Troas aus nicht mehr als drei Büchern stammten: aus Murrays *Handbook of Greece* (1854); George Nikolaides *Topographie et Strategie de l'Illiade* (1867) und aus J. G. von Hahns *Ausgrabungen auf der Homeri-*

schen Pergamos in zwei Sendeschreiben an Georg Finley (1865).

Die vorhandenen Informationen, vor allem die in seine Publikationen nicht eingegangenen und früher kaum bekannten Tagebucheintragungen, ließen einige heutige Forscher zu dem Schluß kommen, daß Schliemann 1868 gar nicht in Hissarlik war oder daß, wenn er diesen Ort gesehen hat, ihm dessen Bedeutung unklar blieb (Gamer 1992, S. 49 f.). Zudem findet sich im Tagebuch Schliemanns eine außerordentlich bemerkenswerte Eintragung vom 15. August, in der Calvert mit dem in seinem Haus an den Dardanellen ausgesprochenen Satz zitiert wird: »Mein ganzes Land [auf Hissarlik] steht Ihnen zur Verfügung.« Außerdem finden wir in einem Brief Calverts an den *Guardian* folgende Feststellung: »Als ich den Doktor [Schliemann] das erste Mal im August 1868 traf, war für ihn das Thema der Lagebestimmung Trojas auf Hissarlik neu.«

Wir haben die Rolle Calverts bei der Lokalisierung des homerischen Troja so eingehend behandelt, da in der Literatur die Meinung weit verbreitet ist, daß die Ehre der endgültigen Bestimmung des Hügels von Hissarlik als Ort, an dem die Überreste Trojas liegen, allein Schliemann und niemand anderem gebühre. Dieser – vor allem durch Schliemann selbst – vertretene Standpunkt spiegelt eine der kennzeichnenden Wesenszüge, ja man kann sagen: eine der Lebensmaximen Schliemanns wider, nämlich absolute Intoleranz gegenüber jedem, der auf die eine oder andere Weise Anspruch auf einen Teil seines Ruhms und Erfolgs erheben könnte, sei dies im kommerziellen und geschäftlichen Bereich oder im archäologischen Betätigungsfeld.

Gerade dieser Umstand führte schließlich dazu, daß Schliemann nach

Beginn der gemeinsamen Ausgrabungen, die mit seinen Mitteln, aber auf dem Boden Calverts durchgeführt wurden, öffentlich gegen Calvert polemisierte, ihn der Lüge bezichtigte und später einmal sogar seinen Feind nannte.

Calvert überlebte Schliemann. Er starb am 12. August 1908. Sein Name als Mann, der einen wesentlichen Beitrag zur Schaffung der Grundlagen der trojanischen Archäologie geleistet hat, blieb bis in die letzte Zeit unverdienterweise im Schatten des Ruhmes Schliemanns. Wollen wir hoffen, daß die ihm gewidmeten Worte zur Korrektur dieser Ungerechtigkeit beitragen.

Die Ausführungen über die ersten Schritte Heinrich Schliemanns auf trojanischem Boden betreffen das kurze Vorspiel unseres eigentlichen Themas, nämlich der Bewertung des wissenschaftlichen Niveaus seiner Ausgrabungen in Troja und ihrer Bedeutung für die Entwickelung der europäischen Archäologie. Hierbei soll keineswegs die Bedeutung seiner zielstrebigen, mitunter hingebungsvollen und gefährlichen Arbeit auf und in dem Hügel von Hissarlik und seiner wahren Verdienste als Gelehrter der Praxis gemindert werden, der die trojanische Feldarchäologie begründet hat. Seine Verdienste sind nicht hoch genug zu bewerten (Witte 1990, S. 32–48).

Schliemann widmete sich, nachdem er erkannt hatte, wie aussichtsreich Grabungen in Hissarlik sein würden, mit umfassender Unterstützung Calverts der Vorbereitung seiner ersten archäologischen Exkursion auf den Hügel. Bereits im Dezember 1868, kurz nach der Rückkehr von seiner ersten Reise in die Troas, faßte Schliemann den Entschluß, den gesamten Hügel von Hissarlik freizulegen. Er war sich jedoch bewußt, daß er keine Erfahrung mit solch komplizierten Ausgrabungen hatte. Deshalb wandte er sich ratsuchend an Calvert und stellte diesem in einem Brief vom 28. Dezember eine ganze Reihe von Fragen: Welche Zeit für die Durchführung der Ausgrabungen zu wählen sei, ob es notwendig sei, sich mit Medikamenten und Waffen einzudecken, welche Werkzeuge erforderlich seien, ob vor Ort eine genügend große Anzahl von Arbeitskräften zur Verfügung stehe usw. Auf alle diese Fragen erhielt Schliemann eine erschöpfende Antwort.

An dieser Stelle ist noch ein Umstand hervorzuheben: Schliemann, der eine noch sehr vage Vorstellung davon hatte, wie die Ausgrabungen in der Praxis durchzuführen seien, gleichzeitig jedoch an jedes Wort der Epen Homers »wie ans Evangelium« glaubte, war der Überzeugung, die Ruinen des homerischen Troja seien so alt, daß sie unmittelbar am Boden des Hügels, direkt auf dem gewachsenen Fels, zu suchen seien. Der besonnene Calvert, der zu diesem Zeitpunkt bereits einige Erfahrung bei Felduntersuchungen gesammelt hatte und eine Vorstellung von der Schichtung des Hügels von Hissarlik besaß, empfahl dem ungeduldigen Schliemann, zunächst das Verfahren der Schürfsondagen anzuwenden und erst nach Erlangung von Erkenntnissen über die Struktur der Schichten umfangreiche Ausgrabungen anzustellen.

Leider befolgte Schliemann den weisen Rat Frank Calverts nicht. Er beschloß, die alte Stadt mit riesigen Gräben von über 40 Metern Länge und bis zu 17 Metern Breite zu durchziehen, um möglichst rasch bis zum Boden des Hügels vorzudringen. Dieses Ausgrabungsverfahren hatte für das Denkmal fatale Folgen: Durch die mit großer Eile durchgeführten Erdbewegungen, die ohne angemessene Fixierung der Funde und Objekte erfolgten, wurden erhebliche Bereiche der Kulturschichten und Reste von Bauten verschiedener Perioden vernichtet, die über dem Horizont lagen, der später – und zwar bereits von Schliemann – als Troja II bezeichnet wurde. Auch wurden Bauten zerstört, die zu Troja VI und VII gehörten und auf 1700–1250 bzw. 1250–1180 v. Chr. zu datieren sind und nach Ansicht der meisten Fachleute unserer Zeit als Reste des von Homer besungenen Ilion zu betrachten sind.

Zur Ehrenrettung Schliemanns sei angemerkt, daß er, der anfangs von der Fehlerhaftigkeit seiner Bestimmung von Troja II als homerisches Troja nichts hören wollte und in dieser Frage mit seinen Gegnern (darunter auch mit Calvert) eine erbitterte Polemik führte, später seinen wirklich tragischen Irrtum eingestehen mußte. So schrieb Schliemann mit Bitterkeit am 17. Juni 1873, am letzten Grabungstag: »Infolge meiner früheren irrigen Idee, daß Troja nur auf dem Urboden und ganz nahe darüber zu suchen sei, ist leider 1871 und 1872 ein großer Teil der Stadt von mir zerstört worden. [. . .] Troja [ist] nicht auf dem Urboden, sondern in 7 bis 10 Meter Tiefe zu suchen« (Siebler 1990, S. 139).

Aber all diese Fehler und bitteren Einsichten standen Schliemann am Beginn seiner Grabungen noch bevor. Nachdem er seine familiären Probleme geregelt hatte, indem er die 17 Jahre währende unglückliche Ehe mit seiner russischen Frau Jekaterina Petrowna Lyschina, die ihm drei Kinder geboren hatte, gelöst und alsbald seine zweite Frau, die Griechin Sophia Engastromenos, geheiratet hatte, bemühte er sich mit der ihm eigenen Energie, von den türkischen Behörden eine offizielle Erlaubnis zur Durchführung der Ausgrabungen zu erhalten. Nach Überwindung der bürokratischen Hindernisse und Erfüllung aller Formalitäten erhielt Schliemann einen Ferman, der ihn berechtigte, die Ausgrabungen unter der Bedingung durchzuführen, daß er die Hälfte aller Funde dem neuen Archäologischen Museum in Istanbul übergibt.

Am 11. Oktober 1871 schließlich konnte sich Schliemann an die Arbeit machen. So begann die erste archäologische Ausgrabungsperiode auf dem Hügel von Hissarlik, die drei Kampagnen umfaßte und bis zum 17. Juni 1873 dauerte.

Außerdem führte Schliemann Ausgrabungen in Troja in den Jahren 1878 (von Ende September bis 26. November), 1879 (vom 1. März bis Juli), 1882 (vom 1. März bis Ende Juli) und 1890 (vom 1. März bis 31. Juli) durch.

Im Zusammenhang dieses Katalogs sind für uns die Ergebnisse der ersten Grabungskampagne Schliemanns, bei der auch der von Schliemann als »Schatz« oder »Hort des Priamos« bezeichnete einzigartige Komplex sowie eine Reihe kleinerer »Schatzfunde« entdeckt wurden, von besonderem Interesse. Darüber hinaus sind die Ergebnisse der Ausgrabungen des Jahres 1890 von Bedeutung, bei denen der Schatz L gefunden wurde, zu dem vier großartige polierte Axthämmer gehören. Einen ausführlichen wissenschaftlichen Kommentar zu allen Teilen dieser Schatzfunde enthält der Aufsatz von M. J. Treister. Wir beschränken uns daher auf die wichtigsten Merkmale dieser Fundkomplexe sowie auf die Umstände ihrer Entdeckung.

Es ist vor allem anzumerken, daß die heute in der Literatur gebräuchliche Bezeichnung der Schatzfunde mit lateinischen Buchstaben von A bis S erst nach dem Tode Schliemanns, im Jahre 1902, durch den deutschen Wissenschaftler Hubert Schmidt (Schmidt 1902) eingeführt wurde. Von ihm stammt der erste und bislang einzige Katalog der vollständigen trojanischen Sammlung Schliemanns im damaligen Besitz der Königlichen Museen zu Berlin. Insgesamt entdeckte Schliemann 19 sogenannter Schätze, die, wenn man jeden einzelnen Gegenstand einschließlich kleinster Objekte wie Perlen zählt, etwa 10.000 Gegenstände umfassen.

In den letzten Jahren ist in Zusammenhang mit der Wiederaufnahme der archäologischen Erforschung Trojas abermals ein erstaunliches Interesse an den trojanischen Schätzen erwacht. Ein zusätzlicher und äußerst bedeutender Anreiz hierzu war auch die in den Jahren 1990 bis 1994 in der Presse verbreitete sensationelle Meldung, daß diese legendären Denkmäler nicht verschollen seien, sondern in Rußland aufbewahrt würden (siehe z. B. Goldmann 1991; 1992; Siebler 1991; 1993; 1993a; Menghin 1993; Kriesch 1994, S. 220 ff).

In dieser Situation wurden von einer Reihe zeitgenössischer Forscher Arbeiten zur Präzisierung der Umstände bei der Entdeckung der sogenannten Schätze und ihrer Fundstellen durchgeführt. Hier ist anzumerken, daß diese Arbeit in erheblichem Maße dadurch erschwert wurde, daß die weitaus meisten Objekte der »Schatzfunde« von 1939 bis 1994 den Fachleuten nicht zugänglich waren. Außerdem war man der Meinung, die Schätze Trojas seien seit dem Krieg für immer verschollen, oder sie seien geraubt worden.

Durch Vergleich und Analyse der Publikationen und Berichte Schliemanns sowie der Tagebucheintragungen über die von ihm angestellten Felduntersuchungen (darunter lange Zeit unbekanntes und erst jetzt wieder in den Archiven aufgefundenes Material) gelang es dem englischen Wissenschaftler Donald Easton, bis zu einem gewissen Grad den archäologischen Zusammenhang der Schatzfunde und vor allem des »Priamos-Schatzes« zu rekonstruieren. Er machte mit Unterstützung des Leiters der neuen Ausgrabungen in Troja, des Tübinger Professors Manfred Korfmann, das Schema der Kulturschichten in denjenigen Bereichen des Hügels von Hissarlik erkennbar, in denen Schliemann Ausgrabungen durchgeführt hatte (Easton 1981, S. 179–183; 1984, S. 141–169; 1984a, S. 197–204; 1992a, S. 51–72).

Diese Untersuchungen haben große Bedeutung, da sie die inzwischen weit verbreitete Meinung des amerikanischen Schliemann-Kritikers David Traill widerlegen, wonach die »Schätze aus Troja« nichts anderes sind als von Schliemann aus verschiedenen Schichten der Fundstätte der alten Stadt willkürlich zu Komplexen zusammengestellte Gegenstände. Außerdem war vermutet worden, daß einige wertvolle Objekte, beispielsweise aus dem Schatz A (Hort des Priamos), von Schliemann irgendwo gekauft worden seien, etwa auf den Märkten Athens und Istanbuls oder bei der örtlichen Bevölkerung der Troas, und anschließend verfälscht, d. h. als Schatz ausgegeben wurden, der bei der Ausgrabung von Troja gefunden worden sei (Traill 1984, S. 96–115; vgl. auch: Witte 1990, S. 36–48).

Eastons Untersuchungen bestätigen Schliemanns Darstellung, daß der »Schatz des Priamos« in einer aus Brandschutt bestehenden Schicht mit einer Dicke von zwei bis drei Metern gefunden wurde. Diese wurde später als die zu dem durch Brand zerstörten Troja II gehörende Schicht definiert. Es ist allerdings nicht ausgeschlossen, daß einige Funde aus diesem Schatz auch in der Schicht von Troja III gemacht wurden. Dasselbe gilt für Schliemanns

Bericht, demzufolge der Schatz in einer zerstörten Nische aufgefunden wurde, die sich im oberen Teil der aus Lehmziegeln bestehenden Ringmauer befand, die auf einem monumentalen, ebenfalls bei den Ausgrabungen entdeckten Steinsockel ruhte (Siebler 1990, S. 128 f).

Diese Entdeckung wurde zwischen dem 27. und dem 31. Mai 1873 in einem Bereich gemacht, der von Nordwesten her an das sogenannte Skäische Tor (Tor FM) angrenzt und sich nahe dem Gebäude IXA an der Außenseite der Verteidigungsmauer der Festung in unmittelbarer Nähe des Grabungsquartiers Schliemanns befand. Der »Schatz« lag ungefähr 8,5 m unter der Oberfläche des Hügels.

Worauf beruhen die Vorwürfe gegen Schliemann? Wir haben hier nicht die Möglichkeit, im Detail die Argumentation seiner Gegner darzulegen und beschränken uns deshalb auf einige Aspekte, die den Verdacht von Traill und einer Reihe anderer Forscher hervorgerufen haben.

Gehen wir zunächst der Anschaulichkeit halber auf die Entdeckung des »Priamos-Schatzes« ein, wie sie Schliemann selbst in seinem 1874 (also nur ein Jahr nach Auffinden des Schatzes!) erschienenen Buch *Trojanische Alterthümer. Bericht über die Ausgrabungen in Troja. Mit einem Atlas trojanischer Alterthümer* (Schliemann 1874; 1874a) beschrieben hat und die zur Lehrbuchversion geworden ist.

Schliemann berichtet, er sei während der Ausgrabungen »auf einen großen kupfernen Gegenstand höchst merkwürdiger Form [gestoßen], der um so mehr meine Aufmerksamkeit erregte, als ich hinter demselben Gold zu bemerken glaubte. [...] Um den Schatz der Habsucht meiner Arbeiter zu entziehen

und ihn für die Wissenschaft zu retten, war die allergrößte Eile nötig, und, obwohl es noch nicht Frühstückszeit war, so ließ ich doch sogleich ›païdos‹ [Pause] [...] ausrufen, und während meine Arbeiter aßen und ausruhten, schnitt ich den Schatz mit einem großen Messer heraus, was nicht ohne die allergrößte Kraftanstrengung und die furchtbarste Lebensgefahr möglich war, denn die große Festungsmauer, welche ich zu untergraben hatte, drohte jeden Augenblick auf mich einzustürzen. Aber der Anblick so vieler Gegenstände, von denen jeder einzelne einen unermeßlichen Wert für die Wissenschaft hat, machte mich tollkühn, und ich dachte an keine Gefahr. Die Fortschaffung des Schatzes wäre mir aber unmöglich gewesen ohne die Hilfe meiner lieben Frau, die immer bereit stand, die von mir herausgeschnittenen Gegenstände in ihren Shawl zu packen und fortzutragen« (Schliemann 1875, S. 323 ff.).

Diese äußerst dramatische Schilderung der Entdeckung des Schatzes weicht allerdings erheblich von den Tagebucheintragungen ab, die Schliemann unmittelbar vor Ort am Tage der Entdeckung vorgenommen hat und die der breiten Öffentlichkeit lange unbekannt geblieben sind. Außerdem mahnen diese Notizen nicht nur wegen ihrer Kürze und Unklarheit bei der Bezeichnung der Fundstelle und bei der Darstellung der Umstände der Entdeckung zur Vorsicht, sondern enthalten auch verworrene Daten, teils nach dem Julianischen, teils nach dem Gregorianischen Kalender. Außerdem war – wie heute überzeugend nachgewiesen ist – Sophia Schliemann, die treue Helferin des Archäologen, keineswegs in der Lage, die »herausgeschnittenen Gegenstände in ihren Shawl zu packen und fortzutragen«, da sie sich zu diesem Zeitpunkt überhaupt nicht in Troja aufhielt!

Diese Ungereimtheiten und eine ganze Reihe anderer strittiger Punkte in den handschriftlichen Aufzeichnungen Schliemanns sowie die bekannten Umstände, die mit dem weiteren Schicksal der Schätze und ihres Entdeckers in Zusammenhang stehen, veranlaßten die Anschuldigungen David Traills gegen den enthusiastischen Wissenschaftler. Die Rede ist hier davon, daß Schliemann mit Hilfe von Frederick Calvert, dem Bruder von Frank Calvert, die gefundenen Schätze heimlich nach Griechenland gebracht hat (Traill, 1988a, S. 273–277). Es entbrannte ein Streit, und schließlich, im April 1874, fand in Athen ein Gerichtsprozeß statt, in dem die türkische Regierung als Klägerin auftrat und den Archäologen der illegalen Ausfuhr der wertvollen Gegenstände beschuldigte. Schliemann selbst war – nicht ohne Stolz – der Ansicht, er habe den Schatz durch seine Ausfuhr »für die Wissenschaft gerettet«. Der Prozeß, der sich etwa ein Jahr hinzog, endete allem Anschein nach mit einem Vergleich. Schliemann wurde zur Zahlung einer Entschädigung von 10 000 Francs an die türkische Seite verurteilt. Allerdings zahlte er freiwillig die erheblich höhere Summe von 50 000 Francs und wurde so zum Eigentümer dieser einzigartigen Sammlung der von ihm entdeckten und der Wissenschaft bis dahin unbekannten Altertümer.

Die Mehrheit der Fachleute, so der bereits erwähnte Leiter der heutigen Ausgrabungen, M. Korfmann, der oben genannte englische Wissenschaftler D. Easton und die höchstes Ansehen genießende Forscherin im Bereich der Kulturen der Bronzezeit Vorderasiens und Europas, die amerikanische Professorin Machteld Mellink, sowie der türkische Wissenschaftler Mechmed Özdogan und die griechischen Professoren Ekaterini Demokopulu und Georg Korress, sieht keinen Grund, an der Echtheit der zu den Schatzfunden gehörenden Objekte zu zweifeln. Dies gilt auch für diejenigen Gegenstände, die den »Schatz des Priamos« bilden. Ebenso gibt es auch keinen ernsthaften Anlaß, Schliemann der willkürlichen Gruppierung dieser Objekte zum Zweck ihrer absichtlichen Verfälschung zu beschuldigen. In dieser Meinung wurden die Forscher dank der umfassenden Analyse aller der Wissenschaft zur Verfügung stehenden Dokumente, alter Zeichnungen und Fotografien der Objekte und durch die Erforschung desjenigen Teils der Schätze bestärkt, der zum Berliner Bestand von Schliemanns trojanischer Sammlung gehört (Museen zu Berlin – Preußischer Kulturbesitz, Museum für Früh- und Vorgeschichte) oder im Archäologischen Museum von Istanbul (Schatz C sowie ein Teil der Funde aus den Schätzen D, F, O, J), im Athener Archäologischen Nationalmuseum (Gegenstände aus den Schätzen D und vermutlich auch G) und einer Reihe anderer Sammlungen aufbewahrt wird.*

Da jedoch keine Möglichkeit bestand, mit eigenen Augen den spektakulärsten Teil der trojanischen Schatzfunde zu sehen, nämlich 259 Gegenstände aus Gold, Silber, Bronze, Blei und Stein, die 1945 von Berlin in das Puschkin-Museum gebracht wurden und nun in dieser Ausstellung gezeigt werden, sowie 414 Exponate, hauptsächlich aus Bronze und Keramik, die sich in der Eremitage befinden, konnte kein abschließendes Urteil über diese Frage gefällt werden. Erst 1994/1995 erhielten die genannten Forscher und eine Reihe anderer Wissenschaftler Zugang zu diesen einzigartigen Fundstücken.**

Wenn wir nun von der wissenschaftlichen Bedeutung der Treffen und Diskussionen zwischen uns, den Archäologen und Kunsthistorikern, den Verfassern des Katalogs und den Konservatoren der Sammlungen einerseits und den führenden Autoritäten im Bereich der Erforschung der Kulturen Vorderasiens und Europas der Bronzezeit andererseits sprechen, so ist vorauszuschicken, daß alle Beteiligten der Auffassung waren, daß alle gezeigten Gegenstände, einschließlich der einzigartigen Gefäße und Schmuckgegenstände aus Edelmetallen sowie der berühmten steinernen Axthämmer bzw. Prunkäxte, echt sind und der frühen und mittleren Bronzezeit angehören. Außerdem weist die Zusammensetzung der Schatzfunde darauf hin, daß Schliemann – wie die gesamte Wissenschaft seiner Zeit – durch diese Funde mit einer bislang unbekannten Geschichtsepoche konfrontiert wurde. Vor allem fehlten Vergleichsstücke, die eine chronologische und typologische Gruppierung ermöglicht hätten.

Diesen Schluß bestätigen auch vollkommen neue und erstmals in diesem Katalog veröffentlichte Beobachtungen, welche die Autoren während der äußerst gewissenhaften Untersuchung aller im Puschkin-Museum aufbewahrten Objekte aus dreizehn der neunzehn trojanischen Schatzfunden gemacht haben. Zu nennen sind hier eine ehemalige Goldauflage (Kat. 168 und 169) im Bereich der Schaftlöcher von zwei der vier steinernen Axthämmer, die nur unter Halogenlicht zu erkennen ist, und die auf der Oberfläche eines Goldge-

* Vgl. die Konkordanz im Supplement zur deutschen Ausgabe des Katalogbuchs. (Anm. d. Red.)

** Zu den Eindrücken der Berliner Fachleute bei ihrer Besichtigung des »Priamos-Schatzes« am 24. Oktober 1994 vgl. Goldmann 1995. (Anm. d. Red.)

fäßes mit kugelförmigem Bauch (Kat. 4) erstmals festgestellten Spuren eines in Form eines Netzes mit rhombischen Zellen aufgebrachten, bereits in alter Zeit eingebüßten Ornaments aus einem anderen Material. Diese und viele andere Details sprechen für die Echtheit der zu den Schatzfunden gehörenden Objekte.

Es muß hier nochmals betont werden, daß die Bezeichnungen »Hort« oder »Schatz« bis zu einem gewissen Grad lediglich vereinbarte Arbeitsbegriffe sind. Das gilt jedenfalls für einige der Schatzfunde. Dies ist dadurch zu erklären, daß – wie oben ausgeführt – wegen der Dürftigkeit der von Schliemann gelieferten Angaben über die Umstände seiner Entdeckungen und wegen der Unvollkommenheit der von ihm angewandten Grabungsmethoden keine Klarheit über die außerordentlich wichtige Frage nach dem archäologischen Zusammenhang besteht.

Ähnliches gilt für die Bedingungen, unter denen diese »Schätze« in alter Zeit versteckt worden sein könnten. Sind es Schätze im wörtlichen Sinn oder, wenigstens teilweise, Grabbeigaben? Auch kann nicht völlig ausgeschlossen werden, daß einige weniger wichtige Funde getrennt von den übrigen entdeckt wurden und von Schliemann den Schätzen willkürlich zugeordnet wurden.

Es ist zu hoffen, daß die derzeit durch eine internationale Expedition im Rahmen des »Troja-Projekts« unter Leitung von Manfred Korfmann (Korfmann 1986; 1990; 1991; 1993; 1994; Korfmann, Kromer 1993; Easton, Weninger 1993; Mannsfeld 1993) auf höchstem wissenschaftlichem Niveau intensiv durchgeführten Grabungen auf Hissarlik und in seiner Umgebung Licht in das Rätsel der trojanischen Schätze bringen.

All dies weckt die Erinnerung an 15 Jahre zurückliegende Eindrücke: 1980, also acht Jahre vor Wiederaufnahme der Erforschung Trojas, konnte der Autor als Mitglied einer Gruppe von Mitarbeitern des Puschkin-Museums den legendären Hügel besuchen. Es war ein stiller, warmer Abend. Unter den schräg einfallenden rötlichen Strahlen der Sonne, die in dem am Horizont kaum auszumachenden Ägäischen Meer versank, waren alle Merkmale des Hügels von Hissarlik überdeutlich zu erkennen. Die Spuren der Schürfe und der den Hügel überziehenden Grabungsstellen bedeckten wie alte Narben seinen betagten Körper. Hexameter kamen mir in den Sinn, ähnlich dem Tosen der Meeresbrandung ... Doch so, als wollten sie die Idylle gewaltsam zerstören, traten zu dieser Stunde die riesigen schwarzen, ins Innere der Stadt führenden Gräben Schliemanns hervor. Und wie von selbst ergab sich der Eintrag ins Tagebuch: »Welch ein Glück, daß dieses erstaunliche Denkmal viel besser erhalten ist, als dies in den Büchern dargestellt wird. Wie vieles gibt es hier noch für diejenigen zu entdecken, die nach uns kommen.«

In der Geschichte der europäischen Wissenschaft finden sich wohl nur wenige so ungewöhnliche und widersprüchliche Persönlichkeiten wie Heinrich Schliemann. Die Lebensodyssee dieses Mannes wurde Gegenstand einer ganzen Reihe von biographischen Forschungen und von Jugendbüchern im Stil der Detektivromane. Die Fakten sind zumeist mit Dichtung verflochten, vor allem mit der von Schliemann selbst geschaffenen Legende von seinem bereits in früher Kindheit geweckten »Traum von Troja«, einem Traum, der während der Jahre der Entbehrung und Wanderschaft lebendig blieb und

schließlich triumphal in Erfüllung ging (Niederland 1967, S. 9–16; Meyer 1969; Witte 1990, S. 32–48).

Wer war Heinrich Schliemann, Sohn eines Landpfarrers: ein Träumer und trockener Pragmatiker, ein Handelslehrling in einem Ladengeschäft, ein Mensch mit einer seltenen Begabung für das Erlernen von Sprachen, ein Kenner der Hexameter Homers, der ganze Passagen aus der *Ilias* und der *Odyssee* auswendig rezitieren konnte, ein Millionär, der eines der größten Vermögen Europas durch riskante und teilweise zweifelhafte Handelsunternehmungen erworben hatte, ein Staatsangehöriger des Russischen Zarenreiches und ein Bürger der Vereinigten Staaten von Amerika, ein Reisender, der die ganze Welt gesehen hat, und schließlich der Mann, der Troja ausgegraben hat? Welche Bedeutung haben die Entdeckungen Schliemanns heute, vom Standpunkt der Wissenschaft des ausgehenden 20. Jahrhunderts aus betrachtet?

Wie zu Schliemanns Lebzeiten, so ist auch heute das Spektrum der Bewertungen seines wissenschaftlichen Wirkens außerordentlich breit. In den Augen der einen ist er ein selbstloser, enthusiastischer Archäologe, der sein ganzes Leben lang den kindlichen Glauben an Homer bewahrt und die Historizität Trojas nachgewiesen hat. Die anderen sehen in ihm nicht mehr als einen dilettantischen Ausgräber, der, von der Manie des Schatzsuchers besessen, durch Inkompetenz und vermessenen Stolz einen erheblichen Teil des historischen Troja zerstört hat.

Wie so oft liegt die Wahrheit irgendwo in der Mitte zwischen diesen gegensätzlichen Urteilen. Heute, nachdem die Archäologie nach einem langen und dornenvollen Weg zu einer Wissenschaft geworden ist, die über zahlreiche und ziemlich ausgereifte Verfahren –

einschließlich naturwissenschaftlicher Forschungsmethoden – verfügt und immense Erfahrung bei der Untersuchung von Denkmälern aller Kategorien gesammelt hat, sind wir zugleich in der Lage, diesen Wissenschaftler nach Gebühr zu würdigen.

Man darf schließlich nicht vergessen, daß Schliemann seine Ausgrabungen zu einer Zeit begann, als die Archäologie als Wissenschaft gerade ihre ersten Schritte machte und von vielen, wenn nicht von der Mehrheit der Gelehrten als Wissenschaft von der alten, vor allem der klassischen Kunst des Altertums betrachtet wurde. Außerdem – und dies ist wohl am wichtigsten – hatte Schliemann bei seinen Entdeckungen mit den Überresten einer Siedlung zu tun, die zu einem vollkommen unbekannten Kulturkreis gehörte, mit einem Denkmal nämlich, das 1000 Jahre älter war als das Troja Homers und 1500 Jahre älter als Homers Epen.

Zweifellos hat sich Schliemann geirrt, als er in den von ihm entdeckten Überresten von Troja II das von Homer besungene »Heilige Ilion« zu erkennen glaubte. Er beherrschte noch nicht die Fertigkeiten zur Erforschung so komplizierter und aus vielen Schichten bestehender Denkmäler wie Hissarlik (wer beherrschte diese denn überhaupt in dieser Zeit?). Ohne es selbst zu wissen, zerstörte er, was er mit solcher Hartnäckigkeit und Selbstaufgabe gesucht hatte. Er war der festen Überzeugung, daß alle Anstrengungen unternommen werden mußten und keine Kosten gescheut werden durften, um so rasch als möglich »auf den Urboden zu kommen und somit endlich das große Rätsel zu lösen, ob, wie ich gerade bestimmt glaube, der Berg Hissarlik die Burg von Troja ist«. Die Folgen dieses tragischen Irrtums sah er ein; hierüber äußerte sich Schliemann auch mehrfach in seinen

Briefen (siehe z. B. Emele 1993, Easton 1994). Man darf ihn jedoch nicht, wie dies einige getan haben, einfach als »fanatischen Schatzsucher« bezeichnen; vielmehr ist Schliemann derjenige, der bis dahin der Welt unbekannte Schätze gefunden hat.

Bezeichnend sind die Aussagen Schliemanns über die Ziele seiner Ausgrabungen: »Meine Ansprüche sind höchst bescheiden; plastische Kunstwerke zu finden hoffe ich nicht. Der einzige Zweck meiner Ausgrabungen war ja von Anfang nur, Troja aufzufinden, über dessen Baustelle von hundert Gelehrten hundert Werke geschrieben worden sind, die aber noch niemals jemand versucht hat durch Ausgrabungen ans Licht zu bringen« (Schliemann 1875, S. 61 ff).

Wenn wir heute von den Verdiensten und Fehlern Schliemanns sprechen, so dürfen wir nicht vergessen, daß er bei seinen Untersuchungen so gut wie keine Vorgänger hatte. Schließlich wurden alle großen archäologischen Aktionen, durch die Schritt für Schritt die modernen Grabungsmethoden entwickelt wurden, nach Schliemanns ersten Kampagnen unternommen. Zugleich war er in der sich entwickelnden Archäologie der erste, der seine Aufmerksamkeit auf das sogenannte Massenmaterial richtete, auf jene Tausende unansehnlicher Scherben und Splitter, die im wesentlichen den Inhalt der alten Siedlungsschichten bilden und deren Datierung erst ermöglichen. Er zeichnete sie auf und beschrieb sie in seinen Tagebüchern, wobei er sogar bemüht war anzugeben, in welcher Tiefe unter der Hügeloberfläche sie sich befunden hatten. Außerdem war Schliemann der erste, der in erheblichem Umfang die gerade erst aufgekommene Fotografie verwendete, um die Funde festzuhalten; eine Verfahrensweise, die heute in der Archäologie eine Selbstverständlichkeit ist. Die Schnelligkeit, mit der Schliemann die Ergebnisse seiner Ausgrabungen publizierte (er verlegte seine Bücher auf eigene Kosten), ebenso wie auch der Umfang der von ihm durchgeführten Arbeiten sind frappierend.

Da er lange Zeit wissenschaftlich isoliert war und von der geschlossenen Gesellschaft der deutschen Historiker und Archäologen nicht ernst genommen wurde, suchte Schliemann jede Möglichkeit, Rat zu erhalten, um seine Kenntnisse zu erweitern und neue Helfer zu finden. Dadurch gewann er einen so fähigen und zuverlässigen Mitarbeiter wie den jungen Wilhelm Dörpfeld, der sein Werk fortführte und später einer der größten Archäologen Europas wurde (Korfmann 1993a).

Mit dem Tode Schliemanns waren die archäologischen Ausgrabungen auf Hissarlik nicht zu Ende. Noch während zweier Besuche, in den Jahren 1892 und 1893, wurden sie von Dörpfeld fortgesetzt. Diesem gelang es, das vorhandene Material zu systematisieren, die Felddokumentation zu ordnen und abzugleichen und die grundlegenden Bauphasen in der Stratigraphie des trojanischen Hügels herauszuarbeiten (Dörpfeld 1902). Nach einer langen Unterbrechung wurden in den Jahren 1932 bis 1938 die Arbeiten auf Hissarlik durch eine amerikanische archäologische Expedition unter Leitung des Professors Carl Blegen der Universität von Cincinnati fortgesetzt. Ihm gebührt die Ehre, das inzwischen klassische Schema der Siedlungsgeschichten des Hügels von Hissarlik entwickelt zu haben. Blegen gelang auch der Beweis, daß die Siedlung Troja VI, die zwischen 1800 und 1300 v. Chr. existierte, einem Erdbeben zum Opfer gefallen ist und daß die Überreste des homerischen Ilion zur Schicht VIIa zu rechnen sind. Blegen datierte diese auf den Zeitraum von 1300 bis 1100 v. Chr. (Blegen 1950–1958; 1963).

Jedoch füllen die Ausgrabungen Blegens, ebenso wie die im Jahre 1988 nach 50 Jahren wieder aufgenommenen Ausgrabungen in Troja, die bereits zu äußerst interessanten Ergebnissen geführt haben, das heutige Kapitel im Buch der trojanischen Archäologie, dessen Einführung von Heinrich Schliemann verfaßt worden ist.

Der Katalog ist auf folgende Weise aufgebaut: Die Exponate der präsentierten Sammlung gliedern sich in Komplexe (nach der im Katalog von Hubert Schmidt verwendeten Einteilung in Schatzfunde bzw. Schätze A–S, Schmidt 1902; vgl. die Konkordanz im Supplement zur deutschen Ausgabe des Katalogbuchs). Die Angaben zu den Objekten beinhalten:

a) Katalognummer und Bezeichnung des Exponats
b) Material und Gewicht (bei Erzeugnissen aus Edelmetallen und bei Axthämmern)
c) Feingewicht bei Metallen (sofern bekannt)
d) Abmessungen
e) Inventarnummern des Staatlichen Puschkin-Museums für Bildende Kunst
f) Nummer im Katalog von Schmidt und – in einigen Fällen – auf den Etiketten Heinrich Schliemanns, sofern sie an den Exponaten erhalten geblieben sind.

Anschließend folgen eine Beschreibung des Objekts und seines Erhaltungszustands zum Zeitpunkt der Erstellung dieses Katalogs, eine Bibliographie und Hinweise auf entsprechende Fundgegenstände.

Die fotografische Dokumentation der Exponate wurde von W. P. Tolstikow vorgenommen, die Beschreibungen stammen von L. I. Akimowa, W. P. Tolstikow und M. J. Trejster, die Vermessungen wurden von W. P. Tolstikow und M. J. Trejster durchgeführt, die Auswahl der Literatur besorgten L. I. Akimowa und M. J. Trejster, die Auswahl der Entsprechungen M. J. Trejster. Das Literaturverzeichnis und das Verzeichnis der Abkürzungen wurde von M. J. Trejster zusammengestellt. Die mineralogische Bestimmung der Äxte Kat. 166–169 stammt von W. S. Tschernawzew, Leiter des Mineralienmuseums der Außenhandelsfirma Eksportsamocwety, und Professor I. F. Romanowitsch, Leiter der Abteilung für nichtmetallische Bodenschätze des Staatlichen Geographischen Archivs in Moskau, denen die Autoren des Katalogs ihre aufrichtige Verbundenheit ausdrücken.

Die Exponate aus Gold und Silber wurden zweimal, 1949 und 1974, gewogen. Im Katalog ist das 1974 ermittelte Gewicht angegeben. Bei den Exponaten Kat. 78–101 (Perlenschnüre mit Schiebern aus Schatz A) ist das 1949 ermittelte Nettogewicht angegeben. Bei abweichenden Angaben zum Gewicht der Objekte ist ein Hinweis auf die von Schmidt veröffentlichten Ergebnisse angeführt. Da die Vermessung der Exponate gezeigt hat, daß praktisch alle Messungen Schmidts ungenau sind, verzeichnet der Katalog nur die von den Autoren ermittelten Maße.

Schatz A	(Kat. 1–101)
Schatz B	(Kat. 102–103)
Schatz D	(Kat. 104–120)
Schatz E	(Kat. 121–122)
Schatz F	(Kat. 123–134)
Schatz Ha	(Kat. 135–148)
Schatz Hb	(Kat. 149)
Schatz J	(Kat. 150–164)
Schatz K	(Kat. 165)
Schatz L	(Kat. 166–230)
Schatz N	(Kat. 231–238)
Schatz O	(Kat. 239–240)
Schatz R	(Kat. 241–245)
Einzelfunde	(Kat. 246–259)

Schatz A
Kat. 1–101

1. Pfanne

Bronze
Dm. 50,6 cm; Höhe 4,3 cm; Breite des Randes 1,4–1,8 cm. Buckel (Omphalos): Dm. 12,3 cm; Höhe 4,5 cm; Breite des ringförmigen Wulstes 2,3 cm
Inv. P 539
A 5817

Ovales Gefäß. Der Boden ist flach, die gerade Wandung ist nach außen gebogen und weist einen breiten Rand auf mit nach außen und innen ausladender Lippe. In der Mitte befindet sich ein von der Außenseite her getriebener Omphalos, den ein ebenfalls getriebener ringförmiger Wulst umgibt.

Die Wandung ist auf einer Seite stark eingedrückt. Aus vielen Stücken zusammengesetzt und geklebt. Stellenweise starke Patina. Zahlreiche Risse, abblätternde Oberfläche. Der ursprüngliche Charakter des Mate-rials und die Oberflächenstruktur sind an der Innenseite praktisch nicht zu erkennen. In der Rille des Randes ist außen ein Konglomerat aus Bronze und Eisen festgebrannt.

Literatur: Schliemann 1874, Taf. 198; 1881, S. 528, Nr. 799; Götze, in Dörpfeld 1902, S. 327, 354, Abb. 287; Schmidt 1902, S. 225, Nr. 5817; Bittel 1959, S. 13f, Abb. 26; Mellaart 1966, S. 160; French 1969, S. 106, Abb. 94e; Spanos 1977, S. 99; Podzuweit 1979, S. 24.

Entsprechungen: Bronzepfannen (Stielpfannen) aus der Troas, Universi-tät Istanbul (Bittel 1959, S. 1–7; Mellaart 1966, S. 160, 162, Abb. 50, 1; Branigan 1974, S. 49, Taf. 36, 37, Nr. 3196, 3197; Spanos 1977, S. 99ff; Kat. Istanbul 1983, S. 138, Abb. 360; Hazirlayan, Esin 1991, S. 60); silberne Phiale mit Omphalos aus der ehemaligen Norbert-Schimmel-Sammlung, Metropolitan Museum New York (Muscarella 1974, Nr. 3; Ancient Art 1992, S. 37); Elektronpfanne aus Schatz A von Eskiyapar, Museum der anatolischen Zivilisationen Ankara (Özgüç, Temizer, 1993, S. 619, Abb. 48, 50, Taf. 117, 3a–b).

2. Schnurösenflasche mit Kappe

Silber; Gewicht 131,6 g
Höhe 16,0 cm; Dm. des Bauches 6,9 cm; Dm. des Fußes 4,3 cm
Inv. Aar 1, Bz 428, P 369
A 5859

Eiförmiges Gefäß mit konischem, nach unten schmaler werdendem
Bauch auf einem ausladenden, unten konkaven, ringförmigen, konischen Fuß. Auf den kurzen, zylindrischen Hals ist ein Deckel aufgesetzt.
Der Deckel hat die Form einer konischen Kappe mit kleiner Vertiefung
und zwei abgerundeten, symmetrisch angebrachten Vorsprüngen, die
mit dem Deckel ein einheitliches Ganzes bilden.* Diese Vorsprünge
(bzw. Schnurösen) besaßen senkrechte Öffnungen, die aufgrund der
Korrosion kaum mehr zu erkennen sind. Vollständig erhalten ist einer
der Henkel (bzw. eine der Schnurösen), die seitlich am Bauch angelötet
sind. Er ist in Form einer Muffe mit leicht abgerundeter Ober- und
Unterkante auf einer rechtwinkligen Halterung ausgeführt und weist
eine durchgehende, vertikale Öffnung auf. Vom zweiten Henkel (bzw.
von der zweiten Schnuröse) sind nur die Halterung und teilweise der
Ansatz mit einem Teil der oberen Öffnung erhalten. Das Gefäß ist aus
einem einzigen Metallstück mit sehr dünner Wandung getrieben. In
Höhe der Henkel (bzw. Schnurösen) sind an der Oberfläche des Bauches
deutlich Spuren eines horizontalen Streifens von dunkler Farbe mit einer
Breite bis zu 2 cm zu erkennen. In diesem Streifen ist ein rechtwinkliges,
horizontal liegendes Metallstück mit einer Länge von 1,4 cm und einer
Höhe von 0,7 cm zu sehen, das von hellerer Farbe ist und ganz leicht
hervorstehende Ränder aufweist.

Einer der Henkel (bzw. eine der Schnurösen) am Bauch ist teilweise
eingebüßt. Loch im Bereich des Fußes. Die Kappe ist oxidiert und am
Hals festgebacken. Flecken mit starker Patina unter einer Öse am
Deckel. Beulen am Bauch. Stellenweise Eisen- und Bronzeoxide an
Bauch und Deckel. Am Hals Klebstoffspuren (Schellack?) von einer
früheren Restaurierung.

Literatur: Schliemann 1874, Taf. 192, 204, Nr. 3490a; 1881, S. 254,
Nr. 783; Götze, in Dörpfeld 1902, S. 351, Abb. 277; Schmidt 1902,
S. 229, Nr. 5859; French 1969, S. 305, Nr. III. 4. 1; Schliemanns Gold
1993, S. 35, Abb. 1a.

Entsprechungen: Elektrongefäß aus der ehemaligen Norbert-Schimmel-
Sammlung, Metropolitan Museum New York (Muscarella 1974, Nr. 1;
Ancient Art 1992, S. 37).

3. Schnurösenflasche mit Kappe

Silber; Gewicht 258,18 g
Höhe ohne Deckel 15,8 cm (mit Deckel 19,0 cm); Dm. 8,4 cm; Dm. des
Fußes 5,6 cm; Dm. des Halses 3,85 cm; Stärke der Wandung und Ösen
0,9 cm; Höhe der Ösen 1,53 und 1,51 cm; Breite der Ösen 1,35 und
1,33 cm
Inv. Aar 2, Bz 2427, P 370
A 5860

Eiförmiges Gefäß mit konischem, nach unten schmaler werdendem
Bauch auf einem Fuß mit leicht konkaver Unterseite. Zylindrischer
Hals. An den Bauch sind symmetrisch zwei senkrechte, doppelt röhren-
förmige Henkel (bzw. Schnurösen) angelötet, die aus zusammengeroll-
ten, rechtwinkligen Platten bestehen. Der Deckel (Kappe) ist im unteren
Teil zylindrisch. Sein oberer Teil weist zwei Vorsprünge auf, die in einen
halbrunden Abschluß übergehen. An einem der Vorsprünge (bzw. einer
der Schnurösen), der vollständig erhalten ist, sind Spuren einer vertikalen, durchgehenden Öffnung mit einem Durchmesser von ca. 0,3 cm zu
erkennen. Bauch und Deckel sind mit getriebenen Rippen verziert, die
senkrechte Kanten in Form von Kanneluren bilden (28 am Bauch und 16
am Deckel). Die Oberfläche des Halses und des Fußes ist glatt. Das
Gefäß ist aus einem Metallstück getrieben. An der Wandung des
Bauches befindet sich im mittleren Teil ein Bereich von ca. 2,5 x 2,5 cm
mit buckelförmigen Spuren einer von innen her vorgenommenen Bear-
beitung mit einem Werkzeug (Spuren von Ausbeulung?).

Risse an Hals und Schulter. Spuren von Feuereinwirkung. Der Deckel ist
auf einer Basis aus Rotkupfer montiert, sein oberer Teil ist oxidiert und
verschlackt, er zerbröckelt. Der obere Teil des Deckels ist geplatzt. Mit
einer glasartigen Masse restauriert. An Hals und Schulter Herde starke
Patina. Ein Stück der Schulter ist ausgebrochen.

Literatur: Schliemann 1874, Taf. 192, 204, Nr. 3490b; 1881, S. 524,
Nr. 784; Götze, in Dörpfeld 1902, S. 351, Abb. 276; Schmidt 1902,
S. 229, Nr. 5860; French 1969, S. 305, Nr. III. 4. 2; Schliemanns Gold
1993, S. 35, Abb. 1b.

Entsprechungen: Elektrongefäß aus der ehemaligen Norbert-Schimmel-
Sammlung, Metropolitan Museum New York (Muscarella 1974, Nr. 2;
Ancient Art 1992, S. 37); die senkrechten Kanneluren erinnern an die
des kleinen Bechers aus Schatz A (Kat.7) sowie an einem zweihenkeli-
gen Silberbecher aus der ehemaligen Norbert-Schimmel-Sammlung
(Muscarella 1974, Nr. 2; Ancient Art 1992, S. 37).

4. Kugelflasche

Gold; Gewicht 398,24 g (nach H. Schmidt bzw. Schliemann 403 g)
Höhe max. 13,75 cm; Dm. 13,5 cm; Innendm. der Mündung 2,5 cm,
Außendm. der Mündung 3,4 cm
Feingehalt 20 Karat (nach Schmidt)
Inv. Aar 3, Bz 292, P 422
A 5862

Kugelförmiges Gefäß mit konischem, scharf abgesetztem Hals und
überkragender Randlippe (Br. 0,5–0,6 cm). Aus einem Stück getrieben;
die Lippe ist durch Umbördeln des Halsendes gebildet. Auf der Bau-
chung sind Spuren eines umlaufenden dreizonigen Netzmusters aus
senkrecht gestreckten Rhomben zu erkennen. Die Konturen der Rhomben sind meist durch sehr feine Kratzer gekennzeichnet, die durch
dunkles Material (Spuren von organischen Substanzen) getönt sind. In
einigen Fällen sind am Umriß der Rhomben sie betonende, eingedrückte
Vertiefungen sichtbar. Der untere Teil des Bauches ist durch neun
eingedrückte Stellen mit unterschiedlicher Tiefe unterteilt. An einer
Seite der Schulter befindet sich eine gravierte Zickzacklinie aus fünfein-
halb Gliedern mit einer Länge von 0,3 cm.

Verbogen. Ein Riß. Hals eingebeult und restauriert. Kratzer, verformter
Rumpf. Verschmutzung durch eine dunkle Substanz.

Literatur: Schliemann 1874, Taf. 202, 204, Nr. 3063a; 1881, S. 520, Nr.
775; Götze, in Dörpfeld 1902, S. 350, Abb. 275; Schmidt 1902, S. 230,
Nr. 5862; Bossert 1942, Taf. 14, Abb. 68, 10; French 1969, S. 303, Nr. I.
3. 1, Abb. 94d; Buchholz, Karageorghis 1971, Abb. 1072; Müller 1972,
S. 79f, Nr. 15, Taf. 14; Branigan 1974, S. 49, Taf. 42; Easton 1984,
S. 157; Yakar 1985, S. 135, Abb. XI, 29; Siebler 1990, S. 124, Abb. 39
(rechts oben); Schliemanns Gold 1993, S. 35, Abb. 2.

Entsprechungen: »Syrische« Keramikflaschen aus Troja und andere
Objekte Anatoliens (Orthmann 1964, Taf. 100; Podzuweit 1979, S. 182;
Easton 1984, S. 157); auf ca. 2400–2300 v.Chr. datierte Bleigefäße aus
Demirci Hüyük-Sariket (Mitteilung M. Korfmanns) (Seeher 1991,
S. 110, 115, Abb. 10, 1) und Küçükhöyük (Gürkan, Seeher 1991, S. 83,
Abb. 21, 7–9; S. 88).

5. Trinkgefäß mit zwei Ausgüssen und zwei Henkeln

Gold; Gewicht 600,78 g (600 g nach H. Schmidt bzw. Schliemann)
Feingehalt 23 Karat (nach H. Schmidt)
Länge 18,5 cm; Breite 18,0 cm; Höhe 8,7 cm; Stärke der Wandung
0,16–0,24 cm; Stärke der Henkel 1,7 cm
Inv. Aar 4, Bz 291, P 421
A 5863

Schiffchenförmiges Gefäß mit nach beiden Enden hin ansteigendem
Rand; Wandungen und Ausgüsse asymmetrisch. Beide Enden werden
durch abgeflachte Ausgüsse mit scharfen, abgebogenen Vorsprüngen
gebildet. Ein Ausguß ist stark zusammengedrückt, wodurch er die Form
eines Schnabels mit nicht geschlossener, elliptischer Form angenommen
hat. Der zweite wurde, offensichtlich wiederholt, auseinandergedrückt.
Die oberen Ränder des Gefäßes werden durch eine nach innen kragende
Lippe gebildet, die einen Querschnitt in Form eines abgerundeten
Dreiecks besitzt. An der Unterseite des Gefäßes befindet sich in Längsrichtung eine getriebene, wulstförmige Mittelrippe, die von innen nach
außen getrieben wurde. In der Mitte teilt sich die Rippe zu einem
mandelförmigen Standring. An der Innenseite des Gefäßes sind deutlich
Spuren der Einwirkung von Werkzeugen, die beim Treiben des Gefäßes
verwendet wurden, sowie zahlreiche in Längsrichtung verlaufende
kleine Kratzer zu sehen. Die Außenfläche ist wesentlich glatter und
weist weniger ausgeprägte Treibspuren auf. Die symmetrisch angebrachten hohlen Henkel in Schlaufenform (an den Innenseiten mit Lötnähten
und an den Außenseiten mit sanft modellierten Längsrippen) werden zu
den unteren Rändern hin gleichmäßig breiter. Die oberen Teile der
Henkel liegen über den Rändern des Gefäßes. Die Halterungen der
Henkel bilden mit diesen ein einheitliches Ganzes und sind in der Mitte
an die Außenseiten des Gefäßes angelötet. Die oberen Halterungen
haben die Form gleichschenkliger Dreiecke mit nach unten weisender
Spitze und abgerundeten Seitenkanten. Die unteren Ansätze weisen
einen ovalen Umriß auf. Die Vorderansicht erinnert an das Schliemann-
sche »depas amphikypellon« (der Begriff wurde von Schliemann aus der
Ilias entlehnt).

Kleine Beule an der schmalen Mündung, Beule mit Riß unter der
schmalen Mündung, Beulen an den Henkeln. Zahlreiche Kratzer an der
Oberfläche des Gefäßes. Stellenweise Oxidflecken an der Innen- und
Außenfläche (wahrscheinlich Silberchloride und Bronzeoxide).

Literatur: Schliemann 1874, Taf. 202–204; 1881, S. 518, Nr. 772–773;
Götze, in Dörpfeld 1902, S. 353, Abb. 284; Schmidt 1902, S. 230, Nr.
5863; Bossert 1937, Abb. 114, 117; 1942, Taf. 14, Abb. 68, 11; Blegen
1950, S. 208; 1963, S. 74, Taf. 23; Matz 1956, S. 28, Taf. 5 (unten);
French 1969, S. 106, Abb. 94f; S. 303, Nr. I. 3. 2; Müller 1972, S. 79, Nr.
14, Taf. 13; Branigan 1974, S. 50 (Typ Ia); Yakar 1985, S. 135, Abb. XI,
30; Kat. Athen 1990, 167, Nr. 36; Siebler 1990, S. 124f, Abb. 39 (links
unten); S. 40; Goldmann 1991, Abb. 8; Mannsperger 1992, S. 133f,
Abb. 3; Schliemanns Gold 1993, S. 36, Abb. 4.

Entsprechungen: Genaue Entsprechungen aus Metall sind nicht be-
kannt, obwohl in der Ägäis solche Goldgefäße, jedoch mit nur einem
Schnabel und einem Henkel, gefunden wurden (siehe beispielsweise
Bucholz, Karageorghis 1971, Abb. 1082a–b [wahrscheinlich aus Arka-
dien, aufbewahrt im Louvre]; Branigan 1974, S. 50 [Typ I], Taf. 36f,
Nr. 3203, 3204; Higgins 1981, S. 7, Abb. 77).

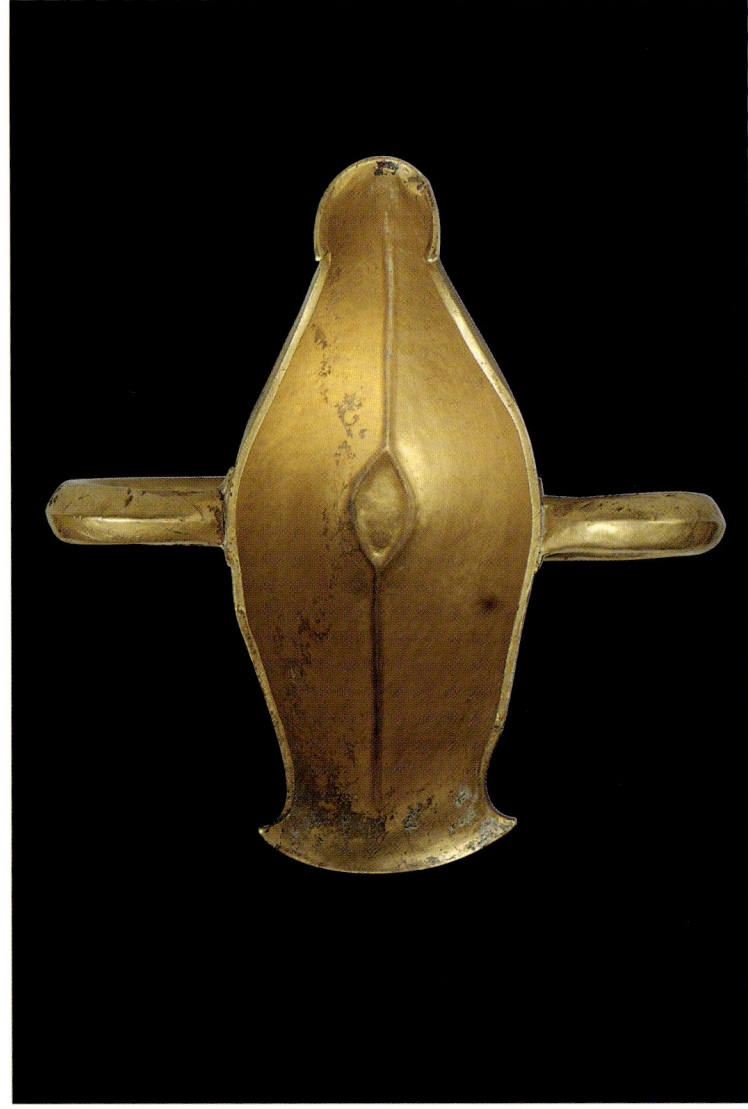

6. Fußbecher mit schrägen Kanneluren

Gold; Gewicht 69,45 g
Feingehalt 18 Karat (nach H. Schmidt)
Höhe 7,2 cm; Dm. der Öffnung 6,5 cm; Stärke der Wandung 0,18 cm
Inv. Aar 5, Bz 293, P 423
A 5864

Tulpenförmiger Becher auf einem kleinen, ausladenden, ringförmigen Fuß. Der Rand bildet eine Innen- und eine Außenlippe. Über die gesamte Wandung verlaufen diagonale Rippen, die von innen nach außen getrieben sind; sie reichen bis auf 0,9 cm an den Rand des Gefäßes. Der Becher ist samt Fuß aus einem einzigen Stück getrieben.

Wandung teilweise verformt; Fuß verbogen. Innen und außen Oxidationsspuren (Silberchloride?)

Literatur: Schliemann 1874, Taf. 202, 204, Nr. 3603; 1881, S. 520, Nr. 777; Götze, in Dörpfeld 1902, S. 351, Abb. 280a; Schmidt 1902, S. 230f, Nr. 5864; Bossert 1942, Taf. 14, Abb. 68, 1; Matz 1956, S. 19, Taf. 5 (oben rechts); French 1969, S. 303, Nr. II. 2. 1; Buchholz, Karageorghis 1971, Abb. 1074; Müller 1972, S. 79, Nr. 12 Taf. 11b (rechts); Branigan 1974, S. 48 (Typ III), Taf. 42; Podzuweit 1979, S. 24, 163, Taf. 7, LIb (Typ Ia); Easton 1984, S. 157; Yakar 1985, S. 135, Abb. XI, 23; Siebler 1990, S. 124f, Abb. 39 (rechts unten); Goldmann 1991, Abb. 7 (rechts); Schliemanns Gold 1993, S. 36, Abb. 3b; Özgüç, Temizer 1993, S. 625.

Entsprechungen: Goldbecher Kat. 7, Silberbecher Kat. 103; Silberbecher aus Schatz A von Eskiyapar, Museum der anatolischen Zivilisationen Ankara, Inv. 109-510-68; 109-511-68 (Toker 1992, S. 52f, Nr. 28–29; Özgüç, Temizer 1993, S. 617f, Abb. 45–46, Taf. 116, 3–4); in Keramik ist diese Form nicht nur aus der Troas (Kat. Athen 1990, Nr. 20), sondern auch aus Thermi und Ahlatlibel bekannt (Podzuweit 1979, S. 162f; Easton 1984, S. 157); Arslantepe VIB (Palmieri 1981, S. 112, 116, Abb. 9, 4); zu ähnlichen Kanneluren siehe Silbergefäß aus Horoztepe (Özgüç 1964, S. 2f, Abb. 1).

7. Becher mit senkrechten Kanneluren

Gold; Gewicht 226,76 g
Feingehalt 23 Karat (nach H. Schmidt)
Höhe 8,7 cm; Dm. der Öffnung 7,9–8,0 cm; Dm. des Fußes 3,9 cm; Stärke der Wandung 0,13 cm
Inv. Aar 6, Bz 294, P 424
A 5865

Becher mit zylindrischer Form, nach unten hin abgerundet. Über die gesamte Oberfläche der Wandung verlaufen 32 vertikale, von innen her getriebene Rippen, die Kanten in Form von Kanneluren mit einer Breite von 0,7–0,8 cm bilden und bis auf etwa 0,9 cm an den Rand des Gefäßes heranreichen. Der separat hergestellte Fuß hat die Form eines flachen, ringförmigen Wulstes. In seinem mittleren Teil befindet sich eine runde Öffnung mit einem Durchmesser von 0,3 cm. Die Standfläche ist verformt und mit Beulen bedeckt, die Ränder am Wulst des Fußes sind verformt. Stellenweise sind Spuren von Arbeiten mit Werkzeugen vorhanden, mit denen die Wandung des Gefäßes getrieben wurde.

Die Oberfläche des Bechers ist abgerieben und verbeult, stellenweise mit Oxiden (Silberchloriden) bedeckt. Innen zahlreiche Kratzer.

Literatur: Schliemann 1874, Taf. 202–204, Nr. 3602; 1881, S. 520, Nr. 776; Götze, in Dörpfeld 1902, S. 351, Abb. 280c; Schmidt 1902, S. 231, Nr. 5865; Bossert 1942, Taf. 14, Abb. 68, 2; Matz 1956, S. 19, Taf. 5 (links oben); French 1969, S. 106, Abb. 94g; 303, Nr. I. 3. 3; Buchholz, Karageorghis 1971, Abb. 1073; Müller 1972, S. 79, Nr. 11, Taf. 11b; Branigan 1974, S. 48 (Typ III), Taf. 42; Podzuweit 1979, S. 24, 163, Taf. 7, LIa (Typ Ia); Easton 1984, 157; Yakar 1985, S. 135, Abb. XI, 21; Kat. Athen 1990, S. 168, Nr. 37; Siebler 1990, S. 124, Abb. 39 (links oben); Goldmann 1991, Abb. 7 (links); Schliemanns Gold 1993, S. 36, Abb. 3a; Özgüç, Temizer 1993, S. 625.

Entsprechungen: siehe Kat. 6

8. Becherfragmente

Silber; Gewicht 95,28 g
Höhe 7,7 cm; Dm. der Öffnung 9,5 cm; Stärke der Wandung 0,13 cm
Inv. Aar 7, Bz 430, P 374
A 5866

Fragmente eines Bechers mit konischer Form mit nach außen gebogenem Rand und leicht konkavem Boden.

Literatur: Schliemann 1874, Taf. 192, 204, Nr. 3490d; 1881, S. 524, Nr. 785; Götze, in Dörpfeld 1902, S. 351, Abb. 279; Schmidt 1902, S. 231, Nr. 5866; French 1969, S. 106, Abb. 94c; 305, Nr. III. 4. 4; Podzuweit 1979, S. 24, 163 (Typ III).

Entsprechungen: Goldbecher aus Kültepe (Toker 1992, Nr. 44).

9. Kleiner Gefäßdeckel

Silber; Gewicht 14,39 g
Höhe 1,7 cm; Dm. oben 3,23 cm; Dm. unten 2,67 cm; Dm. der Schnurlöcher 0,1 cm
Inv. Aar 8, P 383
A 5874; 4074

Gefäßdeckel mit zylindrischer Form und ringförmigem, nach außen gebogenem unterem Rand. Oberer Teil in Form einer leicht konvexen Scheibe mit hervorstehendem Rand und zwei Schnurlöchern.
Hinweise auf den Fund dieses Gegenstandes fehlen in H. Schliemanns *Trojanische Alterthümer*, er befindet sich nicht auf der Gesamtfotografie des Schatzes. Somit ist anzunehmen, daß er nicht zu Schatz A gehört (Easton 1984, S. 150).

Vollkommen mit Oxiden bedeckt (Silberchloride?). Nicht gereinigt.

Literatur: Schliemann 1874, Taf. 192, Nr. 3486; 1881, S. 521, Nr. 778; Götze, in Dörpfeld 1902, S. 354, Abb. 289; Schmidt 1902, S. 232, Nr. 5874; French 1969, S. 305, Nr. III. 4. 12; Branigan 1974, S. 50.

Entsprechungen: Goldener Gefäßdeckel aus Schachtgrab III in Mykene, Nationalmuseum Athen (Karo 1930/33, Taf. CIII, 85).

10. Großes Diadem mit Gehänge

Goldblech; geschmiedete Drähte; getriebene Ornamentik; Gewicht 193,47 g

12.271 Ringe; 4.066 schuppenförmige Plättchen (nach Schliemann). Länge der oberen Querkette 50,8 cm; Länge des seitlichen Gehänges ohne Anhänger 27,3 cm; Länge des mittleren Gehänges mit Anhängern 9,7 cm; Höhe der Idole 2,95–3,15 cm; Höhe der zackenförmigen Anhänger 1,75–1,80 cm; Länge der schuppenförmigen Plättchen 0,6–0,7 cm. Querbänder zur Befestigung der seitlichen Gehänge: Länge 2,87–2,89 cm; Breite 0,17–0,18 cm; Stärke 0,05 cm. Abstand zwischen oberer und mittlerer Querkette 5 cm, zwischen den Querbändern 4,9–5,1 cm.

Inv. Aar 9, Bz 297, P 427

A 5875

An einer Querkette hängen neunzig Ketten, die mit schuppenförmigen, leicht gewölbten Blättchen aus Goldblech mit erhabener Längsrippe geschmückt sind. Durch die Öffnungen im oberen Teil sind die schuppenförmigen Plättchen an den Ketten in einem Abstand von zwei Gliedern aufgereiht. An den kurzen Ketten sind je 27 bis 29, an den langen je 106 bis 110 schuppenförmige Plättchen aufgereiht. 16 Ketten (je acht links und rechts) flankieren die 74 kurzen, mit Anhängern verzierten Ketten in der Mitte. Diese Anhänger besitzen die Form eines Blattes mit zwei Spitzen. Befestigungselemente sind eine mittlere Querkette und Querbänder an den seitlichen Gehängen.

Die Anhänger der seitlichen Gehänge setzen sich aus einem gleichseitigen Dreieck mit abgerundeter Spitze und einem Trapez mit nach unten ausschwingenden Seiten zusammen. Entlang der Seitenkanten des oberen Elements der Figur reihen sich Punkte. Dreimal drei waagrechte Punktreihen teilen die Figur in drei Felder. Je ein buckelartiger Punkt befindet sich im oberen und mittleren Feld, drei reihen sich im unteren. Am linken Seitengehänge sind sechs Anhänger, am rechten acht Anhänger erhalten. Außerdem ist ein zur linken Seite gehörendes Fragment einer kurzen Kette mit Anhänger separat erhalten. Einer der Anhänger der linken Seite weist Reparaturspuren auf. Dieser Anhänger ist kürzer als die übrigen. Alle idolförmigen Anhänger haben leicht unterschiedliche Umrisse.

Eingebüßt sind (von links nach rechts): linke untere Ecke des ersten Idols, rechte Ecke des achten Idols. Kettenglieder durch einen Faden ersetzt: 3, 5 und 7 (an zwei Stellen). An der 14. kurzen Kette fehlt der zweizackige Anhänger. Rechts an der ersten langen Kette fehlt ein Glied. Die zweite Kette mit Anhänger ist vom Querband gelöst. An der vierten Kette fehlt der idolförmige Anhänger. An der sechsten Kette fehlen Glieder. Zahlreiche Verformungen. Ketten verschmutzt und nachgedunkelt. Nach den Biegespuren zu urteilen, wurde vielen Ketten durch Umbiegen eine neue Form gegeben.

Literatur: Schliemann 1874, Taf. 204–205; 1881, S. 511, Nr. 687; Götze, in Dörpfeld 1902, S. 360, Abb. 301; Schmidt 1902, S. 232ff., Nr. 5875, Beil. I (oben); Becatti 1955, S. 13; Blegen 1963, S. 75, Taf. 23; Maxwell-Hyslop 1971, Taf. 40; Müller 1972, S. 78, Nr. 8, Taf. 9; Branigan 1974, S. 38 (Typ V), 183, Nr. 2183; Sargnon 1987, Nr. 250, Abb. 4; Kat. Athen 1990, S. 168f, Nr. 38; Kuckenburg 1992, S. 201–218; Musche 1992, S. 113–115 (mit Bibliographie), Abb. 2, Taf. XXXIX (unten); Schliemanns Gold 1993, S. 37, Abb. 5; Reinholdt 1993, S. 40f, Abb. 46.

Entsprechungen: Zu den Querbändern: Poliochni, Nationalmuseum Athen (Bernabò-Brea 1976, 290, Taf. CCL, 41; CCLII, 11). Zu den schuppenförmigen Plättchen: Körbchenohrringe mit Gehänge eines aus der Troas stammenden Schatzes, Museum der Universität Pennsylvania, Philadelphia (Bass 1970, S. 336, Nr. 5–6, Taf. 85, Abb. 5).

11. Kleines Diadem mit Gehänge

Goldblech; geschmiedete vierkantige Drähte; getriebene Ornamentik;
Gewicht 85,52 g
1750 Ringe; 354 schuppenförmige rhombische Plättchen (nach Schliemann). Länge des Querbandes 53,6 cm; Breite 0,9–1,1 cm; Stärke 0,03
cm; Länge der Gehänge mit Idolen 25,0–25,7 bzw. 10,5–10,7 cm; Höhe
der Idole 2,6–2,7 bzw. 1,7–2,1 cm; Länge der Plättchen 1,2–1,3 cm.
Inv. Aar 10, Bz 296, P 426
A 5876

An einem langen, schmalen Band, an dessen in einem Winkel zusam-
menlaufenden, abgerundeten Enden jeweils drei Öffnungen angebracht
sind, hängen 64 Ketten aus Doppelgliedern mit Anhängern. 50 kurze
Ketten bilden das mittlere und je sieben lange Ketten die seitlichen
Gehänge. Die Ketten sind in gleichen Abständen jeweils nach vier
Gliedern mit rhombischen Plättchen geschmückt, die in der Mitte eine
zum Auffädeln geeignete Längsrippe aufweisen. Alle Ketten besitzen
Anhänger in Form von »Idolen«. An den langen Ketten sind je elf
Plättchen, an den kurzen je vier aufgereiht. Der Befestigung dienen
Querketten.
Die idolförmigen Anhänger bestehen aus zwei Elementen: Der obere
Teil ist halbrund, der untere Teil verbreitert sich zu einer abgerundeten
Basis und teilt sich in der Mitte. Die Anhänger sind mit getriebenen
Längsrippen versehen und im oberen und unteren Teil mit Rosettenpaa-
ren verziert (Halbkugeln mit einem Kranz aus Punkten). Die Halbkugeln
sind von der Rückseite der Anhänger her getrieben, die aus Punkten
bestehenden Kränze hingegen von der Vorderseite. Die Ketten sind
ohne zusätzliche Zwischenglieder am Stirnband befestigt.

Das Band des Diadems ist verformt. Eingebüßt sind 19 rhombische
Plättchen, sechs große und 16 kleine Anhänger, die Hälfte eines kleinen
»Idols« und die Hälfte eines rhombischen Plättchens. Die Ketten sind an
drei Stellen gerissen, wobei Glieder verlorengegangen sind. Sie sind
verschmutzt. Die seitlichen Ketten an der rechten Seite sind nicht
vollständig von einer Querkette durchzogen. Die Plättchen und Anhänger sind stellenweise verbogen.

Literatur: Schliemann 1874, Taf. 204, 206; 1881, S. 508, Nr. 685–686;
Schuchhardt 1891, S. 22, Abb. 35–36; Götze, in Dörpfeld 1902, S. 360,
Abb. 300; Schmidt 1902, S. 233, Nr. 5876, Beil. I (unten); Bossert 1942,
Taf. 14, Abb. 68, 3; Matz 1956, S. 19f, Taf. 6 (unten); Blegen 1963,
S. 75, Taf. 24; Müller 1972, S. 78, Nr. 9, Taf. 10; Branigan 1974, S. 38
(Typ V), 183, Nr. 2184; Kat. Athen 1990, S. 170, Nr. 39; Musche 1992,
S. 113ff; Schliemanns Gold 1993, S. 37, Abb. 6.

Entsprechungen: Ketten mit rhombischen Plättchen aus Troja, Archäologisches Museum Istanbul, Inv. 677M (Schliemann 1881, Abb. 832,
833; Branigan 1974, S. 41 [Typ VIII], 185, Taf. 21, Nr. 2349–2350;
Hazirlayan, Esin 1991, S. 37; Siebler 1994, S. 48, Abb. 58).

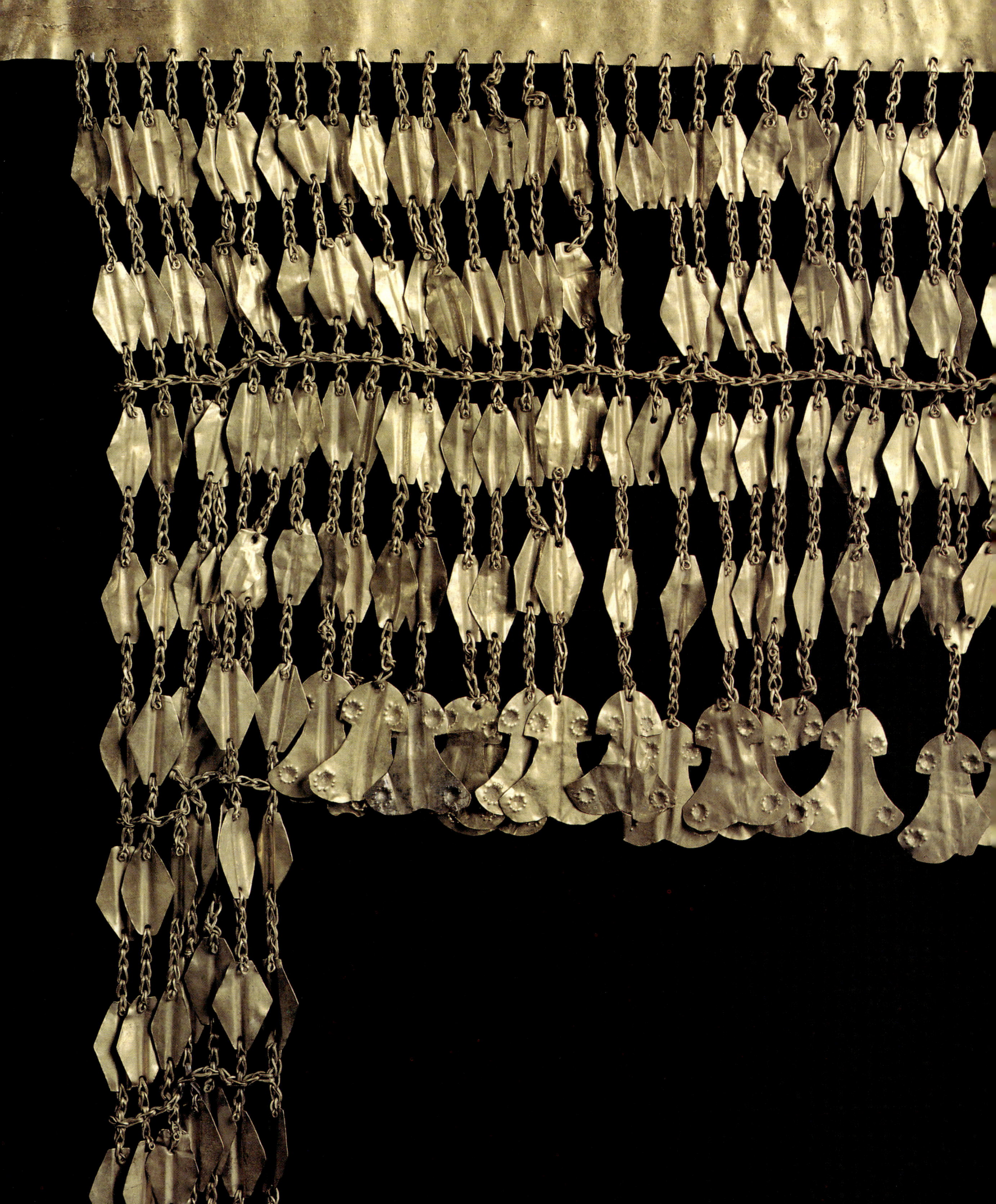

12. Diademartiges Stirnband

Goldblech; getriebene Ornamentik; Gewicht 7,93 g
Länge 46,2 cm, Breite 0,8–0,9 cm; Stärke 0,03 cm; Dm. der Öffnungen
0,18 cm; Dm. der Halbkugeln 0,24 cm
Inv. Aar 11, Bz 295, P 425
A 5877

Schmales Stirnband mit drei Öffnungen an den abgerundeten Enden.
Acht »Triglyphen«, die jeweils von vier vertikalen Reihen eines Punktornaments gebildet werden, teilen das Band in neun Felder. Die Anzahl der
Punkte der senkrechten Reihen der »Triglyphen« ist nicht einheitlich
und schwankt zwischen acht und zehn. Im mittleren Teil der Felder sind
im gleichen Abstand voneinander horizontal je zwei Buckel angebracht,
die durch einen diagonalen Einschnitt miteinander verbunden sind. In
jeden Buckel ist in der Mitte ein kleiner Punkt eingeschlagen. Im
mittleren Feld sind die Buckel durch zwei diagonale, kreuzweise angebrachte Einschnitte miteinander verbunden. Die Ränder des Bandes sind
durch eine Punktreihe verziert, die an den Enden jedoch fehlt. Die
Öffnungen an den Enden des Bandes sind von der Rückseite eingeschlagen. Die hierbei an der Vorderseite gebildeten Grate sind nicht geglättet. Die Punktreihe, die diagonalen Einschnitte, welche die Buckel
verbinden, sowie die Buckel selbst sind mit Stempeln und einem

Werkzeug mit flacher Arbeitsfläche von der Rückseite her eingeschlagen, während die Einfassungen der Buckel von der Vorderseite her
durch ein hohles Röhrchen aufgetragen sind. Einer der beiden diagonalen Einschnitte im mittleren Feld ist von der Vorderseite her ausgeführt.

Beschädigt. Insbesondere in der Mitte sind Biegespuren vorhanden.
Verschmutzungen.

Literatur: Schliemann 1874, Taf. 204, 209; 1881, S. 517, Nr. 767;
Götze, in Dörpfeld 1902, S. 360, Abb. 299; Schmidt 1902, S. 233, Nr.
5877; Bass 1966, S. 35; 1970, S. 336f; Branigan 1974, S. 37 (Typ I),
Taf. 40, Nr. 2140; Schauer 1980, S. 130, 135, Anm. 12; Easton 1984,
S. 159; Kat. Athen 1990, S. 170, Nr. 39; Musche 1992, S. 113,
Taf. XXXIX (oben); Schliemanns Gold 1993, S. 37, Abb. 6.

Entsprechungen: Drei Diademe aus späteren Ausgrabungen in Troja
(Schliemann 1881, Nr. 919, 921; Blegen 1950, Abb. 357, Nr. 37. 510;
Branigan 1974, S. 183, Nr. 2139, 2141–2142); Ägäis, vor allem Mochlos und Platanos (Branigan 1974, S. 37 [Typ 1], Taf. 20, Nr. 2138, 2143–
2161); Troas (Bass 1970, S. 336f, Nr. 7, Taf. 86, Abb. 7; Branigan 1974,
S. 183, Nr. 2162); Anatolien und Vorderer Orient (Schauer 1980,
S. 130; Gürkan, Seeher 1991, S. 85, Abb. 22, 7–12; S. 90; Seeher 1991,
S. 110f, Abb. 7, S. 3–9; 1992, S. 8, 15, Abb. 7, 2).

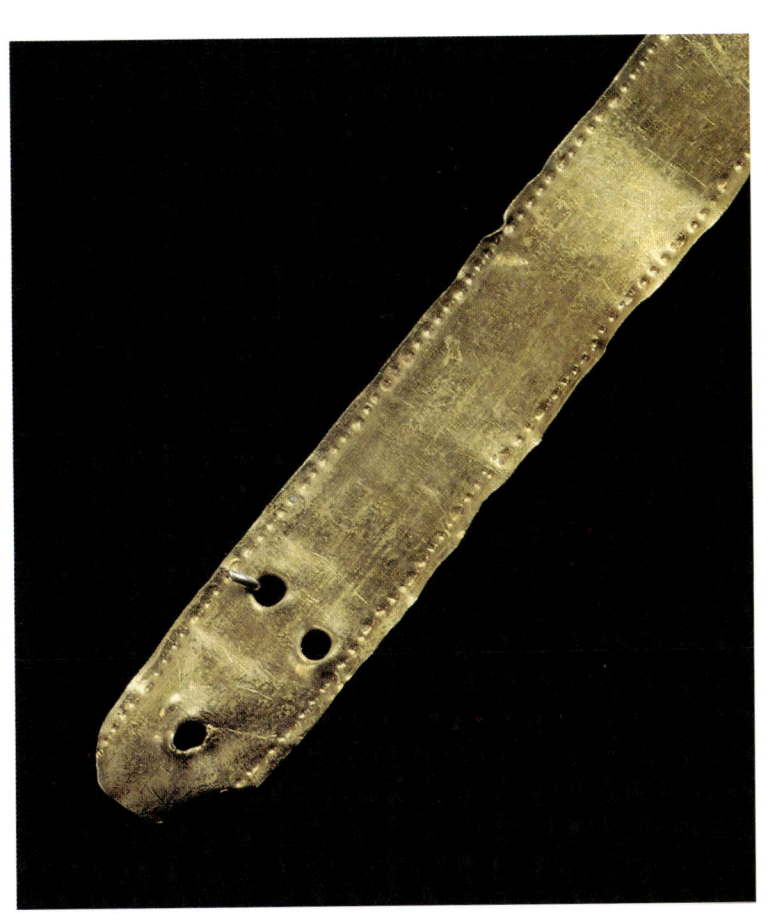

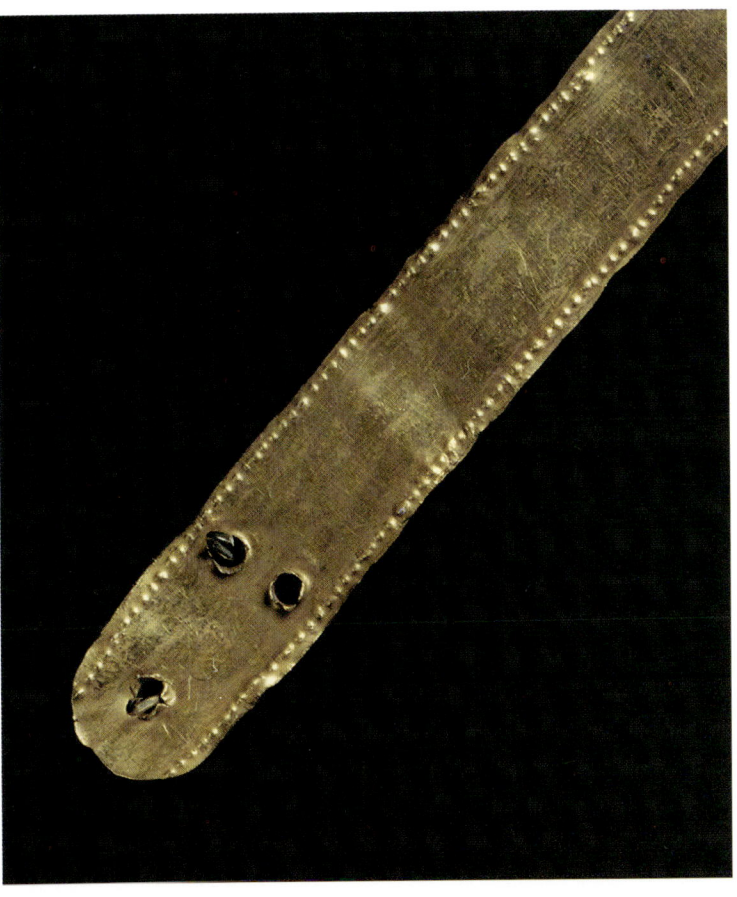

13. Körbchenohrring mit Gehänge

Gold; Gewicht 10,46 g
Höhe des Körbchens mit Leiste (ohne Haken) 1,35 cm; Breite 1,6 cm; Tiefe 0,85 cm; Stärke 0,05 cm; Höhe der Leiste 0,25 cm; Länge der Ketten mit Anhängern 7,2–7,25 cm; Höhe der Anhänger 1,85–1,95 cm; Länge der schuppenförmigen Plättchen 0,55–0,6 cm; Stärke der schuppenförmigen Plättchen und Anhänger 0,02 cm
Inv. Aar 12, Bz 57, P 101
A 5878

Körbchenohrring, dessen Körbchen aus sieben zusammengelöteten, vertikalen Elementen mit abgerundeten, blütenblattähnlichen Enden besteht. Das mittlere dieser Elemente ist doppelt so breit wie die übrigen. Der vordere Teil des Körbchens ist niedriger als der rückwärtige. Die sechs Seitenelemente werden durch Spiralen aus je einem dünnen Draht gebildet. Die Drahtstücke sind in der Horizontalen fest miteinander verlötet. Dabei ist ein Ende des Drahtes, der das jeweilige Blatt bildet, auf die Vorderseite des Körbchens herausgeführt und durch die horizontalen Friese der Granulation verdeckt. Die nebeneinanderliegenden Blätter berühren die herausgeführten Enden der Drähte. Das andere Ende des Drahtes, der das Blütenblatt bildet, ist an der Rückseite des Körbchens in das Innere der Spirale geführt. Das mittlere Element des Körbchens besteht aus einem Streifen, der mit vier Reihen schräger Einschnitte nach Art eines Fischgrätenmusters verziert ist. Dieser Streifen ist mit dem Haken verbunden, der einen runden Querschnitt aufweist und über die Rückseite des Ohrringkörpers hinaus umgebogen ist; die Spitze ist wellenförmig gebogen.

Der vordere Teil des Körbchens ist im oberen Bereich mit einem aufgelegten Dekor verziert, das durch drei waagrechte Drähte gebildet wird. Zwischen diesen Drähten sind zwei Reihen mit je neun, aus flachen Scheiben bestehenden Miniaturrosetten eingefügt. Die Scheiben sind mit radialen Einschnitten sowie mit Goldkügelchen verziert, die in der Mitte aufgelötet sind.

An den Boden des Körbchens ist eine schmale, trapezförmige Leiste angelötet, die am unteren Rand fünf von der Vorderseite her eingeschlagene Öffnungen aufweist. Die Grate an der Rückseite der Öffnungen sind geglättet. Die Öffnungen liegen etwa gleich weit voneinander entfernt. Der obere Teil der Vorderseite der Leiste ist mit zwei Reihen schräger Einschnitte versehen, die ein »Fischgrätenmuster« ergeben.

An der Leiste sind fünf, mit schuppenförmigen Plättchen besetzte Ketten angebracht. Die Plättchen sind der Reihe nach aufeinandergelegt und an den Ketten regelmäßig jeweils nach einem Glied befestigt (von links nach rechts 24, 23, 23, 24, 24 Plättchen an jeder Kette). Die leicht konkaven Plättchen sind von elliptischer Form. Sie verbreitern sich im unteren Teil und sind oben mit Öffnungen zur Befestigung versehen, die von der Innenseite her eingeschlagen sind.

An den unteren Enden der Ketten sind idolartige Anhänger befestigt. Ihr oberer Teil hat die Form eines gleichseitigen Dreiecks mit abgerundeter Spitze, der untere Teil ist ein Trapez mit nach unten ausschwingenden Seitenkanten. Ihre Gestalt sowie die Verzierung mit Buckeln und Punktreihen besitzen dieselben Merkmale wie die »Idole« des großen

Diadems (Kat. 10). Die Anhänger haben ähnliche, jedoch nicht identische Umrisse.

Der mittlere Streifen des Körbchens ist an der Rückseite eingebogen. Die Plättchen und Anhänger sind leicht abgerieben und verbogen. Die Vorderseite des Körbchens ist nachgedunkelt.

Literatur: Schliemann 1874, Taf. 204, 209; 1881, S. 517, Nr. 770; Götze, in Dörpfeld 1902, S. 359, Beil. 44, N Ia; Schmidt 1902, S. 233f, Nr. 5878, Beil. II; Bossert 1942, Taf. 14, Abb. 68, 8; Matz 1956, Taf. 6 (rechts oben); 1962, S. 59; Bass 1966, S. 33; French 1969, S. 350, Nr. D3. I. 4. 1; Maxwell-Hyslop 1971, S. 49, Abb. 32b; S. 51, Abb. 35; Taf. 40; Müller 1972, S. 80, Nr. 16, Taf. 15a; Branigan 1974, S. 47 (Typ I), Taf. 34, Nr. 2990; Wolters 1983, S. 70, Abb. 19 (links unten); Kat. Athen 1990, S. 173, Nr. 42–44; Musche 1992, S. 120 (Typ 6. 9. 3), Taf. XL.

Entsprechungen: Troja, Archäologisches Museum Istanbul (Kat. Istanbul 1983, S. 136, Abb. 343; Kat. Tokyo 1985, 360, Nr. 63; Hazirlayan, Esin 1991, 36–37; Musche 1992, S. 117–120, Taf. XL [Typen 6. 1, 6. 3–6. 8]; Siebler 1994, S. 48, Abb. 58–59); Schatz aus der Troas, Museum der Universität Pennsylvania, Philadelphia (Bass 1966, S. 30, 32; 1970, S. 335ff., Taf. 85, Abb. 3–6); Gebiet um Troja, Auktion der Galerie Taisei (Content 1992, 26f, Nr. 26); Poliochni, Athen, Nationalmuseum (Maxwell-Hyslop 1971, S. 60, Taf. 41; Bernabò-Brea 1976, S. 286ff, Taf. CCXLI–CCXLIV; CCLI a/b); Schätze A und B aus Eskiyapar, Museum der anatolischen Zivilisationen, Ankara (Özgüç, Temizer 1993, S. 614, Abb. 1–4; 615 [Typ a]; Taf. 106, 2–5; B, 1–2; 621).

14. Körbchenohrring mit Gehänge

Gold; Gewicht 8,46 g

Höhe des Körbchens mit Leiste (ohne Haken) 1,06 cm; Breite 1,5 cm; Tiefe 1,01 cm; Stärke 0,07 cm; Höhe der Leiste 0,25 cm; Länge der Ketten mit Anhängern 6,2–6,3 cm; Höhe der Anhänger 1,7–1,8 cm; Länge der schuppenförmigen Plättchen 0,4 cm; Stärke der schuppenförmigen Plättchen und Anhänger 0,02 cm

Inv. Aar 13, Bz 56, P 100

A 5879

Körbchenohrring, dessen Körbchen aus fünf zusammengelöteten, vertikalen Elementen mit abgerundeten, blütenblattähnlichen Enden besteht. Das mittlere dieser Elemente ist etwas schmaler als die übrigen. Der vordere Teil des Körbchens ist etwas höher als der rückwärtige. Die vier Seitenelemente werden durch Spiralen aus je einem dünnen, doppelten Draht gebildet. Die Drahtstücke sind in der Horizontalen fest miteinander verlötet. Dabei sind zwei Enden des Drahtes, der jeweils das Blatt bildet, auf die Vorderseite des Ohrringkörpers herausgeführt und durch die horizontalen Friese der Granulation verdeckt. Das mittlere Element des Körbchens besteht aus einem schmalen, mit einem Gittermuster verzierten Streifen.

Der Haken des Ohrrings ist in einem asymmetrischen Bogen ausgeführt und reicht hinter den rückwärtigen Teil des Ohrringkörpers. Sein Draht hat einen rechtwinkligen Querschnitt und weist abgerundete Enden auf. Der Haken verbreitert sich stark in Richtung der Vorderseite des Körbchens. Er wird durch einen zweifach zusammengelegten, in eine Spitze ausgetriebenen Draht gebildet, der sich an der Befestigungsstelle am mittleren Element des Körpers teilt. Der vordere Teil des Körbchens ist im oberen Bereich mit einem aufgelegten Dekor verziert, das durch drei waagrechte Drähte gebildet wird. Zwischen diesen Drähten sind

zwei Reihen mit je sieben Miniaturrosetten eingefügt, die aus flachen Scheiben bestehen. Die Scheiben sind mit radialen Einschnitten sowie mit Goldkügelchen verziert, die in der Mitte aufgelötet sind.

An den Boden des Körbchens ist eine schmale trapezförmige Leiste angelötet, die am unteren Rand fünf von der Vorderseite her eingeschlagene Öffnungen aufweist. Die Grate an der Rückseite der Öffnungen sind geglättet. Die Öffnungen liegen etwa gleich weit voneinander entfernt. Der obere Teil der Vorderseite der Leiste zeigt ein Gittermuster.

An der Leiste sind fünf Ketten angebracht, die mit schuppenförmigen Plättchen besetzt sind. Diese sind der Reihe nach aufeinandergelegt und an den Ketten regelmäßig jeweils nach einem Glied befestigt (von links nach rechts 23, 23, 23, 24, 24 Plättchen an jeder Kette). Die leicht konkaven Plättchen haben die Form einer runden Scheibe. Sie sind oben mit Öffnungen zur Befestigung versehen, die von der Innenseite her eingeschlagen sind. Die idolartigen Anhänger entsprechen denen des Körbchenohrrings mit Gehänge Kat. 13.

Die Ketten mit den Blättern sind verbogen und verformt. Verlorengegangen sind die rechte Ecke des ersten Anhängers in Form eines »Idols«, der zweite Anhänger ist fast vollständig eingebüßt.

Literatur: Schliemann 1874, Taf. 204, 219; 1881, S. 517, Nr. 771; Götze, in Dörpfeld 1902, S. 359, Beil. 44, Nr. Ic; Schmidt 1902, S. 234, Nr. 5879, Beil. II; Bossert 1942, Taf. 14, Abb. 68, 4; Matz 1962, S. 59; Bass 1966, S. 33; 1970, S. 335f, Nr. 3–4, Taf. 85, Abb. 3–4; French 1969, Nr. D3. I. 4. 2; Branigan 1974, S. 47 (Typ I), Taf. 35, Nr. 2991; Kat. Athen 1990, S. 173, Nr. 42–44; Musche 1992, S. 120 (Typ 6. 9. 4); Taf. XL.

Entsprechungen: siehe Kat. 13

15. Körbchenohrring mit Gehänge

Gold; Gewicht 7,74 g
Höhe des Körbchens mit Leiste (ohne Haken) 1,24 cm; Breite 1,26 cm; Tiefe 0,67 cm; Stärke 0,06 cm; Höhe der unteren Leiste mit Ringen 0,32 cm; Dm. der Ringe 0,23–0,25 cm; Länge der Ketten mit Anhängern 6,7-6,8 cm; Höhe der Anhänger 1,8–1,9 cm; Länge der Röhrchen 0,48-0,54 cm; Länge der Muffen 0,11–0,12 cm; Stärke der Anhänger 0,02 cm
Inv. Aar 14, Bz 58, P 102
A 5880

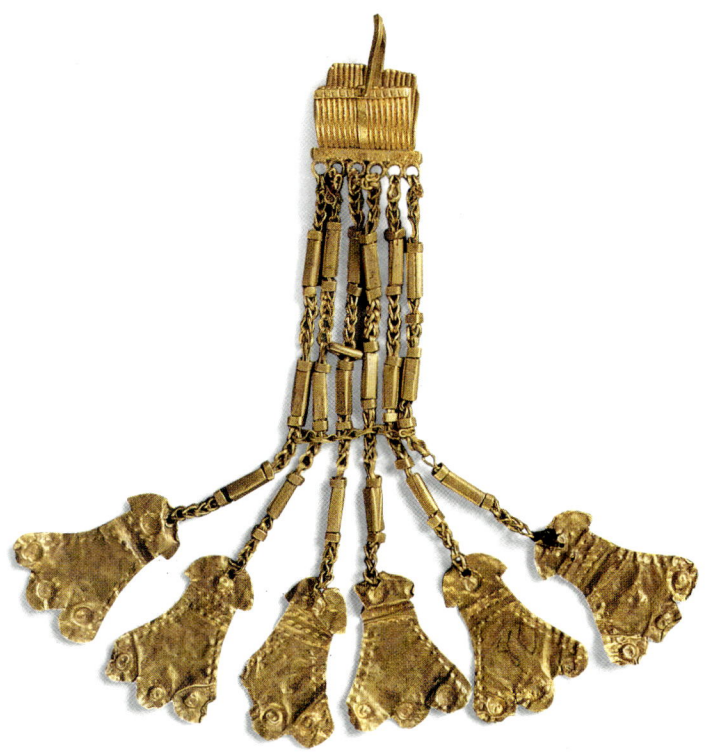

Körbchenohrring, dessen Körbchen aus 17 zusammengelöteten vertikalen Drähten besteht, von denen der mittlere verdickt und etwa doppelt so breit ist wie die übrigen. Der vordere Teil des Körbchens ist etwas höher als der rückwärtige. Der mittlere Draht geht in einen Haken über, der einen rechtwinkligen Querschnitt aufweist. Der sich gleichmäßig zu einer Nadel verjüngende Haken ist gebogen und reicht etwas über die rückwärtige Seite des Körbchens hinaus. Sein Ende hat einen dreieckigen Querschnitt und ist zugespitzt.
Die Vorderseite des Körpers ist im oberen Bereich mit einem aufgelegten Dekor verziert, das durch drei waagrechte Drähte gebildet wird. Zwischen diesen Drähten sind zwei Reihen sehr kleiner Goldkügelchen eingefügt (zehn in der oberen und elf in der unteren Reihe). Die Rückseite des Körbchens wird am oberen Rand durch einen aufgelöteten schmalen Streifen mit zwölf senkrechten Einschnitten zusammengehalten.
An den Boden des Körbchens ist, versetzt zur Längsachse, eine schmale Leiste von rechtwinkliger Form angelötet, die über die Enden des Körbchens hinausragt. An ihrer Unterseite sind sechs einander berührende, kleine Ringe aus Draht mit flachem Querschnitt angelötet. An den Ringen sind sechs Ketten mit idolartigen Anhängern befestigt. Jede Kette besitzt drei vierkantige Röhrchen und drei schmale, ringförmige Muffen. Zur Befestigung dient eine Querkette. Die Röhrchen sind aus dünnen Plättchen zusammengerollt und mit überlappendem Rand ausgeführt.
Die zweigliedrigen Anhänger sind unten in drei Bogen ausgeschnitten. Hier wie im oberen halbrunden Teil ergeben Buckel mit Punktkreisen jeweils eine Rosette. Hinzu kommen drei querlaufende Punktreihen und eine entlang des Randes. Die Punktreihen sind in der Regel von der Vorderseite her eingeschlagen. In einer Reihe von Fällen sind sie auf einer der Seiten von der Rückseite her eingeschlagen. An den drei Anhängern rechts sind die äußeren Reihen von der Rückseite her und die mittlere Reihe von der Vorderseite her eingeschlagen. Eine umgekehrte Gesetzmäßigkeit liegt bei den drei linken Anhängern vor. Die Punkte, welche die Bogenformen einfassen, sind von der Vorderseite her eingeschlagen.

Das Körbchen ist verbogen, die Anhänger sind verformt, die Ketten verwickelt. Die untere Ecke des dritten Idols von rechts ist verloren. Das erste Idol von links ist an der Kette mit einem schwarzen Faden befestigt.

Literatur: Schliemann 1874, Taf. 204, 209; 1881, S. 517, Nr. 769; Götze, in Dörpfeld 1902, S. 359, Beil. 44, Nr. Ib; Schmidt 1902, S. 234, Nr. 5880, Beil. II; Bossert 1942, Taf. 14, Abb. 68, 6; Matz 1962, S. 59; Bass 1966, S. 33; French 1969, S. 350, Nr. D3. I. 4. 3; Maxwell-Hyslop 1971, S. 49, Abb. 32b; 51, Abb. 35; Taf. 40; Branigan 1974, S. 47 (Typ I), Taf. 34, Nr. 2992; Wolters 1983, S. 70, Abb. 19 (rechts oben); Kat. Athen 1990, S. 173, Nr. 42–44; Musche 1992, S. 120 (Typ 6. 9. 2); Taf. XL.

Entsprechungen: siehe Kat. 13.

16. Körbchenohrring mit Gehänge

Gold; Gewicht 7,5 g
Höhe des Körbchens mit Leiste (ohne Haken) 1,16 cm; Breite 1,22 cm;
Tiefe 0,67 cm; Stärke 0,06 cm; Höhe der Leiste mit Ringen 0,33 cm;
Dm. der Ringe 0,21–0,23 cm; Länge der Ketten mit Anhängern
6,6–6,7 cm; Höhe der Anhänger 2,0–2,05 cm; Länge der Röhrchen
0,48–0,54 cm; Länge der Muffen 0,11–0,12 cm; Stärke der Anhänger
0,02 cm
Inv. Aar 15, Bz 59, P 103
A 5881

Körbchenohrring, dessen Körbchen aus 17 zusammengelöteten, vertikalen Drähten besteht, von denen der mittlere abgeflacht und etwa
doppelt so breit ist wie die übrigen. Der rechts am mittleren Element
anliegende Draht ragt im vorderen Teil 0,2 cm über den oberen Rand
des Körbchens hinaus. Der vordere Teil des Körbchens ist etwas höher,
wobei der rechte Rand höher ist als der linke. Der mittlere Draht geht in
einen Haken über, der einen rechtwinkligen Querschnitt aufweist. Der
sich gleichmäßig zu einer Nadel verjüngende Haken ist gebogen und
steht etwas über die rückwärtige Seite des Körbchens hinaus. Sein Ende
ist zugespitzt. Der vordere Teil des Körbchens ist im oberen Bereich mit
einem aufgelegten Dekor verziert, das durch drei waagrechte Drähte
gebildet wird. Zwischen diesen Drähten sind zwei Reihen mit je elf sehr
kleinen Goldkügelchen eingefügt. Das vierte Kügelchen von links in der
oberen Reihe ist größer als die anderen, leicht abgeflacht und trifft auf
einen horizontalen Draht. Die Rückseite des Körbchens wird am bogen-
förmig verlaufenden oberen Rand durch einen schmalen Streifen zusammengehalten.
An den Boden des Körbchens ist eine schmale Leiste von rechtwinkliger
Form angelötet, die über die Enden des Körbchens hinausragt. An ihrer
Unterseite sind sechs einander berührende, kleine Drahtringe mit flachem Querschnitt angelötet. An den Ringen sind fünf Ketten mit
idolartigen Anhängern befestigt. An der Querkette ist das Bruchstück
der sechsten Kette mit Anhänger angebracht. Jede Kette besitzt drei
vierkantige Röhrchen und drei schmale, ringartige Muffen. Die Röhrchen sind aus dünnen Plättchen zusammengerollt und mit überlappendem Rand ausgeführt.
Die zweigliedrigen Anhänger sind unten in drei Bogen ausgeschnitten.
Hier wie im halbrunden oberen Teil ergeben Buckel mit Punktkreisen
jeweils eine Rosette. Die Buckel sind an allen Anhängern mit Ausnahme
des ersten von links von der Rückseite her getrieben. Die Punktreihen an
den Seiten der Anhänger sind sowohl von der Vorderseite als auch von
der Rückseite her eingeschlagen. Die äußeren Reihen der Querreihen
sind von der Rückseite her eingeschlagen, die mittlere Reihe von der
Vorderseite her. Die Punkte, welche die Buckel einrahmen, sind von der
Vorderseite her eingeschlagen.

Die Anhänger sind verformt. Verloren sind der dritte Anhänger von
links, der untere Teil des fünften Anhängers von links des dritten Idols
von rechts, die linke Ecke des ersten Anhängers von links, der obere Teil
der sechsten Kette. An den Anhängern befinden sich kleine eingerissene
Stellen. Die obere Ecke des zweiten Anhängers von links ist umgebogen. Der untere Teil des Körbchens ist verschmutzt.

Literatur: Schliemann 1874, Taf. 204, 209; 1881, S. 517, Nr. 768;
Schmidt 1902, S. 234, Nr. 5881; French 1969, S. 350, Nr. D3. I. 4. 4;
Branigan 1974, S. 47 (Typ I), 191, Nr. 2993; Musche 1992, S. 120 (Typ
6. 9. 1), Taf. XL.

Entsprechungen: siehe Kat. 15

17. Lockenring mit drei Stäbchen

Gold; Gewicht 9,93 g
Dm. 1,82 cm; max. Breite 1,05 cm; Dm. des Hakens 0,2 cm
Inv. Aar 16, Bz 108, P 160
A 5882

Halbringförmiges Schmuckstück aus drei zusammengelöteten Drähten,
in der Mitte verdickt und an einem Ende in einen Haken mit abgeflachtem Querschnitt ausgetrieben. Dieser geht in eine nadelförmige Spitze
über, die nach der Kontur des Ringes umgebogen ist.

Verschmutzt.

Literatur: Schliemann 1874, Taf. 196; 1874a, S. 297, 299; 1881, S. 514,
Nr. 699; Schmidt 1902, S. 234, Nr. 5882–5883; Götze, in Dörpfeld
1902, S. 358, Beil. 43, Nr. Vb; French 1969, S. 350, Nr. D3. I. 4. 5;
Maxwell-Hyslop 1971, S. 50f (Typ 1), Abb. 33 a, b, q, r; Branigan 1974,
Taf. 41, Nr. 2787–2798; Calmeyer 1977, S. 87, Abb. 1; Musche 1992,
S. 115f (Typ 1: Muschelohrringe), Taf. XL.

Entsprechungen: Tarsus (Goldman 1956, Taf. 434, 3; Maxwell-Hyslop
1971, S. 62, Abb. 42, c; Yakar 1985, S. 223, Abb. XVIII, 4); Troja,
Archäologisches Museum Istanbul (Hazirlayan, Esin 1991, S. 11).

18. Lockenring mit drei Stäbchen

Gold; Gewicht 10,55 g
Dm. 1,8 cm; max. Breite 1,1 cm; Dm. des Hakens 0,2 cm
Inv. Aar17, Bz 110, P 162
A 5883

Halbringförmiges Schmuckstück aus drei zusammengelöteten Drähten, in der Mitte verdickt und an einem Ende in einen Haken mit abgeflachtem Querschnitt ausgetrieben. Dieser geht in eine nadelförmige Spitze über, die nach der Kontur des Ringes umgebogen ist.

Verschmutzt.

Literatur: siehe Kat. 17

Entsprechungen: siehe Kat. 17

19. Lockenring mit drei Stäbchen

Gold; Gewicht 2,79 g
Dm. 1,23 cm; max. Breite 0,73 cm; Dm. des Hakens 0,13 cm
Inv. Aar 18, Bz 122, P 174
A 5884

Halbringförmiges Schmuckstück aus drei zusammengelöteten Drähten, in der Mitte verdickt und an einem Ende in einen Haken mit abgeflachtem Querschnitt ausgetrieben. Dieser geht in eine nadelförmige Spitze über, die nach der Kontur des Ringes umgebogen ist.

Verschmutzt.

Literatur: Schliemann 1874, Taf. 196; 1881, S. 515, Nr. 762; Schmidt 1902, S. 234, Nr. 5884–5893; French 1969, S. 350, Nr. D3. I. 4. 7; Maxwell-Hyslop 1971, S. 50f (Typ 1), Abb. 33 a, b, q, r; Branigan 1974, Taf. 41, Nr. 2787–2798; Musche 1992, S. 115f (Typ 1: Muschelohrringe), Taf. XL.

Entsprechungen: siehe Kat. 17

20. Lockenring mit drei Stäbchen

Gold; Gewicht 2,71 g
Dm. 1,15 cm; max. Breite 0,74 cm; Dm. des Hakens 0,12 cm
Inv. Aar 19, Bz 130, P 182
A 5885

Halbringförmiges Schmuckstück aus drei zusammengelöteten Drähten, in der Mitte verdickt und an einem Ende in einen Haken mit abgeflachtem Querschnitt ausgetrieben. Dieser geht in eine nadelförmige Spitze über, die nach der Kontur des Ringes umgebogen ist.

Verschmutzt.

Literatur: siehe Kat. 19

Entsprechungen: siehe Kat. 17

21. Lockenring mit drei Stäbchen

Gold; Gewicht 2,84 g
Dm. 1,13 cm; max. Breite 0,7 cm; Dm. des Hakens 0,13 cm
Inv. Aar 20, Bz 137, P 189
A 5886

Halbringförmiges Schmuckstück aus drei zusammengelöteten Drähten, in der Mitte verdickt und an einem Ende in einen Haken mit abgeflachtem Querschnitt ausgetrieben. Dieser geht in eine nadelförmige Spitze über, die nach der Kontur des Ringes umgebogen ist.

Verschmutzt.

Literatur: siehe Kat. 19

Entsprechungen: siehe Kat. 17

22. Lockenring mit drei Stäbchen

Gold; Gewicht 2,64 g
Dm. 1,1 cm; max. Breite 0,74 cm; Dm. des Hakens 0,13 cm
Inv. Aar 21, Bz 138, P 190
A 5887

Halbringförmiges Schmuckstück aus drei zusammengelöteten Drähten, in der Mitte verdickt und an einem Ende in einen Haken mit abgeflachtem Querschnitt ausgetrieben. Dieser geht in eine nadelförmige Spitze über, die nach der Kontur des Ringes umgebogen ist.

Geringfügig verschmutzt.

Literatur: siehe Kat. 19

Entsprechungen: siehe Kat. 17

23. Lockenring mit drei Stäbchen

Gold; Gewicht 2,32 g
Dm. 1,15 cm; max. Breite 0,7 cm; Dm. des Hakens 0,1 cm
Inv. Aar 22, Bz 129, P 181
A 5888

Halbringförmiges Schmuckstück aus drei zusammengelöteten Drähten, in der Mitte verdickt und an einem Ende in einen Haken mit abgeflachtem Querschnitt ausgetrieben. Dieser geht in eine nadelförmige Spitze über, die nach der Kontur des Ringes umgebogen ist.

Geringfügig verschmutzt.

Literatur: siehe Kat. 19

Entsprechungen: siehe Kat. 17

24. Lockenring mit drei Stäbchen

Gold; Gewicht 2,73 g
Dm. 1,19 cm; max. Breite 0,73 cm; Dm. des Hakens 0,14 cm
Inv. Aar 23, Bz 87, P 139
A 5889

Halbringförmiges Schmuckstück aus drei zusammengelöteten Drähten, in der Mitte verdickt und an einem Ende in einen Haken mit abgeflachtem Querschnitt ausgetrieben. Dieser geht in eine nadelförmige Spitze über, die nach der Kontur des Ringes umgebogen ist.

Verschmutzt, insbesondere in den Rillen.

Literatur: siehe Kat. 19

Entsprechungen: siehe Kat. 17

25. Lockenring mit drei Stäbchen

Gold; Gewicht 2,72 g
Dm. 1,06 cm; max. Breite 0,72 cm; Dm. des Hakens 0,13 cm
Inv. Aar 24, Bz 123, P 175
A 5890

Halbringförmiges Schmuckstück aus drei zusammengelöteten Drähten, in der Mitte verdickt und an einem Ende in einen Haken mit abgeflachtem Querschnitt ausgetrieben. Dieser geht in eine nadelförmige Spitze über, die nach der Kontur des Ringes umgebogen ist.

Geringfügig verschmutzt.

Literatur: siehe Kat. 19

Entsprechungen: siehe Kat. 17

26. Lockenring mit drei Stäbchen

Gold; Gewicht 2,43 g
Dm. 1,18 cm; max. Breite 0,72 cm; Dm. des Hakens 0,11 cm.
Inv. Aar 5, Bz 103, P 155
A 5891

Halbringförmiges Schmuckstück aus drei zusammengelöteten Drähten, in der Mitte verdickt und an einem Ende in einen Haken mit abgeflachtem Querschnitt ausgetrieben. Dieser geht in eine nadelförmige Spitze über, die nach der Kontur des Ringes umgebogen ist.

Verschmutzt.

Literatur: siehe Kat. 19

Entsprechungen: siehe Kat. 17

27. Lockenring mit drei Stäbchen

Gold; Gewicht 2,55 g
Dm. 1,15 m; max. Breite 0,72 cm; Dm. des Hakens 0,12 cm
Inv. Aar 26, Bz 125, P 177
A 5892

Halbringförmiges Schmuckstück aus drei zusammengelöteten Drähten, in der Mitte verdickt und an einem Ende in einen Haken mit abgeflachtem Querschnitt ausgetrieben. Dieser geht in eine nadelförmige Spitze über, die nach der Kontur des Ringes umgebogen ist.

Verschmutzt.

Literatur: siehe Kat. 19

Entsprechungen: siehe Kat. 17

28. Lockenring mit drei Stäbchen

Gold; Gewicht 2,95 g
Dm. 1,23 cm; max. Breite 0,75 cm; Dm. des Hakens 0,12 cm
Inv. Aar 27, Bz 131, P 183
A 5893

Halbringförmiges Schmuckstück aus drei zusammengelöteten Drähten, in der Mitte verdickt und an einem Ende in einen Haken mit abgeflachtem Querschnitt ausgetrieben. Dieser geht in eine nadelförmige Spitze über, die nach der Kontur des Ringes umgebogen ist.

Lackspuren an der Innenseite.

Literatur: siehe Kat. 19

Entsprechungen: siehe Kat. 17

29. Lockenring mit vier Stäbchen

Gold; Gewicht 4,36 g
Dm. 1,2 cm; max. Breite 1,05 cm; Dm. des Hakens 0,15 cm
Inv. Aar 28, Bz 115, P 167
A 5894

Halbringförmiges Schmuckstück aus vier zusammengelöteten Drähten, in der Mitte verdickt und an einem Ende in einen Haken mit abgeflachtem Querschnitt ausgetrieben. Dieser geht in eine nadelförmige Spitze über, die nach der Kontur des Ringes umgebogen ist.

Verschmutzt, an der Innenseite mit Lack bedeckt.

Literatur: Schliemann 1874, Taf. 196; 1881, S. 515, Nr. 757; Götze, in Dörpfeld 1902, S. 358, Beil. 43, Nr. Vb–c; Schmidt 1902, S. 235, Nr. 5894–5910 (5903 auf Beil. I); French 1969, S. 350, Nr. D3. I. 4. 8; Müller 1972, Taf. 16c.

Entsprechungen: Schatz A aus Eskiyapar, Museum der anatolischen Zivilisationen Ankara (Özgüç, Temizer 1993, S. 614, Abb. 5–6; 615 [Typ b]; 621f, Taf. 107, 1–6).

30. Lockenring mit vier Stäbchen

Gold; Gewicht 4,28 g
Dm. 1,33 cm; max. Breite 1,03 cm; Dm. des Hakens 0,16 cm
Inv. Aar 29, Bz 114, P 166
A 5895

Halbringförmiges Schmuckstück aus vier zusammengelöteten Drähten, in der Mitte verdickt und an einem Ende in einen Haken mit abgeflachtem Querschnitt ausgetrieben. Dieser geht in eine nadelförmige Spitze über, die nach der Kontur des Ringes umgebogen ist.

Stark verschmutzt, besonders innen. Innenfläche mit Lack bedeckt.

Literatur: siehe Kat. 29

Entsprechungen: siehe Kat. 29

31. Lockenring mit vier Stäbchen

Gold; Gewicht 4,18 g
Dm. 1,2 cm; max. Breite 1,04 cm; Dm. des Hakens 0,15 cm
Inv. Aar 30, Bz 116, P 168
A 5896

Halbringförmiges Schmuckstück aus vier zusammengelöteten Drähten, in der Mitte verdickt und an einem Ende in einen Haken mit abgeflachtem Querschnitt ausgetrieben. Dieser geht in eine nadelförmige Spitze über, die nach der Kontur des Ringes umgebogen ist.

Stark verschmutzt, besonders innen. Innenfläche mit Lack bedeckt.

Literatur: siehe Kat. 29

Entsprechungen: siehe Kat. 29

32. Lockenring mit vier Stäbchen

Gold; Gewicht 4,09 g
Dm. 1,25 cm; max. Breite 1,0 cm; Dm. des Hakens 0,15 cm
Inv. Aar 31, Bz 128, P 180
A 5897

Halbringförmiges Schmuckstück aus vier zusammengelöteten Drähten, in der Mitte verdickt und an einem Ende in einen Haken mit abgeflachtem Querschnitt ausgetrieben. Dieser geht in eine nadelförmige Spitze über, die nach der Kontur des Ringes umgebogen ist.

Stark verschmutzt, besonders innen. Innenfläche mit Lack bedeckt.

Literatur: siehe Kat. 29

Entsprechungen: siehe Kat. 29

33. Lockenring mit vier Stäbchen

Gold; Gewicht 4,24 g
Dm. 1,24 cm; max. Breite 1,05 cm; Dm. des Hakens 0,16 cm
Inv. Aar 32, Bz 88, P 140
A 5898

Halbringförmiges Schmuckstück aus vier zusammengelöteten Drähten, in der Mitte verdickt und an einem Ende in einen Haken mit abgeflachtem Querschnitt ausgetrieben. Dieser geht in eine nadelförmige Spitze über, die nach der Kontur des Ringes umgebogen ist.

Außen und innen stark verschmutzt. Innenfläche mit Lack bedeckt. Spitze abgebogen.

Literatur: siehe Kat. 29

Entsprechungen: siehe Kat. 29

34. Lockenring mit vier Stäbchen

Gold; Gewicht 4,36 g
Dm. 1,23 cm; max. Breite 1,05 cm; Dm. des Hakens 0,15 cm
Inv. Aar 33, Bz 134, P 186
A 5899

Halbringförmiges Schmuckstück aus vier zusammengelöteten Drähten, in der Mitte verdickt und an einem Ende in einen Haken mit abgeflachtem Querschnitt ausgetrieben. Dieser geht in eine nadelförmige Spitze über, die nach der Kontur des Ringes umgebogen ist.

Außen und innen leicht verschmutzt. Innenfläche mit Lack bedeckt.

Literatur: siehe Kat. 29

Entsprechungen: siehe Kat. 29

35. Lockenring mit vier Stäbchen

Gold; Gewicht 4,31 g
Dm. 1,28 cm; max. Breite 1,05 cm; Dm. des Hakens 0,15 cm
Inv. Aar 34, Bz 394, P 531
A 5900

Halbringförmiges Schmuckstück aus vier zusammengelöteten Drähten, in der Mitte verdickt und an einem Ende in einen Haken mit abgeflachtem Querschnitt ausgetrieben. Dieser geht in eine nadelförmige Spitze über, die nach der Kontur des Ringes umgebogen ist.

Außen und innen leicht verschmutzt. Innenfläche mit Lack bedeckt.

Literatur: siehe Kat. 29

Entsprechungen: siehe Kat. 29

36. Lockenring mit vier Stäbchen

Gold; Gewicht 4,36 g
Dm. 1,3 cm; max. Breite 1,05 cm; Dm. des Hakens 0,17 cm
Inv. Aar 35, Bz 127, P 179
A 5901

Halbringförmiges Schmuckstück aus vier zusammengelöteten Drähten, in der Mitte verdickt und an einem Ende in einen Haken mit abgeflachtem Querschnitt ausgetrieben. Dieser geht in eine nadelförmige Spitze über, die nach der Kontur des Ringes umgebogen ist.
Außen und innen leicht verschmutzt. Innenfläche mit Lack bedeckt.

Literatur: siehe Kat. 29

Entsprechungen: siehe Kat. 29

37. Lockenring mit vier Stäbchen

Gold; Gewicht 4,37 g
Dm. 1,23 cm; max. Breite 1,07 cm; Dm. des Hakens 0,18 cm
Inv. Aar 36, Bz 86, P 138
A 5902

Halbringförmiges Schmuckstück aus vier zusammengelöteten Drähten, in der Mitte verdickt und an einem Ende in einen Haken mit abgeflachtem Querschnitt ausgetrieben. Dieser geht in eine nadelförmige Spitze über, die nach der Kontur des Ringes umgebogen ist. Die äußeren Stäbchen des Ohrringes weisen eine ungleichmäßige Verdickung auf.

Außen und innen stark verschmutzt. Innenfläche mit Lack bedeckt.

Literatur: siehe Kat. 29

Entsprechungen: siehe Kat. 29

38. Lockenring mit vier Stäbchen

Gold; Gewicht 4,28 g
Dm. 1,31 cm; max. Breite 1,07 cm; Dm. des Hakens 0,17 cm
Inv. Aar 37, Bz 117, P 169
A 5903

Halbringförmiges Schmuckstück aus vier zusammengelöteten Drähten, in der Mitte verdickt und an einem Ende in einen Haken mit abgeflachtem Querschnitt ausgetrieben. Dieser geht in eine nadelförmige Spitze über, die nach der Kontur des Ringes umgebogen ist.

Außen und innen stark verschmutzt. Innenfläche mit Lack bedeckt.

Literatur: siehe Kat. 29

Entsprechungen: siehe Kat. 29

39. Lockenring mit vier Stäbchen

Gold; Gewicht 3,91 g
Dm. 1,2 cm; max. Breite 1,0 cm; Dm. des Hakens 0,16 cm
Inv. Aar 38, Bz 132, P 184
A 5904

Halbringförmiges Schmuckstück aus vier zusammengelöteten Drähten, in der Mitte verdickt und an einem Ende in einen Haken mit abgeflachtem Querschnitt ausgetrieben. Dieser geht in eine nadelförmige Spitze über, die nach der Kontur des Ringes umgebogen ist.

Außen und innen stark verschmutzt. Innenfläche mit Lack bedeckt. Nadelspitze abgebogen.

Literatur: siehe Kat. 29

Entsprechungen: siehe Kat. 29

40. Lockenring mit vier Stäbchen

Gold; Gewicht 4,40 g
Dm. 1,28 cm; max. Breite 1,05 cm; Dm. des Hakens 0,17 cm
Inv. Aar 39, Bz 85, P 137
A 5905

Halbringförmiges Schmuckstück aus vier zusammengelöteten Drähten, in der Mitte verdickt und an einem Ende in einen Haken mit abgeflachtem Querschnitt ausgetrieben. Dieser geht in eine nadelförmige Spitze über, die nach der Kontur des Ringes umgebogen ist. Die äußeren Stäbchen des Ringes weisen eine ungleichmäßige Verdickung auf.

Stark verschmutzt, besonders innen. Innenfläche mit Lack bedeckt.

Literatur: siehe Kat. 29

Entsprechungen: siehe Kat. 29

41. Lockenring mit vier Stäbchen

Gold; Gewicht 4,37 g
Dm. 1,21 cm; max. Breite 1,06 cm; Dm. des Hakens 0,15 cm
Inv. Aar 40, Bz 102, P 154
A 5906

Halbringförmiges Schmuckstück aus vier zusammengelöteten Drähten, in der Mitte verdickt und an einem Ende in einen Haken mit abgeflachtem Querschnitt ausgetrieben. Dieser geht in eine nadelförmige Spitze über, die nach der Kontur des Ringes umgebogen ist.

Außen und innen stark verschmutzt. Innenfläche mit Lack bedeckt. Spitze abgebogen und verkrümmt.

Literatur: siehe Kat. 29

Entsprechungen: siehe Kat. 29

42. Lockenring mit vier Stäbchen

Gold; Gewicht 4,30 g
Dm. 1,25 cm; max. Breite 1,06 cm; Dm. des Hakens 0,15 cm
Inv. Aar 41, Bz 126, P 178
A 5907

Halbringförmiges Schmuckstück aus vier zusammengelöteten Drähten, in der Mitte verdickt und an einem Ende in einen Haken mit abgeflachtem Querschnitt ausgetrieben. Dieser geht in eine nadelförmige Spitze über, die nach der Kontur des Ringes umgebogen ist. Die äußeren Stäbchen weisen eine ungleichmäßige Verdickung auf.

In den Rillen verschmutzt. Innenfläche mit Lack bedeckt.

Literatur: siehe Kat. 29

Entsprechungen: siehe Kat. 29

43. Lockenring mit vier Stäbchen

Gold; Gewicht 4,28 g
Dm. 1,23 cm; max. Breite 1,05 cm; Dm. des Hakens 0,16 cm.
Inv. Aar 42, Bz 94, P 146
A 5908

Halbringförmiges Schmuckstück aus vier zusammengelöteten Drähten, in der Mitte verdickt und an einem Ende in einen Haken mit abgeflachtem Querschnitt ausgetrieben. Dieser geht in eine nadelförmige Spitze über, die nach der Kontur des Ringes umgebogen ist.

Außen und innen stark verschmutzt. Innenfläche mit Lack bedeckt.

Literatur: siehe Kat. 29

Entsprechungen: siehe Kat. 29

44. Lockenring mit vier Stäbchen

Gold; Gewicht 4,16 g
Dm. 1,18 cm; max. Breite 1,01 cm; Dm. des Hakens 0,17 cm
Inv. Aar 43, Bz 124, P 176
A 5909

Halbringförmiges Schmuckstück aus vier zusammengelöteten Drähten, in der Mitte verdickt und an einem Ende in einen Haken mit abgeflachtem Querschnitt ausgetrieben. Dieser geht in eine nadelförmige Spitze über, die nach der Kontur des Ringes umgebogen ist.

Außen und innen stark verschmutzt. Innenfläche mit Lack bedeckt. Spitze leicht abgebogen.

Literatur: siehe Kat. 29.

Entsprechungen: siehe Kat. 29

45. Lockenring mit vier Stäbchen

Gold; Gewicht 4,06 g
Dm. 1,24 cm; max. Breite 1,0 cm; Dm. des Hakens 0,15 cm.
Inv. Aar 44, Bz 119, P 171
A 5910

Halbringförmiges Schmuckstück aus vier zusammengelöteten Drähten, in der Mitte verdickt und an einem Ende in einen Haken mit abgeflachtem Querschnitt ausgetrieben. Dieser geht in eine nadelförmige Spitze über, die nach der Kontur des Ringes umgebogen ist.

Außen und innen erheblich verschmutzt. Innenfläche mit Lack bedeckt.

Literatur: siehe Kat. 29

Entsprechungen: siehe Kat. 29

46. Lockenring mit vier Stäbchen und halbkugeligen Knöpfchen

Gold; Gewicht 11,72 g
Dm. 2,03 cm; max. Breite 1,26 cm; Dm. des Hakens 0,2 cm.
Inv. Aar 45, Bz 112, P 164
A 5911

Halbringförmiges Schmuckstück aus vier zusammengelöteten Drähten, in der Mitte verdickt und an einem Ende in einen massiven Haken mit abgeflachtem Querschnitt ausgetrieben, der nach der Kontur des Ringes umgebogen ist. Der Ring ist mit drei Querreihen aufgelöteter, halbkugeliger Knöpfchen verziert, die sich in ihren Abmessungen und Umrissen voneinander unterscheiden. In den äußeren Reihen befinden sich je zwei Knöpfchen, in der mittleren Reihe drei.

Außen verschmutzt, besonders am Ansatz des Hakens und an der Spitze. Innenfläche mit Lack bedeckt. Endstück des Hakens abgebogen.

Literatur: Schliemann 1881, S. 514, Nr. 702; Götze, in Dörpfeld 1902, S. 358. Beil. 43, Nr. Vg; Schmidt 1902, S. 235, Nr. 5911f, Beil. I; French 1969, S. 350, Nr. D3. I. 4. 10; Maxwell-Hyslop 1971, S. 50f, Abb. 33 m–n (Typ 2); Müller 1972, Nr. 60, Taf. 16c; Branigan 1974, Taf. 41, Nr. 2828–2847; Kat. Athen 1990, S. 174, Nr. 50f; Musche 1992, Taf. XL (Typ 1–3 links).

47. Lockenring mit vier Stäbchen und halbkugeligen Knöpfchen

Gold; Gewicht 11,60 g
Dm. 1,9 cm; max. Breite 1,21 cm; Dm. des Hakens 0,22 cm
Inv. Aar 46, Bz 107, P 159
A 5912

Halbringförmiges Schmuckstück aus vier zusammengelöteten Drähten, in der Mitte verdickt und an einem Ende in einen massiven Haken mit abflachtem Querschnitt ausgetrieben, der nach der Kontur des Ringes umgebogen ist. Der Ring ist mit drei Querreihen aufgelöteter, halbkugeliger Knöpfchen verziert, die sich in ihren Abmessungen und Umrissen voneinander unterscheiden. In den äußeren Reihen befinden sich je zwei Knöpfchen, in der mittleren Reihe drei.

Außen verschmutzt, besonders am Ansatz des Hakens und an der Spitze. Innenfläche mit Lack bedeckt. Endstück des Hakens abgebogen.

Literatur: siehe Kat. 46

48. Lockenring mit sechs Stäbchen
und konischen Knöpfchen

Gold; Gewicht 4,07 g
Dm. 1,33 cm; max. Breite 1,05 cm; Dm. des Hakens 0,14 cm
Inv. Aar 47, Bz 99, P 151
A 5913

Halbringförmiges Schmuckstück aus sechs zusammengelöteten Drähten, in der Mitte verdickt. Der Ring ist mit drei aufgelöteten konischen Knöpfchen verziert, die am Ansatz des Hakens zu einem Dreieck gruppiert sind, sowie mit drei Querreihen solcher Knöpfchen. Zwei Reihen aus je fünf Knöpfchen befinden sich in der Mitte, eine Reihe aus drei Knöpfchen am Ende.

Außen und innen erheblich verschmutzt. Innenfläche mit Lack bedeckt.

Literatur: Schliemann 1874a, S. 299; 1881, S. 514, Nr. 698, 753; Götze, in Dörpfeld 1902, S. 358, Beil. 43, Nr. Vi; Schmidt 1902, S. 235, Nr. 5913–5928; Maxwell-Hyslop 1971, S. 50f, Abb. 33c–d, g–h; Müller 1972, Nr. 62, Taf. 16c; Branigan 1974, Taf. 41, Nr. 2812–2827; Kat. Athen 1990, S. 174, Nr. 47–49; Musche 1992, Taf. XL (Typ 1, Mitte).

49. Lockenring mit sechs Stäbchen
und konischen Knöpfchen

Gold; Gewicht 4,25 g
Dm. 1,23 cm; max. Breite 1,06 cm; Dm. des Hakens 0,13 cm
Inv. Aar 48, Bz 121, P 173
A 5914

Halbringförmiges Schmuckstück aus sechs zusammengelöteten Drähten, in der Mitte verdickt und an einem Ende in einen Haken mit abgeflachtem Querschnitt ausgetrieben. Dieser geht in eine nadelförmige Spitze über, die nach der Kontur des Ohrringes umgebogen ist. Der Ring ist mit drei aufgelöteten konischen Knöpfchen verziert, die am Ansatz des Hakens zu einem Dreieck gruppiert sind, sowie mit drei Querreihen solcher Knöpfchen. Zwei Reihen aus je fünf Knöpfchen befinden sich in der Mitte des Rings, eine Reihe aus drei Knöpfchen am Ende.

Verschmutzt, insbesondere in den Rillen zwischen den Knöpfchen.

50. Lockenring mit sechs Stäbchen
und konischen Knöpfchen

Gold; Gewicht 4,35 g
Dm. 1,32 cm; max. Breite 1,08 cm; Dm. des Hakens 0,14 cm
Inv. Aar 49, Bz 96, P 148
A 5915

Halbringförmiges Schmuckstück aus sechs zusammengelöteten Drähten, in der Mitte verdickt und an einem Ende in einen Haken mit abgeflachtem Querschnitt ausgetrieben. Dieser geht in eine nadelförmige Spitze über, die nach der Kontur des Ringes umgebogen ist. Der Ring ist mit drei aufgelöteten konischen Knöpfchen verziert, die am Ansatz des Hakens zu einem Dreieck gruppiert sind, sowie mit drei Querreihen solcher Knöpfchen. Die Knöpfchen unterscheiden sich voneinander in ihren Abmessungen und Umrissen. Zwei Reihen aus je fünf Knöpfchen befinden sich in der Mitte, eine Reihe aus drei Knöpfchen am Ende.

Verschmutzt, besonders in den Rillen und zwischen den Knöpfchen. Innenfläche mit Lack bedeckt.

51. Lockenring mit sechs Stäbchen und konischen Knöpfchen

Gold; Gewicht 3,97 g
Dm. 1,33 cm; max. Breite 1,05 cm; Dm. des Hakens 0,12 cm
Inv. Aar 50, Bz 100, P 152
A 5916

Halbringförmiges Schmuckstück aus sechs zusammengelöteten Drähten, in der Mitte verdickt und an einem Ende in einen Haken mit abgeflachtem Querschnitt ausgetrieben. Dieser geht in eine nadelförmige Spitze über, die nach der Kontur des Ringes umgebogen ist. Der Ring ist mit drei aufgelöteten konischen Knöpfchen verziert, die am Ansatz des Hakens zu einem Dreieck gruppiert sind, sowie mit drei Querreihen solcher Knöpfchen. Zwei Reihen aus je fünf Knöpfchen befinden sich in der Mitte, eine Reihe aus drei Knöpfchen am Ende.

Verschmutzt, besonders in den Rillen und zwischen den Knöpfchen. Innenfläche mit Lack bedeckt. Spitze abgebogen.

52. Lockenring mit sechs Stäbchen und konischen Knöpfchen

Gold; Gewicht 3,84 g
Dm. 1,4 cm; max. Breite 1,07 cm; Dm. des Hakens 0,12 cm
Inv. Aar 51, Bz 101, P 153
A 5917

Halbringförmiges Schmuckstück aus sechs zusammengelöteten Drähten, in der Mitte verdickt und an einem Ende in einen Haken mit abgeflachtem Querschnitt ausgetrieben. Dieser geht in eine nadelförmige Spitze über, die nach der Kontur des Ringes umgebogen ist. Der Ring ist mit drei aufgelöteten konischen Knöpfchen verziert, die am Ansatz des Hakens zu einem Dreieck gruppiert sind, sowie mit drei Querreihen solcher Knöpfchen. Zwei ungleichmäßige Reihen aus je fünf Knöpfchen befinden sich in der Mitte, eine Reihe aus drei Knöpfchen am Ende.

Verschmutzt in den Rillen. Innenfläche mit Lack bedeckt.

53. Lockenring mit sechs Stäbchen und konischen Knöpfchen

Gold; Gewicht 3,90 g
Dm. 1,3 cm; max. Breite 1,05 cm; Dm. des Hakens 0,13 cm
Inv. Aar 52, Bz 97, P 149
A 5918

Halbringförmiges Schmuckstück aus sechs zusammengelöteten Drähten, in der Mitte verdickt und an einem Ende in einen Haken mit abgeflachtem Querschnitt ausgetrieben. Dieser geht in eine nadelförmige Spitze über, die nach der Kontur des Ringes umgebogen ist. Der Ring ist mit drei aufgelöteten konischen Knöpfchen verziert, die am Ansatz des Hakens zu einem Dreieck gruppiert sind, sowie mit drei Querreihen solcher Knöpfchen. Zwei ungleichmäßige Reihen aus je fünf Knöpfchen befinden sich in der Mitte, eine Reihe aus drei Knöpfchen am Ende.

Verschmutzt in den Rillen. Innenfläche mit Lack bedeckt.

54. Lockenring mit sechs Stäbchen und konischen Knöpfchen

Gold; Gewicht 4,26 g
Dm. 1,36 cm; max. Breite 1,05 cm; Dm. des Hakens 0,13 cm.
Inv. Aar 53, Bz 104, P 156
A 5919

Halbringförmiges Schmuckstück aus sechs zusammengelöteten Drähten, in der Mitte verdickt und an einem Ende in einen Haken mit abgeflachtem Querschnitt ausgetrieben. Dieser geht in eine nadelförmige Spitze über, die nach der Kontur des Ringes umgebogen ist. Der Ring ist mit drei aufgelöteten konischen Knöpfchen verziert, die am Ansatz des Hakens zu einem Dreieck gruppiert sind, sowie mit drei Querreihen solcher Knöpfchen. Zwei ungleichmäßige Reihen aus je fünf Knöpfchen befinden sich in der Mitte, eine Reihe aus drei Knöpfchen am Ende.

Verschmutzt, besonders in den Rillen und zwischen den Knöpfchen. Innenfläche mit Lack bedeckt.

55. Lockenring mit sechs Stäbchen und konischen Knöpfchen

Gold; Gewicht 4,28 g
Dm. 1,21 cm; max. Breite 1,05 cm; Dm. des Hakens 0,14 cm
Inv. Aar 54, Bz 105, P 157
A 5920

Halbringförmiges Schmuckstück aus sechs zusammengelöteten Drähten, in der Mitte verdickt und an einem Ende in einen Haken mit abgeflachtem Querschnitt ausgetrieben. Dieser geht in eine nadelförmige Spitze über, die nach der Kontur des Ringes umgebogen ist. Der Ring ist mit drei aufgelöteten konischen Knöpfchen verziert, die am Ansatz des Hakens zu einem Dreieck gruppiert sind, sowie mit drei Querreihen solcher Knöpfchen. Zwei ungleichmäßige Reihen aus je fünf Knöpfchen befinden sich in der Mitte, eine Reihe aus drei Knöpfchen am Ende.

Verschmutzt, besonders in den Rillen und zwischen den Knöpfchen. Innenfläche mit Lack bedeckt. Nadelspitze abgebrochen.

56. Lockenring mit sechs Stäbchen und konischen Knöpfchen

Gold; Gewicht 3,92 g
Dm. 1,22 cm; max. Breite 1,04 cm; Dm. des Hakens 0,13 cm
Inv. Aar 55, Bz 98, P 150
A 5921

Halbringförmiges Schmuckstück aus sechs zusammengelöteten Drähten, in der Mitte verdickt und an einem Ende in einen Haken mit abgeflachtem Querschnitt ausgetrieben. Dieser geht in eine nadelförmige Spitze über, die nach der Kontur des Ringes umgebogen ist. Der Ring ist mit drei aufgelöteten konischen Knöpfchen verziert, die am Ansatz des Hakens zu einem Dreieck gruppiert sind, sowie mit drei Querreihen solcher Knöpfchen. Zwei Reihen aus je fünf Knöpfchen befinden sich in der Mitte, eine Reihe aus drei Knöpfchen am Ende.

Restauriert. Kleine Kavernen. Innenfläche mit Lack bedeckt.

57. Lockenring mit sechs Stäbchen und konischen Knöpfchen

Gold; Gewicht 3,97 g
Dm. 1,52 cm; max. Breite 1,06 cm; Dm. des Hakens 0,12 cm
Inv. Aar 56, Bz 136, P 188
A 5922

Halbringförmiges Schmuckstück aus sechs zusammengelöteten Drähten, in der Mitte verdickt und an einem Ende in einen Haken mit abgeflachtem Querschnitt ausgetrieben. Dieser geht in eine nadelförmige Spitze über, die nach der Kontur des Ringes umgebogen ist. Der Ring ist mit drei aufgelöteten konischen Knöpfchen verziert, die am Ansatz des Hakens zu einem Dreieck gruppiert sind, sowie mit drei Querreihen solcher Knöpfchen. Zwei ungleichmäßige Reihen aus je fünf Knöpfchen befinden sich in der Mitte, eine Reihe aus drei Knöpfchen am Ende.

Verschmutzt, insbesondere in den Rillen und zwischen den Knöpfchen. Innenfläche mit Lack bedeckt. Nadelspitze abgebogen.

59. Lockenring mit sechs Stäbchen und konischen Knöpfchen

Gold; Gewicht 4,07 g
Dm. 1,32 cm; max. Breite 1,05 cm; Dm. des Hakens 0,11 cm
Inv. Aar 58, Bz 93, P 145
A 5924

Halbringförmiges Schmuckstück aus sechs zusammengelöteten Drähten, in der Mitte verdickt und an einem Ende in einen Haken mit abgeflachtem Querschnitt ausgetrieben. Dieser geht in eine nadelförmige Spitze über, die nach der Kontur des Ringes umgebogen ist. Der Ring ist mit drei aufgelöteten konischen Knöpfchen verziert, die am Ansatz des Hakens zu einem Dreieck gruppiert sind, sowie mit drei Querreihen solcher Knöpfchen. Zwei ungleichmäßige Reihen aus je fünf Knöpfchen befinden sich in der Mitte, eine Reihe aus drei Knöpfchen am Ende.

Restauriert. Spuren von Verschmutzungen in den Rillen. Innenfläche mit Lack bedeckt.

58. Lockenring mit sechs Stäbchen und konischen Knöpfchen

Gold; Gewicht 4,08 g
Dm. 1,42 cm; max. Breite 1,03 cm; Dm. des Hakens 0,12 cm
Inv. Aar 57, Bz 111, P 163
A 5923

Halbringförmiges Schmuckstück aus sechs zusammengelöteten Drähten, in der Mitte verdickt und an einem Ende in einen Haken mit abgeflachtem Querschnitt ausgetrieben. Dieser geht in eine nadelförmige Spitze über, die nach der Kontur des Ringes umgebogen ist. Der Ring ist mit drei aufgelöteten konischen Knöpfchen verziert, die am Ansatz des Hakens zu einem Dreieck gruppiert sind, sowie mit drei Querreihen solcher Knöpfchen. Zwei ungleichmäßige Reihen aus je fünf Knöpfchen befinden sich in der Mitte, eine Reihe aus drei Knöpfchen am Ende.

Restauriert. Spuren von Verschmutzungen in den Rillen. Innenfläche mit Lack bedeckt.

60. Lockenring mit sechs Stäbchen und konischen Knöpfchen

Gold; Gewicht 4,25 g
Dm. 1,33 cm; max. Breite 1,03 cm; Dm. des Hakens 0,12 cm
Inv. Aar 59, Bz 120, P 172
A 5925

Halbringförmiges Schmuckstück aus sechs zusammengelöteten Drähten, in der Mitte verdickt und an einem Ende in einen Haken mit abgeflachtem Querschnitt ausgetrieben. Dieser geht in eine nadelförmige Spitze über, die nach der Kontur des Ringes umgebogen ist. Der Ring ist mit drei aufgelöteten konischen Knöpfchen verziert, die am Ansatz des Hakens zu einem Dreieck gruppiert sind, sowie mit drei Querreihen solcher Knöpfchen. Zwei ungleichmäßige Reihen aus je fünf Knöpfchen befinden sich in der Mitte, eine Reihe aus drei Knöpfchen am Ende.

Verschmutzt, besonders in den Rillen und zwischen den Knöpfchen. Innenfläche mit Lack bedeckt.

61. Lockenring mit sechs Stäbchen und konischen Knöpfchen

Gold; Gewicht 4,28 g
Dm. 1,33 cm; max. Breite 1,03 cm; Dm. des Hakens 0,15 cm
Inv. Aar 60, Bz 133, P 185
A 5926

Halbringförmiges Schmuckstück aus sechs zusammengelöteten Drähten, in der Mitte verdickt und an einem Ende in einen Haken mit abgeflachtem Querschnitt ausgetrieben. Dieser geht in eine nadelförmige Spitze über, die nach der Kontur des Ringes umgebogen ist. Der Ring ist mit drei aufgelöteten konischen Knöpfchen verziert, die am Ansatz des Hakens zu einem Dreieck gruppiert sind, sowie mit drei Querreihen solcher Knöpfchen. Zwei ungleichmäßige Reihen aus je fünf Knöpfchen befinden sich in der Mitte, eine Reihe aus drei Knöpfchen am Ende.

Restauriert. Innenfläche mit Lack bedeckt.

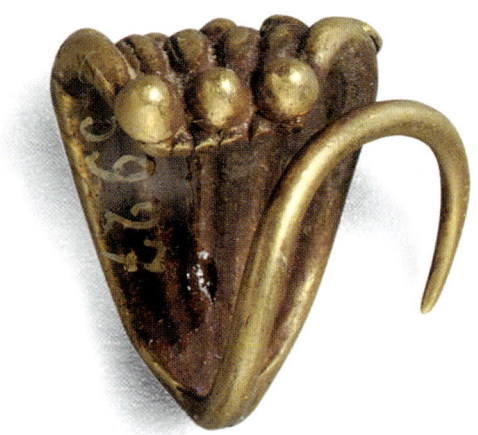

62. Lockenring mit sechs Stäbchen und konischen Knöpfchen

Gold; Gewicht 3,93 g
Dm. 1,42 cm; max. Breite 1,05 cm; Dm. des Hakens 0,12 cm
Inv. Aar 61, Bz 95, P 147
A 5927

Halbringförmiges Schmuckstück aus sechs zusammengelöteten Drähten, in der Mitte verdickt und an einem Ende in einen Haken mit abgeflachtem Querschnitt ausgetrieben. Dieser geht in eine nadelförmige Spitze über, die nach der Kontur des Ringes umgebogen ist. Der Ring ist mit drei aufgelöteten konischen Knöpfchen verziert, die am Ansatz des Hakens zu einem Dreieck gruppiert sind, sowie mit drei Querreihen solcher Knöpfchen. Zwei ungleichmäßige Reihen aus je fünf Knöpfchen befinden sich in der Mitte, eine Reihe aus drei Knöpfchen am Ende.

Restauriert. Innenfläche mit Lack bedeckt.

63. Lockenring mit sechs Stäbchen und konischen Knöpfchen

Gold; Gewicht 3,92 g
Dm. 1,48 cm; max. Breite 1,04 cm; Dm. des Hakens 0,13 cm
Inv. Aar 62, Bz 106, P 158
A 5928

Halbringförmiges Schmuckstück aus sechs zusammengelöteten Dräh-ten, in der Mitte verdickt und an einem Ende in einen Haken mit abgeflachtem Querschnitt ausgetrieben. Dieser geht in eine nadelförmi-ge Spitze über, die nach der Kontur des Ringes umgebogen ist. Der Ring ist mit drei aufgelöteten konischen Knöpfchen verziert, die am Ansatz des Hakens zu einem Dreieck gruppiert sind, sowie mit drei Querreihen solcher Knöpfchen. Zwei nebeneinanderliegende, ungleichmäßige Rei-hen aus je fünf Knöpfchen befinden sich in der Mitte, eine Reihe aus drei Knöpfchen am Rand.

Restauriert. Innenfläche mit Lack bedeckt.

Literatur zu Kat. 49–63 siehe Kat. 48.

64. Ohrring mit zwei Stäbchen und Granulation

Gold; Gewicht 7,58 g
Dm. 1,45 cm; max. Breite 0,93 cm; Dm. des Hakens 0,11 cm; max. Stärke der Stäbchen 0,43 cm
Inv. Aar 63, Bz 89, P 141
A 5929

Halbringförmiger Ohrring aus zwei zusammengelöteten, fünfkantigen Stäbchen mit konkaven Innenflächen, die in einen Haken mit rundem Querschnitt ausgetrieben sind. Dieser geht in eine Spitze über, die nach der Kontur des Ohrringes gebogen ist. Das Ende des Ringes ist mit einer quer angebrachten Granulationsreihe sowie mit zwei abgeflachten, sechskantigen, profilierten Knöpfchen verziert. Die Knöpfchen werden durch Scheiben gebildet, welche auf die im Querschnitt runden und an den Stirnseiten der Knöpfchen erkennbaren Enden der Stäbchen aufge-setzt sind. Die Rippen der Stäbchen sind mit Reihen aufgelöteter Granulationskügelchen verziert. Nach den erhaltenen Granulationsrei-hen an der Nahtstelle der Stäbchen zu urteilen, wurde jedes von ihnen vor dem Lötvorgang ornamentiert.

Abgewetzt; die unteren und seitlichen Granulationsreihen sind prak-tisch völlig abgerieben. Die Lötnaht der Stäbchen ist an deren Enden aufgelöst. Stellenweise verschmutzt. Innenfläche der Stäbchen mit Lack bedeckt.

Literatur: Schliemann 1874a, Beil. I; 1881, S. 514, Nr. 703; Götze, in Dörpfeld 1902, S. 358, Beil. 43, Nr. VIb, e; Schmidt 1902, S. 235, Nr. 5929–5930, Beil. I; French 1969, S. 350, Nr. D3. I. 4. 15; Maxwell-Hyslop 1971, S. 50–51, Abb. 33 i–j (Typ 3); Müller 1972, Nr. 51, Taf. 15b; Branigan 1974, S. 45 (Typ Ia), Taf. 41, Nr. 2744; Calmeyer 1977, S. 87, Abb. 1 (rechts); Musche 1992, S. 116, Taf. XL (Typ 4.1).

Entsprechungen: Troja IIg (?), Nationalmuseum Athen, Inv. 4332 (Göt-ze, in Dörpfeld 1902, S. 334); Müller 1972, Nr. 53, Taf. 15b; Kat. Athen 1990, S. 150, Nr. 6; vgl. Schliemann 1881, Nr. 704; Ur (Maxwell-Hyslop 1971, Abb. 4); Tell Brak (Maxwell-Hyslop 1971, Abb. 20); Tarsus (Maxwell-Hyslop 1971, Abb. 42c); Assur (Maxwell-Hyslop 1971, Abb. 46; Calmeyer 1977, S. 87, Abb. 1 [links]); Kültepe (Max-well-Hyslop 1971, Taf. 37a); Susa (Maxwell-Hyslop 1971, Taf. 58b, 59).

65. Ohrring mit zwei Stäbchen und Granulation

Gold; Gewicht 8,12 g
Dm. 1,63 cm; max. Breite 0,95 cm; Dm. des Hakens 0,14 cm;
max. Stärke der Stäbchen 0,43 cm
Inv. Aar 64, Bz 113, P 165
A 5930

Halbringförmiger Ohrring aus zwei zusammengelöteten, fünfkantigen Stäbchen mit gewölbten Innenflächen, die in einen Haken mit rundem Querschnitt ausgetrieben sind. Dieser geht in eine zugespitzte Nadel über, die nach der Kontur des Ohrringes gebogen ist. Die Stäbchen sind ungleichmäßig zusammengelötet und senkrecht gegeneinander versetzt. Das Ende des Rings ist mit einer quer angebrachten Granulationsreihe sowie mit zwei abgeflachten, sechskantigen profilierten Knöpfchen mit abgerundetem Querschnitt verziert. Die Knöpfchen werden durch Scheiben gebildet, welche auf die im Querschnitt runden und an den Stirnseiten der Knöpfchen erkennbaren Enden der Stäbchen aufgesetzt sind. Die Rippen der Stäbchen sind mit Reihen aufgelöteter Granulationskügelchen verziert. Nach den erhaltenen Granulationsreihen an der Nahtstelle der Stäbchen zu urteilen, wurde jedes von ihnen vor dem Lötvorgang ornamentiert.

Haken am Ansatz abgebrochen und separat erhalten. Ohrring abgewetzt; die unteren und seitlichen Granulationsreihen sind praktisch völlig abgerieben. Lötnaht der Stäbchen ist stellenweise aufgelöst. Verschmutzt. Innenfläche der Stäbchen mit Lack bedeckt.

Literatur: siehe Kat. 64

Entsprechungen: siehe Kat. 64

66. Ohrring mit zwei Stäbchen und Granulation

Gold; Gewicht 8,77 g
Dm. 1,99 cm; max. Breite 1,04 cm; Dm. des Hakens 0,12 cm;
max. Stärke der Stäbchen 0,61 cm
Inv. Aar 65, Bz 399, P 540
A 5931

Halbringförmiger Ohrring aus zwei teilweise zusammengelöteten, dreikantigen Stäbchen mit gewölbten Innenflächen, die in einen Haken mit rundem Querschnitt ausgetrieben sind. Dieser geht in eine Spitze über, die nach der Kontur des Ringes gebogen ist. Das Ende des Rings ist mit einer quer angebrachten Granulationsreihe sowie mit zwei abgeflachten, sechskantigen profilierten Knöpfchen verziert, wobei eines etwas höher als das andere aufgesetzt ist. Die Knöpfchen werden durch Scheiben gebildet, welche auf die im Querschnitt runden und an den Stirnseiten der Knöpfchen sichtbaren Enden der Stäbchen aufgesetzt und ebenfalls ringsum mit Granulation verziert sind. Die Rippen der Stäbchen sind mit Reihen aufgelöteter Goldkügelchen verziert. Nach den erhaltenen Granulationsreihen an der Nahtstelle der Stäbchen zu urteilen, wurde jedes von ihnen vor dem Lötvorgang ornamentiert. Außerdem sind die Außenkanten der Stäbchen mit schrägen Granulationsreihen (je fünf) verziert (an der Nahtstelle der Stäbchen sind je drei schräge Granulationsreihen erkennbar).

Ohrring abgewetzt; die Granulation an den Außenkanten ist praktisch völlig abgerieben. Granulation stellenweise nicht erhalten. Verschmutzt. Innenfläche der Stäbchen mit Lack bedeckt.

Literatur: Schliemann, 1874a, S. 300; 1881, S. 514, Nr. 704; Schmidt 1902, S. 235, Nr. 5931f, Taf. I; Götze, in Dörpfeld 1902, S. 358, Beil. 43, Nr. VIf; French 1969, S. 350, Nr. D3. I. 4. 17; Maxwell-Hyslop 1971, S. 50f, Abb. 33k; Müller 1972, Nr. 52, Taf. 15b; Kat. Athen 1990, S. 173, Nr. 45f.

Entsprechungen zu Kat. 66 und 67 siehe Kat. 64

67. Ohrring mit zwei Stäbchen und Granulation

Gold; Gewicht 8,84 g
Höhe d. erh. Teils 1,6 cm; max. Breite 1,08 cm; Dm. des Hakens 0,13 cm; max. Stärke der Stäbchen 0,62 cm
Inv. Aar 66, Bz 139, P 191
A 5932

Halbringförmiger Ohrring aus zwei teilweise zusammengelöteten, dreikantigen Stäbchen mit gewölbten Innenflächen. Die Stäbchen sind in einen Haken mit rundem Querschnitt ausgetrieben. Das Ende des Halbrings ist mit einer quer angebrachten Granulationsreihe sowie mit zwei abgeflachten, profilierten, sechskantigen Knöpfchen mit rundem Querschnitt verziert, wobei eines etwas höher als das andere aufgesetzt ist. Die Knöpfchen werden durch Scheiben gebildet, welche auf die im Querschnitt runden und an den Stirnseiten der Knöpfchen sichtbaren Enden der Stäbchen aufgesetzt und ebenfalls ringsum mit Granulation geschmückt sind. Die Rippen der Stäbchen sind mit Reihen aufgelöteter Goldkügelchen verziert. Nach den erhaltenen Granulationsreihen an der Nahtstelle der Stäbchen zu urteilen, wurde jedes von ihnen vor dem Lötvorgang ornamentiert. Außerdem sind die Außenkanten der Stäbchen mit schrägen Granulationsreihen (je fünf und sechs) verziert (an der Nahtstelle der Stäbchen sind je drei schräge Granulationsreihen erkennbar).

Haken am Ansatz abgebrochen und nicht erhalten. Ohrring abgewetzt. Granulation an einer der Außenkanten stark abgewetzt und verschmutzt. Granulation stellenweise nicht erhalten. Innenfläche der Stäbchen mit Lack bedeckt.

Literatur: siehe Kat. 66

68. Halbkugelpaar mit Stecker

Gold; Gewicht 0,99 g
Länge 1,24 cm; Dm. der Halbkugeln 0,75–0,76 cm; Dm. des Röhrchens 0,18 cm
Inv. Aar 67, Bz 68, P 113
A 5933

Beide Halbkugeln sind hohl. Die eine ist mit einem auf die Innenfläche aufgelöteten Drahtstäbchen versehen, die andere besitzt ein Röhrchen, das aus einem Metallstreifen zusammengerollt wurde.

Leicht verformt und verschmutzt. Halbkugeln etwas verkrümmt.

Literatur: Schliemann 1874, Taf. 196, Nr. 3570–3575; 1881, S. 514, Nr. 705–708; Götze, in Dörpfeld 1902, S. 360, Abb. 298; Schmidt 1902, S. 235, Nr. 5933–5936; French 1969, S. 350, Nr. D3. I. 4. 19; Maxwell-Hyslop 1971, S. 50, Abb. 33, s, t, u; S. 53; Branigan 1974, 43 (Typ III), Taf. 21, Nr. 2514–2516A.

Entsprechungen: Mochlos (Branigan 1974, Taf. 21, Nr. 2510–2512).

69. Halbkugelpaar mit Stecker

Gold; Gewicht 0,98 g
Länge 1,15 cm; Dm. der Halbkugeln 0,71–0,74 cm; Dm. des Röhrchens 0,2 cm
Inv. Aar 68, Bz 66, P 111
A 5934

Beide Halbkugeln sind hohl. Die eine ist mit einem auf die Innenfläche aufgelöteten Drahtstäbchen versehen, die andere besitzt ein Röhrchen, das aus einem kleinen Metallstreifen zusammengerollt wurde. Die Ränder der Halbkugeln haben nach außen gebogene Lippen.

Halbkugeln und Stäbchen leicht verbogen und verschmutzt. Ränder der Halbkugeln ungleichmäßig.

Literatur: siehe Kat. 68

Entsprechungen: siehe Kat. 68

70. Halbkugelpaar mit Stecker

Gold; Gewicht 1,01 g
Länge 1,24 cm; Dm. der Halbkugeln 0,73–0,8 cm; Dm. des Röhrchens 0,2 cm
Inv. Aar 69, Bz 276, P 402
A 5935

Beide Halbkugeln sind hohl. Die eine ist mit einem auf die Innenfläche aufgelöteten Drahtstäbchen versehen, die andere besitzt ein Röhrchen, das aus einem kleinen Metallstreifen zusammengerollt wurde. Die Ränder der Halbkugeln haben nach außen gebogene Lippen.

Halbkugeln verbogen und etwas verkrümmt. Verschmutzt.

Literatur: siehe Kat. 68

Entsprechungen: siehe Kat. 68

71. Halbkugelpaar mit Stecker

Gold; Gewicht 1,00 g
Länge 1,22 cm; Dm. der Halbkugeln 0,74–0,77 cm; Dm. des Röhrchens 0,18 cm
Inv. Aar 70, Bz 67, P 112
A 5936

Beide Halbkugeln sind hohl. Die eine ist mit einem auf die Innenfläche aufgelöteten Drahtstäbchen versehen, die andere besitzt ein Röhrchen, das aus einem kleinen Metallstreifen zusammengerollt wurde. Die Ränder der Halbkugeln haben nach außen gebogene Lippen.

Das Röhrchen und eine der Halbkugeln leicht verbogen.

Literatur: siehe Kat. 68

Entsprechungen: siehe Kat. 68

72. Armring

Gold; Gewicht 22,16 g
Dm. 6,53 cm; Dm. des Drahtes 0,32 cm
Inv. Aar 71, Bz 39, P 81
A 5937

Armring aus Draht mit rundem Querschnitt. Glatt, geschlossen, geschmiedet.

Verschmutzt.

Literatur: Schliemann 1874, Taf. 195, Nr. 3506, 3509; 1881, S. 512, Nr. 692, 698; Götze, in Dörpfeld 1902, S. 358, Abb. 296a; Schmidt 1902, S. 235, Nr. 5937f; French 1969, S. 347, Nr. D2. I. 4. 1; Maxwell-Hyslop 1971, S. 52; Branigan 1974, S. 43 (Typ II), 187, Nr. 2533; Musche 1992, S. 122. Taf. XLII (Typ 1.1).

Entsprechungen: siehe Kat. 73 und 236; Entsprechungen zur Form: Bronzearmringe aus den Nekropolen Küçükhöyük (Gürkan, Seeher 1991, S. 89, Abb. 24, 2–3; 92) und Demirci Hüyük-Sariket (Seeher 1992, S. 13, Abb. 5, 4f).

73. Armring

Gold; Gewicht 17,89 g
Dm. 6,17 cm; Dm. des Drahtes 0,29 cm
Inv. Aar 72, Bz 63, P 107
A 5938

Armring aus Draht mit rundem Querschnitt. Glatt, geschlossen, geschmiedet.

Verschmutzt.

Literatur: siehe Kat. 72 (Branigan 1974, Taf. 21, Nr. 2534)

Entsprechungen: siehe Kat. 72

74. Armband aus vier Ringen

Gold; Gewicht 21,72 g
Dm. 6,1 cm; Breite 0,65–0,67 cm
Inv. Aar 73, Bz 64, P 108
A 5939

Geschlossenes Armband aus vier zusammengelöteten Drahtringen, von denen die äußeren glatt sind und einen runden Querschnitt aufweisen, während die beiden inneren aus torquiertem (gedrehtem) Draht bestehen, der ein Zopfmuster ergibt. Die Lötnähte sind aufgelöst.

Verschmutzt.

Literatur: Schliemann 1874, Taf. 195, Nr. 3505; 1881, S. 512, Nr. 692, 698; Götze, in Dörpfeld 1902, S. 358, Abb. 296c; Schmidt 1902, S. 235, Nr. 5939; French 1969, Nr. D2. I. 4. 3; Branigan 1974, S. 43 (Typ II), Taf. 21, Nr. 2535; Easton 1984, S. 159; Kat. Athen 1990, S. 175, Nr. 53.

Entsprechungen: Flache goldene Armbänder aus Mochlos (Branigan 1974, S. 44 (Typ VI), Taf. 22, Nr. 2588–2590; Easton 1984, S. 159).

75. Spiralförmiger Halsring mit Knopfenden

Gold; Gewicht 36,26 g
Abmessungen 7,4 x 8,5 cm; Dm. des Drahtes 0,24 cm
Inv. Aar 74, Bz 38, P 80
A 5940

Spiralförmig zusammengedrehter Halsring mit zwei Windungen aus glattem, geschmiedetem Draht mit rundem Querschnitt. Die Enden sind zu Haken gebogen und konisch geformt.

Literatur: Schliemann 1874, Taf. 195, Nr. 3507, 3510; 1874a, Beil. II; 1881, S. 512, Nr. 690f; Götze, in Dörpfeld 1902, S. 357, Beil. 43, Nr. Ic; Schmidt 1902, S. 235, Nr. 5940f, Beil. II; French 1969, S. 347, Nr. D2. I. 4. 4; Branigan 1974, S. 44 (Typ V), Taf. 40, Nr. 2580; Easton 1984, S. 159; Musche 1992, S. 123, Taf. XLII.

Entsprechungen: Halsring aus den Ausgrabungen in Troja von 1879 (Schliemann 1881, Nr. 918; Elektronhalsring aus Schatz A in Troja, Archäologisches Museum Istanbul, Inv. 699 a (Kat. Istanbul 1983, S. 137, A 350; Kat. Tokio 1985, S. 360, Nr. 67); Troas, Museum der Universität Pennsylvania, Philadelphia (Bass 1970, S. 335, Nr. 2, Taf. 86, Abb. 2; Branigan 1974, S. 188, Nr. 2576); zwei Halsringe aus Poliochni, Nationalmuseum Athen (Branigan 1974, S. 188, Nr. 2577f; Bernabò-Brea 1976, Taf. CCXLVI, 25–26); Halsring aus Schatz A in Eskiyapar, Museum der anatolischen Zivilisationen Ankara (Özgüç, Temizer 1993, S. 615, 624, Taf. 110, 1–1b); Silberhalsring aus Leukos auf Ithaka (Branigan 1974, Taf. 33, Nr. 2575).

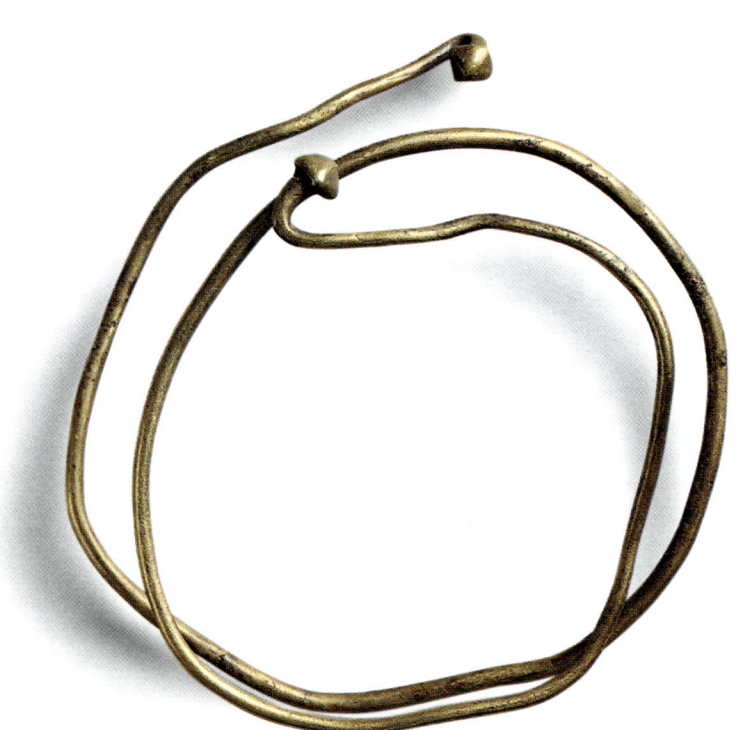

76. Spiralförmiger Halsring mit Knopfenden

Gold; Gewicht 55,15 g
Abmessungen 7,4 x 8,3 cm; Dm. des Drahtes 0,28 cm
Inv. Aar 75, Bz 37, P 79
A 5941

Spiralförmig zusammengedrehter Halsring mit zweieinhalb Windungen aus glattem, geschmiedetem Draht mit rundem Querschnitt. Die Enden sind zu Haken gebogen und bilden kegelförmige Knöpfchen mit vier gravierten Einschnitten, welche Kanten imitieren.

Verschmutzt. Verbogen.

Literatur: siehe Kat. 75 (Branigan 1974, Taf. 22, Nr. 2581)

Entsprechungen: siehe Kat. 75

77. Torquierter Halsring

Gold; Gewicht 63,92 g
Abmessungen 7,1 x 6,0 cm; Dm. des Drahtes 0,38 cm; Dm. der Enden 0,20–0,22 cm
Inv. Aar 76, Bz 36, P 78
A 5942

Spiralförmig zusammengedrehter Halsring mit zwei Windungen aus geschmiedetem und gedrehtem Draht mit quadratischem Querschnitt. Die Enden aus Draht mit rundem Querschnitt sind zu Haken gebogen.

Verschmutzt, eingedrückt, Knicke und ein großer Riß mit teilweise abblätternder Oberfläche.

Literatur: Schliemann 1874, Taf. 195, Nr. 3508; 1874a, Beil. II; 1881, S. 513, Nr. 693; Götze, in Dörpfeld 1902, S. 357, Beil. 43, Nr. 1b; Schmidt 1902, S. 235, Nr. 5942, Beil. II; Branigan 1974, S. 44 (Typ Va), Taf. 33, Nr. 2582; Easton 1984, S. 159; Musche 1992, S. 123 (Typ 3: Wendelarmreif).

Entsprechungen: Kupferhalsring aus Thermi (Lamb 1936, Taf. XLVII, 32. 64; Branigan 1974, S. 44 [Typ Va], Taf. 21, Nr. 2583; Easton 1984, S. 159); Silberhalsring (Content 1992, S. 32f, Nr. 31); zu den zu Haken gebogenen Enden des Halsrings siehe auch Halsring mit rundem Draht aus demselben Schatz (Content 1992, S. 32f, Nr. 31).

78. Perlenschnur mit Schiebern und Anhänger

Gold; Gewicht 17,67 g
Länge 38,0 cm
Inv. Aar 77, Bz 15, P 52
A 5943, N 4108–5943

Schnur mit Perlen und Schiebern. Es sind folgende Typen von Perlen vertreten: Runde glatte und gezackte Scheiben, faßförmige gerippte Perlen, sechskantige Perlen in Form eines abgestumpften Doppelkegels, im Querschnitt quadratische Perlen mit Einschnitten an den Seiten und röhrchenförmige Perlen. Ebenso sind ein pilzförmiger Anhänger, ein ringförmiger Schieber aus Drahtspiralen und ein vierkantiger röhrchenförmiger Schieber vorhanden.

Einige Perlen und Schieber sind leicht verbogen.

Literatur: Schliemann 1874, Taf. 207f; 1874a, S. 300; 1881, S. 515, Nr. 739–745; Götze, in Dörpfeld 1902, S. 361, Abb. 303; Schmidt 1902, S. 235f, Nr. 5943–5966; French 1969, S. 345, Nr. D. 1. 5. 1.

Zu Kat. 78–110 vgl. die Rekonstruktion eines Halskragens von W. Kuckenburg (Kat. Athen 1990, S. 171f, Nr. 41, mit Bibliographie; Kat. Berlin, München 1992, Nr. 122, Abb. S. 63) sowie die Erörterung im Beitrag von M. J. Trejster.

79. Perlenschnur mit Schiebern und Anhänger

Gold; Gewicht 25,58 g
Länge 35,5 cm
Inv. Aar 78, Bz 27, P 64
A 5944, N 4109–5944

Schnur mit Perlen und Schiebern. Es sind folgende Typen von Perlen vertreten: Runde glatte und gezackte Scheiben, faßförmige gerippte Perlen, sechskantige Perlen in Form eines abgestumpften Doppelkegels, im Querschnitt quadratische Perlen mit Einschnitten an den Seiten sowie eine Perle mit abgestumpft-pyramidaler Schrägkante. Ebenso ist ein pilzförmiger Anhänger vorhanden.

Einige Perlen sind verschmutzt, einzelne Kügelchen zusammengebacken.

Literatur: siehe Kat. 78

80. Perlenschnur mit Schiebern

Gold; Gewicht 9,52 g
Länge 37,5 cm
Inv. Aar 79, Bz 33, P 70
A 5945, N 4110–5945

Schnur mit Perlen und Schiebern unterschiedlicher Form. Dominierend sind Kügelchen, in geringer Anzahl sind zudem folgende Typen von Perlen vertreten: Runde glatte und gezackte Scheiben, röhrchenförmige Perlen mit zwei Lappen, faßförmige gerippte Perlen, sechskantige Perlen in Form eines abgestumpften Doppelkegels, eine im Querschnitt quadratische Perle mit Einschnitten an den Seiten.

Einige Perlen sind verschmutzt und leicht verbogen. Ein röhrchenförmiger Schieber mit zwei Lappen ist zu einem Röhrchen zusammengerollt.

Literatur: siehe Kat. 78

81. Perlenschnur

Gold; Gewicht 4,97 g
Länge 36,2 cm
Inv. Aar 80, Bz 16, P 53
A 5946, N 4111–5946

Schnur mit kleinen Perlen, im wesentlichen Kügelchen. In geringer Anzahl sind runde glatte und gezackte sowie quadratische Scheiben sowie eine sechskantige Perle in Form eines abgestumpften Doppelkegels vorhanden.

Einzelne Perlen sind verschmutzt.

Literatur: siehe Kat. 78

82. Perlenschnur mit Schiebern und Anhänger

Gold; Gewicht 23,75 g
Länge 27,2 cm
Inv. Aar 81, Bz 26, P 63
A 5947, N 4112–5947

Schnur mit Perlen und Schiebern unterschiedlicher Form. Kügelchen fehlen praktisch. Vertreten sind größere Perlen, darunter runde glatte und gezackte sowie quadratische Scheiben, faßförmige gerippte Perlen, sechskantige Perlen in Form eines abgestumpften Doppelkegels, im Querschnitt quadratische Perlen mit Einschnitten an den Seiten. Außerdem sind ein pilzförmiger Anhänger, ein vierkantiger röhrchenförmiger Schieber, vier röhrchenförmige Schieber mit zwei Lappen, ein ringförmiger Schieber aus Drahtspiralen, zwei längliche Schieber in Form eines abgestumpften Doppelkegels und drei kurze, spindelförmige Schieber vorhanden.

Einige Perlen und Schieber sind verschmutzt und leicht verbogen.

Literatur: siehe Kat. 78

83. Perlenschnur mit Schiebern

Gold; Gewicht 9,93 g
Länge 37,5 cm
Inv. Aar 82, Bz 25, P 62
A 5948, N 4113–5948

Schnur mit Perlen und Schiebern unterschiedlicher Form. Dominierend sind Kügelchen sowie vergleichsweise viele röhrchenförmige Schieber mit zwei Lappen. Außerdem sind folgende Arten von Perlen anzutreffen: glatte runde und gezackte sowie quadratische Scheiben, faßförmige gerippte Perlen, sechskantige Perlen in Form eines abgestumpften Doppelkegels sowie im Querschnitt quadratische Perlen mit Einschnitten an den Seiten. Ferner sind drei spindelförmige und zwei röhrchenförmige vierkantige Schieber vertreten.

Einige Perlen und Schieber sind verschmutzt und leicht verbogen.

Literatur: siehe Kat. 78

84. Perlenschnur mit Schiebern und Anhänger

Gold; Gewicht 18,87 g
Länge 37,4 cm
Inv. Aar 83, Bz 29, P 66
A 5949, N 4114–5949

Schnur mit Perlen und Schiebern unterschiedlicher Form. Dominierend sind Kügelchen, runde glatte Scheiben und faßförmige gerippte Perlen. Ebenso sind glatte runde und gezackte sowie quadratische Scheiben, sechskantige Perlen in Form eines abgestumpften Doppelkegels, im Querschnitt quadratische Perlen mit Einschnitten an den Seiten sowie röhrchenförmige Schieber mit zwei Lappen anzutreffen. Weiter sind zwei spindelförmige Schieber, eine glatte, massive, faßförmige Perle und ein pilzförmiger Anhänger vertreten.

Einige Perlen und Schieber sind verschmutzt und leicht verbogen.

Literatur: siehe Kat. 78

85. Perlenschnur mit Schiebern

Gold; Gewicht 9,03 g
Länge 37,2 cm
Inv. Aar 84, Bz 31, P 68
A 5950, N 4115–5950

Schnur mit Perlen und Schiebern unterschiedlicher Form. Dominierend sind Kügelchen. Vorhanden sind auch vergleichsweise viele röhrchenförmige Schieber mit zwei Lappen, ein spindelförmiger Schieber, runde glatte und gezackte sowie quadratische Scheiben, faßförmige gerippte Perlen, sechskantige Perlen in Form eines abgestumpften Doppelkegels sowie im Querschnitt vierkantige Perlen mit Einschnitten an den Seiten.

Einige Perlen und Schieber sind verschmutzt und leicht verbogen.

Literatur: siehe Kat. 78

86. Perlenschnur mit Schiebern

Gold; Gewicht 17,91 g
Länge 35,8 cm
Inv. Aar 85, Bz 22, P 59
A 5951, N 4116–5951

Schnur mit Perlen und Schiebern unterschiedlicher Form. Kügelchen fehlen praktisch. Vertreten sind größere Perlen, darunter runde glatte und gezackte sowie quadratische Scheiben, faßförmige gerippte Perlen, sechskantige Perlen in Form eines abgestumpften Doppelkegels sowie im Querschnitt quadratische Perlen mit Einschnitten an den Seiten. Außerdem sind röhrchenförmige Schieber mit zwei Lappen, vier vierkantige röhrchenförmige Schieber, zwei ringförmige Schieber aus Drahtspiralen sowie ein kurzer spindelförmiger Schieber vorhanden.

Einige Perlen sind verschmutzt und leicht verbogen. Ein ringförmiger Schieber aus Drahtspiralen ist verbogen. Einige Perlen sind zusammengebacken.

Literatur: siehe Kat. 78

87. Perlenschnur mit Schiebern

Gold; Gewicht 15,46 g
Länge 36,8 cm
Inv. Aar 86, Bz 12, P 49
A 5952, N 4117–5952

Schnur mit Perlen und Schiebern unterschiedlicher Form. Vorherrschend sind runde glatte und gezackte Scheiben sowie faßförmige gerippte Perlen. Auch sind vergleichsweise viele röhrchenförmige Schieber mit zwei Lappen anzutreffen. Außerdem sind im Querschnitt quadratische Perlen mit Einschnitten an den Seiten vertreten. Vorhanden sind auch je eine sechskantige Perle in Form eines abgestumpften Doppelkegels und eine glatte, massive, faßförmige Perle.

Einige Ketten und Schieber sind verschmutzt und leicht verbogen.

Literatur: siehe Kat. 78

88. Perlenschnur mit Schiebern und Anhängern

Gold; Gewicht 21,01 g
Länge 37,6 cm
Inv. Aar 87, Bz 30, P 67
A 5953, N 4118–5953

Schnur mit Perlen und Schiebern unterschiedlicher Form. Kügelchen fehlen praktisch. Vertreten sind größere Perlen, darunter runde glatte und gezackte sowie quadratische Scheiben, faßförmige gerippte Perlen, sechskantige Perlen in Form eines abgestumpften Doppelkegels sowie im Querschnitt quadratische Perlen mit Einschnitten an den Seiten. Außerdem sind zwei massive, glatte, faßförmige Perlen, röhrchenförmige Schieber mit zwei Lappen, drei vierkantige röhrchenförmige und ein spindelförmiger Schieber sowie zwei pilzförmige Anhänger vorhanden.

Einige Perlen und Schieber sowie einer der Anhänger sind verschmutzt. Einige Schieber sind leicht verbogen.

Literatur: siehe Kat. 78

89. Perlenschnur mit Schiebern

Gold; Gewicht 8,56 g
Länge 26,5 cm
Inv. Aar 88, Bz 34, P 71
A 5954, N 4119–5954

Schnur mit Perlen und Schiebern unterschiedlicher Form. Dominierend sind Kügelchen. Vorhanden sind auch vergleichsweise viele röhrchenförmige Schieber mit zwei Lappen. Ebenso sind runde glatte und gezackte sowie quadratische Scheiben, faßförmige gerippte Perlen und im Querschnitt vierkantige Perlen mit Einschnitten an den Seiten anzutreffen.

Einige Perlen und Schieber sind verschmutzt und leicht verbogen.

Literatur: siehe Kat. 78

90. Perlenschnur mit Schiebern und Anhänger

Gold; Gewicht 21,42 g
Länge 37,0 cm
Inv. Aar 89, Bz 24, P 61
A 5955, N 4120–5955

Schnur mit Perlen und Schiebern unterschiedlicher Form. Kügelchen fehlen praktisch. Vertreten sind größere Perlen, darunter runde glatte und gezackte sowie quadratische Scheiben, faßförmige gerippte Perlen, sechskantige Perlen in Form eines abgestumpften Doppelkegels sowie im Querschnitt quadratische Perlen mit Einschnitten an den Seiten. Außerdem sind zwei massive, glatte, faßförmige Perlen, röhrchenförmige Schieber mit zwei Lappen, ein vierkantiger röhrchenförmiger und zwei spindelförmige Schieber sowie ein pilzförmiger Anhänger vorhanden.

Einige Perlen und Schieber sind verschmutzt und leicht verbogen.

Literatur: siehe Kat. 78

91. Perlenschnur mit Schiebern

Gold; Gewicht 6,91 g
Länge 36,7 cm
Inv. Aar 90, Bz 14, P 51
A 5956, N 4121–5956

Schnur mit kleinen Perlen und Schiebern, hauptsächlich Kügelchen. Anzutreffen sind außerdem glatte und gezackte runde sowie quadratische Scheiben und sechskantige Perlen in Form eines abgestumpften Doppelkegels. Zudem sind je eine faßförmige gerippte und eine im Querschnitt quadratische Perle mit Einschnitten an den Seiten sowie drei röhrchenförmige Schieber mit zwei Lappen vorhanden.

Einige Perlen sind verschmutzt.

Literatur: siehe Kat. 78

92. Perlenschnur mit Schiebern und drei Anhängern

Gold; Gewicht 25,32 g
Länge 36,5 cm
Inv. Aar 91, Bz 21, P 58
A 5957, N 4122–5957

Schnur mit Perlen, Schiebern und Anhängern unterschiedlicher Form. Kügelchen fehlen praktisch. Vertreten sind größere Perlen, darunter runde glatte und gezackte sowie quadratische Scheiben, faßförmige gerippte Perlen, sechskantige Perlen in Form eines abgestumpften Doppelkegels, im Querschnitt quadratische Perlen mit Einschnitten an den Seiten sowie röhrchenförmige Schieber mit zwei Lappen. Ebenso sind zwei massive, glatte, faßförmige Perlen, zwei röhrchenförmige vierkantige und ein spindelförmiger Schieber sowie zwei pilzförmige Anhänger und ein stabförmiger Anhänger mit Einschnitten am unteren Ende anzutreffen.

Einige Perlen und Schieber sind verschmutzt und leicht verbogen. Einzelne Perlen sind zusammengebacken.

Literatur: siehe Kat. 78

93. Perlenschnur mit Schiebern

Gold; Gewicht 25,62 g
Länge 36,0 cm
Inv. Aar 92, Bz 32, P 69
A 5958, N 4123–5958

Schnur mit Perlen und Schiebern unterschiedlicher Form. Dominierend sind glatte und gezackte runde Scheiben sowie faßförmige gerippte Perlen. Vertreten sind außerdem im Querschnitt quadratische Perlen mit Einschnitten an den Seiten, zwei Perlen in Form abgestumpfter Doppelkegel mit Einschnitten an den Kanten, je eine sechskantige Perle in Form eines abgestumpften Doppelkegels und eine glatte, massive, faßförmige Perle. Außerdem sind vier röhrchenförmige vierkantige Schieber und ein ringförmiger Schieber aus Drahtspiralen vorhanden.

Einige Perlen und Schieber sind verschmutzt und leicht verbogen. Einzelne Perlen sind zusammengebacken.

Literatur: siehe Kat. 78

94. Perlenschnur mit Schiebern und Anhängern

Gold; Gewicht 20,13 g
Länge 34,6 cm
Inv. Aar 93, Bz 20, P 57
A 5959, N 4124–5959

Schnur mit Perlen, Schiebern und Anhängern unterschiedlicher Form. Kügelchen fehlen praktisch. Vertreten sind größere Perlen, darunter runde glatte und gezackte sowie quadratische Scheiben, faßförmige gerippte Perlen, sechskantige Perlen in Form eines abgestumpften Doppelkegels sowie im Querschnitt quadratische Perlen mit Einschnitten an den Seiten. Außerdem sind röhrchenförmige Schieber mit zwei Lappen, zwei ringförmige Schieber aus Drahtspiralen, vier vierkantige röhrchenförmige und zwei spindelförmige Schieber sowie zwei pilzförmige Anhänger vorhanden.

Einige Perlen und Schieber sind verschmutzt und leicht verbogen. Einzelne Perlen sind zusammengebacken.

Literatur: siehe Kat. 78

95. Perlenschnur mit Schiebern

Gold; Gewicht 13,87 g
Länge 36,3 cm
Inv. Aar 94, Bz 13, P 50
A 5960, N 4125–5960

Schnur mit Perlen und Schiebern unterschiedlicher Form. Viele Kügelchen, zahlreich vertreten sind jedoch auch größere Perlen, darunter runde glatte und gezackte sowie quadratische Scheiben sowie faßförmige gerippte Perlen, sechskantige Perlen in Form eines abgestumpften Doppelkegels sowie im Querschnitt quadratische Perlen mit Einschnitten an den Seiten. Ebenso sind röhrchenförmige Schieber mit zwei Lappen, zwei ringförmige Schieber aus Drahtspiralen und ein röhrchenförmiger vierkantiger Schieber vorhanden.

Einige Perlen und Schieber sind verschmutzt und leicht verbogen. Einzelne Perlen sind zusammengebacken.

Literatur: siehe Kat. 78

96. Perlenschnur mit Schiebern und Anhängern

Gold; Gewicht 19,48 g
Länge 36,5 cm
Inv. Aar 95, Bz 17, P 54
A 5961, N 4126–5961

Schnur mit Perlen, Schiebern und Anhängern unterschiedlicher Form. Kügelchen fehlen praktisch. Vertreten sind größere Perlen, darunter runde glatte und gezackte sowie quadratische Scheiben, faßförmige gerippte Perlen, sechskantige Perlen in Form eines abgestumpften Doppelkegels sowie im Querschnitt quadratische Perlen mit Einschnitten an den Seiten. Ebenso sind röhrchenförmige Schieber mit zwei Lappen, zwei röhrchenförmige vierkantige und zwei spindelförmige Schieber sowie zwei pilzförmige Anhänger anzutreffen.

Einige Perlen und Schieber sind verschmutzt und leicht verbogen. Einzelne Perlen sind zusammengebacken.

Literatur: siehe Kat. 78

97. Perlenschnur mit Schiebern

Gold; Gewicht 7,47 g
Länge 36,9 cm
Inv. Aar 96, Bz 23, P 60
A 5962

Schnur mit Perlen und Schiebern unterschiedlicher Form, hauptsächlich mit Kügelchen und röhrchenförmigen Schiebern mit zwei Lappen. Anzutreffen sind auch glatte und gezackte runde Scheiben, in Einzelexemplaren liegen quadratische Scheiben, im Querschnitt quadratische Perlen mit Einschnitten an den Seiten und sechskantige Perlen in Form eines abgestumpften Doppelkegels vor.

Einige Perlen und Schieber sind verschmutzt und leicht verbogen. Einzelne Perlen sind zusammengebacken.

Literatur: siehe Kat. 78

98. Perlenschnur mit Schiebern

Gold; Gewicht 17,22 g
Länge 37,2 cm
Inv. Aar 97, Bz 19, P 56
A 5963

Schnur mit Perlen und Schiebern unterschiedlicher Form, hauptsächlich mit glatten, runden Scheiben. Anzutreffen sind auch Kügelchen, röhrchenförmige Schieber mit zwei Lappen und faßförmige gerippte Perlen. In geringerer Anzahl liegen quadratische Scheiben, im Querschnitt quadratische Perlen mit Einschnitten an den Kanten sowie sechskantige Perlen in Form eines abgestumpften Doppelkegels vor. Ebenso sind ein spindelförmiger Schieber und eine Perle in Form eines abgestumpften Doppelkegels mit Einschnitten an den Kanten vorhanden.

Einige Perlen und Schieber sind verschmutzt und leicht verbogen. Einzelne Perlen sind zusammengebacken.

Literatur: siehe Kat. 78

99. Perlenschnur mit Schiebern und Anhänger

Gold; Gewicht 21,83 g
Länge 36,8 cm
Inv. Aar 98, Bz 18, P 55
A 5964

Schnur mit Perlen, Schiebern und Anhängern unterschiedlicher Form. Kügelchen fehlen praktisch. Vertreten sind größere Perlen, darunter runde glatte und gezackte sowie quadratische Scheiben, faßförmige gerippte Perlen, sechskantige Perlen in Form eines abgestumpften Doppelkegels, im Querschnitt quadratische Perlen mit Einschnitten an den Seiten, röhrchenförmige Schieber mit zwei Lappen, zwei glatte, massive, faßförmige Perlen sowie eine Perle in Form eines abgestumpften Doppelkegels mit Einschnitten an den Kanten. Ebenso sind ein röhrchenförmiger vierkantiger Schieber und ein pilzförmiger Anhänger anzutreffen.

Einige Perlen und Schieber sind verschmutzt und leicht verbogen. Einzelne Perlen sind zusammengebacken.

Literatur: siehe Kat. 78

100. Perlenschnur mit Schiebern und Anhänger

Gold; Gewicht 27,01 g
Länge 36,2 cm
Inv. Aar 99, Bz 28, P 65
A 5965, N 4130–5965

Schnur mit Perlen, Schiebern und Anhängern unterschiedlicher Form. Kügelchen fehlen praktisch. Vertreten sind größere Perlen, vor allem faßförmige gerippte Perlen, sechskantige Perlen in Form eines abgestumpften Doppelkegels, runde glatte und gezackte sowie quadratische Scheiben, zwei glatte, massive, faßförmige Perlen sowie ein pilzförmiger Anhänger.

Einige Perlen und Schieber sind verschmutzt und leicht verbogen. Einzelne Perlen sind zusammengebacken.

Literatur: siehe Kat. 78

101. Perlenschnur mit Schiebern und zwei Lochstäbchen, einem Anhänger und 44 Knöpfen

Gold; Gewicht 37,45 g
Länge 46,2 cm; Länge der Lochstäbchen 5,17 und 4,64 cm; Breite 0,29–0,31 cm; Dm. der Löcher 0,15 cm; Höhe der Knöpfe 0,43–0,48 cm; Dm. 0,7–0,8 cm; Stärke der Wandung 0,06 cm
Inv. Aar 100, Bz 35, P 77
A 5966, N 4131–5966

Schnur mit Perlen und Schiebern verschiedener Form: Kügelchen, glatte und gezackte runde Scheiben, faßförmige gerippte Perlen und sechskantige Perlen in Form eines abgestumpften Doppelkegels; als Einzelexemplar liegt eine im Querschnitt quadratische Perle mit Einschnitten an den Seiten und eine massive, glatte, faßförmige Perle vor. Vorhanden sind außerdem acht röhrchenförmige Schieber mit zwei Lappen und fünf ringförmige Schieber aus Drahtspiralen, ein pilzförmiger Anhänger und ein Drahtstück, das zu einem offenen Ring zusammengedrückt ist. Die 44 gegossenen konischen und innen hohlen Knöpfe haben Ösen aus kleinen Ringen, die aus flachem Metalldraht zusammengerollt und innen in die Spitze eingelötet sind.
Die beiden Lochstäbchen sind unterschiedlich lang. Die beim Einschlagen der Löcher entstandenen Krägen an der Rückseite sind geglättet. Das kürzere Stäbchen besitzt 20, das längere 21 Löcher.

Schnur gerissen. Siegel an einer Seite entfernt. Einige Perlen und Schieber sind verschmutzt und etwas verbogen.

Literatur: siehe Kat. 78

Entsprechungen: Platten mit Löchern: Schatz F (Kat. 124); Troja, Archäologisches Museum Istanbul (Branigan 1974, S. 47, Taf. 22, Nr. 3007–3010; Hazirlayan, Esin 1991, S. 38). Plättchen mit neun Löchern aus einem Komplex der mittleren Bronzezeit in Velika Brbica, Volksmuseum Belgrad (Garašanin 1954, S. 10, Nr. 47 Tab. II, 4; Hartmann 1970, S. 112f, Taf. 16, Taf. 28, Au 1537; 1978a, S. 189, Abb. 7).

Schatz B
Kat. 102–103

102. Kugelbauchige Vase

Silber; Gewicht 889,35 g
Höhe 18,3 cm; Dm. der Öffnung 14,7 cm; Dm. der Standfläche 4,8 cm;
Dm. des Bauches 13,4 cm
Inv. Aar 101, Bser 426, P 195
B 5973

Gefäß mit kugelförmigem Bauch und kleiner, leicht konkaver Standfläche. Der lange Hals wird nach oben breiter und besitzt einen leicht nach
außen gebogenen Rand, der als flache Lippe ausgebildet ist.

Brandspuren. Großes Loch mit abgetrenntem Stück der Wand (teilweise
eingebüßt) unten am Bauch. An den Rändern des Lochs tiefe Risse.
Deutlich treten Spuren von Klebstoff (Schellack?) hervor. Durchgehen-
des Loch von geringerer Größe. Verschmutzungen. An der Schulter
befindet sich ein kleiner Fleck aus Bronzeoxid.

Literatur: Schliemann 1874, Taf. 197, S. 204, Nr. 3586; 1881, S. 527,
Nr. 793; Götze, in Dörpfeld 1902, S. 352, Abb. 283; Schmidt 1902,
S. 237, Nr. 5973; Bittel 1959, S. 16, Abb. 29; French 1969, S. 306,
Nr. III. 4. 13; Branigan 1974, S. 49 (Typ II), Taf. 42; Easton 1984,
S. 157f.

Entsprechungen: Silbergefäße aus Schatz A (Schmidt 1902, S. 231f,
Nr. 5871f); Silbergefäß aus der ehemaligen N.-Schimmel-Sammlung,
Metropolitan Museum New York (Muscarella 1974, S. 4; Ancient Art
1992, S. 37); flachere Formen mit weniger stark nach außen gebogenem
Rand sind aus Horoztepe bekannt (Özgüç 1964, S. 3, Abb. 2); Silbergefäße aus einem auf Euböa gefundenen Schatz (Branigan 1974, S. 49,
195); in Keramik ist diese Form aus Samos aus einer mit Troja II
synchronen Schicht bekannt (Milojčić 1961, S. 23, Nr. 3f, Taf. 14, 7f; 41,
9f); mit einem, zwei oder vier Henkeln aus Troja, Thermi und Jortan
(Podzuweit 1979, S. 156–160; Kat. Istanbul 1983, S. 141, Abb. 373;
Easton 1984, S. 158).

103. Glockenförmiger Becher mit Standfuß

Silber; Gewicht 173,73 g
Höhe 10,7 cm; Dm. 8,7–9,2 cm; Dm. der Standfläche 3,8–3,9 cm
Inv. Aar 102, Bz 429, P 372
B 5974; N 4060

Glockenförmiger, nach unten hin abgerundeter Becher auf einem niedrigen, ringförmigen Fuß mit konkavem Boden. Die Wandung verläuft
gleichmäßig zum Fuß zusammen, um den ein durch einen Einschnitt
betonter Wulst verläuft. Der Rand der Öffnung ist nach außen gebogen
und zu einem Wulst getrieben.

Brandspuren. Verbogen. Rand oben gebrochen. Kratzer, abgeriebene
Stellen, Beulen. Festgebrannte Erdpartikel (?) innen und stellenweise
außen.

Literatur: Schliemann 1874, Taf. 197, S. 204, Nr. 3585; 1881, S. 527,
Nr. 794; Götze, in Dörpfeld 1902, S. 351, Abb. 280b; Schmidt 1902,
S. 237, Nr. 5974; Bittel 1959, S. 16, Abb. 29; French 1969, S. 306,
Nr. III. 4. 14; Branigan 1974, S. 48 (Typ III), Taf. 42; Podzuweit 1979,
S. 24, 163 (Typ Ib); Easton 1984, S. 157; Özgüç, Temizer 1993, S. 625.

Entsprechungen: siehe Kat. 6

Schatz D
Kat. 104–120

104. Lockenring mit drei Stäbchen

Gold; Gewicht 2,65 g
Dm. 1,6 cm; max. Breite der Stäbchen 0,71 cm; Dm. des Hakens 0,12 cm
Inv. Aar 103, Bz 283, P 409
D 5976

Halbringförmiges Schmuckstück aus drei zusammengelöteten Drähten, in der Mitte verdickt und an einem Ende in einen Haken mit abgeflachtem Querschnitt ausgetrieben. Dieser geht in eine nadelförmige Spitze über, die nach der Kontur des Ringes umgebogen ist.

Leicht verschmutzt. Teilweise ist schwarze Tusche von der seitlich angebrachten Inventarnummer zu sehen. Lackspuren an der Seite.

Literatur: Götze, in Dörpfeld 1902, S. 358f, Beil. 43, Nr. Vb; Schmidt 1902, S. 237, Nr. 5976, Beil. I; French 1969, S. 350, Nr. D3. I. 4. 21; Branigan 1974, S. 45f (Typ II), 190, Nr. 2769.

Entsprechungen: Lockenringe aus Schatz A (Kat. 19–28)

105. Lockenring mit fünf Stäbchen

Gold; Gewicht 2,48 g
Dm. 1,03 cm; max. Breite der Stäbchen 0,94 cm; Dm. des Hakens 0,1 cm
Inv. Aar 104, Bz 279, P 405
D 5977

Halbringförmiges Schmuckstück aus fünf zusammengelöteten Drähten, in der Mitte verdickt und an einem Ende in einen Haken mit abgeflachtem Querschnitt ausgetrieben. Dieser geht in eine nadelförmige Spitze über, die nach der Kontur des Ringes umgebogen ist.

Spitze verbogen. Kleine Kavernen. Leicht verschmutzt. Teilweise ist schwarze Tusche von der seitlich angebrachten Inventarnummer zu sehen.

Literatur: Götze, in Dörpfeld 1902, S. 358, Beil. 43, Nr. Vd; Schmidt 1902, S. 238, Nr. 5977–5980, Beil. I; French 1969, S. 350, Nr. D3. I. 4. 22; Maxwell-Hyslop 1971, 51 (Typ 2); Branigan 1974, S. 45f (Typ II), 190, Nr. 2770–2778; Musche 1992, S. 116 (Typ 3. 1), Taf. XL.

Entsprechungen: Kat. 151f, 164 (in Silber, Schatz J); Poliochni, Nationalmuseum Athen (Bernabò-Brea 1976, S. 287f, N 3–6, Taf. CCXLVI, 16f; 20f); Troas, Museum der Universität Pennsylvania, Philadelphia (Bass 1970, S. 337, Nr. 8–15, Taf. 86, Abb. 8–15; Branigan 1974, Taf. 33, Nr. 2851–2858); Schatz eines Goldschmieds aus Vorderasien, Auktion der Galerie Taisei (Content 1992, S. 28f, Nr. 27).

106. Lockenring mit fünf Stäbchen

Gold; Gewicht 3,59 g
Dm. 1,18 cm; max. Breite der Stäbchen 0,98 cm; Dm. des Hakens 0,13 cm
Inv. Aar 105, Bz 286, P 412
D 5978

Halbringförmiges Schmuckstück aus fünf zusammengelöteten Drähten, in der Mitte verdickt und an einem Ende in einen Haken mit abgeflachtem Querschnitt ausgetrieben. Dieser geht in eine nadelförmige Spitze über, die nach der Kontur des Ringes umgebogen ist.

Leicht verschmutzt. Kleine Kratzer. Spitze verkrümmt. Teilweise ist schwarze Tusche von der seitlich angebrachten Inventarnummer zu sehen. Innenfläche teilweise mit Lack bedeckt.

Literatur: siehe Kat. 105

Entsprechungen: siehe Kat. 105

107. Lockenring mit fünf Stäbchen

Gold; Gewicht 2,76 g
Dm. 1,18 cm; max. Breite der Stäbchen 0,9 cm; Dm. des Hakens 0,12 cm
Inv. Aar 106, Bz 280, P 406
D 5979

Halbringförmiges Schmuckstück aus fünf zusammengelöteten Drähten, in der Mitte verdickt und an einem Ende in einen Haken mit abgeflachtem Querschnitt ausgetrieben. Dieser geht in eine nadelförmige Spitze über, die nach der Kontur des Ringes umgebogen ist.

Leicht verschmutzt. Spitze verkrümmt. Teilweise ist schwarze Tusche von der seitlich angebrachten Inventarnummer zu sehen. Innenfläche teilweise mit Lack bedeckt.

Literatur: siehe Kat. 105

Entsprechungen: siehe Kat. 105

108. Lockenring mit fünf Stäbchen

Gold; Gewicht 2,28 g
Dm. 1,17 cm; max. Breite der Stäbchen 0,94 cm; Dm. des Hakens 0,11 cm
Inv. Aar 107, Bz 284, P 410
D 5980

Halbringförmiges Schmuckstück aus fünf zusammengelöteten Drähten, in der Mitte verdickt und an einem Ende in einen Haken mit abgeflachtem Querschnitt ausgetrieben. Dieser geht in eine nadelförmige Spitze über, die nach der Kontur des Ringes umgebogen ist.

Leicht verschmutzt, insbesondere an der Innenfläche. Spitze verkrümmt. Teilweise ist schwarze Tusche von der seitlich angebrachten Inventarnummer zu sehen. Innenfläche teilweise mit Lack bedeckt.

Literatur: siehe Kat. 105

Entsprechungen: siehe Kat. 105

109. Lockenring mit sechs Stäbchen

Gold; Gewicht 3,81 g
Dm. 1,38 cm; max. Breite der Stäbchen 1,12 cm; Dm. des Hakens
0,13 cm
Inv. Aar 108, Bz 290, P 417
D 5981

Halbringförmiges Schmuckstück aus sechs zusammengelöteten Drähten, in der Mitte verdickt und an einem Ende in einen Haken mit abgeflachtem Querschnitt ausgetrieben. Dieser geht in eine nadelförmige
Spitze über, die nach der Kontur des Ringes umgebogen ist.

Verschmutzt, insbesondere an den Rändern und innen. Außen ist
schwarze Tusche von der Inventarnummer zu sehen. Lackspuren auf
einem Teil der Innenfläche.

Literatur: Götze, in Dörpfeld 1902, S. 358, Beil 43, Nr. Ve; Schmidt
1902, S. 238, Nr. 5981–5985; French 1969, S. 350, Nr. D3. I. 4. 25;
Maxwell-Hyslop 1971, S. 51 (Typ 2); Branigan 1974, S. 45f (Typ II),
190, Nr. 2770–2778; Musche 1992, S. 116 (Typ 3. 1), Taf. XL.

Entsprechungen: Kat. 231 (Schatz N); Konglomerat zusammengebacke-
ner silberner Schläfenringe aus Kat. 234f (Schatz N) und 241 (Schatz R);
Poliochni, Nationalmuseum Athen (Bernabò-Brea 1976, S. 287f, Nr. 1–
2, 7–9, Taf. CCXLVI, 18f, 22, 24); Troas, Museum der Universität
Pennsylvania, Philadelphia (Bass 1970, S. 337, Nr. 8–15, Taf. 86, Abb.
8–15; Branigan 1974, Taf. 33, Nr. 2851–2858); Schatz eines Goldschmieds aus Vorderasien, Auktion der Galerie Taisei (Content 1992,
S. 28f, Nr. 27).

110. Lockenring mit sechs Stäbchen

Gold; Gewicht 2,43 g
Dm. 1,15 cm; max. Breite der Stäbchen 0,97 cm; Dm. des Hakens
0,12 cm
Inv. Aar 109, Bz 285, P 411
D 5982

Halbringförmiges Schmuckstück aus sechs zusammengelöteten Drähten, in der Mitte verdickt und an einem Ende in einen Haken mit
rechtwinkligem Querschnitt ausgetrieben. Dieser geht in eine nadelförmige Spitze über, die nach der Kontur des Ringes umgebogen ist.

Leicht verschmutzt, besonders innen. Kleine Kratzer. Lackspuren an der
Innenfläche.

Literatur: siehe Kat. 109

Entsprechungen: siehe Kat. 109

111. Lockenring mit sechs Stäbchen

Gold; Gewicht 2,71 g
Dm. 1,15 cm; max. Breite der Stäbchen 0,97 cm; Dm. des Hakens
0,12 cm
Inv. Aar 110, Bz 282, P 408
D 5983

Halbringförmiges Schmuckstück aus sechs zusammengelöteten Dräh-
ten, in der Mitte verdickt und an einem Ende in einen Haken mit abge-
flachtem Querschnitt ausgetrieben. Dieser geht in eine nadelförmige
Spitze über, die nach der Kontur des Ringes umgebogen ist.
Zwischen einigen Stäbchen sind die Lötnähte teilweise aufgetrennt, die
Endstücke der Stäbchen sind uneben.

Leicht verschmutzt. Ein Teil der Innenfläche ist mit Lack bedeckt.

Literatur: siehe Kat. 109

Entsprechungen: siehe Kat. 109

112. Lockenring mit sechs Stäbchen

Gold; Gewicht 2,81 g
Dm. 1,14 cm; max. Breite der Stäbchen 1,03 cm; Dm. des Hakens
0,12 cm
Inv. Aar 111, Bz 281, P 407
D 5984

Halbringförmiges Schmuckstück aus sechs zusammengelöteten Drähten, in der Mitte verdickt und an einem Ende in einen Haken mit abgeflachtem Querschnitt ausgetrieben. Dieser geht in eine nadelförmige
Spitze über, die nach der Kontur des Ringes umgebogen ist. Zwischen
einigen Stäbchen sind die Lötnähte teilweise weitgehend aufgetrennt.

Verschmutzt. Nadelspitze verkrümmt. Bereiche mit festgebrannten Silberchloriden (?). Die Inventarnummer ist am Ansatz des Hakens aufgetragen, dieser Bereich ist mit Lack bedeckt.

Literatur: siehe Kat. 109

Entsprechungen: siehe Kat. 109

113. Lockenring mit sechs Stäbchen

Gold; Gewicht 2,68 g
Dm. 1,2 cm; max. Breite der Stäbchen 1,01 cm; Dm. des Hakens
0,11 cm
Inv. Aar 112, Bz 278, P 404
D 5985

Halbringförmiges Schmuckstück aus sechs zusammengelöteten Drähten, in der Mitte verdickt und an einem Ende in einen Haken mit abgeflachtem Querschnitt ausgetrieben. Dieser geht in eine nadelförmige
Spitze über, die nach der Kontur des Ringes umgebogen ist. Einzelne
Stäbchen verbreitern sich ungleichmäßig.

Leicht verschmutzt. Ein Teil der Innenfläche ist mit Lack bedeckt.

Literatur: siehe Kat. 109

Entsprechungen: siehe Kat. 109

114. Halbmondohrring mit Granulation

Gold; Gewicht 3,23 g
Dm. 1,67 cm; max. Breite des Elements 0,33 cm; Dicke 0,52 cm;
Dm. des Hakens 0,1 cm
Inv. Aar 113, Bz 47, P 89
D 5987

Der Halbmondohrring mit in der Mitte verdicktem Teil ist aus einem
Stück getrieben. Er geht in einen Haken mit rundem Querschnitt über,
der in eine nach der Kontur des Ohrrings umgebogene nadelförmige
Spitze ausläuft. Der Halbmond weist einen dreikantigen Querschnitt
auf. Die obere Kante ist leicht konkav. Die Rippen sind mit Granulationsreihen geschmückt. Die Seitenkanten sind mit je acht senkrecht
verlaufenden Granulationsabschnitten verziert. Das eine Ende des Halb-
ringes ist mit einer sechskantigen Goldperle geschmückt, die an der
Stirnseite einen Kranz aus Goldkügelchen trägt.

Verschmutzt. Leicht abgerieben.

Literatur: Schliemann 1881, S. 546, Nr. 840f; Götze, in Dörpfeld 1902,
S. 358, Beil. 43, Nr. VIc; Schmidt 1902, S. 238, Nr. 5986f, Beil. I; Matz
1956, Taf. 6 (Mitte oben); French 1969, S. 350, Nr. D3. I. 4. 28;
Maxwell-Hyslop 1971, S. 51 (Typ 3); Müller 1972, Nr. 18, Taf. 15a;
Branigan 1974, S. 45 (Typ Ia), Taf. 40, Nr. 2742f; Musche 1992, S. 116f,
Taf. XL (Typ 4. 2).

Entsprechungen: Troja, Schätze A und D, Archäologisches Museum
Istanbul, Inv. 688, 699A (Kat. Istanbul 1983, S. 136, A 344; 137, A 350;
Kat. Tokio 1985, S. 360. Nr. 65, 5; 66; Musche 1992, Taf. XL (Typ 4. 2).

115. Halbmondohrring mit Granulation

Gold; Gewicht 3,71 g
Dm. 1,64 cm; max. Breite des Elements 0,29 cm; Dicke 0,61 cm;
Dm. des Hakens 0,11 cm
Inv. Aar 114, Bz 48, P 90
D 5986

Der Halbmondohrring mit in der Mitte verdicktem Teil ist aus einem
Stück getrieben. Er geht in einen Haken mit rundem Querschnitt über,
der in eine nach der Kontur des Ohrrings umgebogene nadelförmige
Spitze ausläuft. Der Halbmond weist einen dreikantigen Querschnitt
auf. Die obere Kante ist leicht konkav. Die Rippen sind mit Granulationsreihen geschmückt. Die Seitenkanten sind mit je acht senkrecht
verlaufenden Granulationsabschnitten verziert. Das eine Ende des Halb-
ringes ist mit einer sechskantigen Goldperle geschmückt, die an der
Stirnseite einen Kranz aus Goldkügelchen trägt.

Schwarzer Fleck an einer Granulationsreihe und an einer der Seitenkanten. Lackflecken am Ansatz des Hakens.

Literatur: siehe Kat. 114

Entsprechungen: siehe Kat. 114

116. Schieber mit vier Spiralen

Gold; Gewicht 3,02 g
Länge 1,93 cm; Breite 1,7 cm; Stärke 0,16 cm
Inv. Aar 115, Bz 45, P 87
D 5988

Der Schieber besteht aus zwei Doppelspiralen, deren Lappen zu einem Röhrchen verbunden sind.

Leicht verschmutzt. Eine der Spiralen ist am Ansatz abgebrochen und auf ein Bleilot (?) aufgesetzt.

Literatur: Schliemann 1881, S. 546, Nr. 836, 838, 853; Götze, in Dörpfeld 1902, S. 332, 361, Abb. 303d; Schmidt 1902, Beil. I, S. 238, Nr. 5988; 1904, 608ff, Abb. 1; Mallowan 1947, S. 172, Abb. 11; Mellink 1956, S. 51; Culican 1964, S. 36, 40f; Maxwell-Hyslop 1971, S. 35, 53, Abb. 37b, Taf. 39; 1989, S. 218; Branigan 1974, S. 42 (Typ X), 186, Nr. 2403–2405, Taf. 40; Kat. Tokio 1985, Nr. 65. 1; Yakar 1985, S. 135, Abb. XI, 31; 144; Kat. Athen 1990, S. 176f, Nr. 55; Musche 1992, S. 121, Taf. XLI, 2, 3; Otto 1992, S. 244f, Abb. 2d; Reinholdt 1993, S. 24, Anm. 38; S. 26, Abb. 36b.

Entsprechungen: Miniaturspirale aus Schatz J (Kat. 161); fragmentierte Spirale, Archäologisches Museum Istanbul, Inv. 689 M (Hazirlayan, Esin 1991, S. 37f); zwei durchgehende Spiralen aus Troja in derselben Sammlung aus Schatz D, Inv. 689 A, B (Lloyd 1961, S. 113, Abb. 76; Kat. Istanbul 1983, S. 137, A 351; Kat. Tokio 1985, S. 360, Nr. 65. 1); Troas, Museum der Universität Pennsylvania, Philadelphia (Bass 1970, Nr. 20–23, Taf. 86, Abb. 1; Branigan 1974, S. 186, Nr. 2407–2410, Taf. 32); Poliochni, Nationalmuseum Athen: eine Doppelspirale (Branigan 1974, S. 186, Nr. 2406; Bernabò-Brea 1976, S. 288f, Nr. 1, Taf. CCL, 17; CCLII, 13); Eskiyapar, Schätze A und B, Museum der anatolischen Zivilisationen Ankara (Özgüç, Temizer 1993, S. 614, Abb. 18f; 617 [Typ 7]; Taf. 115, 2a–b; 120, 1f); Alaça Höyük, Museum der anatolischen Zivilisationen Ankara (Mallowan 1947, S. 171f, Abb. 10; Koşay 1956, S. 37, Taf. II, 8; Mellink 1956, S. 51); Arslantepe VIa (Palmieri 1981, S. 107, 117, Abb. 3, 5; 10, 2); Ur, British Museum (Wooley 1934, S. 366f., Taf. 134, 219; Maxwell-Hyslop 1989, S. 218); Assur (Maxwell-Hyslop 1971, S. 35; Calmeyer 1977, S. 87, Anm. 4); Tell Brak (Mallowan 1947, S. 171, Abb. 9; Mellink 1956, S. 51; Maxwell-Hyslop 1960, S. 108, Abb. 2; 1989, S. 219); Ikiztepe (Bilgi 1984, S. 95, Abb. 18, S. 272–277; 1990, S. 218, Abb. 19, S. 439–445).

117. Schnur mit fünfzehn Perlen

Gold; Gewicht 5,77 g
Rundliche Perle: Dm. 0,64 cm; Dm. der Öffnung 0,15 cm. Faßförmige Perlen: Länge 0,56–0,59 cm; Dm. 0,67–0,71 cm; Dm. der Öffnung 0,35–0,40 cm
Inv. Aar 116, Bz 81, P 133
D 5989

15 hohle Perlen, davon 14 faßförmige, aus Goldblechstreifen zusammengerollte Perlen mit weiten Öffnungen sowie eine aus zwei Halbkugeln zusammengelötete Perle, deren Öffnungen von der Innenseite her eingeschlagen wurden, wodurch sich Lochkragen gebildet haben.

Teilweise verformt, verschmutzt. Ränder teilweise eingerissen.

Literatur: Schliemann 1881, S. 584, Nr. 856; Götze, in Dörpfeld 1902, S. 361, Abb. 303; Schmidt 1902, S. 238, Nr. 5989; Maxwell-Hyslop 1971, S. 53, Abb. 36 (erste Reihe links); Branigan 1974, S. 39 (Typ IV), Taf. 24, Nr. 3081; Musche 1992, S. 121, Taf. XLI, 2. 1.

Entsprechungen: Poliochni, Nationalmuseum Athen (Bernabò-Brea 1976, S. 289, Nr. 10–11, Taf. CCL, 21; CCLII, 2, 19); Ägäisches Becken (Branigan 1974, S. 190, Nr. 3076–3080, 3082–3084).

118. Schnur mit kleinen Perlen

Gold; Gewicht 7,27 g
Länge 26,4 cm
Inv. Aar 117, Bz 82, P 134
D 5990

Schnur mit kleinen, nachträglich zu einem Kollier vereinten Perlen, darunter Kügelchen, runde glatte und gezackte Scheiben sowie zwei kleine spindelförmige Perlen.

Verschmutzt.

Literatur: Schmidt 1902, S. 238, Nr. 5990f; Branigan 1974, S. 194, Nr. 3117.

Entsprechungen: Perlen aus Schatz A (Kat. 78–101), spindelförmige Perlen aus Troja, Athen, Nationalmuseum (Kat. Athen 1990, Nr. 8); siehe auch Kat. 119.

119. Perlenschnur mit Anhängern

Gold; Gewicht 0,94 g
Länge 4,6 cm
Inv. Aar 118, P 414
D 5991; 6009

Schnur mit kleinen Kügelchen, zwei kleinen spindelförmigen Perlen und zwei kurzen schlaufenförmigen Gliedern aus dünnem geschmiedetem Draht, die auf einem Kupferdraht montiert sind.

Ein großer Teil der Perlen ist vom Feuer beschädigt. Ein Ring separat.

Literatur: siehe Kat. 118

Entsprechungen: Perlen aus den Schätzen A (Kat. 78–101), D (Kat. 118), schlaufenförmige Glieder siehe Kat. 120.

120. Schnur mit schlaufenförmigen Gliedern

Gold; Gewicht 4,97 g
Länge 16,6 cm; Länge der Schlaufe 0,5–0,6 cm
Inv. Aar 119, Bz 83, P 135
D 5992

Schnur mit kurzen schlaufenförmigen Gliedern aus dünnem geschmiedetem vierkantigem Golddraht, zusammen mit vier Kügelchen auf Kupferdraht montiert. Es entsteht der Eindruck von Fransen. Nach Ansicht H. Schmidts (Schmidt 1902, S. 238) sind aus solchen Drähten wahrscheinlich auch die kleinen Ketten an den goldenen Diademen und an den Körbchenohrringen mit Gehänge gefertigt; vgl. Kat. 10, 11, 13–16.

Perlen vom Feuer beschädigt. Glieder verbogen und verschmutzt.

Literatur: Schmidt 1902, S. 238, Nr. 5992.

Entsprechungen: Kat. 119; Troja, Nationalmuseum Athen (Kat. Athen 1990, Nr. 8).

Schatz E
Kat. 121–122

121. Perlenkette

Karneol
Abmessungen der einzelnen Perlen: Länge 1,53 cm, Dm. 0,43–0,54 cm;
Länge 0,4 cm, Dm. 0,42–0,5 cm; Länge 0,51 cm, Dm. 0,38–0,45 cm;
Länge 0,43 cm, Dm. 0,3–0,33 cm; Länge 0,29 cm, Dm. 0,55–0,62 cm;
Länge 0,24 cm, Dm. 0,43–0,48 cm;
Inv. Aar 120, P 132
E 6000

Kette aus sechs Perlen in Form eines abgestumpften Doppelkegels. Eine
Perle ist länglich, die übrigen haben geringere Abmessungen und weisen
unterschiedliche Proportionen auf. Sie sind auf einem Kupferdraht
montiert. Die Farbe der Perlen variiert zwischen blaßgelb und dunkelorange.

Leicht verschmutzt und abgerieben. Kerben an den Rändern, Kratzer.

Literatur: Schliemann 1881, S. 547, Nr. 852; Götze, in Dörpfeld 1902,
S. 385, Abb. 359a, b; Schmidt 1902, S. 238, Nr. 6000.

Entsprechungen: Perlen in Form eines abgestumpften Doppelkegels der
Akkadischen Zeit aus Tell Brak (Musche 1992, S. 103, Taf. XXXIII, 2),
Perlen aus der Frühdynastischen Zeit von Ur (Musche 1992, S. 81 [Typ
1], Taf. XXII; 91f [Typ 5. 2f, 5.5, 5.7], Taf. XXVI–XXVI); Karneol- und
Goldperlen aus Schatz A von Eskiyapar (Özgüç, Temizer 1993, S. 614,
Abb. 22–26, Taf. 115, 1; 616 [Typ 6], 624) und aus Poliochni (Bernabò-
Brea 1976, Taf. CCXLVII, c–d; CCLII, 1).

122. Perle

Karneol
Länge 1,95 cm; max. Dm. 0,69 cm; Dm. der Öffnung 0,25 cm
Inv. Aar 121, P 131
E 6001

Längliche, dunkelorange Perle in Form eines abgestumpften Doppelkegels.

Absplitterung an einem Ende, kleine Schrammen an der Oberfläche.
Lackflecken.

Literatur: Schmidt 1902, S. 238, Nr. 6001.

Entsprechungen: siehe Kat. 121

Schatz F
Kat. 123–134

123. Armband mit Spiralornament

Gold; Gewicht 61,81 g
Feingehalt 23 Karat (nach H. Schmidt)
Länge 9,0 cm; Breite 2,6 cm; Stärke 0,5 cm; Dm. des Drahtes der Einfassungen 0,04 cm
Inv. Aar 122, Bz 41, P 83
F 6003; 4176

Armschmuck aus einem breiten Goldband, an dessen unregelmäßig nach oben gebogenem Rand Drähte als Einfassung gelötet sind. Zwei Längsreihen aus brillenförmigen Doppelspiralen werden durch vier Querreihen aus je drei Rosetten unterbrochen. Die Rosetten bestehen aus hohlen Halbkügelchen und Kreisstäbchen mit 18 bis 19 Einschnitten. Die Anzahl der Doppelspiralen variiert in den einzelnen Abschnitten. Sie beträgt elf und elf, acht und acht, acht und neun und schließlich acht und acht in den oberen bzw. unteren Reihen (einschließlich einer nicht erhaltenen Doppelspirale). Die beiden Reihen aus Doppelspiralen verlaufen in entgegengesetzten Richtungen und sind leicht versetzt angeordnet.

Verbogen und gerissen. Die Einfassung steht an zwei Stellen ab. Ein Teil des Armbands (eine Doppelspirale und die Hälfte einer weiteren Spirale sowie die Einfassung einer Rosette) sind eingebüßt. Bruchspuren an der Rißstelle, eingebüßte Stellen.

Literatur: Schliemann 1881, S. 551, Nr. 873; Schuchhardt 1891, S. 86, Nr. 59; Götze, in Dörpfeld 1902, S. 358, Beil. 43, Nr. IV; Schmidt 1902, S. 239, Nr. 6003, Beil. II; 1904, S. 612, Abb. 5; Bossert 1942, Taf. 14, Abb. 9; Becatti 1955, S. 13; French 1969, S. 347, Nr. D2. I. 4. 7; Maxwell-Hyslop 1971, S. 55, Taf. 39; Branigan 1974, S. 44 (Typ VI), Taf. 33, Nr. 2586; Goldmann 1991, Abb. 9 (unten); Musche 1992, S. 123f, Taf. XLII (Typ 4 von rechts); Otto 1992, S. 249, 251, Abb. 10b; Schliemanns Gold 1993, S. 40, Abb. 8b.

Entsprechungen: Armband aus demselben Schatz, Archäologisches Museum Istanbul (Schliemann 1881, S. 551, Nr. 874; Schmidt 1902, S. 239; Lloyd 1961, S. 113, Abb. 76; Maxwell-Hyslop 1971, S. 55; Branigan 1974, S. 188, Nr. 2587; Kat. Istanbul 1983, S. 37, Abb. 349; Kat. Tokio 1985, Nr. 67 (die Autoren des Katalogs rechnen es zu den Funden aus Schatz D); Musche 1992, S. 123f, Taf. XLII (Typ 4 von rechts); Siebler 1994, S. 48, Abb. 58, 60).

124. Gelochter Streifen

Gold; Gewicht 2,24 g
Länge 5,3 cm; max. Breite 0,28 cm; Dicke 0,7–0,18 cm; Dm. der Öffnungen 0,11 cm
Inv. Aar 123, Bz 51, P 93
E (F) 6002*

Stab mit abgeschlagenen Enden und 19 von einer Seite her unregelmäßig eingeschlagenen, abgerundeten Öffnungen, die unterschiedlich weit voneinander entfernt sind.

Literatur: Schliemann 1881, S. 550, Nr. 866; Schmidt 1902, S. 238, Nr. 6002; Götze, in Dörpfeld 1902, S. 361, Abb. 303f.; Branigan 1974, S. 47, Taf. 22, Nr. 3006.

Entsprechungen: Stäbchen mit 20 und 21 Löchern aus Schatz A, Kat. 101; siehe Bibliographie zu Kat. 101.

* Abweichend von H. Schmidt ordnen die Autoren Kat. 124 (Schmidt E 6002) Schatz F zu. (Anm. d. Red.)

125. Körbchenohrring

Gold; Gewicht 6,66 g
Höhe des Körbchens mit Leiste (ohne Haken) 1,6 cm; Breite 1,78 cm;
Tiefe 0,99 cm; Stärke 0,04 cm; Höhe der Leiste 0,27 cm
Inv. Aar 124, Bz 43, P 85
F 6004

Körbchenohrring, dessen Körbchen aus einer gebogenen, rechtwinkligen Platte besteht, die durch vertikale Einschnitte in drei Ornament-
bereiche unterteilt ist. Der vordere Teil des Körbchens ist etwas höher
als der rückwärtige. Der mittlere Teil des oberen Randes des vorderen
Teils ist in einen Haken mit dreieckigem Ansatz ausgetrieben, der in
eine lange Nadel mit rechtwinkligem Querschnitt übergeht, die über
den rückwärtigen Teil des Körpers hinaus gebogen ist. Der mittlere
Bereich des Körbchens mit einer Breite von 0,5 cm ist mit einem
Netzornament verziert. Die seitlichen Bänder sind mit vertikalen Einschnitten unterteilt, durch die zusammengelötete Drähte imitiert werden. Hierbei befinden sich 13 Einschnitte im linken und 12 im rechten
Teil. Die oberen Teile der vorderen und hinteren Wandung sind mit
horizontalen Reihen aus Doppeldrähten ornamentiert, zwischen denen
sich Granulationsreihen befinden (vorne sechs Draht- und fünf Granulationsreihen, hinten fünf Draht- und vier Granulationsreihen). Die mittlere und untere Granulationsreihe an der vorderen Seite bestehen aus 21
Kügelchen, die übrigen aus je 22. An der rückwärtigen Seite befinden
sich in der oberen Reihe 23 Kügelchen, und in den übrigen 22. Am
Ansatz des Hakens sind fünf Granulationsreihen angebracht, die ein
Trapez bilden. Dabei verringert sich die Anzahl der Granulationskügelchen in den oberen Reihen jeweils um eins, also von sieben auf drei. Die
Granulationsreihen sind nicht immer gleichmäßig aufgelötet.
An den Boden des Körbchens ist eine flache, trapezförmige Leiste mit
fünf von der Rückseite her eingeschlagenen Öffnungen angelötet. Die
Kragen der Öffnungen an der vorderen Seite sind geglättet. Die Öffnun-
gen befinden sich ungefähr im gleichen Abstand zueinander. Vorder-
und Rückseite der Leiste sind mit einem Netzornament verziert.

Leicht verbogen. Die aufgelöteten Drähte stehen stellenweise ab.

Literatur: Schliemann 1881, S. 554, Nr. 881, 882; 1943, Taf. 18; Götze,
in Dörpfeld 1902, S. 358f, Beil. 44, Nr. Ie; Schmidt 1902, S. 239,
Nr. 6004f; French 1969, S. 350, Nr. D3. I. 4. 29; Branigan 1974, S. 47
(Typ I), 191, Taf. 35, Nr. 2994f; Wolters 1983, S. 70, Abb. 19 (links
oben); 98, Abb. 41; Musche 1992, S. 118, Taf. XL (Typ 6. 2); Goldmann
1991, Abb. 9; Schliemanns Gold 1993, S. 40, Abb. 8a.

Entsprechungen: siehe Kat. 13

126. Körbchenohrring

Gold; Gewicht 7,00 g
Höhe des Körbchens mit Leiste (ohne Haken) 1,6 cm; Breite 1,86 cm;
Tiefe 1,12 cm; Stärke 0,05 cm; Höhe der Leiste 0,25 cm
Inv. Aar 125, Bz 42, P 84
F 6005

Körbchenohrring, dessen Körbchen aus einer gebogenen, rechtwinkligen Platte besteht, die durch vertikale Einschnitte in drei Ornament-
bereiche unterteilt ist. Der vordere Teil des Körbchens ist etwas höher
als der rückwärtige. Der mittlere Teil des oberen Randes des vorderen
Teils ist in einen Haken mit dreieckigem Ansatz ausgetrieben, der in
eine lange Nadel mit rechtwinkligem Querschnitt übergeht, die über
den hinteren Rand des Körpers hinaus gebogen ist. Der mittlere Bereich
des Körbchens mit einer Breite von 0,45 cm ist mit einem Netzornament verziert, die seitlichen Bänder sind mit vertikalen Einschnitten
unterteilt, durch die zusammengelötete Drähte imitiert werden. Hierbei

befinden sich elf Einschnitte im linken und zehn im rechten Teil. Die
oberen Teile der vorderen und hinteren Wandung sind mit horizontalen
Reihen aus Doppeldrähten ornamentiert, zwischen denen sich Granulationsreihen befinden (vorne sechs Draht- und fünf Granulationsreihen,
hinten fünf Draht- und vier Granulationsreihen). An der vorderen Seite
bestehen die erste und vierte Granulationsreihe aus je 24 Kügelchen, die
übrigen aus je 23. An der rückwärtigen Seite befinden sich oben in der
ersten und dritten Reihe 23, in der zweiten 21 und in der unteren 24
Kügelchen. Am Ansatz des Hakens sind fünf Granulationsreihen angebracht, die ein Trapez bilden. Dabei verringert sich die Anzahl der
Granulationskügelchen in jeder Reihe mit Ausnahme der oberen um
eins, also von sieben auf vier. Die Granulationsreihen sind nicht immer
gleichmäßig aufgelötet, einige Kügelchen haben unterschiedliche
Größe.
An den Boden des Körbchens ist eine flache, trapezförmige Leiste mit
fünf von der Rückseite her eingeschlagenen Öffnungen angelötet. Die
Kragen der Öffnungen an der vorderen Seite sind geglättet. Die Öffnungen befinden sich ungefähr im gleichen Abstand zueinander. Vorder-
und Rückseite der Leiste sind mit einem Netzornament verziert.

Teilweise deformiert. Die aufgelöteten Drähte stehen stellenweise ab.

127. Fragment einer Nadel oder eines Halsrings

Gold; Gewicht 4,55 g
Länge 1,74 cm; Dm. des Drahtes 0,17 cm; max. Dm. des Knöpfchens
0,73 cm; Höhe des Knöpfchens 0,6 cm
Inv. Aar 126, Bz 287, P 413
F 6006

Zu einer Schlaufe zusammengebogener Stab mit rundem Querschnitt
und konischem Kopf am Ende.

Leicht verschmutzt, Lackspuren an der Oberfläche.

Literatur: Schliemann 1881, S. 554, Nr. 879; Götze, in Dörpfeld 1902,
S. 354f; Schmidt 1902, S. 239, Nr. 6004f.

Entsprechungen: Die Enden der Halsringe Kat. 75f sind mit ähnlichen
Köpfen verziert; zu entsprechender Ausführung von Köpfen an
Schmucknadeln siehe beispielsweise: Troja, Archäologisches Museum
Istanbul (Kat. Tokio 1985, S. 360, Nr. 64); Schatz R (Kat. 245);
Kykladen (Reinholdt 1993, S. 18, Abb. 22 [äußerster rechts]).

128. Stab mit Einschnitten

Gold; Gewicht 10,40 g
Länge 9,5 cm; Dm. 0,31–0,32 cm
Inv. Aar 127, Bz 55, P 97
F 6009

Geschmiedeter Stab mit abgeflachtem Querschnitt, stellenweise mit ungleichmäßigen schmalen Kanten. Die Enden sind abgeschlagen. An einer Seite mit regelmäßigen Einschnitten von geringer Tiefe versehen, die den Eindruck einer gezahnten Oberfläche hervorrufen. Durch die Einschnitte ist die Oberfläche des Stabes in 53 Teile untergliedert.

Verbogen.

Literatur: Schmidt 1902, S. 239, Nr. 6009–6013; Götze, in Dörpfeld 1902, S. 361, Beil. 44, Nr. IV; Mannsperger 1992, S. 138.

Entsprechungen: Elf solcher Stäbe aus Schatz F, Archäologisches Museum Istanbul (Kat. Istanbul 1983, S. 137, A 356; Hazırlayan, Esin 1991, S. 38; Siebler 1994, S. 48, Abb. 58 [oben rechts]).

129. Stab mit Einschnitten

Gold; Gewicht 10,21 g
Länge 9,8 cm; Dm. 0,30–0,31 cm
Inv. Aar 128, Bz 265, P 375
F 6010

Geschmiedeter Stab mit abgeflachtem Querschnitt, stellenweise mit ungleichmäßigen schmalen Kanten. Die Enden sind abgeschlagen. An einer Seite mit regelmäßigen Einschnitten von geringer Tiefe versehen, die den Eindruck einer gezahnten Oberfläche hervorrufen. Durch die Einschnitte ist die Oberfläche des Stabes in 55 Teile untergliedert.

Verbogen.

Literatur: siehe Kat. 128

Entsprechungen: siehe Kat. 128

130. Stab mit Einschnitten

Gold; Gewicht 10,48 g
Länge 9,85 cm; Dm. 0,31–0,32 cm
Inv. Aar 129, Bz 52, P 94
F 6011

Geschmiedeter Stab mit abgeflachtem Querschnitt, stellenweise mit
ungleichmäßigen schmalen Kanten. Die Enden sind abgeschlagen. An
einer Seite mit regelmäßigen Einschnitten von geringer Tiefe versehen,
die den Eindruck einer gezahnten Oberfläche hervorrufen. Durch die
Einschnitte ist die Oberfläche des Stabes in 55 Teile untergliedert.

Verbogen.

Literatur: siehe Kat. 128

Entsprechungen: siehe Kat. 128

131. Stab mit Einschnitten

Gold; Gewicht 10,39 g
Länge 10,4 cm; Dm. 0,29–0,30 cm
Inv. Aar 130, Bz 53, P 95
F 6012

Geschmiedeter Stab mit abgeflachtem Querschnitt, stellenweise mit
ungleichmäßigen schmalen Kanten. Die Enden sind abgeschlagen. An
einer Seite mit regelmäßigen Einschnitten von geringer Tiefe versehen,
die den Eindruck einer gezahnten Oberfläche hervorrufen. Durch die
Einschnitte ist die Oberfläche des Stabes in 59 Teile untergliedert.

Verbogen.

Literatur: siehe Kat. 128

Entsprechungen: siehe Kat. 128

132. Stab mit Einschnitten

Gold; Gewicht 9,87 g
Länge 9,7 cm; Dm. 0,29–0,31 cm
Inv. Aar 131, Bz 54, P 96
F 6013

Geschmiedeter Stab mit abgeflachtem Querschnitt, stellenweise mit
ungleichmäßigen schmalen Kanten. Die Enden sind abgeschlagen. An
einer Seite mit regelmäßigen Einschnitten von geringer Tiefe versehen,
die den Eindruck einer gezahnten Oberfläche hervorrufen. Durch die
Einschnitte ist die Oberfläche des Stabes in 54 Teile untergliedert.

Verbogen.

Literatur: siehe Kat. 128

Entsprechungen: siehe Kat. 128

133. Spiralförmiger Lockenring

Gold; Gewicht 4,81 g
Dm. 1,38 cm; max. Breite der Elemente 0,37 cm; max. Stärke der Elemente 0,29 cm; Dm. des Hakens 0,15 cm
Inv. Aar 132, Bz 50, P 92
F 6014

Lockenring in Form einer Spirale mit eineinhalb Windungen aus geschmiedetem Draht, der im oberen Teil schmaler wird und einen abgeflachten Querschnitt aufweist. Die Windungen sind, bezogen auf die Achse, versetzt zueinander angeordnet. Die Innenfläche ist geglättet, die Außenfläche ist abgerundet.

Kleine Kratzer. Eine der Windungen ist an der Innenfläche mit Lack bedeckt.

Literatur: Schliemann 1881, S. 554, Nr. 878, 880; Götze, in Dörpfeld 1902, Beil. 43, Nr. Va; Schmidt 1902, S. 240, Nr. 6014f; Matz 1956, Taf. 6 (Mitte oben); French 1969, S. 350, Nr. D3. I. 4. 31; Müller 1972, Nr. 17, Taf. 15a; Branigan 1974, S. 47 (Typ I), Taf. 41, Nr. 2967f; Wartke 1980, S. 251; Tallon 1987, S. 260; Pfeffer 1990, S. 28, Anm. 200.

Entsprechungen: Kat. 134 (Gold), 252 (Bronze); Troja (Branigan 1974, S. 191, Nr. 2957–2966; Taf. 22; Kat. Istanbul 1983, S. 37, 136; 345 ff.; Kat. Tokio 1985, S. 360, Nr. 65. 2; Musche 1992, S. 113, Taf. XXXIX); Beşik-Tepe (Pfeffer 1990, S. 28); Alaça Höyük, Museum der anatolischen Zivilisationen Ankara (Maxwell-Hyslop 1971, S. 46, Abb. 31b; Kat. Istanbul 1983, S. 100, Nr. A. 211; Kat. Tokio 1985, Nr. 53; Musche 1992, S. 107, Taf. XXXV [Typ 4]); Küçükhöyük (Gürkan, Seeher 1991, S. 87, Abb. 23, 7–21; 90); Demirci Hüyük-Sariket (Seeher 1992, S. 15, Abb. 7, 1); Korucutepe (Korucutepe 1980, S. 146, Taf. 46a–b); Griechenland (Branigan 1974, S. 191, Nr. 2949–2956, 2969–2976A; Taf. 22); Transkaukasus (Kušnareva, Čubinišvili 1970, S. 118, Abb. 43, 25); Nordkaukasus (Kuftin 1941, S. 94; Munčaev 1975, S. 404; Kotovič, Kotovič, Magomedov 1980, S. 48f, Abb. 5, 10–12, 14–16; S. 52f, Abb. 7, 3f; Tarabanov 1990, S. 41–43, Abb. 15, 11; Kulturen der frühen, mittleren und späten Bronzezeit Eurasiens (Černych 1970, Abb. 62, 1–11; Ėpocha bronzy 1987, S. 168, Abb. 12, 6–8; S. 192, Abb. 35, 1–17; 223, Abb. 61, 14f); Syrien (Musche 1992, S. 104, Taf. XXXIV [Taf. 2.1–2]); Mesopotamien (Tallon 1987, S. 258f); Content 1992, S. 24f, Nr. 22; S. 36f, Nr. 36); Iran (Tallon 1987, S. 258–260, 311, Nr. 1122–1139).

134. Spiralförmiger Lockenring

Gold; Gewicht 4,84 g
Dm. 1,45 cm; max. Breite der Stäbchen 0,39 cm; max. Stärke der Stäbchen 0,27 cm; Dm. des Hakens 0,16 cm
Inv. Aar 133, Bz 49, P 91
F 6015

Lockenring in Form einer Spirale mit eineinhalb Windungen aus geschmiedetem Draht, der im oberen Teil schmaler wird und einen abgeflachten Querschnitt aufweist. Die Windungen sind, bezogen auf die Achse, versetzt zueinander angeordnet. Die Innenfläche ist geglättet, die Außenfläche ist abgerundet.

Kleine Kratzer. Eine der Windungen ist an der Innenfläche mit Lack bedeckt.

Literatur: siehe Kat. 133

Entsprechungen: siehe Kat. 133, 252 (Bronze)

Schatz Ha
Kat. 135–148

135. Idolförmiger Anhänger

Gold; Gewicht 1,00 g
Höhe 4,0 cm; Breite 3,6 cm, Stärke 0,02 cm
Inv. Aar 134, Bz 75, P 120
Ha 6016

Idolförmiger Anhänger aus Goldblech. Er besteht aus einem dreieckigen Kopf mit abgerundeter Spitze, einem langen, nach unten hin breiter werdenden Hals und einer schmalen, trapezförmigen Brust in schematischer Darstellung. Im oberen Teil ist ein von der Rückseite her eingeschlagenes Loch zum Aufhängen vorhanden. Die Figur ist nicht völlig symmetrisch. Den Kopf schmücken zwei Halbkugeln, die durch Punkte eingefaßt sind. An der Brust befinden sich drei Buckel mit konischer Form, die von Punkten eingerahmt werden. Der mittlere Buckel ist etwas höher angebracht als die seitlichen. Am Hals befinden sich sieben waagrechte Punktreihen. Der untere Teil der Figur ist am oberen und unteren Rand durch je zwei Punktreihen geschmückt; hierbei ist die obere Reihe nicht geschlossen. Die waagrechten Punktreihen sind abwechselnd von der Vorder- und Rückseite her eingeschlagen, die Buckel sind von der Rückseite her eingeprägt, die Punkte ihrer Einfassungen hingegen von der Vorderseite.

Aus drei Teilen zusammengeklebt. Unterer Teil an der Klebenaht abgetrennt. Verformt, kleine Risse. Verschmutzt.

Literatur: Götze, in Dörpfeld 1902, S. 361, Abb. 302a; Schmidt 1902, S. 240, Nr. 6016; French 1969, Abb. 92e; 345, Nr. D1. 5. 2; Branigan 1974, S. 41 (Typ VIII), S. 185, Taf. 21, Nr. 2351f.

Entsprechungen: Anhänger an den Diademen Kat. 10f und an den Körbchenohrringen Kat. 13–16 und 155; siehe auch Fragmente solcher Anhänger aus Schatz Ha (Kat. 136–143).

136. Fragment eines idolförmigen Anhängers

Gold; Gewicht 0,18 g
Höhe 1,6 cm; Breite 1,05–1,4 cm; Dicke 0,02 cm
Inv. Aar 135, Bz 272, P 398
Ha 6017

Erhalten ist ein Teil des Halses eines idolförmigen Anhängers, der mit acht waagrechten Punktreihen verziert ist. Sie sind abwechselnd von der Vorder- und Rückseite her eingeschlagen.

Verformt. Verschmutzt. Klebstoffspuren.

Literatur: Schmidt 1902, S. 240, Nr. 6017–6024; French 1969, S. 345, Nr. D1. 5. 2; Branigan 1974, S. 185, Nr. 2352.

Entsprechungen: siehe Kat. 135

137. Fragment eines idolförmigen Anhängers

Gold; Gewicht 0,83 g
Länge 2,72 cm; Breite 3,45 cm; Stärke 0,02 cm
Inv. Aar 136, Bz 76, P 121
Ha 6018

Fragment eines idolförmigen Anhängers aus Goldblech. Erhalten sind ein Teil des Halses und der schmalen, trapezförmigen Brust. Die Form des Körpers ist asymmetrisch. Der nach oben schmaler werdende Hals ist mit sieben Punktreihen verziert. Die Brust ist oben und unten durch eine Doppelreihe eingerahmt und mit drei konischen Buckeln verziert, die mit Punkten eingefaßt sind (der mittlere Buckel ist etwas höher angebracht als die äußeren). Die waagrechten Punktreihen sind abwechselnd von der Vorder- und der Rückseite her eingeschlagen. Die Buckel sind von der Rückseite her getrieben, die Punkte ihrer Einfassungen hingegen von der Vorderseite.

Verformt. Verschmutzt. Klebstoffspuren. Die Inventarnummer (6018) ist an der Vorderseite aufgetragen, unter ihr ist ein Papierstück angeklebt.

Literatur: siehe Kat. 136

138. Fragment eines idolförmigen Anhängers

Gold; Gewicht 0,47 g
Höhe 2,14 cm; Breite 2,4 cm; Stärke 0,02 cm
Inv. Aar 137, Bz 274, P 400
Ha 6019

Fragment eines idolförmigen Anhängers aus Goldblech. Erhalten sind ein Teil des Halses und die rechte Hälfte der trapezförmigen Brust. Der nach oben schmaler werdende Hals ist mit drei Punktreihen verziert. Die Brust ist oben und unten mit einer doppelten und am erhaltenen seitlichen Rand mit einer einfachen Punktreihe eingerahmt. Erhalten sind zwei konische, mit Punkten eingefaßte Buckel (der mittlere Buckel ist etwas höher angebracht als der äußere). Die waagrechten Punktreihen sind abwechselnd von der Vorder- und der Rückseite her eingeschlagen. Die Buckel sind von der Rückseite her getrieben, die Punkte ihrer Einfassungen hingegen von der Vorderseite. Die senkrechte Punktreihe am Rand der Brust ist von der Vorderseite her eingeschlagen.

Zwei Teile, an der Rückseite durch Papier verbunden. Verformt, stellenweise eingerissen. Zahlreiche Klebstoffspuren. Vereinzelt helle Flecken an der Oberfläche.

Literatur: siehe Kat. 136

139. Fragment eines idolförmigen Anhängers

Gold; Gewicht 0,66 g
Höhe 2,15 cm; Breite 3,3 cm; Stärke 0,02 cm
Inv. Aar 138, Bz 77, P 122
Ha 6020

Fragment eines idolförmigen Anhängers aus Goldblech. Erhalten sind der untere Teil des Halses sowie die linke Hälfte und ein Teil der rechten Hälfte der trapezförmigen Brust. Der nach oben schmaler werdende Hals ist mit drei Punktreihen verziert. Die Brust ist oben und unten durch Doppelreihen eingerahmt und mit drei konischen Buckeln verziert, die mit Punkten eingefaßt sind (der mittlere Buckel ist etwas höher angebracht als die äußeren). Die waagrechten Punktreihen sind abwechselnd von der Vorder- und der Rückseite her eingeschlagen. Die Buckel sind von der Rückseite her getrieben, die Punkte ihrer Einfassungen hingegen von der Vorderseite.

Verformt. Ränder ungleichmäßig. Verschmutzt. Klebstoffspuren. Inventarnummer (6020) an der Vorderseite aufgetragen. Vereinzelt helle Flecken an der Oberfläche.

Literatur: siehe Kat. 136

Entsprechungen: siehe Kat.: 135

141. Fragment eines idolförmigen Anhängers

Gold; Gewicht 0,66 g
Höhe 1,8 cm; Breite 3,3 cm; Stärke 0,02 cm
Inv. Aar 140, Bz 78, P 123
Ha 6022

Fragment eines idolförmigen Anhängers aus Goldblech. Erhalten ist ein großer Teil der trapezförmigen Brust, die durch zwei Punktreihen und durch drei mit Punkten eingefaßte konische Buckel verziert ist (der mittlere Buckel ist etwas höher angebracht als die äußeren). Ebenso ist der untere Teil des Halses mit einer waagrechten, von der Rückseite her eingeschlagenen Punktreihe erhalten. Zwei Punkte in der Mitte des linken Randes der Brust sind von der Vorderseite her eingeschlagen. Die Punktreihen, welche die Brust einrahmen, sind abwechselnd von der Vorder- und der Rückseite her eingeschlagen. Die Buckel sind von der Rückseite her getrieben, die Punkte ihrer Einfassungen hingegen von der Vorderseite.

Verformt und verkratzt. Verschmutzt. Klebstoffspuren auf der Rückseite.

Literatur: siehe Kat. 136

Entsprechungen: siehe Kat.: 135

140. Fragment eines idolförmigen Anhängers

Gold; Gewicht 0,16 g
Höhe 1,4 cm; Breite 1,3 cm; Stärke 0,02 cm
Inv. Aar 139, Bz 273, P 399
Ha 6021

Fragment eines idolförmigen Anhängers aus Goldblech. Erhalten sind der mittlere Teil der Brust, oben und unten mit Punktreihen und einem Teil eines mit Punkten eingefaßten konischen Buckels. Die Punktreihen sind abwechselnd von der Vorder- und der Rückseite her eingeschlagen. Der Buckel ist von der Rückseite her getrieben, die Punkte seiner Einfassung hingegen von der Vorderseite.

Eingerissene Ränder. Klebstoffspuren. Vereinzelt helle Flecken an der Oberfläche.

Literatur: siehe Kat. 136

Entsprechungen: siehe Kat. 135

142. Fragment eines idolförmigen Anhängers

Gold; Gewicht 0,82 g
Höhe 2,2 cm; Breite 3,5 cm; Stärke 0,02 cm
Inv. Aar 141, Bz 79, P 124
Ha 6023

Fragment eines idolförmigen Anhängers aus Goldblech. Erhalten sind der untere Teil des Halses und die trapezförmige Brust. Der rechte Rand der Brust ist scharf nach unten abgeschrägt. Der nach oben schmaler werdende Hals ist mit drei Punktreihen verziert. Die Brust ist oben und unten durch Doppelreihen eingerahmt und mit drei konischen Buckeln verziert, die durch Punkte eingefaßt und asymmetrisch angeordnet sind (der mittlere ist etwas höher angebracht als die äußeren). Die waagrechten Punktreihen sind abwechselnd von der Vorder- und der Rückseite her eingeschlagen. Die Buckel sind von der Rückseite her getrieben, die Punkte ihrer Einfassungen hingegen von der Vorderseite.

Verbogen. Horizontaler Riß am Ansatz des Halses. Kratzer. Verschmutzt. Klebstoffspuren an der Rückseite. Stellenweise helle Flecken an der Oberfläche.

Literatur: siehe Kat. 136

Entsprechungen: siehe Kat.: 135

143. Fragment eines idolförmigen Anhängers

Gold; Gewicht 0,77 g
Höhe 2,3 cm; Breite 3,4 cm; Stärke 0,02 cm
Inv. Aar 142, Bz 80, P 125
Ha 6024

Fragment eines idolförmigen Anhängers aus Goldblech. Erhalten sind der untere Teil des Halses und die trapezförmige Brust. Die Umrisse der Figur sind asymmetrisch. Der nach oben schmaler werdende Hals ist mit vier waagrechten Punktreihen verziert. Die Brust ist oben und unten durch Doppelreihen eingerahmt und mit drei konischen Buckeln verziert, die mit Punkten eingefaßt und asymmetrisch angeordnet sind (der mittlere ist etwas höher angebracht als die äußeren). Die waagrechten Punktreihen sind abwechselnd von der Vorder- und der Rückseite her eingeschlagen. Die Buckel sind von der Rückseite her getrieben, die Punkte ihrer Einfassungen hingegen von der Vorderseite.

Verbogen. Kratzer. Oben kleinere Einrisse. Verschmutzt. Klebstoffspuren an der Rückseite.

Literatur: siehe Kat. 136

Entsprechungen: siehe Kat.: 135

144. Doppelkette mit schuppenförmigen Scheibchen

Gold; Gewicht 0,24 g
Länge 1,8 cm; Dm. des schuppenförmigen Scheibchens 0,5 cm; Stärke 0,02 cm
Inv. Aar 143, Bz 271, P 397
Ha 6025

Fragment einer Doppelkette für einen Ohrring oder ein Diadem mit sieben abgerundeten, schuppenförmigen Scheibchen aus Goldblech mit leicht nach innen gebogenen Rändern, die im Abstand von einem Glied aufgereiht sind.

Ein schuppenförmiges Scheibchen separat. Die übrigen etwas verformt und verschmutzt.

Literatur: Götze, in Dörpfeld 1902, S. 361, Abb. 302b; Schmidt 1902, S. 240, Nr. 6025–6029; French 1969, Nr. D1. 5. 3; Branigan 1974, S. 194, Nr. 3119.

Entsprechungen: Schuppenförmige Scheibchen ähnlicher Form sind am Körbchenohrring mit Gehänge Kat. 14 (etwas kleineres Format) sowie an Ohrringen aus Troja anzutreffen (Schliemann 1881, S. 557f, Abb. 905; Branigan 1974, Taf. 40, Nr. 2986; Musche 1992, S. 119, Nr. 6. 7; Taf. XL).

145. Doppelkette mit schuppenförmigen Scheibchen

Gold; Gewicht 0,26 g
Länge 2,2 cm; Dm. des schuppenförmigen Scheibchens 0,5 cm; Stärke 0,02 cm
Inv. Aar 144, Bz 269, P 395
Ha 6026

Fragment einer Doppelkette für einen Ohrring oder ein Diadem mit fünf abgerundeten, schuppenförmigen Scheibchen aus Goldblech mit leicht nach innen gebogenen Rändern, die im Abstand von einem Glied aufgereiht sind. Von der Vorderseite her sind Löcher eingeschlagen.

Verschmutzt. Verformt. Ein schuppenförmiges Scheibchen separat.

Literatur: siehe Kat. 144

Entsprechungen: siehe Kat. 144

146. Doppelkette mit schuppenförmigen Scheibchen

Gold; Gewicht 0,31 g
Länge 2,2 cm; Dm. 0,5 cm; Stärke 0,02 cm
Inv. Aar 145, Bz 270, P 396
Ha 6027

Fragment einer Doppelkette für einen Ohrring oder ein Diadem mit acht abgerundeten, schuppenförmigen Scheibchen aus Goldblech mit leicht nach innen gebogenen Rändern, die im Abstand von einem Glied aufgereiht sind. Von der Vorderseite her sind Löcher eingeschlagen.

Verschmutzt. Verformt.

Literatur: siehe Kat. 144

Entsprechungen: siehe Kat. 144

147. Doppelkette mit schuppenförmigen Scheibchen

Gold; Gewicht 0,59 g
Länge 4,4 cm; Dm. des schuppenförmigen Scheibchens 0,5 cm; Stärke 0,02 cm
Inv. Aar 146, Bz 267, P 393
Ha 6028

Fragment einer Doppelkette für einen Ohrring oder ein Diadem mit sechzehn abgerundeten, schuppenförmigen Scheibchen aus Goldblech mit leicht nach innen gebogenen Rändern, die im Abstand von einem Glied aufgereiht sind. Von der Vorderseite her sind Löcher eingeschlagen.

Verschmutzt. Verformt.

Literatur: siehe Kat. 144

Entsprechungen: siehe Kat. 144

148. Doppelkette mit schuppenförmigen Scheibchen

Gold; Gewicht 0,45 g
Länge 3,2 cm; Dm. des schuppenförmigen Scheibchens 0,5 cm; Stärke 0,02 cm
Inv. Aar 147, Bz 268, P 394
Ha 6029

Fragment einer Doppelkette für einen Ohrring oder ein Diadem mit zwölf abgerundeten, schuppenförmigen Scheibchen aus Goldblech mit leicht nach innen gebogenen Rändern, die im Abstand von einem Glied aufgereiht sind. Von der Vorderseite her sind Löcher eingeschlagen.

Verschmutzt. Verformt. Ein schuppenförmiges Scheibchen separat.

Literatur: siehe Kat. 144

Entsprechungen: siehe Kat. 144

Schatz Hb
Kat. 149

149. Fragmente einer Scheibe mit Rosettenmuster

Gold; Gewicht 13,75 g
Länge bis 7,5 cm; Dm. (rekonstruiert) bis 9,5 cm; Stärke 0,04 cm
Inv. Aar 148, Bz 266, P 376
H-b 6030

Scheibe mit getriebenem Ornament in Form einer vielblätterigen Rosette, deren Blätter durch Mittelrippen geteilt sind. Am Rand verlaufen zwei konzentrische Ringe.

Es sind zwei große und dreizehn kleine Fragmente vorhanden. Verformt. Risse und Brüche an den Rändern. Verschmutzt. Ein Teil der Scheibe ist eingebüßt. Eine Reihe von Fragmenten weist grüne Spuren auf, die darauf hindeuten, daß die Scheibe auf Papier oder Stoff (?) aufgeklebt war. An einem der großen Fragmente befindet sich ein von der Vorderseite her eingeschlagenes Loch.

Literatur: Schuchhardt 1891, S. 77f; Götze, in Dörpfeld 1902, Beil. 46, Nr. X; Schmidt 1902, S. 240, Nr. 6030; 1904, S. 609; Branigan 1974, S. 43 (Typ II), S. 186, Nr. 2468.

Entsprechungen: Goldscheiben aus dem Schachtgrab III in Mykene, Nationalmuseum Athen (Karo 1930/33, Taf. XII, 1; XV, 7; XXVII, 21; XXXVI, 234f; Matz 1956, Taf. 84; Otto 1992, S. 248, Abb. 6d).

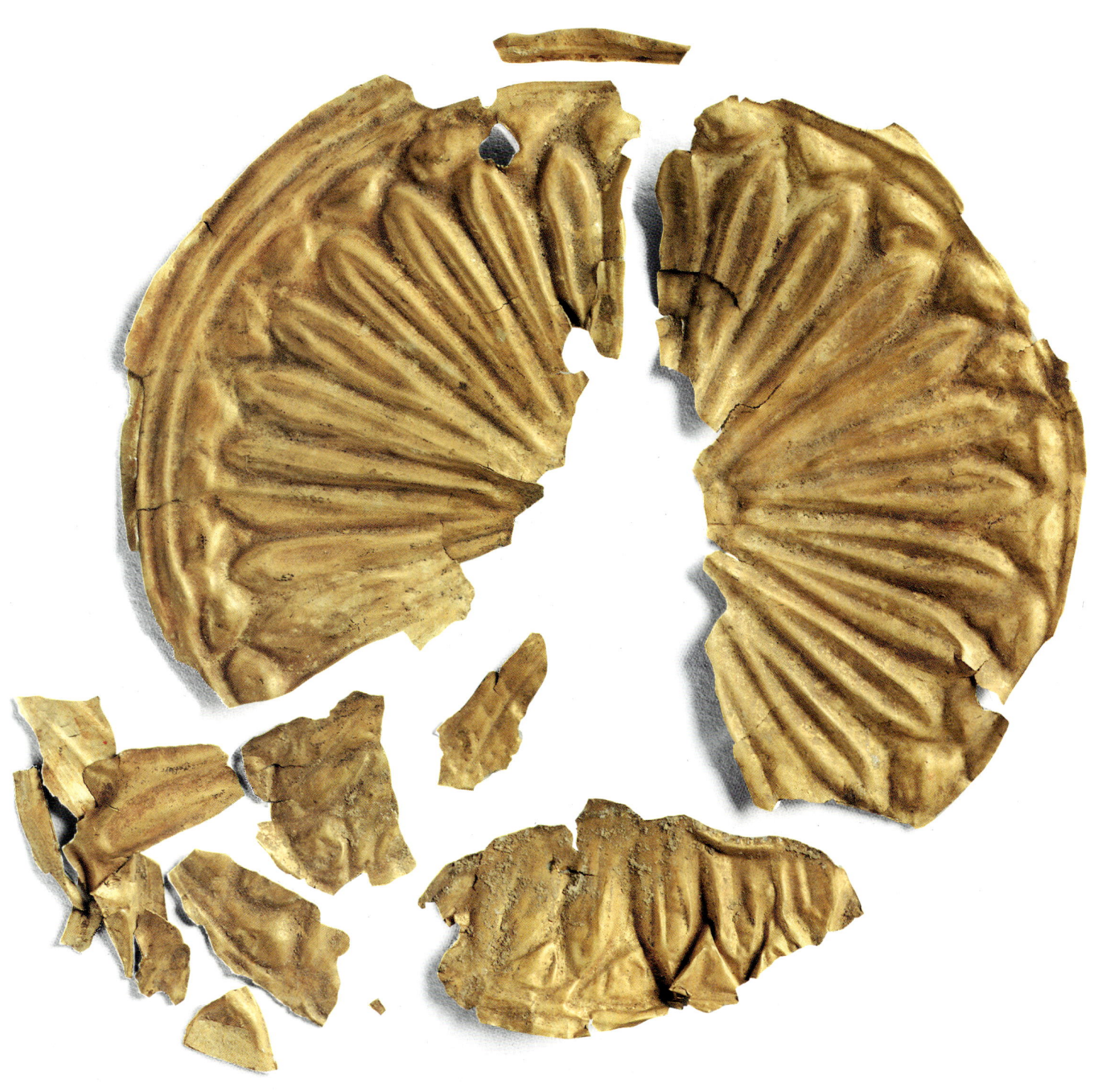

Schatz J
Kat. 150–164

150. Lockenring mit drei Stäbchen

Gold; Gewicht 1,59 g
Dm. 0,73 cm; max. Breite der Stäbchen 0,61 cm
Inv. Aar 149, Bz 92, P 144
J 6031

Halbringförmiges Schmuckstück aus drei zusammengelöteten Drähten, in der Mitte verdickt und an einem Ende in einen Haken ausgetrieben.

Haken am Ansatz abgebrochen und verloren. An einer Windung schwarzer Kleberückstand.

Literatur: Götze, in Dörpfeld 1902, S. 358, Beil. 43, Nr. Vb; Schmidt 1902, S. 240, Nr. 6031; French 1969, Nr. D3. I. 4. 33; Branigan 1974, S. 45f (Typ II), 190, Nr. 2759.

Entsprechungen: siehe Kat. 19–28, 104

151. Lockenring mit fünf Stäbchen

Gold; Gewicht 2,28 g
Dm. 1,25 cm; max. Breite der Stäbchen 0,93 cm; Dm. des Hakens 0,13 cm
Inv. Aar 150, Bz 91, P 143
J 6032

Halbringförmiges Schmuckstück aus fünf zusammengelöteten Drähten, in der Mitte verdickt und an einem Ende in einen Haken mit abgeflachtem Querschnitt ausgetrieben. Dieser geht in eine nadelförmige Spitze über, die nach der Kontur des Ringes umgebogen ist.

Leicht verschmutzt. Nadel verkrümmt. Innenfläche teilweise mit Lack bedeckt.

Literatur: Schliemann 1881, S. 559, Nr. 910; Götze, in Dörpfeld 1902, S. 358, Beil. 43, Nr. Vd; Schmidt 1902, S. 241, Nr. 6032f; French 1969, S. 350, Nr. D3. I. 4. 33; Branigan 1974, S. 45f (Typ II), 190, Nr. 2760f.

Entsprechungen: Kat. 105–108 (Schatz D) und 152 (Schatz J); siehe Bibliographie zu Kat. 105.

152. Lockenring mit fünf Stäbchen

Gold; Gewicht 1,96 g
Dm. 1,26 cm; max. Breite der Stäbchen 0,78 cm; Dm. des Hakens 0,12 cm
Inv. Aar 151, Bz 135, P 187
J 6033

Halbringförmiges Schmuckstück aus fünf zusammengelöteten Drähten, in der Mitte verdickt und an einem Ende in einen Haken mit abgeflachtem Querschnitt ausgetrieben. Dieser geht in eine nadelförmige Spitze über, die nach der Kontur des Ringes umgebogen ist.

Die Lötnähte zwischen den einzelnen Stäbchen sind teilweise aufgetrennt. Leicht verschmutzt. Innenfläche teilweise mit Lack bedeckt.

Literatur: siehe Kat. 151

Entsprechungen: Kat. 105–108 (Schatz D) und 151 (Schatz J); siehe Bibliographie zu Kat. 105.

153. Lockenring mit sieben Stäbchen

Gold; Gewicht 4,13 g
Dm. 1,27 cm; max. Breite der Stäbchen 1,19 cm; Dm. des Hakens 0,11 cm
Inv. Aar 152, Bz 90, P 142
J 6034

Halbringförmiges Schmuckstück aus sieben zusammengelöteten Drähten, in der Mitte verdickt und an einem Ende in einen Haken mit abgeflachtem Querschnitt ausgetrieben. Dieser geht in eine nadelförmige Spitze über, die nach der Kontur des Ringes umgebogen ist.

Erheblich verschmutzt, insbesondere in den Rillen. Nadelspitze verbogen. Innenfläche teilweise mit Lack bedeckt.

Literatur: Schliemann 1881, S. 559, Nr. 906; Götze, in Dörpfeld 1902, S. 358, Beil. 43, Nr. Vf; Schmidt 1902, S. 241, Nr. 6034; French 1969, S. 350, Nr. D3. I. 4. 33; Maxwell-Hyslop 1971, S. 51 (Typ 2); Branigan 1974, S. 45f (Typ II), Taf. 23, Nr. 2762; Musche 1992, S. 116 (Typ 3. 1), Taf. XL.

Entsprechungen: Troas, Museum der Universität Pennsylvania, Philadelphia (Bass 1970, S. 337, Nr. 8–15, Taf. 86, Abb. 8–15; Branigan 1974, Taf. 33, Nr. 2851–2858).

154. Halbmondförmiger Anhänger

Gold; Gewicht 0,90 g
Breite 2,14 cm; Höhe 1,2 cm; Stärke 0,05 cm
Inv. Aar 156, Bz 72, P 117
J 6038

Halbmondförmiger Anhänger aus Goldblech mit eingerollten und abgeplatteten Enden. An der Oberfläche befindet sich ein unregelmäßiges Ornament aus Punkten, die von der Rückseite her getrieben wurden.

Verformt. Verschmutzt. Rückseite teilweise mit Lack bedeckt.

Literatur: Schliemann 1881, S. 559, Nr. 909; Götze, in Dörpfeld 1902, S. 365, Beil. 44, Nr. VII; Schmidt 1902, S. 241, Nr. 6037–6041; French 1969, S. 345, Nr. D1. 5. 4; Branigan 1974, S. 190, Nr. 2891–2899; Taf. 23.

Entsprechungen: Ikiztepe, letztes Drittel des 3. Jahrtausends v. Chr. (Bilgi 1990, S. 161, 218, Abb. 19, 434); Nordwestiran, 2. Jahrtausend v. Chr. (Maxwell-Hyslop 1971, S. 187, Abb. 112; Hemelrijk 1976, S. 22–23, Abb. 8, 1).

155. Körbchenohrring mit Gehänge

Gold; Gewicht 5,56 g
Höhe des Körbchens mit Leiste (ohne Haken) 0,97 cm; Breite 1,22 cm;
Tiefe 0,55 cm; Stärke 0,04 cm; Höhe der Leiste mit Ringen 0,38 cm;
Dm. der Ringe 0,26 cm; Länge der Ketten mit Anhängern 6,5–6,6 cm;
Höhe der Anhänger 1,6–1,7 cm; Länge der schuppenförmigen Plättchen 0,44–0,46 cm; Stärke der Anhänger und der schuppenförmigen Plättchen 0,01 cm
Inv. Aar 154, Bz, 60, P 104
J 6036

Körbchenohrring, dessen Körbchen aus einer zusammengebogenen Platte mit vertikalen Einschnitten besteht, durch die 16 zusammengelötete Drähte imitiert werden. An der Innenseite des vorderen Teils des Körbchens ist ein Haken angelötet. Er geht in eine Nadel mit abgeflachtem Querschnitt über, die gebogen ist und leicht über die rückwärtige Seite des Körbchens ragt.
Der vordere Teil des Körpers ist am oberen Rand mit einem aufgelegten Dekor verziert, das aus drei aufgelöteten, durch zwei konzentrische Drahtringe gebildeten Rosetten besteht. Der Raum zwischen den Ringen ist mit Granulationskügelchen ausgefüllt, von denen sich ein großes in der Mitte befindet und neun kleinere ringförmig angebracht sind. Die äußeren Rosetten ragen leicht über das Körbchen hinaus. Die mittlere Rosette ist etwas höher angebracht als die äußeren.
An den Boden des Körbchens ist eine schmale trapezförmige Leiste angelötet, die über das Körbchen hinausragt. An der Unterseite der Leiste sind fünf einander berührende, kleine Ringe aus Draht mit flachem Querschnitt angelötet. Die Leiste ist an der Vorderseite mit einem Netzornament verziert.
Durch die Ringe sind die Enden von fünf Doppelketten mit idolförmigen Anhängern gezogen.
Die Ketten sind ab dem dritten Glied von oben mit je 17 Blättchen besetzt, die der

Reihe nach aufeinandergelegt und an den Ketten regelmäßig nach jedem Glied befestigt sind. Die Blättchen sind leicht konvex und mit einer Längsrippe versehen. Oben weisen sie von der Innenseite her eingeschlagene Öffnungen zur Befestigung auf.
An den unteren Enden der Ketten sind flache Anhänger – »Idole« – befestigt. Die Anhänger haben die Form geometrischer Figuren, die im oberen Teil durch einen Halbkreis und im unteren durch ein Trapez mit ausschwingenden Seitenkanten sowie abgerundeter Basis gebildet werden. Zwei Dreifachreihen eines oben waagrechten und unten bogenförmigen Punktornaments teilen die Figur in zwei Felder. Die äußeren Reihen der Punktfriese sind von der Rückseite der Anhänger her eingeschlagen, die mittleren hingegen von der Vorderseite her. Die Anhänger haben ähnliche, jedoch nicht identische Umrisse. Die Seiten der Anhänger und ihre Spitzen sind durch Linien betont, die von der Rückseite her eingeritzt sind und nicht immer parallel zu den Rändern verlaufen.

Die schuppenförmigen Plättchen und die Anhänger sind leicht verbogen. Das Körbchen ist zusammengedrückt.

Literatur: Schliemann 1881, S. 559ff., Nr. 920; Götze, in Dörpfeld 1902, S. 358f., Beil. 44., Nr. 1d; Schmidt 1902, S. 241, Nr. 6036; French 1969, S. 350, Nr. D3. I. 4. 34; Branigan 1974, S. 47 (Typ I), Taf. 35, Nr. 2984; Wolters 1983, S. 70, Abb. 19 (rechts unten); Kat. Athen 1990, S. 176, Nr. 54; Musche 1992, S. 118f, Taf. XLI, 6. 5.

Entsprechungen: siehe Kat. 13; ähnliche Ornamentierung des Körbchens mit drei Rosetten an einem Ohrring aus der Troas (Maxwell-Hyslop 1971, S. 49, Abb. 32a) und an dem Lockenring Kat. 157; drei Rosetten mit etwas anderer Form: Poliochni, Nationalmuseum Athen (Bernabò-Brea 1976, Taf. CCXLIII, a; CCLI, a); siehe auch Kat. 157; schuppenförmige Plättchen mit hervorgehobener Rippe: Ohrringe aus der Troas, Museum der Universität Pennsylvania, Philadelphia (Bass 1970, S. 336, Nr. 5f, Taf. 85, Abb. 5f; Branigan 1974, S. Taf. 35, Nr. 3001f).

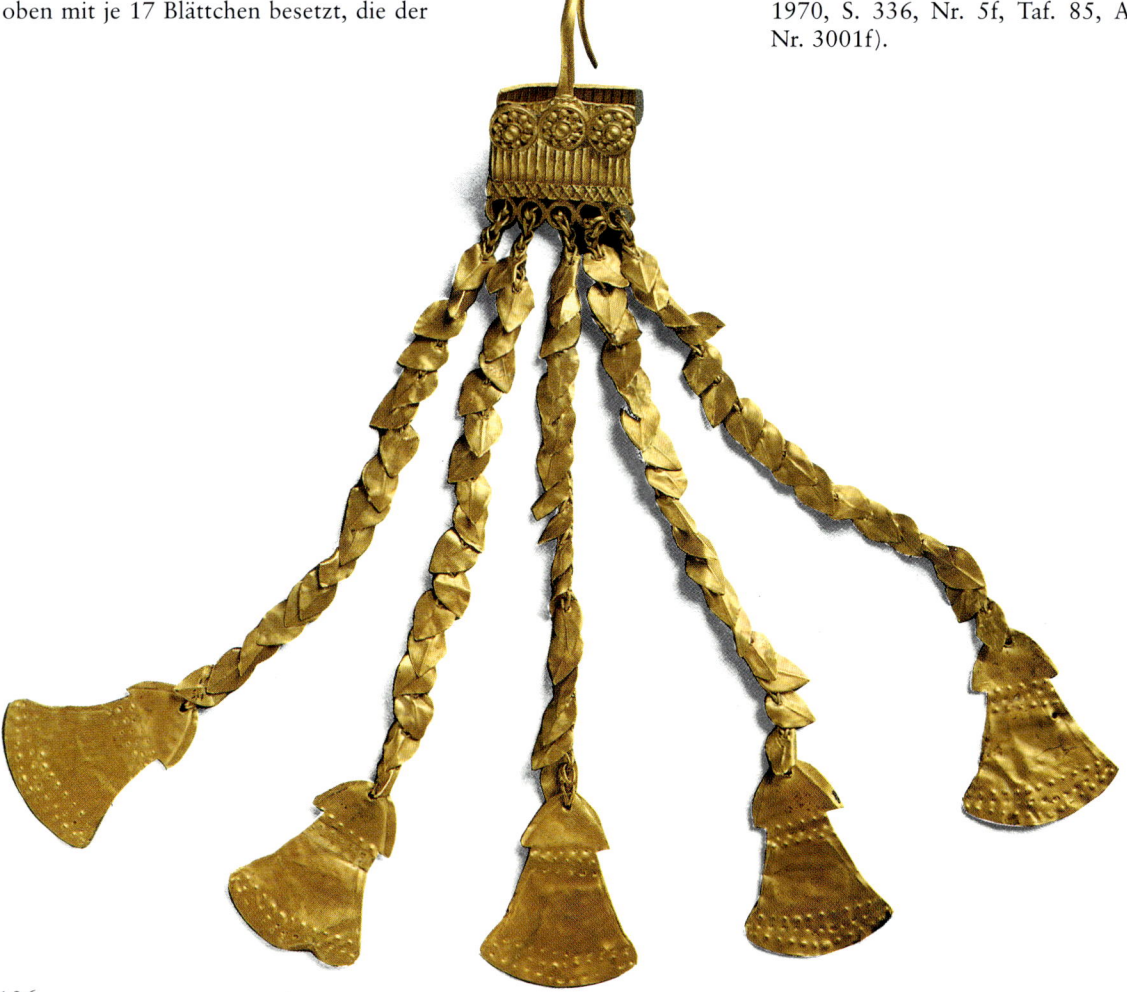

156. Halbmondförmiger Anhänger

Gold; Gewicht 0,71 g
Breite 1,85 cm; Höhe 1,26 cm; Stärke 0,04 cm
Inv. Aar 155, Bz 70, P 115
J 6037

Halbmondförmiger Anhänger aus Goldblech mit eingerollten und abgeplatteten Enden. An der Oberfläche befindet sich ein Ornament aus
Punkten, die von der Rückseite her eingedrückt wurden. Es besteht aus
einer am unteren Rand verlaufenden Punktreihe, über der im mittleren
Teil des Anhängers ein Bogen und ein Dreieck erkennbar werden.

Verformt. Verschmutzt. Rückseite teilweise mit Lack bedeckt.

Literatur: siehe Kat. 154

Entsprechungen: Kat. 154, 158–160 (Schatz J); siehe Bibliographie zu
Kat. 154.

157. Lockenring mit sechs Stäbchen mit drei Rosetten

Gold; Gewicht 4,30 g
Dm. 1,38 cm; max. Breite der Stäbchen 1,09 cm; Dm. des Hakens
0,14 cm
Inv. Aar 153, Bz 109, P 161
J 6035

Halbringförmiges Schmuckstück aus sechs zusammengelöteten Drähten, in der Mitte verdickt und an einem Ende in einen Haken mit abgeflachtem Querschnitt ausgetrieben. Dieser geht in eine nadelförmige
Spitze über, die nach der Kontur des Ringes umgebogen ist. Die Enden
der Stäbchen sind etwas ungleichmäßig, an einzelnen Stellen sind die
Lötnähte zwischen den Stäbchen aufgetrennt. An einem Ende des
Halbrings sind drei Rosetten aufgelötet, die aus hohlen Halbkugeln
bestehen. Die Einfassungen sind aus einem abgeflachten Draht zusammengerollt, der Einschnitte aufweist.

Leicht verschmutzt.

Literatur: Schliemann 1881, S. 559, Nr. 907; Götze, in Dörpfeld 1902,
S. 358, Beil. 43, Nr. Vh; Schmidt 1902, S. 241, Nr. 6035; French 1969,
S. 350, Nr. D3. I. 4. 33; Branigan 1974, Taf. 23, Nr. 2758; Musche 1992,
S. 116 (Typ 3. 2), Taf. XL.

Entsprechungen: Poliochni, Nationalmuseum Athen (Bernabò-Brea
1976, S. 288, Nr. 23, Taf. CCXLVI, 13; CCLIc); eine Ornamentierung
mit drei Rosetten ist an Körbchenohrringen aus Troja, Archäologisches
Museum Istanbul, anzutreffen (Hazirlayan, Esin 1991, S. 36f; Musche
1992, Taf. XL, 6. 1, 6. 5–7); Troas, Museum der Universität Pennsylvania, Philadelphia (Bass 1970, S. 337, Nr. 16, Taf. 86, Abb. 16; Branigan
1974, Taf. 34, Nr. 2848); Poliochni (Bernabò-Brea 1976, Taf. CCXLIII,
a; CCXLIV, b; CCLIa); Eskiyapar (Özgüç, Temizer 1993, S. 614,
Abb. 1).

158. Halbmondförmiger Anhänger

Gold; Gewicht 0,76 g
Breite 1,95 cm; Höhe 1,15 cm; Stärke 0,04 cm
Inv. Aar 157, Bz 69, P 114
J 6039

Halbmondförmiger Anhänger aus Goldblech mit eingerollten und abgeplatteten Enden. An der Oberfläche befindet sich ein unregelmäßiges Ornament aus Punkten, die von der Rückseite her eingedrückt wurden. Es besteht aus einer am unteren Rand verlaufenden Punktreihe, über der im mittleren Teil des Anhängers drei Bogen erkennbar werden.

Verformt. Verschmutzt. Rückseite teilweise mit Lack bedeckt.

Literatur: siehe Kat. 154

Entsprechungen: Kat. 154, 156, 159f (Schatz J); siehe Bibliographie zu Kat. 154.

159. Halbmondförmiger Anhänger

Gold; Gewicht 0,93 g
Breite 2,21 cm; Höhe 1,32 cm; Stärke 0,04 cm
Inv. Aar 158, Bz 73, P 118
J 6040

Halbmondförmiger Anhänger aus Goldblech mit eingerollten und abgeplatteten Enden. An der Oberfläche befindet sich ein Ornament aus Punkten, die von der Rückseite her eingedrückt wurden. Es besteht aus einer am unteren Rand verlaufenden Punktreihe, über der im mittleren Teil des Anhängers eine Zickzacklinie aus vier Gliedern verläuft.

Verformt. Rückseite teilweise mit Lack bedeckt.

Literatur: siehe Kat. 154

Entsprechungen: Kat. 154, 156 158, 160 (Schatz J); siehe Bibliographie zu Kat. 154.

160. Halbmondförmiger Anhänger

Gold; Gewicht 0,63 g
Breite 1,63 cm; Höhe 1,23 cm; Stärke 0,04 cm
Inv. Aar 159, Bz 71, P 116
J 6041

Halbmondförmiger Anhänger aus Goldblech mit eingerollten Enden. An der Oberfläche befindet sich ein Ornament aus Punkten, die von der Rückseite her eingedrückt wurden. Es besteht aus einer am unteren Rand verlaufenden Punktreihe, über der im mittleren Teil des Anhängers zwei Bogen erkennbar werden.

Verformt. Verschmutzt. An der Außenfläche ein Fleck aus Silberchloriden (?). Rückseite teilweise mit Lack bedeckt.

Literatur: siehe Kat. 154

Entsprechungen: Kat. 154, 156, 158f (Schatz J); siehe Bibliographie zu Kat. 154.

161. Kleiner Schieber mit vier Spiralen

Gold; Gewicht 0,15 g
Länge 0,59 cm; Breite 0,7 cm; Stärke 0,04 cm
Inv. Aar 160, Bz 275, P 401
J 6042

Der Schieber besteht aus zwei Doppelspiralen, deren Lappen zu einem Röhrchen zusammengefügt sind. Die Ansätze der Spiralen sind so miteinander verdreht, daß in der Mitte ein Kanal zur Durchführung einer Schnur bleibt. Die Spiralen sind nicht symmetrisch.

Leicht verformt. Mit Lack bedeckt.

Literatur: Schliemann 1881, S. 559, Nr. 909; Götze, in Dörpfeld 1902, S. 361, Abb. 303d; Schmidt 1902, S. 241, Nr. 6042; Branigan 1974, S. 186, Nr. 2402; siehe auch Kat. 116.

Entsprechungen: siehe Kat 116.

162. Schnur mit 61 kleinen Ringen

Gold; Gewicht 9,40 g
Dm. der schmalen Ringe 0,6 cm; Breite 0,12 cm; Stärke 0,05 cm;
Dm. der breiten Ringe 0,64 cm; Breite 0,21 cm; Stärke 0,07 cm
Inv. Aar 161, Bz 65, P 109
J 6043

Schnur mit 61 kleinen Ringen, davon 58 glatte schmale Ringe und drei breite Ringe. Letztere sind an einem Rand oder an beiden Rändern mit kleinen Einschnitten versehen.

Ein Teil der Ringe ist leicht verformt.

Literatur: Schliemann 1881, S. 559, Nr. 908; Schmidt 1902, S. 241, Nr. 6043; Branigan 1974, S. 39 (Typ III), S. 193, Nr. 3069.

Entsprechungen: Poliochni, Nationalmuseum Athen (Bernabò-Brea 1976, S. 289f, Nr. 12, Taf. CCLII, 8–10).

163. Fragment eines Halsrings mit halbkugeligem Kopf

Gold; Gewicht 48,20 g
Abmessungen 6,55 x 7,48 cm; Dm. des Drahtes 0,34–0,43 cm
Inv. Aar 162, Bz 40, P 82
J 6044

Fragment eines spiralförmig zusammengedrehten Halsrings aus einem geschmiedeten Draht mit rundem Querschnitt. Das Ende ist zu einem Haken gebogen und besitzt als Abschluß einen halbkugeligen Kopf.

Ein Teil des Ringes ist verloren. Festgebrannte Silberchlorid-Partikel (?). Verschmutzt. Verkrümmt.

Literatur: Schliemann 1881, S. 559, Nr. 918; Götze, in Dörpfeld 1902, S. 357, Beil. 43, Nr. Ic; Schmidt 1902, S. 241, Nr. 6044, Beil. II; French 1969, S. 347, Nr. D2. I. 4. 8; Branigan 1974, S. 44 (Typ V), 188, Taf. 33, Nr. 2579; siehe auch Kat. 75.

Entsprechungen: Kat. 75f, siehe Bibliographie zu Kat. 75.

164. Zwei Fragmente zusammengebackener Schmuckgegenstände

Silber; Gewicht 18,83 g
Erstes Fragment: Länge 2,95 cm; Breite 1,98 cm; max. Stärke 0,97 cm.
Zweites Fragment: 2,3 x 1,5 x 0,9 cm
Inv. Aar 163, P 420
J 6045

In den zusammengebackenen Fragmenten sind zwei Lockenringe mit fünf Stäbchen, Fragmente von Kolliers mit Kügelchen und eine doppelt zusammengelegte, rechtwinklige Platte auszumachen.
H. Schmidt beschreibt dieses Konglomerat folgendermaßen: »Paket von zusammengefritteten silbernen und goldenen Gegenständen: 2 silberne Ohrringe von dem Typus mit 5 Stäbchen, eine Reihe von kleinen, silbernen ringförmigen Kettenteilchen, zusammengedrückte silberne Bänder, ein schlingenförmiger Golddraht und einige unbestimmbare Gegenstände.«

Mit Silberchloriden bedeckt. Brüchig. Ein Fleck mit starker Patina. Ein Teil des Kolliers mit Kügelchen ist von einem der Fragmente getrennt.

Literatur: Schliemann 1881, S. 559, Nr. 922; Schmidt 1902, S. 241, Nr. 6045; French 1969, S. 351, Nr. D3. II. 2. 1; Branigan 1974, S. 45f (Typ II von Ohrringen), 190, Nr. 2763–2768; 39 (Typ III von Perlen), 193, Nr. 3068.

Schatz K
Kat. 165

165. Idol

Bronzeguß
Höhe 15,0 cm; max. Breite 4,2 cm; max. Stärke 2,3 cm; Länge des
Ansatzes 3,9 cm; Breite 1,93 cm; Stärke 0,6–1,0 cm
Inv. Aar 164, P 371
K 6054

Massive gegossene menschliche Figur mit einem in der Horizontalen
angewinkelten rechten Arm und an die Brust gedrückter rechter Hand.
Der linke Arm ist am Ellenbogen abgebrochen und verloren. Seiner
Biegung nach zu urteilen war er jedoch wie der rechte Arm angewinkelt.
Der unverhältnismäßig kleine Kopf ist auf einen wuchtigen länglichen
Hals aufgesetzt. Das Gesicht ist breit und weist eine ausgeprägte, breite
Nase sowie zwei kleine abgerundete Vertiefungen für die Augen auf.
Mund und Kinn sind nicht hervorgehoben. Die Ohren werden durch
abgeflachte Halbringe gebildet. Das rechte Ohr ist durchbohrt, am
linken Ohr befindet sich eine abgerundete Vertiefung. Am Rand des
linken Ohrs ist ein tiefer Einschnitt angebracht.
Der sanft modellierte längliche Rumpf geht in die Beine über. Geschlechtsmerkmale fehlen. Die Beine sind ab den Knien etwas auseinandergedrückt, so daß sich zwischen ihnen ein schmaler Spalt bildet. Ihre
Form ist nur angedeutet und weist keine Strukturelemente (Kniegelen-
ke, Füße usw.) auf. An der Rückseite sind die Beine unten mit einem
abgeflachten, leicht abgebogenen Ansatz versehen, der über die Beine
hinausreicht. Es ist nicht auszuschließen, daß diese Stütze zur Befestigung der Figur, beispielsweise auf einem Postament oder am Kranz
eines Gefäßes, diente. Die Vermutung von A. Götze (Götze, in Dörpfeld
1902, S. 343), daß es sich bei diesem Ansatz um einen Fehlguß handelt,
scheint wenig wahrscheinlich. An der Rückseite ist die Form abgeflacht,
neben dem als Stütze dienenden Ansatz sind leicht nach hinten herausragende Schultern vorhanden. An der Rückseite des Kopfes befindet
sich ein runder reliefartiger Vorsprung mit abgeschrägter unebener
Oberfläche.

Besteht aus drei Bruchstücken: Beine und Kopf haben sich an der Naht
verloren. Brüche an Hals und Beinen. Linker Arm ab dem Ellenbogen
verloren. Patina. Stellenweise Korrosionsprodukte an der Oberfläche.

Literatur: Schliemann 1884, Nr. 84; Götze, in Dörpfeld 1902, S. 338,
343, 365, Beil. 44, Nr. VI; Schmidt 1902, S. 242, Nr. 6054; Müller 1929,
Taf. VI, Nr. 124; Branigan 1974, S. 50 (Typ II), Taf. 24, Nr. 3131.

Entsprechungen: siehe genaue Angaben im Artikel M. J. Trejsters in
diesem Katalog.

Schatz L
Kat. 166–230

166. Axthammer für rituelle Zwecke

Nephritoid (?); Gewicht 940 g
Länge 25,9 cm; Breite 5,85 cm; Durchmesser des Schaftlochs 2,4 cm
(unten) und 2,46 cm (oben)
Inv. Aar 165, P 521
L 6055

Axthammer, gegliedert in Axtblatt, Schaftloch und Hammerkopf. Die
obere Kante der Axt ist länger und stärker abgeflacht als die untere. Das
Profil von Axtblatt und Hammerkopf ist insgesamt im Verhältnis zur
senkrechten Achse des Schaftlochs gleichmäßig gebogen. Der obere Teil
der Axt besteht aus zwei sich zum Axtblatt und Hammerkopf hin
verjüngenden Längskanten, wobei der segmentartige Hammerkopf und
das Axtblatt buckelförmig ausgebildet sind. Die Enden des Axtblatts
sind geschärft und gebogen. Hierbei weist das untere Ende eine erhebliche Biegung auf. Die Oberfläche ist insgesamt poliert. Das Axtblatt
besitzt am Schaftloch einen zylindrischen Querschnitt und geht in ein
abgeflachtes Ende über.

Der Hammerkopf weist am Schaftloch einen zylindrischen Querschnitt
auf, wird in der Mitte schmaler und verbreitert sich etwas zur Stirnseite
hin. Die Stirnseite besitzt eine gewölbte, elliptische Form.

Die Durchmesser der oberen und der unteren Öffnung des Schaftlochs
unterscheiden sich etwas voneinander. Die beiden Öffnungen des sich
im mittleren Teil verbreiternden Schaftlochs sind durch die zwei Teile
eines umlaufenden Bandes verbunden. Es besteht aus drei parallelen
Buckelreihen (beidseitig je 18 Buckel in einer Reihe), die durch die
Querteilung von drei Wülsten sowie Bohrungen hergestellt wurden.
Jeweils ein Wulst trennt das Schaftloch vom Axt- und vom Hammerteil.

Kleine Schlagspur an einer der reliefartigen Einfassungen. Leichte,
lokale Verschmutzungen in der Öffnung des Schaftlochs.

Literatur: Götze, in Dörpfeld 1902, S. 375, Abb. 325; Schmidt 1902,
S. 242, Nr. 6055; Bossert 1942, Taf. 9, Abb. 50; Matz 1956, S. 20, Taf. 7
(unten); Buchholz, Karageorghis 1971, Abb. 226; Yakar 1985, S. 135,
Abb. XI, 17; Schliemanns Gold 1993, S. 40, Abb. 9 (unten); Siebler
1994, S. 46, Abb. 55 (unten).

167. Axthammer für rituelle Zwecke

Jadeit (?); Gewicht 1715 g
Länge 28,2 cm; Breite 7,66 cm; Dm. des Schaftlochs 2,87 cm (unten)
und 3,05 cm (oben)
Inv. Aar 166, P 520
L 6056

Axthammer, gegliedert in Axtblatt, Schaftloch und Hammerkopf. Die
obere Kante der Axt ist länger und stärker abgeflacht als die untere. Das
Profil von Axtblatt und Hammerkopf ist insgesamt im Verhältnis zur
senkrechten Achse des Schaftlochs gleichmäßig gebogen. Der obere Teil
der Axt besteht aus zwei sich zum Axtblatt und Hammerkopf hin
verjüngenden Längskanten, wobei der segmentartige Hammerkopf und
das Axtblatt buckelförmig ausgebildet sind. Die Enden des Axtblatts
sind geschärft und leicht gebogen. Hierbei weist das untere Ende eine
stärkere Biegung auf. Die Oberfläche ist insgesamt fein poliert. Das
Axtblatt besitzt am Schaftloch einen ovalen Querschnitt und geht in
eine abgeflachte Schneide über.
Der zylindrische Hammerkopf weist als Abschluß eine buckelförmige,
elliptische Stirnseite auf. Die Durchmesser der oberen und der unteren
Öffnung des Schaftlochs unterscheiden sich etwas voneinander. Die
beiden Öffnungen des sich im mittleren Teil verbreiternden Schaftlochs
sind durch die zwei Teile eines umlaufenden Bandes verbunden. Es
besteht aus drei parallelen Buckelreihen. (beidseitig je 15 und 16
Buckel), die durch Querteilung von drei Wülsten sowie Bohrungen
hergestellt wurden. Jeweils drei Wülste trennen das Schaftloch vom
Axt- und vom Hammerteil.

Das Endstück der Schneide unten ist abgeschlagen. Am Rand des
Schaftlochs oben kleine Absplitterungen. Verschmutzungen in der Öffnung des Schaftlochs und zwischen den Buckeln.

Literatur: Götze, in Dörpfeld 1902, S. 375, Abb. 324; Schmidt 1902,
S. 242, Nr. 6056; Matz 1956, S. 20, Taf. 7 (oben); Siebler 1990, S. 224,
Abb. 73 (oben); 1991, Abb. 2 (oben); 1994, S. 46, Abb. 56 (oben);
Goldmann 1991, Abb. 5 (oben); Schliemanns Gold 1993, S. 40, Abb. 10
(oben).

168. Axthammer für rituelle Zwecke

Nephritoid (?), Goldauflage; Gewicht 2.120 g
Länge 31,1 cm; Breite 8,62 cm; Durchmesser des Schaftlochs 3,48 cm
(unten) und 3,62 cm (oben)
Inv. Aar 167; P 522
L 6057

Axthammer, gegliedert in Axtblatt, Schaftloch und Hammerkopf. Die
obere Kante der Axt ist länger und stärker abgeflacht als die untere. Das
Profil von Axtblatt und Hammerkopf ist insgesamt im Verhältnis zur
senkrechten Achse des Schaftlochs gleichmäßig gebogen. Der obere Teil
der Axt besteht aus zwei sich zum Axtblatt und Hammerkopf hin
verjüngenden Längskanten, wobei der segmentartige Hammerkopf und
das Axtblatt buckelförmig ausgebildet sind. Die Enden des Axtblatts
sind geschärft und stark gebogen. Die Oberfläche ist insgesamt fein
poliert. Das Axtblatt besitzt am Schaftloch einen zylindrischen Querschnitt und geht in ein abgeflachtes Ende über. Der zylindrische Hammerkopf weist als Abschluß eine buckelförmige, Stirnseite auf.
Die Öffnungen des Schaftlochs haben unterschiedliche Durchmesser
und sind etwas versetzt zueinander angeordnet. Dies ist wahrscheinlich
durch die angewendete Bohrtechnik bedingt, bei der von beiden Seiten
her zur Mitte des Schaftlochs hin gebohrt wurde. Wie bei den Axthämmern Kat. 166 und 167 verbinden die zwei Teile eines Bandes mit drei
Buckelreihen (beidseitig je 15 Buckel je Reihe) die Öffnungen des
Schaftlochs. Zwischen diesen und je drei parallelen Wülsten sind
schräge Einschnitte angebracht, die nach Art eines Fischgrätenmusters
gegeneinander gerichtet sind. In diesem Mittelbereich sind Spuren einer
Goldauflage erhalten.

Das untere Ende der Schneide ist verloren. Kleine Absplitterungen am
oberen und unteren Rand der Öffnung des Schaftlochs. Leichte Kratzer.
Geringfügige Verschmutzung.

Literatur: Götze, in Dörpfeld 1902, S. 374, Abb. 323; Schmidt 1902,
S. 242f, Nr. 6057; Matz 1956, S. 20, Taf. 7 (Mitte); Müller 1972, 78,
Nr. 3, Taf. 5; Siebler 1990, S. 224, Abb. 73 (unten); 1991, Abb. 2
(unten); 1994, 46, Abb. 56 (unten); Goldmann 1991, Abb. 5 (unten);
Schliemanns Gold 1993, S. 40, Abb. 10 (unten).

169. Axthammer für rituelle Zwecke

Dunkelblauer Lasurit mit braunen, diagonalen Adern, Goldauflage;
Gewicht 1.340 g
Erhaltene Länge 27,8 cm; Breite 7,2 cm; Dm. des Schaftlochs 3,2 cm
(unten) und 3,3 cm (oben)
Inv. Aar 168, P 523
L 6058

Axthammer, gegliedert in Axtblatt, Schaftloch und Hammerkopf. Die
obere Kante der Axt ist länger und stärker abgeflacht als die untere. Das
Profil von Axtblatt und Hammerkopf ist insgesamt im Verhältnis zur
senkrechten Achse des Schaftlochs gleichmäßig gebogen. Der obere Teil
der Axt besteht aus zwei sich zum Axtblatt und Hammerkopf hin
verjüngenden Längskanten, wobei der segmentartige Hammerkopf und
das Axtblatt buckelförmig ausgebildet sind. Die Enden des Axtblatts
sind geschärft und scharf gebogen, wobei das untere Ende eine erheblich stärkere Biegung aufweist. Im unteren Teil werden Axtblatt und
Hammerkopf durch eine wenig ausgeprägte Längskante gebildet, die in
die buckelförmige Stirnseite des Hammerkopfs übergeht. Die Oberfläche ist insgesamt fein poliert. Das Axtblatt besitzt am Schaftloch einen
elliptischen Querschnitt und geht in ein abgeflachtes Ende über. Der
Hammerkopf weist am Schaft eine zylindrische Form auf und besitzt als
Abschluß eine buckelförmige, elliptische Stirnseite, die durch eine
vertikale Kante in zwei ungleiche Teile unterteilt wird. Der Hammerkopf ist in der Horizontalen leicht gekrümmt.

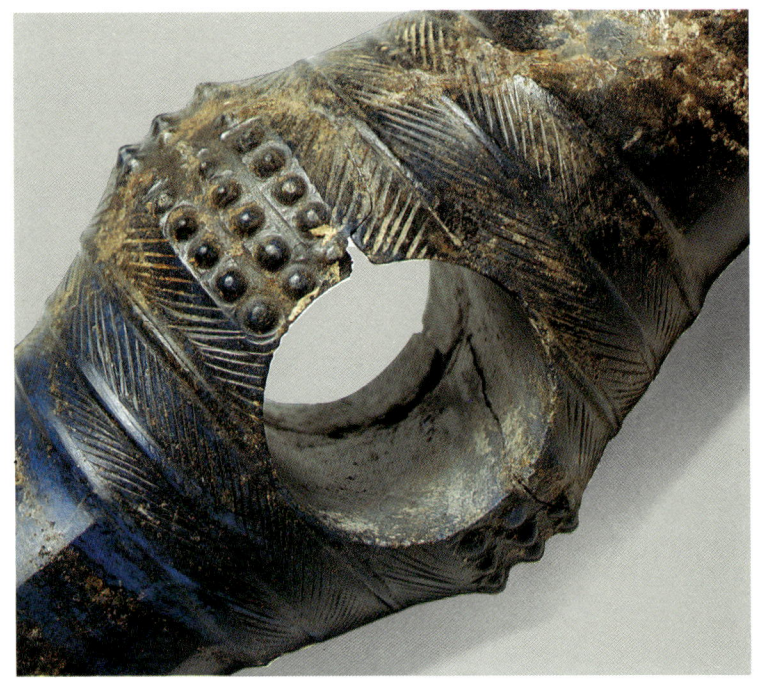

Die Öffnungen des Schaftlochs haben unterschiedliche Durchmesser.
Wie bei den Axthämmern Kat. 166–168 verbinden die zwei Teile eines
Bandes mit drei Buckelreihen (beidseitig je 13 und 14 Buckel je Reihe)
die Öffnungen des Schaftlochs. Zwischen diesen und je drei parallelen
Wülsten sind schräge Einschnitte angebracht, die nach Art eines Fisch-
grätenmusters gegeneinander gerichtet sind.

Stellenweise sind an den Knöpfchen Spuren einer Goldauflage erhalten.

In drei Teile zerbrochen und geklebt. Ein erheblicher Teil der Oberfläche
des Hammerkopfs ist verloren und wurde durch ein anderes getöntes
Material ersetzt. Zahlreiche Beschädigungen, Absplitterungen. Erhebliche Verluste an der Schneidenkante. Absplitterungen an den Enden des
Axtblatts und am Rand der Stirnseite des Hammers, Absplitterungen
und Verluste an den Rändern der Öffnungen und an ihrer ornamentierten Oberfläche.

Literatur: Götze, in Dörpfeld 1902, S. 374, Abb. 323; Schmidt 1902,
S. 242f, Nr. 6057; Stech, Pigott 1986, 57; Schliemanns Gold 1993,
S. 40, Abb. 9 (oben); Siebler 1994, S. 46, Abb. 55 (oben); Tolle-
Kastenbein im Druck.

170. Knauf

Bergkristall
Gesamthöhe 5,65 cm; Dm. des Kopfes 5,82 cm; Dm. des Schaftansatzes 4,2 cm; Höhe des Schaftansatzes 2,19–2,23 cm; Dm. der mittleren Öffnung 1,79 cm; Dm. der seitlichen Stiftlöcher 0,55 cm
Inv. Aar 169, P 3
L 6059

Durchsichtiger Knauf mit poliertem, halbkugelförmigem Kopf und poliertem, zylindrischem Schaftansatz, der sich nach oben leicht zu einem Kegel verjüngt. Die Grundfläche ist geschliffen und flach. Im Körper des Knaufs ist eine zylindrische Öffnung zum Aufsetzen auf einen Stab oder Stiel ausgebohrt, die durch den gesamten Schaftansatz hindurchgeht und teilweise in den Kopf des Knaufs hineinragt. An der Innenseite der Öffnung sind konzentrische Rillen zu erkennen, bei denen es sich um Spuren des Bohrvorgangs handelt. In der Mitte des Schaftansatzes befinden sich an den gegenüberliegenden Seiten zwei zylindrische, gebohrte Stiftlöcher zur Befestigung an einem Stab oder Stiel.

In zwei Teile zerbrochen und geklebt. Schrammen oben an der Naht mit einer Absplitterung. Absplitterungen an der Grundfläche. Verschmutzt. Material teilweise zerstört.

Literatur: Götze, in Dörpfeld 1902, S. 385, Abb. 353–355; Schmidt 1902, S. 243, Nr. 6059–6064.

Entsprechungen: Kat.171–175

171. Knauf

Bergkristall
Gesamthöhe 5,95 cm; Dm. des Kopfes 5,5 cm; Dm. des Schaftansatzes 3,4–4,0 cm; Höhe des Schaftansatzes 2,24–2,45 cm; Dm. der mittleren Öffnung 1,76 cm; Dm. der seitlichen Stiftlöcher 0,5 cm
Inv. Aar 170, P 2
L 6060

Durchsichtiger Knauf mit poliertem, halbkugelförmigem Kopf und poliertem, zylindrischem Schaftansatz, der sich nach oben leicht zu einem Kegel verjüngt. Die Grundfläche ist geschliffen und flach. Im Körper des Knaufs ist eine kegelförmig zusammenlaufende Öffnung zum Aufsetzen auf einen Stab oder Stiel ausgebohrt, die durch den gesamten Schaftansatz hindurchgeht und teilweise in den Kopf des Knaufs hineinragt. An der Innenseite der Öffnung sind konzentrische Rillen zu erkennen, bei denen es sich um Spuren des Bohrvorgangs handelt. In der Mitte des Schaftansatzes befinden sich an den gegenüberliegenden Seiten zwei zylindrische, gebohrte Stiftlöcher zur Befestigung an einem Stab oder Stiel.

Kleine Schrammen an den Rändern und der gesamten Oberfläche. Material teilweise zerstört.

Literatur: siehe Kat. 170

Entsprechungen: Kat. 170, 172–175

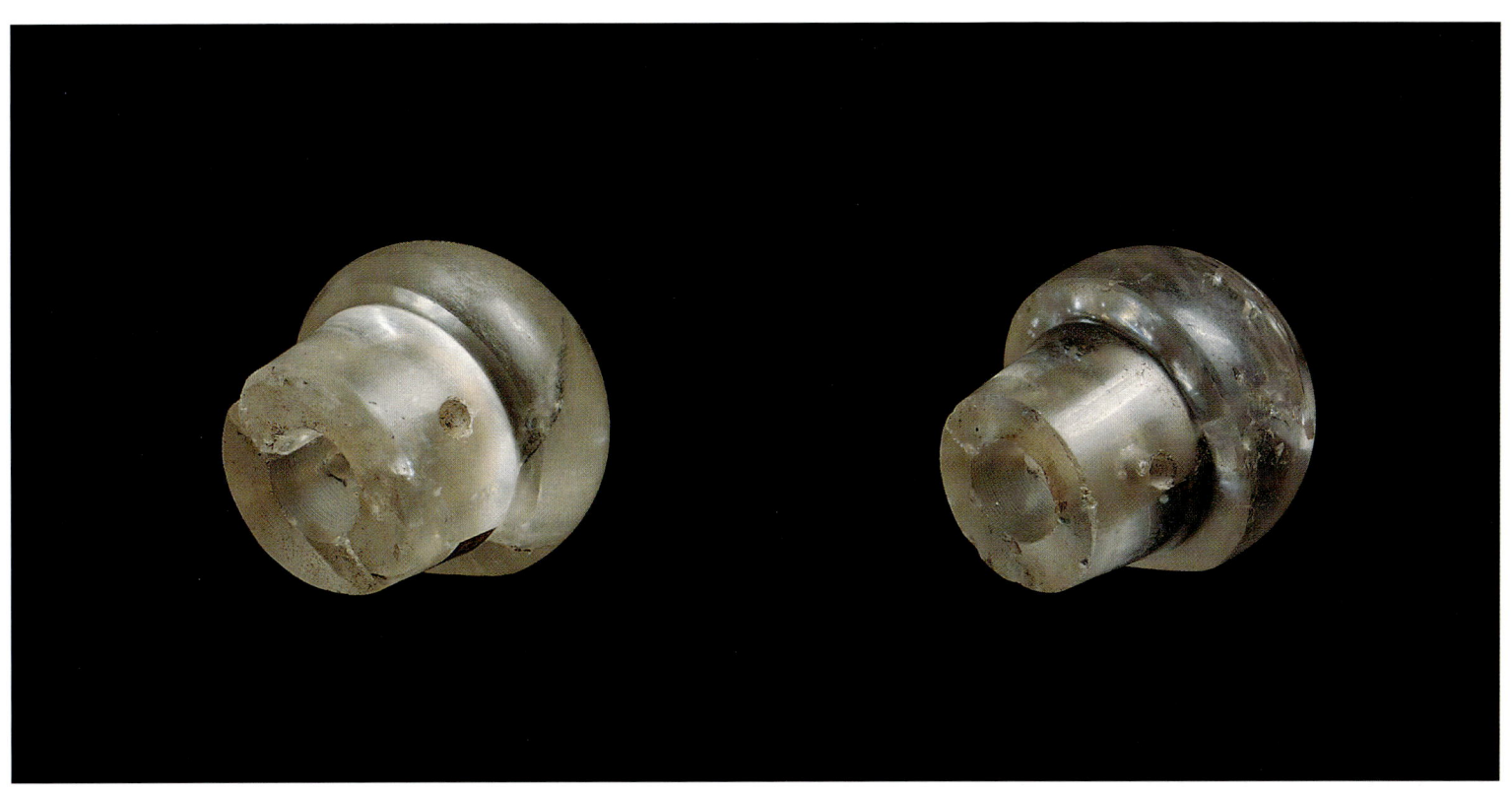

172. Knauf

Bergkristall
Gesamthöhe 4,45 cm; Dm. des Kopfes 5,7 cm; Dm. des Schaftansatzes 3,4 cm; Höhe des Schaftansatzes 1,96–2,00 cm; Dm. der mittleren Öffnung 1,98 cm; Dm. der seitlichen Stiftlöcher 0,4 cm
Inv. Aar 171, P 1
L 6061

Durchsichtiger Knauf mit poliertem, abgeflachtem, halbkugelförmigem Kopf und poliertem, zylindrischem Schaftansatz, der sich nach oben leicht zu einem Kegel verjüngt. Die Grundfläche ist geschliffen und flach. Im Körper des Knaufs ist eine zylindrische Öffnung zum Aufsetzen auf einen Stab oder Stiel ausgebohrt, die durch den gesamten Schaftansatz hindurchgeht und weit in den Kopf des Knaufs hineinragt. An der Innenseite der Öffnung sind konzentrische Rillen zu erkennen, bei denen es sich um Spuren des Bohrvorgangs handelt. In der Mitte des Schaftansatzes befinden sich an den gegenüberliegenden Seiten zwei zylindrische, gebohrte Stiftlöcher zur Befestigung an einem Stab oder Stiel.

In zwei große und zwei kleine Fragmente zerbrochen und geklebt. Kleine Schrammen. Über der seitlichen Öffnung ausgeschlagene Stelle mit Verschmutzungen; kleine Absplitterung und Kratzer am Schaftansatz. Material teilweise zerstört.

Literatur: siehe Kat. 170

Entsprechungen: Kat. 170f, 173ff

173. Knauf

Bergkristall
Gesamthöhe 4,45 cm; Dm. des Kopfes 5,35 cm; Dm. des Schaftansatzes 3,7–4,0 cm; Höhe des Schaftansatzes 1,48–1,52 cm; Dm. der mittleren Öffnung 1,98 cm; Dm. der seitlichen Stiftlöcher 0,4 cm
Inv. Aar 172, P 6
L 6062

Durchsichtiger Knauf mit poliertem, abgeflachtem, halbkugelförmigem Kopf und kurzem, poliertem, zylindrischem Schaftansatz, der sich nach oben leicht zu einem Kegel verjüngt. Die Grundfläche ist geschliffen und flach. Im Körper des Knaufs ist eine zylindrische Öffnung zum Aufsetzen auf einen Stab oder Stiel ausgebohrt, die durch den gesamten Schaftansatz hindurchgeht und weit in den Kopf des Knaufs hineinragt. An der Innenseite der Öffnung sind konzentrische Rillen zu erkennen, bei denen es sich um Spuren des Bohrvorgangs handelt. In der Mitte des Schaftansatzes befinden sich an den gegenüberliegenden Seiten zwei zylindrische, gebohrte Stiftlöcher zur Befestigung an einem Stab oder Stiel.

Je eine große Absplitterung oben und am Schaftansatz, überall kleine Absplitterungen, insbesondere an den Rändern. Material erheblich zerstört.

Literatur: siehe Kat. 170

Entsprechungen: Kat. 170ff, 174f

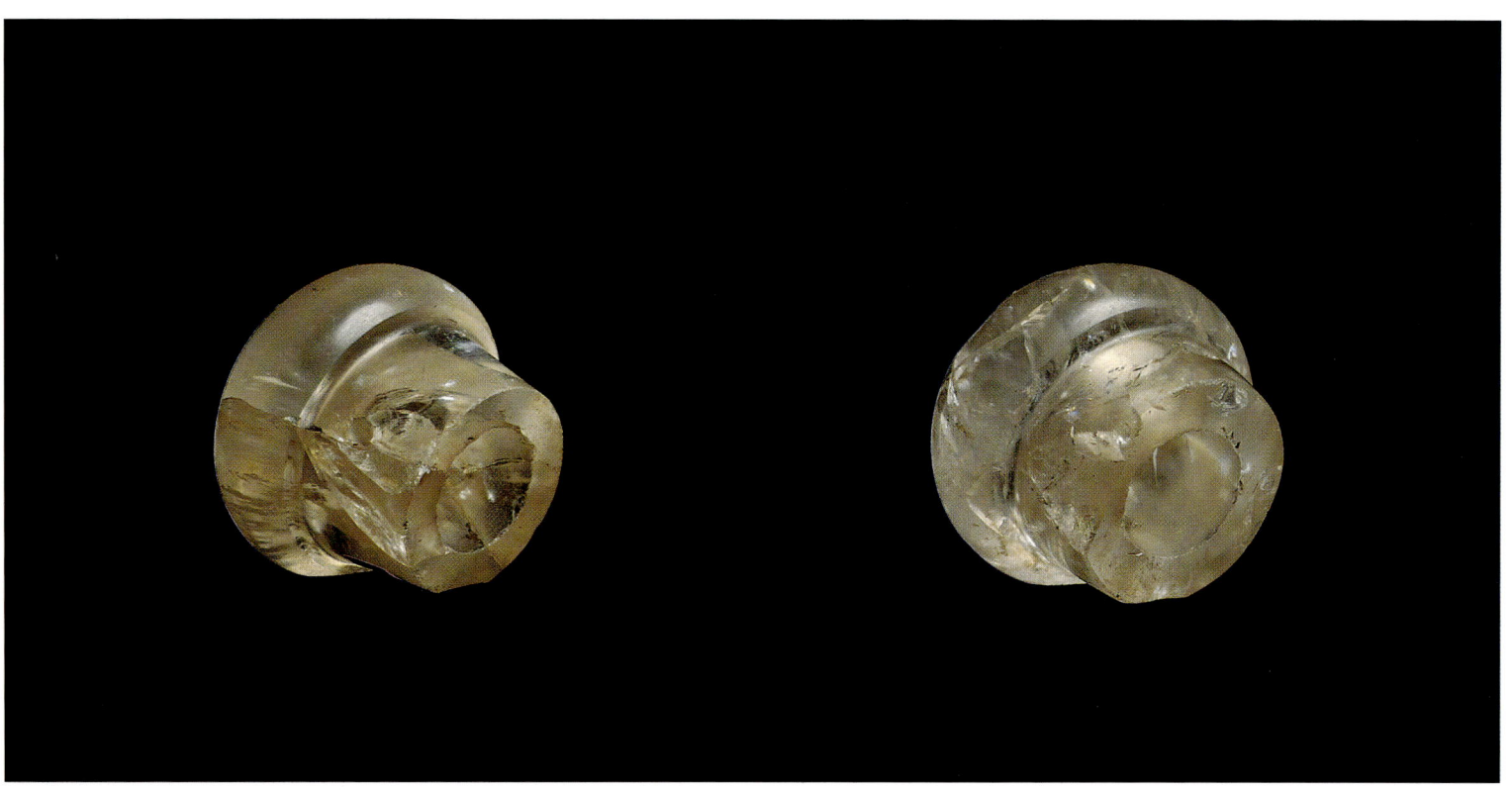

154

174. Knauf

Bergkristall
Gesamthöhe 4,3 cm; Dm. des Kopfes 4,6 cm; Dm. des Schaftansatzes 3,4 cm; Höhe des Schaftansatzes 1,53–1,60 cm; Dm. der mittleren Öffnung 1,70 cm; Dm. der seitlichen Stiftlöcher 0,6 cm
Inv. Aar 173, P5
L 6063

Durchsichtiger Knauf mit poliertem, abgeflachtem, halbkugelförmigem Kopf und poliertem, zylindrischem Schaftansatz, der sich nach oben leicht zu einem Kegel verjüngt. Die Grundfläche ist geschliffen und flach. 0,6–0,7 cm über der Grundfläche befindet sich am Schaftansatz eine unebene, horizontale Rille mit einer Breite von 0,1–0,12 cm. Im Körper des Knaufs ist eine zylindrische Öffnung zum Aufsetzen auf einen Stab oder Stiel ausgebohrt, die durch den gesamten Schaftansatz hindurchgeht und teilweise in den Kopf des Knaufs hineinragt. An der Innenseite der Öffnung sind konzentrische Rillen zu erkennen, bei denen es sich um Spuren des Bohrvorgangs handelt. In der Mitte des Schaftansatzes befinden sich an den gegenüberliegenden Seiten zwei zylindrische, gebohrte Stiftlöcher zur Befestigung an einem Stab oder Stiel.

Geringfügige Schrammen und Kratzer. Kleine Absplitterung an der Grundfläche.

Literatur: siehe Kat. 170

Entsprechungen: Kat. 170–173, 175

175. Knauf

Bergkristall
Gesamthöhe 4,35 cm; Dm. des Kopfes 4,67 cm; Dm. des Schaftansatzes 3,25 cm; Höhe des Schaftansatzes 1,71–1,74 cm; Dm. der mittleren Öffnung 1,67 cm; Dm. der seitlichen Stiftlöcher 0,55 cm
Inv. Aar 174, P 4
L 6064

Durchsichtiger Knauf mit poliertem, abgeflachtem, halbkugelförmigem Kopf, an der Grundfläche in Form eines flachen, abgestumpften Kegels. An der Übergangsstelle zum Schaftansatz verjüngt sich der Kopf leicht zu einem Kegel. Die Grundfläche ist flach und geschliffen. 0,4–0,5 cm über der Grundfläche befindet sich am Schaftansatz eine unebene, horizontale Rille mit einer Breite von 0,1–0,15 cm. Im Körper des Knaufs ist eine zylindrische Öffnung zum Aufsetzen auf einen Stab oder Stiel ausgebohrt, die durch den gesamten Schaftansatz hindurchgeht und teilweise in den Kopf des Knaufs hineinragt. An der Innenseite der Öffnung sind konzentrische Rillen zu erkennen, bei denen es sich um Spuren des Bohrvorgangs handelt. In der Mitte des Schaftansatzes befinden sich an den gegenüberliegenden Seiten zwei zylindrische, gebohrte Stiftlöcher zur Befestigung an einem Stab oder Stiel.

Geringfügige Schrammen und Kratzer. Verschmutzt. Material teilweise zerstört.

Literatur: siehe Kat. 170

Entsprechungen: Kat. 170–174

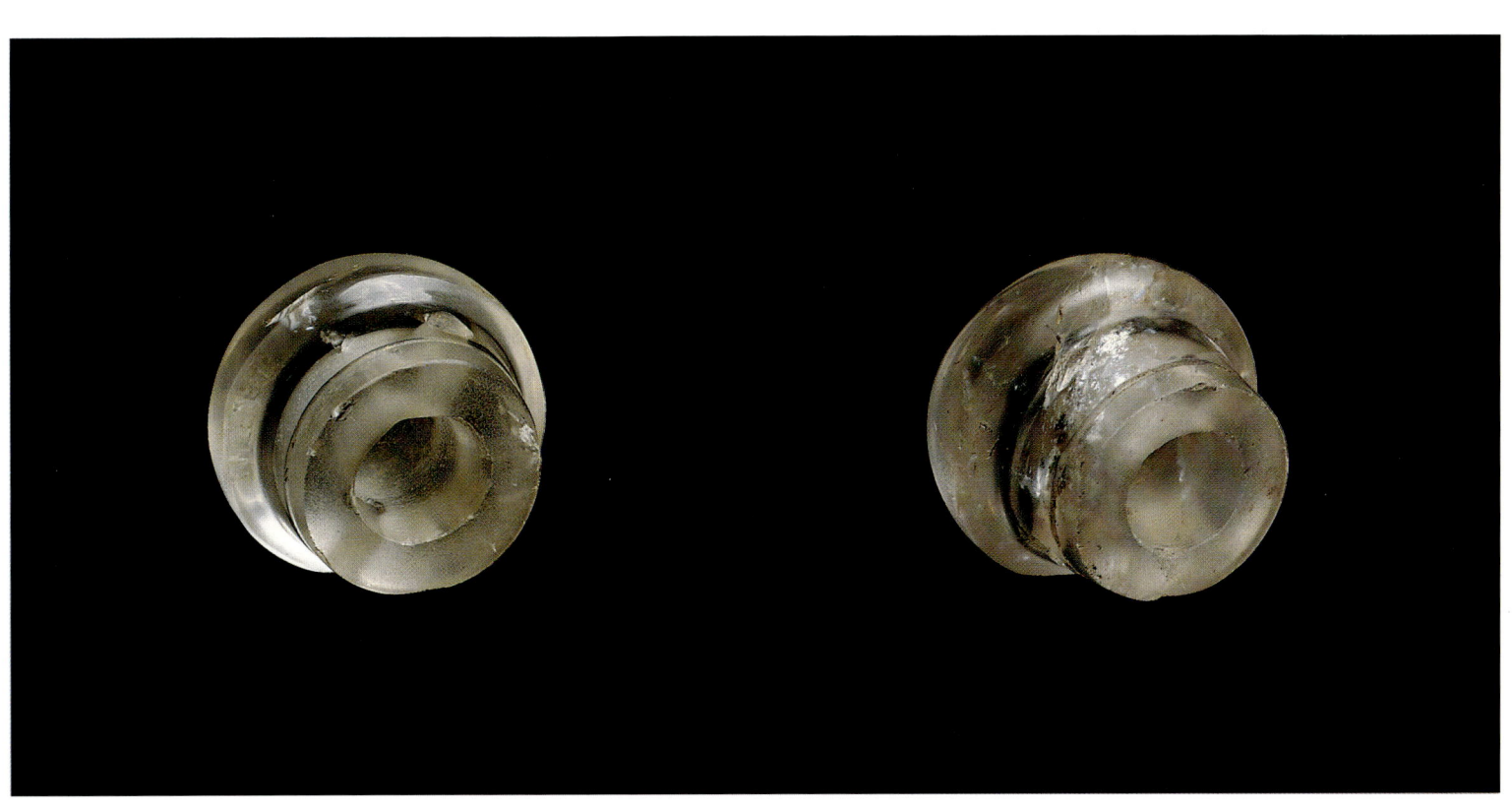

176. »Linse«

Bergkristall
Dm. 2,41–2,45 cm; max. Höhe 0,74 cm
Inv. Aar 175, P 24
L 6065

Durchsichtige, plankonvexe Scheibe mit rundlicher Form und unebener Schrägkante an der Grundfläche.

Kleine Scharten am Rand. Spuren von braunem Eisenoxid (?) an der Schrägkante.

Literatur: Götze, in Dörpfeld 1902, S. 339, Nr. 9; Schmidt 1902, S. 243, Nr. 6065–6106 (Knöpfe als Besatz eines Bronzegürtels?); Sines, Sakellarakis 1987, S. 192f.

Entsprechungen: Palast von Knossos (Sines, Sakellarakis 1987, S. 191, 193, Abb. 3); Idäische Höhle, Kreta (Sines, Sakellarakis 1987, S. 191f, Abb. 1f); Amathus auf Zypern, Gordion und Ephesus in Kleinasien (Sines, Sakellarakis 1987, S. 191f, Anm. 5ff).

177. »Linse«

Bergkristall
Dm. 2,42–2,50 cm; max. Höhe 0,76 cm
Inv. Aar 176, P 36
L 6066

Durchsichtige, plankonvexe Scheibe mit rundlicher Form. Am Rand der Grundfläche ist teilweise die unebene Schrägkante entfernt.

Oben große, ausgeschlagene Stelle. Stellenweise verschmutzt. Kleine Scharten am Rand der Grundfläche.

Literatur: siehe Kat. 176

Entsprechungen: siehe Kat. 176

178. »Linse«

Bergkristall
Dm. 2,39–2,47 cm; max. Höhe 0,79 cm
Inv. Aar 177, P 41
L 6067

Durchsichtige, plankonvexe Scheibe mit rundlicher Form.

Große Absplitterung oben, kleine Absplitterungen an den Rändern. Unten verschmutzt.

Literatur: siehe Kat. 176

Entsprechungen: siehe Kat. 176

179. »Linse«

Bergkristall
Dm. 2,43–2,46 cm; max. Höhe 0,84 cm
Inv. Aar 178, P 37
L 6068
Durchsichtige, plankonvexe Scheibe mit rundlicher Form und unebener
Schrägkante am Rand der Grundfläche.

Große Absplitterung und ausgeschlagene Stellen am Rand.

Literatur: siehe Kat. 176

Entsprechungen: siehe Kat. 176

180. »Linse«

Bergkristall
Dm. 2,45–2,50 cm; max. Höhe 0,74 cm
Inv. Aar 179, P 7
L 6069

Durchsichtige, plankonvexe Scheibe mit rundlicher Form. Stellenweise
unebene Schrägkante am Rand der Grundfläche.

Kleine Schrammen am Rand.

Literatur: siehe Kat. 176

Entsprechungen: siehe Kat. 176

181. »Linse«

Bergkristall
Dm. 2,42–2,46 cm; max. Höhe 0,85 cm
Inv. Aar 180, P 38
L 6070

Durchsichtige, plankonvexe Scheibe mit rundlicher Form und unebener
Schrägkante am Rand der Grundfläche.

Geringfügige Schlagspuren und Scharten am Rand und unten.

Literatur: siehe Kat. 176

Entsprechungen: siehe Kat. 176

182. »Linse«

Bergkristall Dm. 2,42–2,44 cm; max. Höhe 0,79 cm
Inv. Aar 181, P 44
L 6071

Durchsichtige, plankonvexe Scheibe mit abgerundeter Form und exakter Schrägkante am Rand der Grundfläche.

Am Rand geringfügige Scharten. Durchgehender Riß.

Literatur: siehe Kat. 176

Entsprechungen: siehe Kat. 176

183. »Linse«

Bergkristall
Dm. 2,39–2,48 cm; max. Höhe 0,62 cm
Inv. Aar 182, P 39
L 6072

Durchsichtige, stark abgeflachte, plankonvexe Scheibe mit rundlicher Form.

Zwei Absplitterungen oben und eine kleinere Absplitterung am Rand. Absplitterung an der Grundfläche. Verschmutzt.

Literatur: siehe Kat. 176

Entsprechungen: siehe Kat. 176

184. »Linse«

Bergkristall
Dm. 2,45–2,47 cm; max. Höhe 0,84 cm
Inv. Aar 183, P 23
L 6073

Durchsichtige, plankonvexe Scheibe mit rundlicher Form und unebener Schrägkante am Rand der Grundfläche.

Kleine Schlagspuren und abgeriebene Stellen.

Literatur: siehe Kat. 176

Entsprechungen: siehe Kat. 176

185. »Linse«

Bergkristall
Dm. 2,35–2,45 cm; max. Höhe 0,85 cm
Inv. Aar 184, P 8
L 6074

Durchsichtige, plankonvexe Scheibe mit rundlicher Form und unebener Schrägkante am Rand der Grundfläche.

Schlagspur am Rand der Grundfläche, geringfügige Einbußen an den Rändern. Oben mehrere verschmutzte Kerben.

Literatur: siehe Kat. 176

Entsprechungen: siehe Kat. 176

186. »Linse«

Bergkristall
Dm. 2,41–2,47 cm; max. Höhe 0,83 cm
Inv. Aar 185, P 45
L 6075

Durchsichtige, plankonvexe Scheibe mit rundlicher Form und unebener Schrägkante am Rand der Grundfläche.

Eine große und zwei kleine Absplitterungen an der Oberseite, mehrere Absplitterungen am Rand der Grundfläche.

Literatur: siehe Kat. 176

Entsprechungen: siehe Kat. 176

187. »Linse«

Bergkristall
Dm. 2,47–2,51 cm; max. Höhe 0,81 cm
Inv. Aar 186, P 73
L 6076

Durchsichtige, plankonvexe Scheibe mit rundlicher Form und unebener Schrägkante am Rand der Grundfläche.

Kratzer an der Oberseite. Spuren von Bronzeoxiden. Verschmutzt. Große Absplitterung an der Grundfläche. Schlagspuren an den Rändern.

Literatur: siehe Kat. 176

Entsprechungen: siehe Kat. 176

188. »Linse«

Bergkristall
Dm. 2,34–2,45 cm; max. Höhe 0,85 cm
Inv. Aar 187, P 22
L 6077

Durchsichtige, plankonvexe Scheibe mit rundlicher Form und unebener Schrägkante am Rand der Grundfläche.

An zwei Stellen Schlagspuren an der Oberseite, mehrere Schlagspuren an der Grundfläche.

Literatur: siehe Kat. 176

Entsprechungen: siehe Kat. 176

189. »Linse«

Bergkristall
Dm. 2,45–2,48 cm; max. Höhe 0,78 cm
Inv. Aar 188, P 75
L 6078

Durchsichtige, abgeflachte, plankonvexe Scheibe mit rundlicher Form und unebener Schrägkante am Rand der Grundfläche.

Leichte Schlagspuren und Kratzer an der Oberseite, kleine Schlagspuren am Rand.

Literatur: siehe Kat. 176

Entsprechungen: siehe Kat. 176

190. »Linse«

Bergkristall
Dm. 2,43–2,48 cm; max. Höhe 0,76 cm
Inv. Aar 189, P 31
L 6079

Durchsichtige, abgeflachte, plankonvexe Scheibe mit rundlicher Form und unebener Schrägkante am Rand der Grundfläche.

Schramme und kleine Schlagspuren am Rand.

Literatur: siehe Kat. 176

Entsprechungen: siehe Kat. 176

191. »Linse«

Bergkristall
Dm. 2,45–2,50 cm; max. Höhe 0,92 cm
Inv. Aar 190, P 34
L 6080

Durchsichtige, plankonvexe Scheibe mit rundlicher Form und unebener, breiter Schrägkante am Rand der Grundfläche.

Große Absplitterung am Rand und an einem Teil der Grundfläche. Kratzer an der Oberseite und an der Grundfläche.

Literatur: siehe Kat. 176

Entsprechungen: siehe Kat. 176

192. »Linse«

Bergkristall
Dm. 2,41–2,45 cm; max. Höhe 0,77 cm
Inv. Aar 191, P 35
L 6081

Durchsichtige, abgeflachte, plankonvexe Scheibe mit rundlicher Form, stellenweise mit unebener Schrägkante am Rand der Grundfläche.

Zwei große und mehrere kleine Absplitterungen am Rand.

Literatur: siehe Kat. 176

Entsprechungen: siehe Kat. 176

193. »Linse«

Bergkristall Dm. 2,42–2,45 cm; max. Höhe 0,78 cm
Inv. Aar 192, P 25
L 6082

Durchsichtige, abgeflachte, plankonvexe Scheibe mit rundlicher Form und unebener Schrägkante am Rand der Grundfläche.

Erhebliche Absplitterung am Rand.

Literatur: siehe Kat. 176

Entsprechungen: siehe Kat. 176

194. »Linse«

Bergkristall
Dm. 2,40–2,44 cm; max. Höhe 0,73 cm
Inv. Aar 193, P 46
L 6083

Durchsichtige, stark abgeflachte, plankonvexe Scheibe mit rundlicher Form und unebener Schrägkante am Rand der Grundfläche.

Geringfügige Risse und Schlagspuren an der Oberseite und am Rand.

Literatur: siehe Kat. 176

Entsprechungen: siehe Kat. 176

195. »Linse«

Bergkristall
Dm. 2,40–2,46 cm; max. Höhe 0,95 cm
Inv. Aar 194, P 47
L 6084

Durchsichtige, plankonvexe Scheibe mit rundlicher Form.
Geringfügige Schlagspuren und Verschmutzungen an der Oberfläche.
Zwei Absplitterungen am Rand der Grundfläche.

Literatur: siehe Kat. 176

Entsprechungen: siehe Kat. 176

196. »Linse«

Bergkristall
Dm. 2,43–2,46; max. Höhe 0,8 cm
Inv. Aar 195, P 14
L 6085

Durchsichtige, abgeflachte, plankonvexe Scheibe mit rundlicher Form und unebener Schrägkante am Rand der Grundfläche.

Oben Schrammen, an den Rändern kleine Schlagspuren. Große Flecken oxidierter Bronze an einem Teil der Grundfläche und der Oberseite. Verschmutzt.

Literatur: siehe Kat. 176

Entsprechungen: siehe Kat. 176

197. »Linse«

Bergkristall
Dm. 2,39–2,43 cm; max. Höhe 0,88 cm
Inv. Aar 196, P 13
L 6086

Durchsichtige, plankonvexe Scheibe mit rundlicher Form und unebener Schrägkante am Rand der Grundfläche.

Absplitterung am Rand der Oberseite, kleine Scharten an den Rändern. Spuren von Eisenoxiden (?) an der Grundfläche.

Literatur: siehe Kat. 176

Entsprechungen: siehe Kat. 176

198. »Linse«

Bergkristall
Dm. 2,42–2,48 cm; Höhe 0,85 cm
Inv. Aar 197, P 48
L 6087

Durchsichtige, plankonvexe Scheibe mit rundlicher Form und unebener, schmaler Schrägkante am Rand.

Oben geringfügige Schrammen. Verschmutzung am Rand und an der Grundfläche.

Literatur: siehe Kat. 176

Entsprechungen: siehe Kat. 176

199. »Linse«

Bergkristall
Dm. 2,46–2,48 cm; max. Höhe 0,8 cm
Inv. Aar 198, P 76
L 6088

Durchsichtige, plankonvexe Scheibe mit rundlicher Form und breiter, unebener Schrägkante am Rand der Grundfläche.

Kleine Absplitterung an der Grundfläche, abgeriebene Stellen. Schwarzer Fleck und Spuren von Bronzeoxiden an der Oberseite.

Literatur: siehe Kat. 176

Entsprechungen: siehe Kat. 176

200. »Linse«

Bergkristall
Dm. 2,51–2,52 cm; max. Höhe 0,88 cm
Inv. Aar 199, P 43
L 6089

Durchsichtige, plankonvexe Scheibe mit rundlicher Form, stellenweise mit unebener Schrägkante am Rand der Grundfläche.

Unten ein Riß. Ränder abgerieben und verschmutzt.

Literatur: siehe Kat. 176

Entsprechungen: siehe Kat. 176

201. »Linse«

Bergkristall
Dm. 2,41–2,43 cm; Höhe 0,75 cm
Inv. Aar 200, P 40
L 6090
Durchsichtige, abgeflachte, plankonvexe Scheibe mit rundlicher Form und unebener Schrägkante am Rand der Grundfläche.

Eine Absplitterung, Kratzer. Fleck mit Verschmutzungen und Spuren von Bronzeoxiden an der Oberseite. Kleine Schrammen und abgeriebene Stellen am Rand.

Literatur: siehe Kat. 176

Entsprechungen: siehe Kat. 176

202. »Linse«

Bergkristall
Dm. 2,42–2,51 cm; Höhe 0,92 cm
Inv. Aar 201, P 9
L 6091

Durchsichtige, plankonvexe Scheibe mit rundlicher Form, stellenweise mit unebener, schmaler Schrägkante am Rand der Grundfläche.

Kleine Schlagspuren an den Rändern. Verschmutzungen an der Oberseite und an der Grundfläche. Am Rand und an der Grundfläche Flecken von Bronzeoxiden.

Literatur: siehe Kat. 176

Entsprechungen: siehe Kat. 176

203. »Linse«

Bergkristall
Dm. 2,33–2,35 cm; max. Höhe 0,75 cm
Inv. Aar 202, P 42
L 6092

Durchsichtige, plankonvexe Scheibe mit rundlicher Form und schmaler, unebener Schrägkante am Rand der Grundfläche.

Leicht verschmutzt. Kleine Schlagspuren und abgeriebene Stellen am Rand.

Literatur: siehe Kat. 176

Entsprechungen: siehe Kat. 176

204. »Linse«

Bergkristall
Dm. 2,38–2,41 cm; max. Höhe 0,83 cm
Inv. Aar 203, P 32
L 6093

Durchsichtige, plankonvexe Scheibe mit rundlicher Form.

Absplitterungen, abgeriebene Stellen und Verschmutzung am Rand.

Literatur: siehe Kat. 176

Entsprechungen: siehe Kat. 176

205. »Linse«

Bergkristall
Dm. 2,40–2,44 cm; max. Höhe 0,88 cm
Inv. Aar 204, P 72
L 6094

Durchsichtige, plankonvexe Scheibe mit rundlicher Form, stellenweise mit unebener Schrägkante am Rand der Grundfläche.

Große Absplitterung an der Grundfläche. Schrammen am Rand und stellenweise an der Oberseite. Verschmutzt. Erhebliche Spuren von Bronzeoxiden.

Literatur: siehe Kat. 176

Entsprechungen: siehe Kat. 176

206. »Linse«

Bergkristall
Dm. 2,43–2,48 cm; max. Höhe 0,9 cm
Inv. Aar 205, P 33
L 6095

Durchsichtige, plankonvexe Scheibe mit rundlicher Form, stellenweise mit schmaler Schrägkante am Rand.

Schrammen am Rand. Nahezu die gesamte obere Seite sowie ein Teil der Grundfläche sind mit Flecken von Bronzeoxiden bedeckt.

Literatur: siehe Kat. 176

Entsprechungen: siehe Kat. 176

207. »Linse«

Bergkristall
Dm. 2,41–2,45 cm; max. Höhe 0,87 cm
Inv. Aar 206, P 10
L 6096

Durchsichtige, plankonvexe Scheibe mit rundlicher Form.

Schrammen und Kratzer am Rand. Stellenweise geringfügige Spuren von Eisenoxiden.

Literatur: siehe Kat. 176

Entsprechungen: siehe Kat. 176

208. »Linse«

Bergkristall
Dm. 2,49–2,52; max. Höhe 0,99 cm
Inv. Aar 207, P 11
L 6097

Durchsichtige, plankonvexe Scheibe mit rundlicher Form und unebener, schmaler Schrägkante am Rand der Grundfläche.

Ausgeschlagene Stellen oben und unten, Scharten und abgeriebene Stellen am Rand. Starke Verschmutzung sowie eine kleine Spur von Bronzeoxiden an der Oberseite.

Literatur: siehe Kat. 176

Entsprechungen: siehe Kat. 176

209. »Linse«

Bergkristall
Dm. 2,49–2,50 cm; max. Höhe 0,93 cm
Inv. Aar 208, P 12
L 6098

Durchsichtige, plankonvexe Scheibe mit rundlicher Form.

Am Rand drei Absplitterungen. Verschmutzung und Spuren von Bronzeoxiden auf einem erheblichen Teil der Oberseite und stellenweise an der Grundfläche. Erhebliche Zerstörung des Steins.

Literatur: siehe Kat. 176

Entsprechungen: siehe Kat. 176

210. »Linse«

Bergkristall
Dm. 2,39–2,45 cm; max. Höhe 0,71 cm
Inv. Aar 209, P 21
L 6099

Durchsichtige, plankonvexe Scheibe mit rundlicher Form und breiter Schrägkante am Rand der Grundfläche.

Leicht verschmutzt. Kratzer.

Literatur: siehe Kat. 176

Entsprechungen: siehe Kat. 176

211. »Linse«

Bergkristall
Dm. 2,48–2,54 cm; max. Höhe 0,88 cm
Inv. Aar 210, P 15
L 6100

Durchsichtige Scheibe einer plankonvexen Linse mit rundlicher Form.

Zwei große Absplitterungen am Rand, mehrere kleine Absplitterungen. Kratzer und Schrammen an der Oberseite. Leicht verschmutzt. Am Rand ist ein kleines Fragment oxidierter Bronze festgebrannt.

Literatur: siehe Kat. 176

Entsprechungen: siehe Kat. 176

212. »Linse«

Bergkristall
Dm 2,49–2,53 cm; max. Höhe 0,72 cm
Inv. Aar 211, P 19
L 6101

Durchsichtige, plankonvexe Scheibe mit rundlicher Form und kleiner, ebener Schrägkante am Rand der Grundfläche.

Schrammen und eine Absplitterung am Rand. Verschmutzung und Flecken von Bronzeoxid an der Oberseite. Nahezu vollständige Zerstörung des Materials.

Literatur: siehe Kat. 176

Entsprechungen: siehe Kat. 176

213. »Linse«

Bergkristall
Dm. 2,46–2,48 cm; max. Höhe 0,98 cm
Inv. Aar 212, P 20
L 6102

Durchsichtige, plankonvexe Scheibe mit rundlicher Form und unebener Schrägkante am Rand der Grundfläche.

Schrammen am Rand, Spuren von Bronzeoxiden am Rand und an der Oberseite.

Literatur: siehe Kat. 176

Entsprechungen: siehe Kat. 176

214. »Linse«

Bergkristall
Dm. 2,42–2,43 cm; Höhe 0,7 cm
Inv. Aar 213, P 17
L 6103

Durchsichtige, plankonvexe Scheibe mit rundlicher Form und unebener, schmaler Schrägkante am Rand der Grundfläche.

Zwei große Absplitterungen an der Oberseite, eine Absplitterung an der Grundfläche. Am Rand Spuren von Eisenoxiden.

Literatur: siehe Kat. 176

Entsprechungen: siehe Kat. 176

215. »Linse«

Bergkristall
Dm. 2,48–2,50 cm; Höhe 0,73 cm, mit festgebranntem Bronzeplätt-
chen 1,35 cm
Inv. Aar 214, P 16
L 6104

Durchsichtige, plankonvexe Scheibe mit rundlicher Form und schmaler,
ebener Schrägkante am Rand der Grundfläche.

Unten ist ein Stück eines rechtwinkligen Bronzeplättchens mit abgerundeten Ecken und mit einer Größe von 2,5 x 2,0 cm festgebrannt.
Schrammen am Rand, kleine Absplitterungen an der Oberseite. Verschmutzung an den zerstörten Stellen der Oberfläche und am Rand. Die
Platte wird durch einen Draht mit der Linse zusammengehalten.

Literatur: siehe Kat. 176

Entsprechungen: siehe Kat. 176

216. »Linse«

Bergkristall
Dm. 2,35–2,39 cm; max. Höhe 0,9 cm
Inv. Aar 215+216, P 18+74
L 6105 + 6106

Durchsichtige, plankonvexe Scheibe mit rundlicher Form aus zwei
zusammenhängenden Fragmenten.

Diagonal abgeschlagen, Absplitterungen und Schrammen am Rand.
Grundfläche verschmutzt, dort ist ein Fragment aus Bronzeoxid festgebrannt. Spuren von Eisenoxiden an der Oberseite.

Literatur: siehe Kat. 176

Entsprechungen: siehe Kat. 176

217. Konglomerat aus zusammengebackenem Schmuckzubehör

Gold, Silber, Bronze, Fayence; Gesamtgewicht 148,65 g
Abmessungen 5,8 x 4,1 x 2,4 cm; 3,2 x 2,2 x 1,5 cm; 2,3 x 1,4 x 1 cm
Aar 217, Bz 1515, P 541
L 6107

Zusammengebackenes, teilweise zerbröckeltes Konglomerat aus Schmuckzubehör, darunter Bronzescheibchen oder -platten, kleine goldene (Länge 0,6–0,9 cm) und große silberne (Länge bis 1,7–1,8 cm) geschmiedete Nägel mit Köpfen, Goldperlen (Kügelchen, flache und gezackte runde Scheiben), halbkugelige Knöpfchen mit einem Durchmesser von 0,5 cm und einer Höhe von 0,35 cm mit innen angelöteten Ösen, Ketten und kleine Ringe, Fayenceperlen in Form eines abgestumpften Doppelkegels, Goldfolienstücke, unter anderem auch solche von halbmondförmigen Anhängern (?) mit Punktornament am Rand, sowie Bruchstücke schmaler flacher Silberplatten. Anzutreffen sind auch kleine goldene Kügelchen und verformte kleine Gold- und Silberbarren mit einer Größe von 1,0 x 0,6 x 0,5 cm.

Bronze oxidiert, große Herde starker Patina. Stellenweise Eisenoxide.

Literatur: Schmidt 1902, S. 243, Nr. 6107; Branigan 1974, S. 194, Nr. 3125f.

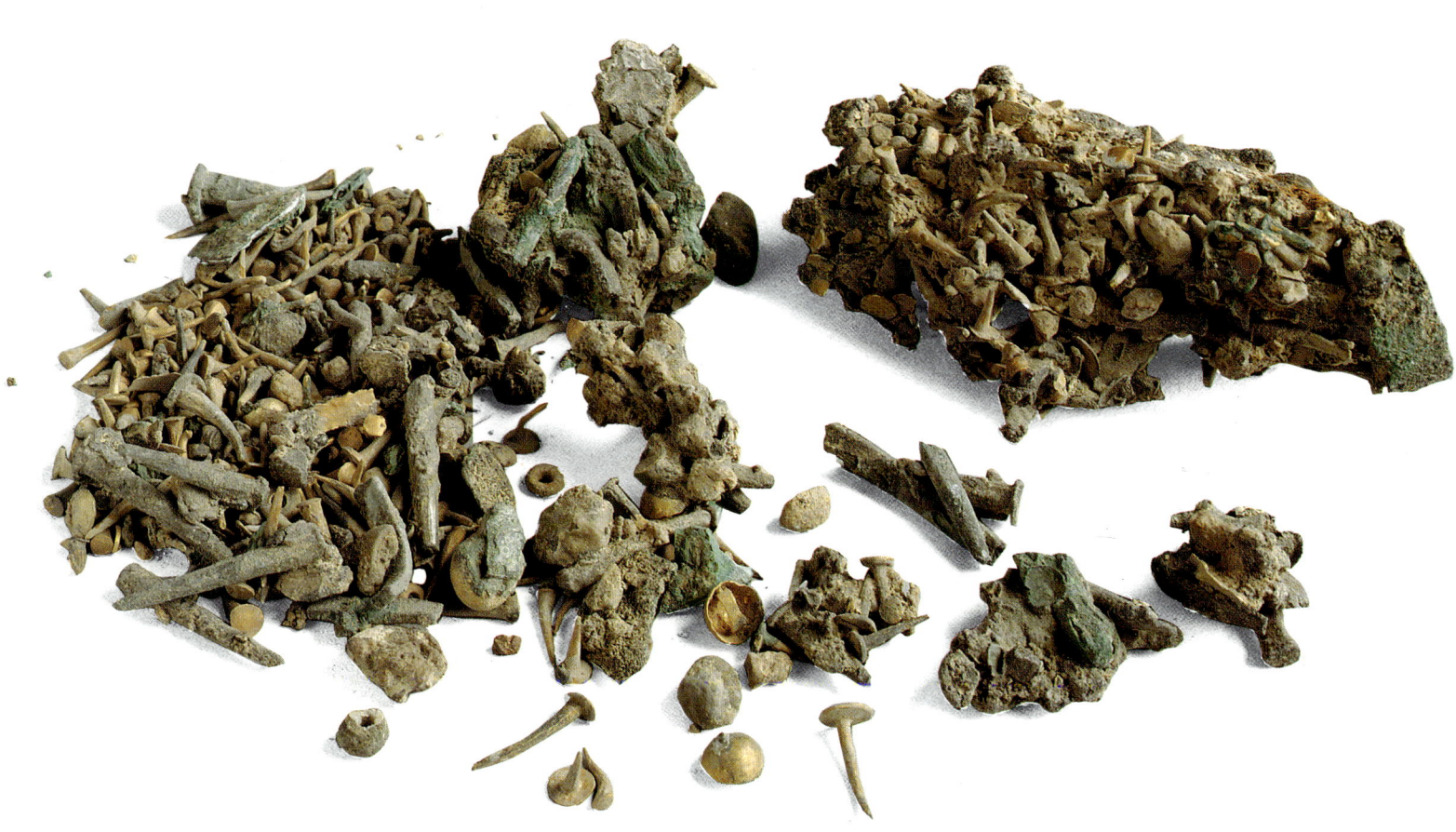

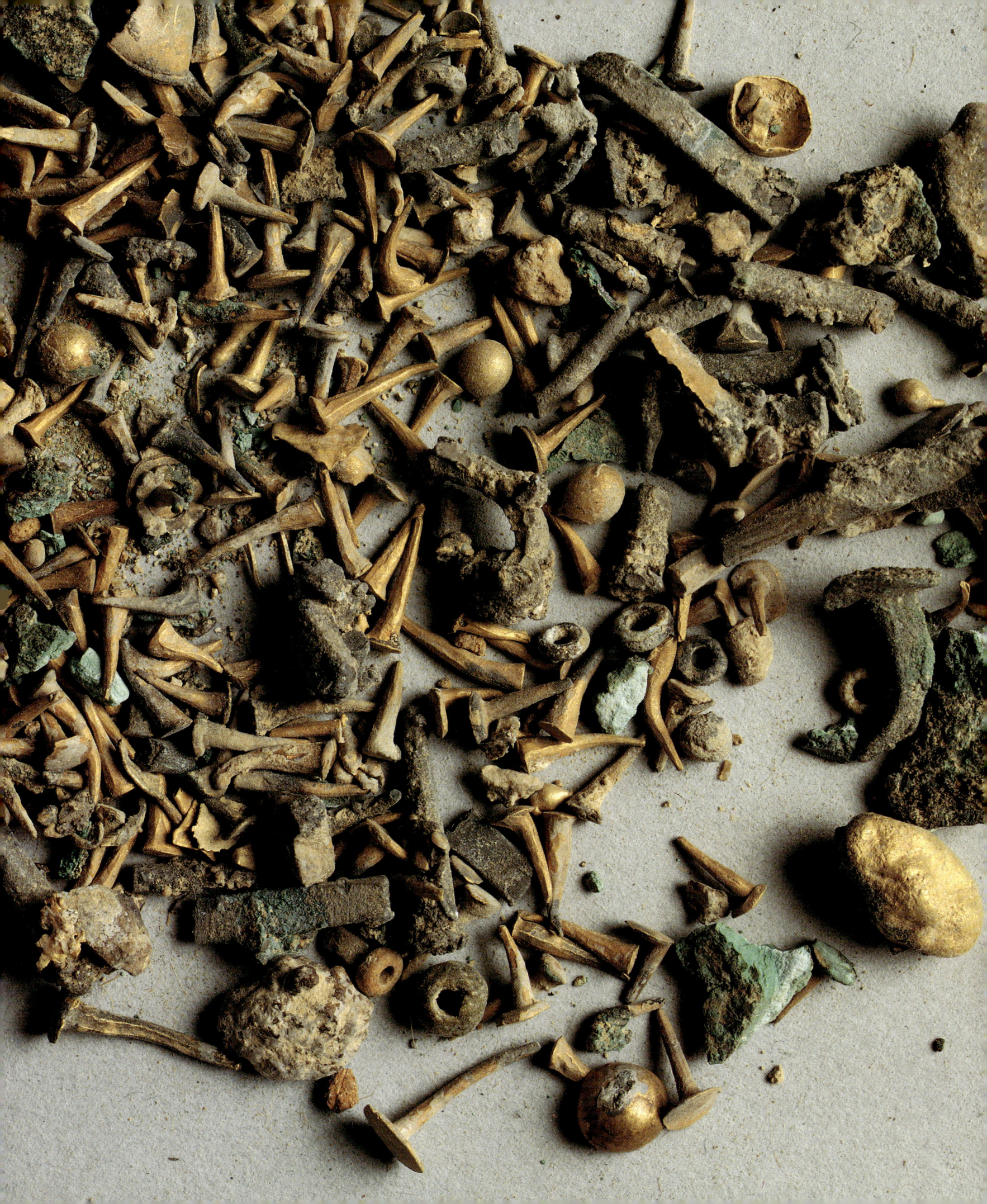

218. Perle

Karneol; Silber
Gesamtlänge 1,5 cm; max. Dm. der Perle 0,9 cm; Dm. der Scheiben 0,7 cm
Inv. Aar 218, P 128
L 6108

Perle in Form eines abgestumpften Doppelkegels mit zwei abgeflachten Kanten. Durch den Öffnungskanal ist ein Draht geführt, an dem an zwei Seiten der Perle zwei runde, flache Scheiben mit Ösen befestigt sind. Die Perle gehört zum Konglomerat L 6107.

Scheiben und Draht oxidiert. Perle verschmutzt.

Literatur: Götze, in Dörpfeld 1902, S. 385, Abb. 359e; Schmidt 1902, S. 243, Nr. 6108f.

220. Perle

Karneol
Dm. 1,0 cm; max. Dicke 0,38 cm; Dm. der Öffnung 0,2 cm
Inv. Aar 220, P 126
L 6110

Linsenförmige Perle mit querliegendem Öffnungskanal. Die Perle gehört zum Konglomerat L 6107.

Schrammen. Verschmutzt.

Literatur: Götze, in Dörpfeld 1902, S. 385, Abb. 359c; Schmidt 1902, S. 243, Nr. 6110.

219. Perle

Karneol
Länge 0,82 cm; max. Dm. 0,89 cm; Dm. der Öffnung 0,2 cm
Inv. Aar 219, P 130
L 6109

Perle in Form eines abgestumpften Doppelkegels.

Verschmutzt. Verkratzt.

Literatur: siehe Kat. 218

221. Schieber

Karneol
Länge 3,75 cm; Dm. 0,73–0,75 cm; Dm. der Öffnung 0,3 cm
Inv. Aar 221, P 129
L 6111

Röhrchenförmiger, zylindrischer Schieber von oranger Farbe mit einem bezogen auf die Mitte versetzten Öffnungskanal. Ein Ende ist von hellroter, der Rand hingegen von schwarzer Farbe (im Feuer gebrannt?). Nach H. Schmidt gehört der Schieber zum Konglomerat L 6107. A. Götze ist der Meinung, daß die Zugehörigkeit des Schiebers zu diesem Konglomerat nicht eindeutig festgestellt werden kann.

Verschmutzt. Querliegender diagonaler Riß, Schrammen, Scharten.

Literatur: Götze, in Dörpfeld 1902, S. 385, Abb. 359d; Schmidt 1902, S. 244, Nr. 6111.

222. »Linse«

Bergkristall
Dm. 5,65 cm; max. Breite 3,6 cm; max. Höhe 0,84 cm
Inv. Aar 222, P 28
L 6112

Durchsichtige, plankonvexe Scheibe mit ovaler Form und breiter, vertikaler Schrägkante am Rand der Grundfläche.
A. Götze ist der Meinung, daß die Zugehörigkeit der »Linse« zu diesem Komplex nicht eindeutig festgestellt werden kann.

Zerbrochen und aus drei Teilen zusammengeklebt. Spalt an der Längsnaht, Absplitterung am Rand, Scharten, Risse und Kratzer. Geringfügige Zerstörung des Steins. An der Oberseite ein Fleck mit Verschmutzungen und Bronzeoxiden.

Literatur: Götze, in Dörpfeld 1902, S. 339, Nr. 12; Schmidt 1902, S. 244, Nr. 6112.

223. Fragment einer »Linse«

Bergkristall
Länge des erhaltenen Teils 2,9 cm; max. Breite 2,86 cm; max. Höhe 0,79 cm
Inv. Aar 223, P 30
L 6113

Fragment einer durchsichtigen, plankonvexen Scheibe mit ovaler Form.
A. Götze ist der Meinung, daß die Zugehörigkeit der »Linse« zu diesem Komplex eindeutig festgestellt werden kann.

Schlagspuren und ein Fleck von Bronzeoxiden an der Grundfläche. Am Rand verschmutzt.

Literatur: Götze, in Dörpfeld 1902, S. 339, Nr. 12; Schmidt 1902, S. 244, Nr. 6113.

224. »Linse«

Bergkristall
Länge 2,0 cm; Breite 1,3 cm
Inv. Aar 224, P 29
L 6114

Fragmentierte durchsichtige, plankonvexe Scheibe mit ovaler Form, zugespitztem Ende und unebener Schrägkante am Rand der Grundfläche.
A. Götze ist der Meinung, daß die Zugehörigkeit der »Linse« zu diesem Komplex nicht eindeutig festgestellt werden kann.

Ein Ende verloren. Kleine Absplitterungen.

Literatur: Götze, in Dörpfeld 1902, S. 339, Nr. 12; Schmidt 1902, S. 244, Nr. 6114.

225. Wirtel

Ton
Dm. 4,0–4,3 cm; Dm. der Öffnung 0,9 cm; Höhe 2,4–2,7 cm
Inv. Aar 225, P 99
L 6115

Wirtel in Form eines abgestumpften Doppelkegels mit abgeschrägten Kanten an der Stirnseite.

Literatur: Götze, in Dörpfeld 1902, S. 339, Nr. 11; Schmidt 1902, S. 244, Nr. 6115.

226. Hälfte eines Aufsatzes (?)

Eisen oder Eisenschlacke (?)
Dm. 5,62 cm; Höhe 3,62 cm; Dicke des erhaltenen Teils 2,6 cm
Inv. Aar 226, P 98
L 6116

Hälfte eines Aufsatzes oder Knaufes. Die Bruchfläche ist poliert, die Außenfläche ist uneben. Im unteren Teil befindet sich eine rundliche Vertiefung für den Stab (?) mit einem Durchmesser von ca. 1,9 cm. Ergebnisse der chemischen Analyse einer Probe werden von H. Schmidt angeführt (in der untersuchten Masse 62 bis 73 % Eisenanteil).

Literatur: Schliemann 1891, S. 20; Götze, in Dörpfeld 1902, S. 385, Abb. 356; Schmidt 1902, S. 244, Nr. 6116; Waldbaum 1980, S. 70.

227. Perle

Bernstein
Dm. 2,84 cm; Höhe 1,9 cm; Dm. der Öffnung 0,3 cm
Inv. Aar 227, P 110
L 6117

Perle mit dunkelroter Farbe in Form eines abgestumpften Doppelkegels mit einer zu einem der Enden versetzten Rippe.
A. Götze ist der Meinung, daß die Zugehörigkeit der Perle zu diesem Komplex nicht eindeutig festgestellt werden kann.

Rauhe Oberfläche. Absplitterung an der Rippe.

Literatur: Götze, in Dörpfeld 1902, S. 340; Schmidt 1902, S. 244, Nr. 6117.

228. Perle

Bernstein
Länge 0,87 cm; Dm. 1,24 cm; Dm. der Öffnung 0,35 cm
Inv. Aar 228, P 127
L 6118

Faßförmige Perle mit dunkelroter Farbe.
A. Götze ist der Meinung, daß die Zugehörigkeit der Perle zu diesem Komplex nicht eindeutig festgestellt werden kann.

Schrammen am Rand, eine große Absplitterung. Rauhe Oberfläche.

Literatur: Götze, in Dörpfeld 1902, S. 340; Schmidt 1902, S. 244, Nr. 6118.

229. Linse

Bergkristall
Dm. 5,4 cm; Dicke 0,75 cm
Inv. Aar 229, P 27
L 6119

Runde, durchsichtige, plankonvexe Scheibe mit breiter, glatter Schrägkante am Rand der Grundfläche. Ergibt ungefähr eine zweifache Vergrößerung.
A. Götze ist der Meinung, daß die Zugehörigkeit der Scheibe zu diesem Komplex nicht eindeutig festgestellt werden kann.

Einige Absplitterungen an der Schrägkante und am Rand der Grundfläche. Kleine Kratzer. Stellenweise verschmutzt.

Literatur: Götze, in Dörpfeld 1902, S. 340, Nr. 14; Schmidt 1902, S. 244, Nr. 6119; Greef 1921, S. 24f, Taf. 4; Sines, Sakellarakis 1987, S. 192f.

230. Linse mit Öffnung

Bergkristall
Dm. 5,4 cm; max. Dicke 0,65 cm; Dm. der Öffnung 0,9 cm
Inv. Aar 230, P 26
L 6120

Runde, durchsichtige, plankonvexe Scheibe mit runder Öffnung in der Mitte, daher ein Wirtel (?).

A. Götze ist der Meinung, daß die Zugehörigkeit der Scheibe zu diesem Komplex nicht eindeutig festgestellt werden kann.

Literatur: Götze, in Dörpfeld 1902, S. 340, Nr. 15; Schmidt 1902, S. 244, Nr. 6120; Greef 1921, 24f, Taf. 4; Sines, Sakellarakis 1987, S. 192f.

**Schatz N
Kat. 231–238**

231. Lockenring mit sechs Stäbchen

Gold; Gewicht 2,90 g
Dm. 1,16 cm; max. Breite der Stäbchen 1,08 cm; Dm. des Hakens 0,13 cm
Inv. Aar 231, Bz 84, P 136
N 6125

Halbringförmiges Schmuckstück aus sechs zusammengelöteten Drähten, in der Mitte verdickt und an einem Ende in einen Haken mit abgeflachtem Querschnitt ausgetrieben. Dieser geht in eine nadelförmige Spitze über, die nach der Kontur des Ringes umgebogen ist. Die Lötnähte zwischen den Stäbchen sind teilweise aufgetrennt. Die Enden der Drähte befinden sich auf unterschiedlicher Höhe.

Leicht verschmutzt. Kleine Kratzer. Ein Teil der Innenfläche ist mit Lack bedeckt.

Literatur: Schmidt 1902, S. 245, Nr. 6125; Götze, in Dörpfeld 1902, S. 358, Beil. 43, N Ve; French 1969, S. 350, Nr. D3. I. 4. 35.

Entsprechungen: Kat. 109–113 (Schatz D), siehe Bibliographie zu Kat. 109.

232. Halbmondohrring mit Granulation

Gold; Gewicht 4,45 g
Dm. 2,05 cm; max. Breite des Stäbchens 0,36 cm; max. Dicke des Elements 0,64 cm; Dm. des Hakens 0,13 cm
Inv. Aar 232, Bz 393, P 530
N 6126

Der Halbmondohrring besteht aus einem Halbring, der aus einem abgeflachten Draht getrieben ist. Dieser geht in einen Haken mit rundem Querschnitt über, der in eine nadelförmige, nach der Kontur des Ohrrings umgebogene Spitze ausläuft. Der Halbmond hat einen dreikantigen Querschnitt. Die obere Kante ist leicht konkav. Die Rippen sind mit je acht bogenförmigen Granulationsreihen verziert, welche die Konturen des Halbmonds wiederholen. Das lose Ende des Halbrings ist mit Scheiben verziert, die auf das im Querschnitt runde Ende aufgesetzt sind. Von diesen Scheiben besitzt die mittlere eine rundliche Form und glatte Ränder, die äußeren weisen dieselbe Form auf, haben jedoch gezackte Ränder.

Leicht verschmutzt. Nadel verkrümmt. Granulation teilweise abgerieben und eingebüßt.

Literatur: Götze, in Dörpfeld 1902, S. 358, Beil. 43, Nr. VIb; Schmidt 1902, S. 245, Nr. 6126; French 1969, S. 350, Nr. D3. I. 4. 35; Müller 1972, Nr. 48, Taf. 15b.

Entsprechungen: zur Form Ohrringe Kat. 114f, zur Ornamentierung Ohrringe Kat. 64f; siehe Bibliographie zu Kat. 64–114.

233. Lockenring mit fünf Stäbchen

Silber; Gewicht 3,93 g
Dm. 1,45 cm; max. Breite der Stäbchen 1,3 cm; Dm. des Hakens 0,16 cm
Inv. Aar 233, P 379
N 6127

Halbringförmiger Schmuckgegenstand aus fünf zusammengelöteten Drähten, in der Mitte verdickt und an einem Ende in einen Haken mit abgerundetem Querschnitt ausgetrieben. Dieser geht in eine Nadel über, die nach der Kontur des Ringes umgebogen ist.

Zwei Fragmente festgebrannter Gegenstände. Bedeckt mit einer Kruste aus dunklen Oxiden. Stark verschmutzt. Nadel verkrümmt.

Literatur: Götze, in Dörpfeld 1902, S. 358, Beil. 43, Nr. Vd; Schmidt 1902, S. 245, Nr. 6127; French 1969, S. 351, Nr. D3. II. 2. 2.

Entsprechungen: Kat. 105–108 (Schatz D), 151f sowie die beiden Ringe im Konglomerat Kat. 164 (Schatz J); siehe Bibliographie zu Kat. 105.

234. Konglomerat mit Schmuckgegenständen

Silber, Gewicht 19,83 g
Abmessungen des Konglomerats: 3,1 x 2,4 x 2,1 cm. Abmessungen eines der Lockenringe: Dm. 1,29 cm; max. Breite der Stäbchen 1,16 cm.
Aar 234, P 390
N 6128

Zusammengebackenes Konglomerat aus Lockenringen und anderen Goldschmiedeerzeugnissen, darunter fünf Lockenringe mit sechs Stäbchen, ein Halbmondohrring (?) mit zwei Stäbchen und Fragmente einer Schnur mit Kügelchen.

Bedeckt mit einer Kruste aus Silberchloriden. Verschmutzt. Fleck mit starker Patina an den Goldkügelchen.

Literatur: Schliemann 1874, Taf. 98, Nr. 2076f; Götze, in Dörpfeld 1902, S. 358; Schmidt 1902, S. 245, Nr. 6128f; French 1969, S. 351, Nr. D3. II. 2. 3.

235. Konglomerat mit Schmuckgegenständen

Silber; Gewicht 15,01 g
Abmessungen 3,0 x 1,6 x 2,1 cm
Inv. Aar 235, P 389
N 6129

Das Konglomerat aus zusammengebackenen Gegenständen enthält mindestens sechs Lockenringe mit fünf und sechs Stäbchen, Fragmente von Schnüren mit Kügelchen sowie Schiebern mit zwei Lappen.

Bedeckt mit einer Kruste aus Silberchloriden. Verschmutzt.

Literatur: siehe Kat. 234

236. Armring

Silber; Gewicht 18,26 g
Abmessungen 6,98 x 5,96 cm; Dm. des Drahts 0,36 x 0,42 cm
Inv. Aar 236, Bser 431, P 386
N 6130

Armreif mit ovaler Form aus Draht mit rhombischem Querschnitt. Glatt, geschlossen, geschmiedet.

Leicht verbogen. Mit Bronzeoxiden bedeckt. Verschmutzt. Festgebranntes Stück aus andersartigem Material. Fleck mit starker Patina.

Literatur: Schliemann 1874, Taf. 98, Nr. 2070; Götze, in Dörpfeld 1902, S. 358, Abb. 296b; Schmidt 1902, S. 245, Nr. 6130; French 1969, S. 348, Nr. D2. II. 2. 1; Branigan 1974, Taf. 21, Nr. 2532.

Entsprechungen: siehe geschlossene Goldarmringe aus Draht mit rundem Querschnitt, Kat. 72–73; siehe Bibliographie zu Kat. 72.

237. Spiralförmiger Halsring

Silber; Gewicht 33,58 cm
Abmessungen 5,9 x 7,4 cm; Dm. des Drahtes 0,42–0,43 cm; separat ein Fragment mit einer Länge von 2,7 cm
Inv. Aar 237, Bz 433, P 419
N 6131

Zu einer Spirale mit eineinhalb Windungen zusammengedrehter Halsring aus gedrehtem Draht mit quadratischem Querschnitt. Ein Ende besitzt eine Verdickung in Form eines Schlangenkopfs mit Einschnitten an der Stirnseite. Ein Fragment des Halsrings ist abgebrochen und an der falschen Stelle festgebrannt.

Ende des Halsrings mit Schlangenkopf abgebrochen. Halsring vom Feuer beschädigt, an ihm sind mehrere Kügelchen von Perlschnüren festgebrannt. Verschmutzt.

Literatur: Schliemann 1874, Taf. 98, Nr. 2079; Götze, in Dörpfeld 1902, S. 357, Beil. 43, Nr. 1a; Schmidt 1902, S. 245, Nr. 6131, Beil. II; French 1969, S. 348, Nr. D2. II. 2. 2; Branigan 1974, S. 43 (Typ IIa), Taf. 33, Nr. 2541 (fälschlich als golden bezeichnet).

Entsprechungen: siehe Kat. 77

238. Konglomerat mit Schmuckgegenständen

Silber; Paste (?); Gewicht 70,79 g
Abmessungen: 7,6 x 6,8 x 1,8 cm; Länge 3,3 cm, Länge 6,6 cm; Länge 3,8 cm; Länge 0,6 cm
Inv. Aar 238, P 373, 387
N 6132

Im Konglomerat aus zusammengebackenen Schmuckgegenständen sind ein spiralförmig zusammengedrehter Halsring oder Fragmente von Armringen mit einem Durchmesser von 0,33–0,39 cm, ein Lockenring mit sechs Stäbchen, Fragmente von Schnüren mit Kügelchen und eine weiße Perle (?) in Form eines abgestumpften Doppelkegels enthalten.

Vom Feuer beschädigt. Patina. Verschmutzt. Festgebrannte Erde.

Literatur: Schliemann 1874, Taf. 98, Nr. 2078; Schmidt 1902, S. 245, Nr. 6132; French 1969, S. 348, Nr. D2. II. 2. 3; 351, Nr. D3. II. 2. 4.

Schatz O
Kat. 239–240

239. Prunknadel mit Plattenkopf und sechs kleinen Gefäßen

Gold; Gewicht 7,53 g
Feingehalt 23 Karat (nach H. Schmidt); Gesamthöhe 6,98 cm; Breite 3,65 cm. Stärke 0,06 cm. Höhe der Miniaturgefäße 0,69–0,71cm. Dm. der Spiralwindungen 0,51 cm; Dm. des Nadelschaftes 0,1–0,17 cm
Inv. Aar 239; Bz 44, P 86
O 6133

Schmucknadel mit zugespitztem Schaft aus Draht mit rundem Querschnitt, dessen oberer Teil abgeflacht ist und eine flache, rechtwinklige Platte trägt. Der obere, abgeflachte Teil des Nadelschaftes ist an die rückwärtige Seite der Platte angelötet und über deren oberen Rand abgebogen; seine Fortsetzung ist an der Vorderseite der Platte angelötet und teilt diese in zwei gleiche Teile.
Die Platte wird von aufgelöteten Drähten mit rechtwinkligem Querschnitt eingefaßt. Die Vorderseite ist mit vier Reihen eines Filigranornaments verziert, das seitlich mit glatten, aufgelöteten Drähten mit quadratischem Querschnitt gerahmt wird. Die rechte Rahmung der zweiten Reihe von links reicht im oberen Teil nicht ganz an den oberen Rand der Platte heran. Das Filigranornament besteht aus brillenförmigen Doppelspiralen, die senkrecht angeordnet sind (je sieben in einer Reihe). Dabei sind die Doppelspiralen der beiden mittleren Reihen nach unten, die Doppelspiralen am Rand nach oben ausgerichtet. Oberhalb der Platte ist am unteren Rand ein Draht mit rechtwinkligem Querschnitt angelötet, dessen Enden zu nach oben ausgerichteten Spiralen mit sechs Windungen zusammengedreht sind. An der oberen Stirnseite der Platte ist ein abgeflachter Draht mit einem am linken Rand der Platte abgebrochenen Ende angelötet. Das andere Ende ist mit der Fortsetzung eines der vertikalen, auf die Platte aufgelöteten Drähte zusammengedreht. Die untere Randleiste läuft in zwei seitwärts ausladenden Spiralen aus. An einer Öse in der Mitte dieser Randleiste war wohl ein Gehänge befestigt. Die bekrönenden sechs Kugelbauchflaschen bestehen aus zwei Halbkugeln auf einem Fußring. Auf den röhrenförmigen Hals sind runde Scheiben mit zentraler Öffnung aufgesetzt.

Verformt. Die Enden des Drahtes, an den die Gefäße angelötet sind, sind verloren. Die oberen Scheiben der äußeren Gefäße sind leicht deformiert. Die linke Windung der die Scheibe unten dekorierenden Spirale ist eingedrückt. Das Endstück des Schaftes ist verkrümmt.

Literatur: Schliemann 1881, S. 544, Nr. 834; Götze, in Dörpfeld 1902, S. 341, Beil. 43, Nr. II; Schmidt 1902, S. 245, Nr. 6133, Beil. II; Bossert 1942, Taf. 14, Abb. 68, 5; Matz 1956, Taf. 6 (links oben); French 1969, S. 335, Nr. C1. 6. 1 (Typ 14); Bass 1970, S. 335, Nr. 1, Taf. 86, Abb. 1; Buchholz, Karageorghis 1971, Abb. 1295; Maxwell-Hyslop 1971, S. 56; Müller 1972, S. 80, Nr. 19, Taf. 16a; Branigan 1974, S. 36 (Typ XII), Taf. 30, Nr. 2076; Kat. Athen 1990, S. 177, Nr. 56; Otto 1992, S. 249, 251, Abb. 10a; Easton im Druck, S. 4, 18, Anm. 28.

Entsprechungen: Troas, Museum der Universität von Pennsylvania, Philadelphia (Bass 1970, S. 335, Nr. 1, Taf. 86, Abb. 1; Branigan 1974, S. 36 [Typ XII], Taf. 30, Nr. 2076); eine typologisch nahestehende Schmucknadel aus Poliochni, Nationalmuseum Athen (Bernabò-Brea 1976, S. 285f, Taf. CCXL; Canby 1965, S. 57, Abb. 2; Mellaart 1966, S. 161, Abb. 49 [links oben]); zur Ornamentierung der Leiste mit Doppelspiralen siehe Kat. 123; zur Verzierung der Nadel mit Miniaturgefäßen und Spiralen siehe goldene Nadeln aus den Ausgrabungen H. Schliemanns und K. Blegens in Troja, Archäologisches Museum Istanbul, Inv. 685, 5551 (Blegen 1950, Abb. 125, 8; Abb. 356f, Nr. 37–709; 1963, 74, Abb. 18; Mellaart 1966, S. 161, Abb. 49 [rechts oben]; French 1969, S. 335, T C1. 6. 5f [Typ 16/17]; Maxwell-Hyslop 1971, S. 55f, Abb. 39, Taf. 39; Müller 1972, 91, Taf. 29o; Branigan 1974, S. 37 [Typ XIIIa], Taf. 19, Nr. 2087ff; Kat. Istanbul 1983, S. 137, Abb. 353; Kat. Tokio 1985, S. 360, Nr. 64. 1f; Hazirlayan, Esin 1991, S. 38; Reinholdt 1993, S. 22, Anm. 33; Abb. 30d).

240. Prunknadel mit Rosette

Gold; Gewicht 5,80 g
Gesamthöhe 5,92 cm; Höhe des Kopfes 2,17 cm; max. Breite 2,43 cm;
Dm. der Rundscheibe 1,57 cm; Dicke 0,5 cm; Dm. der Spiralwindung
0,75 cm; Dm. des Nadelschaftes 0,1–0,13 cm
Inv. Aar 240, Bz 46, P 88
O 6134

Nadel mit zugespitztem Schaft aus Draht mit rundem Querschnitt und
einem Kopf, dessen mittlerer Teil durch eine Rundscheibe gebildet wird.
Diese ist mit einem Filigranornament geschmückt, das aus einer elfblättrigen Rosette besteht. Die Blätter sind aus Draht gebogen, der dem an
der Scheibe angelöteten Draht entspricht. Den Mittelpunkt bildet eine
hohle, von einem Drahtring umschlossene Halbkugel.
Ein an die Rundscheibe angelöteter Draht mündet in zwei volutenartige
Spiralen. Die äußeren Windungen der Spiralen sind an die Wandungen
der Rundscheibe angelötet. Unten an der Tangente sind an den Zylinder
abgeflachte, schmaler werdende Enden eines Drahtes angelötet, der
unter dem Zylinder umgebogen ist. Unten in der Mitte ist an ihn eine
runde Platte angelötet. Ursprünglich waren die oberen Enden dieses
Elements als Spiralen ausgeführt, die nach unten gerollt waren und die
Spiralwindungen der oberen Platte berührten (Schmidt 1902, Nr. 6134).
Heute sind die Spiralwindungen der unteren Platte verloren.
Der Schaft verlief durch die Öffnungen in der oberen Platte mit Voluten,
die Öffnungen der Rundscheibe und die Öffnungen in der unteren Platte
(Schmidt 1902, Nr. 6134, Abb. auf Beil. II, Mitte rechts). Ein Stück des
Schaftes ist mit fünf Spiraldrehungen eines dünnen, im Querschnitt
runden Drahtes umwickelt. Der Schaft ist unterhalb des Kopfes gebro-
chen und wurde an der Rückseite angelötet.

Verbogen. Ende des Schaftes verkrümmt. Spiralwindungen des unteren
Drahtes verloren. Nicht korrekt restauriert: Der Schaft ist heute umge-
kehrt angebracht, so daß der Kopf »auf dem Kopf« steht.

Literatur: Schliemann 1881, S. 544, Nr. 835; Götze, in Dörpfeld 1902,
S. 354, Beil. 43, Nr. III; Schmidt 1902, S. 245f, Nr. 6134, Beil. II; Bossert
1942, Taf. 14, Abb. 68, 7; Mellaart 1966, S. 161, Abb. 49 (Mitte oben);
French 1969, S. 335, Nr. C1. 6. 3 (Typ 14); Maxwell-Hyslop 1971,
S. 56, Abb. 41; Müller 1972, S. 80, Nr. 20, Taf. 16b; Branigan 1974,
S. 36 (Typ XII), Taf. 30, Nr. 2075; Yakar 1985, S. 135, Abb. XI, 32; Kat.
Athen 1990, S. 178, Nr. 57; Goldmann 1991, S. 202, Abb. 11; Otto
1992, S. 248, Abb. 6a.

Schatz R
Kat. 241–245

241. Lockenring mit sechs Stäbchen

Gold; Gewicht 4,47 g
Dm. 1,57 cm; max. Breite der Stäbchen 1,23 cm; Dm. des Hakens
0,13 cm
Inv. Aar 241, Bz 118, P 170
R 6141

Halbringförmiges Schmuckstück aus sechs zusammengelöteten Drähten, in der Mitte verdickt und an einem Ende in einen Haken mit abgeflachtem Querschnitt ausgetrieben. Dieser geht in eine nadelförmige Spitze über, die nach der Kontur des Ringes umgebogen ist. Die Lötnähte zwischen den Stäbchen sind stellenweise aufgetrennt.

Leicht verschmutzt. Kratzer. Teil der Innenfläche ist mit Lack bedeckt.

Literatur: Schliemann 1874, Taf. 17, Nr. 517; Schmidt 1902, S. 246, Nr. 6141; Götze, in Dörpfeld 1902, S. 358, Beil. 43, Nr. Ve.

Entsprechungen: Kat. 109–113 (Schatz D), 231 (Schatz N); siehe Bibliographie zu Kat. 109.

242. Spiralförmig gewundener Draht

Gold; Gewicht 9,45 g
Abmessungen 2,8 x 2,6 cm; Dm. des Drahtes 0,21–0,24 cm
Inv. Aar 242, Bz 62, P 106
R 6142

Stück eines dünnen getriebenen, zu einer Spirale mit zweieinhalb Windungen zusammengedrehten Drahtes mit abgerundetem Querschnitt und geglätteten Enden.

Kleine Kratzer.

Literatur: Schliemann 1874, Taf. 17, Nr. 522, Taf. 98, Nr. 2073; 1881, S. 308, Nr. 150; Schmidt 1902, S. 246, Nr. 6142; French 1969, S. 351, Nr. D5. I. 4. 2.

Entsprechungen: siehe Kat. 243f

243. Spiralförmig gewundener Draht

Gold; Gewicht 2,01 g
Abmessungen 2,1 x 1,8 cm; Dm. des Drahtes 0,14–0,15 cm
Inv. Aar 243, Bz 289, P 416
R 6143

Stück eines dünnen getriebenen, zu einer Spirale mit eineinhalb Windungen zusammengedrehten Drahtes mit abgerundetem Querschnitt und abgeschlagenen Enden.

Stark verbogen. Draht stellenweise überdreht.

Literatur: Schliemann 1874, Taf. 17, Nr. 516, 520, Taf. 98, Nr. 2072; 1881, S. 308, Nr. 148, 149; Schmidt 1902, S. 246, Nr. 6143f; French 1969, S. 351, Nr. D5. I. 4. 3.

Entsprechungen: siehe Kat. 242, 244

244. Spiralförmig gewundener Draht

Gold; Gewicht 2,06 g
Abmessungen 1,7 x 1,8 cm; Dm. des Drahtes 0,13–0,15 cm
Inv. Aar 244, Bz 288, P 415
R 6144

Zu einer Spirale mit eineinhalb Windungen zusammengedrehtes dünnes getriebenes Drahtstück mit rundem Querschnitt, von dem ein Ende abgeschlagen und das andere geglättet ist.

Stark verbogen. Draht stellenweise überdreht.

Literatur: Schliemann 1874, Taf. 17, Nr. 516, 520, Taf. 98, Nr. 2072; 1881, S. 308, Nr. 148, 149; Schmidt 1902, S. 246, Nr. 6143f; French 1969, S. 351, Nr. D5. I. 4. 4.

Entsprechungen: siehe Kat. 242f.

245. Kugelkopfnadel

Gold; Gewicht 3,84 g
Länge 6,1 cm; Dm. des Schaftes 0,17–0,25 cm; Höhe des Kopfes 0,55 cm; max. Breite des Kopfes 0,61 cm
Inv. Aar 245, Bz 277, P 403
R 6145

Nadel mit konisch-kugelförmigem Kopf, Halsring und zugespitztem Schaft aus Draht mit rundem Querschnitt, der sich zum Kopf hin vergrößert.

An zwei Stellen in der Mitte gebrochen. Verschmutzt. Mit einer Schicht aus Silberchloriden (?) bedeckt.

Literatur: Schliemann 1874, Taf. 17, Nr. 514, Taf. 98, Nr. 2071; 1881, S. 308, Nr. 151; Götze, in Dörpfeld 1902, S. 355, Abb. 290b; Schmidt 1902, S. 247, Nr. 6145; French 1969, S. 336, Nr. C1. II. 2. 1 (Typ 6); Branigan 1974, S. 35 (Typ IVb), Taf. 18, Nr. 1770.

Entsprechungen: Troja II–V (Blegen 1950, Abb. 357, 37–522; Müller 1972, 91, Taf. 29b; Branigan 1974, Taf. 18, Nr. 1769, 1771–1776; Kat. Sofia 1982, Nr. 159; Kat. Athen 1990, Nr. 127–131), Demirci Hüyük, Museum Eskişehir (Seeher 1991, S. 112, Abb. 8, 1, 7; Kat. Istanbul 1993, S. 76, A 92. 5); Ikiztepe (Bilgi 1984, S. 93, Abb. 16, 188); Boghazköy (Boehmer 1972, Nr. 281, 341, 345, 383); Korucutepe (Korucutepe 1980, S. 118); Kykladen (Reinholdt 1993, S. 18, Abb. 22 [ganz rechts]; Pfeffer 1990, S. 23f, Abb. 7); Thermi (Branigan 1974, Taf. 18, Nr. 1767f).

Einzelfunde
Kat. 246–259

246. Doppelkopfnadel

Silber; Gewicht 27,42 g
Höhe der Nadel 8,78 cm; Dm. des Nadelschaftes 0,24–0,40 cm; Höhe
der Nadelköpfe 0,5 cm
Inv. Aar 246, P 382
6425

Schmucknadel mit einem dicken, nach unten schmaler werdenden und
im oberen Drittel geteilten Hals und zwei halbkugeligen, mit vertikalen
Einschnitten verzierten Köpfen. An ihr sind fünf Lockenringe festgebrannt, vier mit drei Stäbchen und einer mit vier Stäbchen.

Vollkommen mit Silberchloriden bedeckt. Ein Ring ist vom Konglomerat abgetrennt und mit einem Faden festgebunden; sein Haken ist
abgebrochen und als Fragment erhalten.

Literatur: Schmidt 1902, S. 254, Nr. 6425; Götze, in Dörpfeld 1902,
S. 355, Abb. 290d; French 1969, S. 337, Nr. C1. III. 5. 5 (Typ 12)
Maxwell-Hyslop 1971, S. 55, Abb. 40b, 57; Branigan 1974, S. 35f (Typ
Vb), Taf. 18, Nr. 1873.

Entsprechungen: Bronzene Schmucknadel aus Byblos (Maxwell-Hyslop
1971, S. 55, Abb. 40c; 57).

247. Kopf einer Kugelkopfnadel

Silber; Gewicht 2,11 g
Höhe 0,76; Dm. 0,88 cm
Inv. Aar 247; P 377
6426

Kugelförmiger Nadelkopf mit sechs angedeuteten vertikalen Kanten.

Mit einer Silberchloridschicht bedeckt. Fleck mit starker Patina.

Literatur: Schmidt 1902, S. 254, Nr. 6426; French 1969, S. 337,
Nr. C1. III. 5. 5 (Typ 11).

Entsprechungen: Schatz aus Kleinasien (Content 1992, S. 32f, Nr. 31);
Nekropole von Demirci Hüyük-Sariket (Seeher 1991, S. 112, Abb. 8,
13).

248. Drei Fragmente zusammengebackener Drähte

Silber; Gewicht 6,79 g
Länge 2,7 cm, 3,3 cm und 1,4 cm; Dm. des Drahtes 0,30–0,35 cm
Inv. Aar 248, P 385
6427

Fragmente von Armringen oder eines Halsrings aus rundem Draht.

Vom Feuer beschädigt. Mit einer Schicht aus Silberchloriden bedeckt.
An einem der Fragmente starke Patina.

Literatur: Schmidt 1902, S. 254, Nr. 6427.

249. Lockenring mit sechs Stäbchen

Silber; Gewicht 3,11
Dm. 1,48 cm; max. Breite der Stäbchen 1,14 cm; Dm. des Hakens
0,2 cm
Aar 249, P 378
6428

Halbringförmiges Schmuckstück aus sechs zusammengelöteten Drähten, in der Mitte verdickt und an einem Ende in einen Haken mit
abgeflachtem Querschnitt ausgetrieben. Dieser geht in eine nadelförmige Spitze über, die nach der Kontur des Ringes umgebogen ist.

Vom Feuer beschädigt. Mit einer Schicht aus Silberchloriden bedeckt.
Spitze verloren.

Literatur: Schmidt 1902, S. 254, Nr. 6428–6430; French 1969, S. 351,
Nr. D3. II. 2. 6; Branigan 1974, S. 45f (Typ II), S. 190, Nr. 2752–2757.

Entsprechungen: Kat. 234, 235, 238 (alle Schatz N), Kat. 250

250. Zwei zusammengebackene Lockenringe

Silber; Gewicht 4,98 g
Lockenring mit sechs Stäbchen: Dm. 1,34 cm; max. Dm. der Stäbchen 1,02 cm; Dm. des Hakens 0,21 cm. Lockenring mit sieben Stäbchen: Dm. 1,25 cm; max. Dm. der Stäbchen 1,17 cm; Dm. des Hakens 0,15 cm
Inv. Aar 250, P 380
6429

Zwei halbringförmige Schmuckstücke aus sechs und sieben zusammengelöteten Drähten, in der Mitte verdickt und an einem Ende in Haken mit abgeflachtem Querschnitt ausgetrieben. Diese gehen in nadelförmige Spitzen über, die nach der Kontur des Ringes umgebogen sind.

Vom Feuer beschädigt. Mit einer Schicht aus Silberchloriden bedeckt. Verbeult. Stellenweise Abbröckelungen. Ein Ring mit Lack bedeckt.

Literatur: Schmidt 1902, S. 254, Nr. 6428–6430; French 1969, S. 351, Nr. D3. II. 2. 6; Branigan 1974, S. 45f (Typ II), S. 190, Nr. 2752–2757.

Entsprechungen: Silberne Lockenringe mit sechs Stäbchen, siehe Kat. 234, 235 und 238 (alle Schatz N), Kat. 249 und 251; Lockenring mit sieben Stäbchen (aus Gold) Kat. 153 (Schatz J).

251. Drei zusammengebackene Lockenringe

Silber; Gewicht 8,55 g
Lockenringe mit sechs Stäbchen: Dm. 1,72 cm; max. Breite der Stäbchen 1,16 cm; Dm. des Hakens 0,22 cm; Dm. 1,42 cm; max. Breite der Stäbchen 1,12 cm; Dm. des Hakens 0,20 cm. Lockenring mit fünf Stäbchen: Dm. 1,11 cm; max. Breite der Stäbchen 0,93 cm; Dm. des Hakens 0,14 cm
Inv. Aar 251, P 388
6430

Drei Lockenringe (zwei mit sechs, einer mit fünf Stäbchen) aus zusammengelöteten Drähten, in der Mitte verdickt und an einem Ende in Haken mit abgeflachtem Querschnitt ausgetrieben. Diese gehen in nadelförmige, nach der Kontur des Ringes umgebogene Spitzen über.

Vom Feuer beschädigt. Mit Silberchloriden bedeckt. Lockenring mit fünf Stäbchen mit Lack bedeckt. Sein Haken ist verloren.

Literatur: Schmidt 1902, S. 254, Nr. 6428–6430; French 1969, S. 351, Nr. D3. II. 2. 6; Branigan 1974, S. 45f (Typ II), S. 190, Nr. 2752–2757.

252. Lockenring

Bronze
Dm. 1,38 cm; max. Dm. der Stäbchen 0,38-0,39 cm; Dm. des Hakens 0,24 cm
Inv. Aar 252, P 392
6431

Lockenschmuck aus geschmiedetem Runddraht in Form einer Spirale mit eineinhalb Windungen.

Vom Feuer beschädigt. Stellenweise starke Patina. Teilweise mit Lack bedeckt.

Literatur: Schmidt 1902, Nr. 6431; Branigan 1974, S. 191, Nr. 2966.

Entsprechungen: siehe Kat. 133f

253. Halbmondförmiger Anhänger

Bronze
Breite 2,43 cm; max. Höhe 1,93 cm; Stärke 0,13 cm; Dm. der Drahtenden 0,9 cm
Inv. Aar 253, P 381
6432

Halbmondförmiger Anhänger, dessen Enden zu dünnen Drähten ausgetrieben und zu einer Spirale zusammengedreht sind.

Mit Korrosionsprodukten bedeckt. Ein Abschnitt auf der Vorderseite ist gesäubert und mit Lack bedeckt.

Literatur: Götze, in Dörpfeld 1902, S. 365, Abb. 306; Schmidt 1902, S. 255, Nr. 6432; French 1969, S. 346, Nr. D1. III. 5; Branigan 1974, S. 46 (Typ IV), Taf. 23, Nr. 2889; Pfeffer 1990, Abb. 21.

Entsprechungen: zur Form goldene Anhänger Kat. 154, 156 und 158–160.

254. Anhänger in Form einer Pfeilspitze

Goldblech; Gewicht 0,45 g
Höhe 2,35 cm; max. Breite 0,99 cm; Stärke 0,02 cm
Inv. Aar 254, Bz 74, P 119
6433

Aus dünnem Blech ausgeschnittener Anhänger in Form einer blattförmigen Pfeilspitze (mit Spitze nach unten). Er weist eine gewölbte Oberfläche mit einem unregelmäßigen, von der Vorderseite her aufgetragenen Punktornament sowie im oberen Bereich eine von der Vorderseite her eingeschlagene runde Öffnung auf.

Leicht verbogen.

Literatur: Götze, in Dörpfeld 1902, S. 361, Abb. 303e; Schmidt 1902, S. 255, Nr. 6433; French 1969, S. 345, Nr. D1. 5. 5; Branigan 1974, S. 41 (Typ IX), Taf. 21, Nr. 2395.

Entsprechungen: Branigan 1974, S. 41f (Typ IX), Taf. 21, Nr. 2353 ff.

255. Knauf

Goldblech, getriebenes Ornament; Gewicht 2,69 g
max. Dm. 2,65 cm; Höhe 1,05 cm; Stärke 0,03 cm
Inv. Aar 255, Bz 61, P 105
6434

Hohle, abgeflachte Halbkugel mit getriebenem unregelmäßigem Ornament in Form eines Kreuzes, in dessen Zwickel Winkelmotive eingefügt sind. Der Ansatz wird durch zusammengedrückte und aufeinandergelegte, leicht eingeschnittene Ränder gebildet.

Literatur: Götze, in Dörpfeld 1902, S. 365, Abb. 307; Schmidt 1902, Nr. 6434; Branigan 1974, S. 42 (Typ I), Taf. 21, Nr. 2471.

Entsprechungen: gegossene Scheibchen aus Akhissar-Tiateiry, Louvre (Canby 1965, S. 58, 60, Taf. Xa; Emre 1971, S. 113, Nr. 41, Taf. III, 1); Abu-Habba, Britisches Museum (Canby 1965, Taf. IXd; Emre 1971, S. 111f, Taf. II, 1); in einer Form unbekannter Herkunft, Britisches Museum (Emre 1971, S. 112f, Nr. 39, Taf. II, 5); vgl. Ornament auf einem Tonstempel aus Karataş (Mellink 1970, S. 250, Taf. 58, Abb. 23a).

256. Ende eines Arm- oder Halsrings(?) mit Löwenkopf

Silber; Gewicht 13,63 g
Länge 3,6 cm; Dm. des Drahtes 0,4 cm
Inv. Aar 256, Bz 432, P 391
6436

Zu einem Haken gebogenes Ende eines Arm- oder Halsrings (?). Es besitzt die Form des gegossenen Kopfes einer Löwin oder eines Panthers mit geöffnetem Maul.

Starke Patina im Maul und am Hals des Kopfes. Mit Korrosionsprodukten bedeckt. Ein Teil des Drahtes mit Lack bedeckt.

Literatur: Schmidt 1902, S. 255, Nr. 6436; French 1969, S. 337, Nr. C1. III. 5. 5 (Typ 15a).

257. Runde Scheibe

Silber; Gewicht 11,65 g
Dm. 3,75 cm; Stärke 0,19 cm
Inv. Aar 257, P 384
6437; 9721

Runde Scheibe mit zentralem Buckel, der eine schmale, durchgehende Öffnung aufweist.

Aus drei Teilen zusammengeklebt. Vom Feuer beschädigt. Mit Silberchloriden bedeckt.

Literatur: Schmidt 1902, S. 255, Nr. 6437.

258. Weibliche Gottheit

Blei
Höhe 6,95 cm; max. Breite 1,85 cm; max. Stärke 0,18 cm
Inv. Aar 258, P 418
6446

Als Flachrelief in einer Halbform gegossene, schematische Darstellung einer weiblichen Gottheit. Das Gesicht ist rund, hat praktisch keine Stirn und weist betonte gewölbte Augen und Wangen auf, die erheblich über das Kinn vorragen. Am oberen Rand des Kopfes verläuft eine Reihe von kleinen Wölbungen mit ovaler Form, die Haarlocken imitieren. Den Hals schmücken vier Ringe und eine durch Buckel angedeutete Perlenschnur. Die Ohrgehänge ähneln langen Zapfen mit feinen Querrippen und einem kugelförmigen Ansatz am oberen Teil. Die Arme sind im rechten Winkel an Schultern und Ellenbogen abgebogen, die Hände sind an die Brust gedrückt. Die Brüste sind als Halbkugeln geformt; ebenso ist der Nabel gestaltet. Die eng zusammengedrückten Beine werden an den Knien erheblich schmaler. Im Bereich des Beckens und der Schenkel befindet sich ein reliefartig hervorgehobenes Schamdreieck.
An der Rückseite ist die Figur flach, im mittleren Teil etwas gewölbt.

Im Bereich der Taille und der Knie Spuren des Lötens mit Blei. Restauriert, mit Lack bedeckt. Der untere Teil des Anhängers am linken Ohr ist verloren.

Literatur: Schliemann 1881, S. 380, Nr. 226 (unter den Einzelfunden aus Troja II–V); Götze, in Dörpfeld 1902, S. 363f., Beil. 44, Nr. V; Schmidt 1902, S. 255, Nr. 6446 (unter den Funden aus der Schicht der dritten, der verbrannten Stadt = Troja IIg nach C. Blegen: Blegen 1950, 207f); Müller 1929, S. 22f, Taf. VI, Nr. 121; Canby 1965, S. 48–51, Taf. Xc; Emre 1971, S. 96, Nr. 32, Taf. I, 1 (zur Phase Troja IIg gerechnet); Schäfer 1971, S. 420ff, Anm. 4; Branigan 1974, S. 50 (Typ I), Taf. 24, Nr. 3129; Calmeyer 1977, S. 93, Anm. 41, Abb. 4; Yakar 1985, S. 135, Abb. XI, 27.

Entsprechungen: Wahrscheinlich aus Anatolien stammende Figur, Metropolitan Museum New York (Emre 1971, S. 122, Nr. 34, Taf. II, 2); solche Figuren wurden in steinerne, einseitige Gießformen aus Sippar gegossen, British Museum (Schäfer 1971, S. 420, Abb. 2; Emre 1971, S. 121, Nr. 36, Taf. II, 1); Izmir, Washington, Privatsammlung (Canby 1965, S. 44, Taf. IXa–c; Schäfer 1971, S. 421, Abb. 3; Emre 1971, S. 121, Nr. 37, Taf. I, 3); Akhissar-Tiatery (Louvre); (Canby 1965, Taf. Xa; Schäfer 1971, S. 421, Anm. 10; Emre 1971, S. 121, Nr. 41, Taf. III, 1).

259. Schnurösenflasche mit Kappe

Silber; Gewicht 188,97 g
Höhe 17,3 cm; Dm. des Bauches 7,3 cm; max Dm. des Fußes (unter Berücksichtigung der Deformation) 5,9 cm; Dm. der Öffnungen bzw. Ösen am Deckel 0,18 cm, an den Henkeln (bzw. Ösen) 0,25 cm
Inv. Aar 259, Bser, P 368
6254; 9722

Eiförmiges Gefäß mit konischem, nach unten schmaler werdendem Bauch auf einem ausladenden, unten konkaven, konischen Fuß. Auf den kurzen zylindrischen Hals ist ein Deckel aufgesetzt. Der Deckel hat die Form einer konischen Kappe mit zwei abgerundeten, symmetrisch angebrachten Vorsprüngen, die mit dem Deckel ein einheitliches Ganzes bilden. Oben besitzt der Deckel eine kleine Vertiefung. In den Vorsprüngen befinden sich senkrechte Öffnungen. Vollständig erhalten sind beide Henkel (bzw. Ösen), die symmetrisch an den Seiten des Bauches angelötet und in Form abgerundeter, rechteckiger Vorsprünge mit durchgehenden senkrechten Öffnungen ausgeführt sind. Am Bauch des Gefäßes befinden sich zwölf waagrechte, von innen her getriebene Rippen, die ungefähr im gleichen Abstand zueinander angeordnet sind (ca. 0,7 cm). Der Rand des Fußes weist eine kleine wulstförmige Lippe auf. Das Gefäß ist aus einem Metallstück mit sehr dünner Wandung getrieben.

Deformiert. Erheblich durch Feuer beschädigt. Mit einer dicken Schicht aus Silberchloriden bedeckt. Der Deckel ist am Hals des Gefäßes festgebrannt. An seinem Ansatz befindet sich ein vertikaler Riß. Am Bauch unter einem der Henkel (bzw. Ösen) befindet sich ein Loch. Der Fuß ist verbogen. Zahlreiche Beulen.

Literatur: Schmidt 1902, S. 252, Nr. 6254.

Entsprechungen: siehe Kat. 2

Die trojanischen Schätze

M. J. Trejster

Typologische Gliederung

Die in der Ausstellung präsentierte Sammlung umfaßt 259 Katalognummern. Diese Exponate gehören zu 13 Schatzfunden Heinrich Schliemanns aus den Jahren 1872 bis 1890. Da die einzelnen Schatzfunde gleichartige Objekte enthalten, sind diese im folgenden in Gruppen unterteilt: Schmuckgegenstände und Rohlinge zu ihrer Herstellung, anthropomorphe Figuren, Gefäße, Axthämmer, Knäufe und Aufsätze sowie Linsen. Abschließend beschäftigen wir uns mit der Analyse von Einzelfunden wie der Goldblechscheibe aus Schatz Hb und dem Wirtel aus Schatzfund L.

Nach der fundamentalen Arbeit des Mitstreiters Heinrich Schliemanns, des herausragenden deutschen Archäologen Wilhelm Dörpfeld (Dörpfeld 1902), liegt somit im Grunde erstmals eine derartige typologische Gruppierung vor. Der von Alfred Götze verfaßte Teil der Arbeit von Dörpfeld ist der Darstellung kleinerer Funde aus Metall, Stein, Knochen und Ton gewidmet. Hierbei wurden die ebenfalls nach dem typologischen Prinzip gruppierten Funde in chronologischer Abfolge analysiert, also zunächst Gegenstände aus den Ausgrabungen von Troja I, gefolgt von Troja II–IV, Troja V usw. (Götze, in Dörpfeld 1902, S. 320–423). Die zweite den trojanischen Schätzen gewidmete Untersuchung, die ebenfalls im Jahre 1902 erschienen ist und aus der Feder Hubert Schmidts stammt (Schmidt 1902), befaßt sich mit Heinrich Schliemanns Sammlung trojanischer Altertümer insgesamt; die 9.704 Inventarnummern gliedern sich in die vier Hauptteile Keramik, Spinnwirtel, Schatzfunde und Einzelfunde.

Einschränkend möchte ich vorausschicken, daß der vorliegende Aufsatz keinen Anspruch auf eine umfassende Untersuchung der Funde aus allen trojanischen Schätzen erhebt. Durch schicksalhafte Umstände befinden sich derzeit im Puschkin-Museum für Bildende Künste die genannten 13 von 17 ursprünglich in Berlin aufbewahrten Schatzfunden (von insgesamt 20 bei den Ausgrabungen Schliemanns entdeckten Schätzen, die in der Arbeit Schmidts mit den Buchstaben A bis S bezeichnet werden). Heute kann nach den Untersuchungen Eastons, der einige Schatzfunde weiter unterteilt hat, angenommen werden, daß während der Ausgrabungen Schliemanns 21 Schätze oder Fundkomplexe entdeckt wurden (siehe beispielsweise Easton, im Druck). Jedoch sind auch die dreizehn Schatzfunde, auf deren Merkmale ich später eingehen werde, nicht in vollem Umfang vertreten: Nach Moskau gelangten diejenigen Funde, die 1939 von deutschen Fachleuten zur Kategorie »Unersetzliches« gerechnet wurden (Goldmann 1991; 1992; Siebler 1994, S. 55; Easton 1994a; 1995, S. 11f), wobei es sich überwiegend um Erzeugnisse aus Edelmetallen und Stein handelt. Andere Gegenstände aus denselben Funden, die hauptsächlich aus Bronze und Ton gefertigt sind (insgesamt 414 Inventarnummern), gelangten in die Eremitage in St. Petersburg (Easton 1995, S. 12). Dabei kam es auch zu Kuriositäten: Zwei Fragmente eines Bronzegefäßes, die von Schliemann unabhängig voneinander gefunden und erst 1959 einem einzigen Gefäß zugeordnet wurden, werden heute getrennt in Moskau (Kat. 1) und St. Petersburg aufbewahrt.

Es ist allgemein bekannt, daß Schliemans trojanische Funde in etwa 50 verschiedenen Museen der Welt aufbewahrt werden. Dies gilt vor allem für die Einzelfunde, betrifft aber auch das Schicksal einiger Schätze. Schmuckgegenstände und 1.761 Goldperlen, die wahrscheinlich aus den Schatzfunden A (oder D) und G stammen, wurden von Sophia Schliemann nach dem Tod ihres Mannes dem Archäologischen Nationalmuseums in Athen übergeben (Kat. Athen 1990, S. 83ff; Nr. 5–8; Easton 1995, S. 13). Eine erheblich eindrucksvollere Sammlung wird im Archäologischen Museum in Istanbul aufbewahrt, die dorthin gelangte, nachdem sie 1873 von der türkischen Polizei bei zwei Arbeitern, die an den Ausgrabungen Schliemanns teilgenommen hatten, beschlagnahmt worden waren (Dethier 1876; Götze, in Dörpfeld 1902, S. 332; Hazirlayan, Esin 1991, S. 33–47; Siebler 1994, S. 46ff, Abb. 58ff).

Die in Istanbul aufbewahrten Funde gehören zu dem – im Grunde genommen auch von Arbeitern entwendeten – Schatz C (Kat. Istanbul 1983, S. 136, Abb. 343; Kat. Tokio 1985, Nr. 63, 360) und zu Schatz A (Kat. Istanbul 1983, S. 137, Abb. 350; Kat. Tokio 1985, Nr. 66, 360). Daneben werden in Istanbul auch zweifellos aus den Schätzen D (Kat. Istanbul 1983, S. 136, Abb. 344, 346, 349; S. 137, Abb. 351; Kat. Tokio 1985, Nr. 65.1, 3ff, 67; 360), F (Kat. Istanbul 1983, S. 136, Abb. 345; Kat. Tokio 1985, Nr. 65.2; 360), O (Kat. Istanbul 1983, S. 137, Abb. 352) und J (Easton 1955, S. 13) stammende Gegenstände aufbewahrt, die fünf bis sechs Jahre später entdeckt und zwischen 1878 und 1879 von Schliemann gemäß den Bedingungen der neu erteilten Grabungserlaubnis an Istanbul übergeben worden waren. Ein Teil der trojanischen Sammlung in Istanbul wurde 1881 aus dem Museum geraubt, einige Denkmäler wurden 1885 von Schliemann zurückgekauft (Easton 1995, S. 13; im Druck, S. 6). Und schließlich werden einige Gegenstände aus den Schatzfunden, insbesondere eine Reihe von Silbergefäßen aus A (siehe beispielsweise Müller 1972, S. 78f, Nr. 10, 13, Taf. 11a, 12a–b) nach wie vor bzw. erneut in Berlin aufbewahrt (Griesa 1992; Easton 1994a, S. 235, Anm. 187–190; 1995, S. 12f).*

Schmuckgegenstände

Schmuckgegenstände bilden den eindrucksvollsten Teil der ausgestellten Sammlung. Zu ihnen gehören Diademe, Ohrringe, Lockenringe, Armringe, Halsringe, Perlenschnüre, Perlenschieber, Anhänger und Prunknadeln. Auch Rohlinge für die Herstellung von Goldschmiedearbeiten beziehen wir in diese Gruppe mit ein.

Diademe

Das berühmte große (Kat. 10) und kleine Diadem (Kat. 11) mit Gehänge sowie das schmale diademartige Stirnband (Kat. 12) stammen aus Schatz A. Das große und das kleine Diadem sind von ähnlicher Struktur. Sie bestehen aus einer waagrechten Kette (großes Diadem, Länge 50,8 cm) bzw. einem schmalen Band (kleines Diadem, Länge 53,6 cm). Hieran sind senkrechte Ketten befestigt, und zwar 90 einfache Ketten beim großen Diadem und 64 Gehänge beim kleinen Diadem. Dabei sind je acht (beim großen Diadem) bzw. sieben (beim kleinen Diadem) seitliche Ketten länger als die übrigen. Die unteren Enden der langen Ketten des großen

* Vgl. die Konkordanz im Supplement zur deutschen Ausgabe des Katalogbuchs. (Anm. d. Red.)

Diadems sind mit Anhängern in Form schematischer Darstellungen von Idolen des Typs »Schachspielbauer« verziert. Die mittleren Ketten des großen Diadems sind mit Anhängern in Form von zwei miteinander verbundenen, nach unten auseinandergehenden Zacken geschmückt, wobei jeder Anhänger mit einer senkrechten Längsrippe versehen ist. Am kleinen Diadem weisen alle Ketten, sowohl die langen als auch die kurzen, idolförmige Anhänger auf, die sich in ihrer Form von den Anhängern des großen Diadems unterscheiden. Die senkrechten Ketten beider Diademe sind durch schuppenförmige Plättchen und Scheibchen geschmückt. Am großen Diadem sind die schuppenförmigen, leicht gewölbten Plättchen aus Goldblech mit erhabener Längsrippe in einem Abstand von zwei Gliedern auf der Kette durch Öffnungen im oberen Teil aufgereiht. Die Verzierungen der Ketten des kleinen Diadems haben eine andere Form und sind auf andere Weise befestigt: Auf ihnen sind in gleichen Abständen jeweils nach vier Gliedern rhombenförmige Scheibchen mit einer zum Auffädeln in der Mitte hervorstehenden Rippe aufgereiht. Die senkrechten Ketten an beiden Diademen sind auf ähnliche Weise befestigt. In der Mitte der Rückseite des großen Diadems sind die senkrechten Ketten durch eine Querkette verbunden; die seitlichen langen Ketten sind außerdem nacheinander in gleichen Abständen mit drei schmalen Goldbändern fixiert, durch deren Öffnungen die Ketten hindurchgeführt sind. Beim kleinen Diadem sind durch die mittleren senkrechten Ketten eine Querkette und durch die langen seitlichen Ketten zwei weitere hindurchgezogen, die unter jeder zweiten und dritten Reihe der Scheibchen verlaufen. Die Umrisse der idolförmigen Anhänger variieren. Beide Diademe weisen verlorene Teile und

Spuren von Reparaturen auf. Nach den Biegespuren zu urteilen wurde vielen Anhängern eine neue Form gegeben.

Die Vermutung des deutschen Restaurators W. Kuckenburg, der im Auftrag des Museums für Vor- und Frühgeschichte Berlin (Ost) eine Replik des großen Diadems hergestellt hat, daß dieses möglicherweise als Brustschmuck (Pektorale) verwendet wurde (Kuckenburg 1992, S. 210, Abb. 11; Siebler 1993a, S. 349, Abb. 3), ist zweifelhaft, da nur die an den Seiten herabhängenden langen Ketten an der Rückseite mit waagrechten Bändern befestigt sind, während der mittlere Teil des Schmuckstücks eine entsprechende Stabilisierung vermissen läßt. Wenn ein solch komplizierter und in seiner technischen Ausführung vollkommener Gegenstand zur Verwendung als Pektorale bestimmt gewesen wäre, so ist anzunehmen, daß sein mittlerer Teil auf die gleiche Weise stabilisiert worden wäre wie die seitlichen Teile. Die Verwendung einer Querkette zur Fixierung des mittleren Teils des Diadems ist durchaus erklärbar, wenn man davon ausgeht, daß sie den vorderen Teil des Kopfes entlasten sollte. Interessanterweise wurden Silberplättchen mit Löchern in Vorderasien zur Befestigung von Pektoralen verwendet, die aus mehreren Perlenketten bestanden. Diese waren waagrecht angebracht, und die Perlenketten liefen durch ihre Öffnungen hindurch. Auf ähnliche Weise sind zum Beispiel acht Ketten aus Lasurit und Karneol miteinander verbunden, die in Tell Aqrab gefunden wurden und im Irakischen Museum in Bagdad aufbewahrt werden (Musche 1992, S. 88, Taf. XXIV [Typ 1.1]). Eine Entsprechung zu den waagrechten Befestigungsbändern des großen Diadems stammt aus Poliochni auf der Insel Lemnos (Bernabò-Brea 1976, S. 290, Taf. CCL, 41;

Taf. CCLII, 11). Die Bänder aus Poliochni sind mit einer Länge von 2,44 cm und einer Breite von 0,26 cm etwas kürzer und fast anderthalbmal breiter als die Querbänder des großen Diadems.

Es wird angenommen, daß die trojanischen Diademe zur Verzierung von Kultfiguren im Megaron gedient haben könnten. Die vergleichsweise große Höhe des mittleren Teils der Diademe läßt vermuten, daß sie, falls sie nicht zur Verzierung von Kultfiguren bestimmt waren, möglicherweise an einem textilen Kopfschmuck befestigt wurden. Zu einem entsprechenden Schluß kam auch D. Easton (Easton 1995, S. 13).

Auf ähnliche Weise wie das Diadem wird auch ein Schmuckgegenstand aus dem Schatz in Thyreatis im Süden der Argolis rekonstruiert, der in Berlin in der Antikensammlung aufbewahrt und auf ca. 2000 v. Chr. datiert wird (Branigan 1974, Taf. 31, Nr. 3074; Higgins 1980, S. 49, Taf. 2; 1981, S. 71, Abb. 78; Deppert-Lippitz 1985, S. 11f.; Reinholdt 1993). Dieser hat eine Länge von 64 cm (Reinholdt 1993, S. 41, Abb. 47). Enge Parallelen bestehen zwischen der Form der schuppenförmigen Plättchen und der Anhänger am großen Diadem und an den korbförmigen Ohrgehängen bzw. Ohrringen mit Anhängern eines aus der Troas stammenden Schatzes, der in Philadelphia im Museum der Universität von Pennsylvania aufbewahrt wird (Bass 1970, S. 336, Nr. 5–6, Taf. 85, Abb. 5). Entgegen der Behauptung von Bass, daß eine Ähnlichkeit zwischen den schuppenförmigen Plättchen an Ohrgehängen aus der Troas und aus Poliochni (Bass 1970, S. 336) besteht, wollen wir erwähnen, daß letztere keine hervorstehenden Rippen aufweisen (siehe Bernabò-Brea 1976, Taf. CCXLI–CCXLIV, CCLI, a–b). Die idolförmigen Anhänger am großen Diadem und an den erwähnten, in Philadelphia

aufbewahrten Ohrgehängen sind praktisch identisch. Sie unterscheiden sich nur durch die Anzahl der Reliefpunkte im oberen und mittleren Feld (so haben die »Idole« aus der Troas im oberen Feld zwei Punkte, die »Idole« des großen Diadems hingegen nur einen). An den Anhängern aus Philadelphia fehlen die Punkte im mittleren Feld und die Reliefstreifen des Punktornaments. Den Elementen des kleinen Diadems entsprechende Ketten mit aufgereihten, rhombenförmigen Scheibchen stammen aus Troja und werden in Istanbul aufbewahrt (siehe Bibliographie zu Kat. 11). Jedoch ist ein Teil von ihnen mit Anhängern, d. h. mit »Idolen« versehen, die unter den Anhängern des Körbchenohrrings Kat. 14 genaue Entsprechungen finden.

Die Parallelen zwischen den Elementen des großen und des kleinen Diadems und den Körbchenohrringen aus Troja und der Troas lassen vermuten, daß die Diademe und die Körbchenohrringe aus ein und derselben Werkstatt stammen.

Typologisch besitzen die idolförmigen Anhänger an den Diademen und an den Körbchenohrringen Entsprechungen zu ähnlichen, im Schatz gefundenen Schmuckstücken. Ihrer Größe nach zu urteilen muß – wenn sie zu einem Diadem gehörten – dieses größer gewesen sein als das große Diadem aus Schatz A. Im übrigen wurden die idolförmigen Anhänger Kat. 135–143 zusammen mit abgerissenen Kettenstücken gefunden, auf die runde, schuppenförmige Plättchen aufgereiht waren (Kat. 144–148). Die charakteristische Form dieser Plättchen ist den schuppenförmigen Plättchen der Körbchenohrringe mit Anhängern Kat. 13–14 sowie der Ohrgehänge aus der Troas (Schliemann 1881, S. 557f, Abb. 905; Branigan 1974, Taf. 40, Nr. 2986; Musche 1992, S. 119, Nr. 6.7, Taf. XL)

sehr ähnlich und unterscheidet sich von den blattförmigen Plättchen an den Ohrringen aus Poliochni, der Troas und Troja.

Es ist anzunehmen, daß Schatz Ha Bruchstücke von Anhängern für Körbchenohrringe enthält. Im Unterschied zu den schuppenförmigen Plättchen des Ohrgehänges aus Schatz A, Kat. 14, weisen die Plättchen an den Ketten aus dem Schatz Ha etwas größere Abmessungen auf. Außerdem sind die Löcher zur Befestigung an den Ketten nicht von der Rückseite, sondern von der Vorderseite her eingeschlagen. Interessanterweise entsprechen alle genannten idolförmigen Anhänger nach Ansicht von W. Dumitrescu den flachen Idolfiguren, die zu den Denkmälern der Cucuteni-Kultur in der Moldowa gehören (in der Ansiedlung Truşeşti im Norden der Moldowa wurde ein ähnlicher Anhänger aus weißem Metallblech gefunden (Dumitrescu 1970, S. 47f, Abb. 3; siehe auch French 1969, S. 101).

Allerdings weisen die Idole der Cucuteni-Kultur meines Erachtens nur eine ganz allgemeine Ähnlichkeit mit den Anhängern der trojanischen Diademe und Ohrringe auf. Wir weisen hier auch auf Funde kleiner, stark stilisierter, flacher Idole aus Marmor aus den anatolischen Siedlungen der frühen Bronzezeit hin (Kat. Tokio 1985, S. 362, Nr. 83–86; Kat. Istanbul 1993, S. 73, Abb. 82–85, Abb. 93.1). Typologisch am nächsten steht den Anhängern an den Ohrringen und Diademen ein Marmoridol aus Grab 191 der Nekropole von Karataş in Lykien, das auf die Mitte des 3. Jahrtausends v. Chr. datiert wird. Dieses besitzt einen abgeflachten ovalen Kopf, der auf einen hohen, nach oben hin schmaler werdenden Hals und einen rechteckigen Rumpf mit abgerundeten Ecken aufgesetzt ist (Mellink 1967, S. 254, Taf. 77, Abb. 13; Kat. Istanbul 1983, S. 153, 165, Abb. 435; Kat. Tokio

1985, S. 362, Nr. 85; vgl. die Idole vom Typ Kusura, ca. 2500–2300 v. Chr.: Zimmermann 1990, S. 40, Nr. 8). In einer anderen Form liegen einige flache, schematisierte Marmoridole in den Funden aus Troja I–V (Götze, in Dörpfeld 1902, S. 379–384; Blegen 1963, S. 84, Taf. 26; Kat. Athen 1990, Nr. 9–11) und von den Kykladen (Doumas 1979, Nr. 10) vor. Wir erinnern auch an den Fund eines Anhängers in Form eines weiblichen »Idolpaars« aus Alaça Höyük in Mittelanatolien, das den mit buckelförmigen Punkten geschmückten trojanischen Anhängern ähnelt (Kat. Istanbul 1983, Abb. 205; 1993, S. 79, Abb. 95).

Alle idolförmigen Anhänger haben unterschiedliche Umrisse. Diese Tatsache spricht dafür, daß sie freihändig aus Goldblech geschnitten wurden.

Das diademartige Stirnband (Kat. 12) mit einer aus einem Punktornament bestehenden Verzierung an den Rändern weist an den abgerundeten Enden drei Öffnungen auf. Acht »Triglyphen«, die jeweils von vier senkrechten Reihen eines Punktornaments gebildet werden, teilen das Band in neun Felder. Diese sind jeweils durch zwei Halbkugeln verziert, die durch einen diagonalen Einschnitt miteinander verbunden sind (im mittleren Feld sind die Halbkugeln durch zwei kreuzweise diagonale Einschnitte verbunden). Die Länge des Bandes beträgt 46,2 cm. Die Öffnungen an jedem der Enden lassen vermuten, daß das Band nicht vollständig den Kopf umfaßte, sondern seine Enden im Nakken – beispielsweise mit dünnen Lederschnüren – zusammengebunden werden konnten.

P. Schauer stellt die Verbreitung ähnlicher Diademe in Form schmaler Bänder mit getriebener Ornamentik in Anatolien und im Vorderen Orient in Tepe Hissar, Assur und Alaça Höyük fest

(Schauer 1980, S. 130). Wir ergänzen diese Liste durch neue Funde mit bukkelförmigen Punktornamenten verzierter Gold- und Bronzediademe aus den Nekropolen Kleinasiens der frühen Bronzezeit, nämlich aus Küçükhöyük und Demirci Hüyük-Sariket (siehe Bibliographie zu Kat. 12). K. Branigan bietet eine Liste von 23 ähnlichen Diademen aus der Ägäis, hauptsächlich aus Mochlos und Platanos (Branigan 1974, S. 37, 183, Typ 1).

Dem diademartigen Stirnband kommt nach seinen Abmessungen und seiner Ornamentierung ein Diadem außerordentlich nahe, das aus einem Schatzfund aus der Troas stammt und in Philadelphia aufbewahrt wird. Allerdings finden sich auf diesem Diadem nicht nur senkrechte, sondern auch im Zickzack verlaufende Reihen von Reliefpunkten (siehe Bibliographie zu Kat. 12). Es ist um 1,7 cm kürzer und 0,2 cm schmaler als das trojanische Diademband und hatte wahrscheinlich je zwei Öffnungen an den Enden (eines der Enden ist abgebrochen). Eine entsprechende Ornamentierung – jedoch ohne Rosetten – findet sich an einem Diadem der Frühminoischen Zeit aus Mochlos (Branigan 1974, S. 37 [Typ Ia], Taf. 20, Nr. 2171f). Den Punkten des Diadems Kat. 12 ähnliche Reihen sind in ein goldenes Diadem eingeprägt, das aus einem Schatz stammt, der an der türkisch-iranischen Grenze gefunden wurde und in München aufbewahrt wird (Schauer 1980, S. 124, Abb. 1, S. 16f; 126, Nr. 1, Taf. 20, 1–2; S. 128, 130).

Ohrringe

Die in der Ausstellung gezeigten Ohrringe können in zwei Haupttypen eingeteilt werden: in Körbchenohrringe und Halbmondohrringe. Außerdem werden in diesem Abschnitt, ausgehend von ihrer als am wahrscheinlichsten anzuse-

henden funktionalen Bestimmung, auch Objekte behandelt, die hier mit dem Arbeitsbegriff »Knöpfe« bezeichnet werden.

Körbchenohrringe. Die Körbchenohrringe werden von K. Branigan mit den sogenannten Lockenringen (hair pendants) zusammengefaßt. Der Forscher zweifelt berechtigterweise daran, daß alle Schmuckstücke dieses Typs als Ohrringe zu betrachten sind, da einige Stücke recht schwer und lang sind (das längste mißt 46 cm) und somit wohl eher im Haar befestigt wurden (Branigan 1974, S. 47). Zugleich stehen aber das vergleichsweise geringe Gewicht und die geringen Abmessungen der meisten dieser Schmuckstücke meines Erachtens nicht ihrer Verwendung als Ohrringe entgegen. In seine Zusammenstellung nahm Branigan 22 Objekte aus Troja, Poliochni und der Troas auf. Später wurde eine Zusammenstellung von Körbchenohrringen aus Troja von B. Musche vorgenommen, die neun Varianten und vier Untervarianten einer dieser Varianten unterscheidet (Musche 1992, S. 117–120, Taf. 40). Dies ist jedoch keineswegs eine typologische Klassifikation. Vielmehr handelt es sich hier im Grunde um einen Katalog, der in Moskau und Istanbul aufbewahrte Materialien einschließt.

Zunächst sind zwei Haupttypen von Körbchenohrringen zu unterscheiden, nämlich solche mit und solche ohne Gehänge.

Der zweite Typ ist seltener. Zu Ohrringen dieser Form gehören alle Funde (sowohl mit einem als auch mit zwei Haken) aus Eskiyapar in Mittelanatolien, das 25 km nordöstlich von Boghazköy und 20 km südöstlich von Alaça Höyük liegt (Özgüç, Temizer 1993, S. 614, Abb. 1–4; S. 615 [Typ a], Taf. 106, 2–5; B, 1–2; 621), sowie ein Ohrring, der im Gebiet um Troja gefunden und 1992 anläßlich einer Auktion der Galerie Taisei (Content 1992, S. 26f, Nr. 26) ausgestellt wurde.

Die Ohrringe mit Gehänge, zu denen alle sieben derzeit im Puschkin-Museum aufbewahrten Körbchenohrringe gehören (Kat. 13–16 aus Schatz A, Kat. 125–126 aus Schatz F und Kat. 155 aus Schatz J), unterscheiden sich in der Konstruktion des Körbchens, der Befestigung der Anhänger, deren Anzahl, der Form der Blättchen an den Ketten und der Anhänger.

Während das Körbchen der Ohrringe aus Schatz A (Kat. 13–16) aus zusammengelöteten Drähten besteht, sind diejenigen aus den Schätzen F (Kat. 125–126) und J (Kat. 155) aus Plättchen mit senkrecht verlaufenden Einschnitten zusammengebogen, wodurch zusammengelötete Drähte nachgeahmt werden. Man kann vermuten, daß der oder die Meister bei der Herstellung der Ohrringe Kat. 125, 126 und 155 die Vorlagen Kat. 13–16 nachgeahmt haben.

Die Körbchen der Ohrringe des Typs Kat. 125, 126 und 155 konnten gegossen werden. Dies beweisen die Gußform für Ohrringe mit zwei Haken und einer Granulationsreihe aus Izmir, die sich in einer Privatsammlung in Washington befindet (Canby 1965, S. 44, Taf. 9 a–c; Schäfer 1971, S. 421, Abb. 3; Emre 1971, S. 112, 121–125, 127–129, Nr. 37, Taf. I,3, Abb. 11), und eine Gußform für Ohrringe mit einer Nadel unbekannter Herkunft der Sammlung Lipchitz (USA) (Canby 1970, Nr. 23; Emre 1971, S. 112, 122–125, 128f, Nr. 38, Taf. I,2, Abb. 11).

Die Ohrringe Kat. 125–126 sind die einzigen, die eine zusätzliche Ornamentierung des Körbchens und der unteren Leiste sowohl an der Vorder- als auch an der Rückseite aufweisen. Sie zeichnen sich außerdem durch ihre großen

Abmessungen und ihr hohes Gewicht aus. Die Ohrringe Kat. 13–14, 125, 126 und 155 haben oder hatten jeweils fünf Anhänger. Dabei wurden die Ketten an den Ohrringen unmittelbar in den Öffnungen der unteren Leiste des Körbchens befestigt. Dies gilt jedoch nicht für Kat. 155. Auf diese Weise sind auch die Anhänger an einem Ohrring aus Troja befestigt, der in Istanbul aufbewahrt wird (Hazirlayan, Esin 1991, S. 37; Siebler 1994, S. 48, Abb. 58 oben), an den Ohrringen B1–B2 aus Poliochni, die ebenfalls je fünf Anhänger aufweisen (Bernabò-Brea 1976, Taf. CCXLI–CCXLII, CCLIb), sowie an einem Ohrringpaar mit sieben Anhängern, das in Philadelphia aufbewahrt wird (Bass 1970, S. 335, Nr. 3–4, Taf. 85, Abb. 3–4; Branigan 1974, Taf. 35, Nr. 3003–3004).

Die Ohrringe Kat. 15–16 und 155 sind jedoch anders gefertigt: An der glatten, unteren Leiste, die breiter ist als der Ohrring, sind sechs oder fünf Ringe angelötet, durch welche die Ketten hindurchgezogen sind. Dieselbe Art der Befestigung wird auch an Ohrringen aus dem trojanischen Schatz C (?) verwendet, die in Istanbul aufbewahrt werden (Kat. Istanbul 1983, S. 136, A 343; Kat. Tokio 1985, S. 360, Nr. 63), an den Ohrringen B3–B4 aus Poliochni mit je fünf Anhängern (Bernabò-Brea 1976, Taf. CCXLIII–CCXLIV, CCLIa) und an einem zweiten Ohrringpaar in Philadelphia mit derselben Anzahl von Anhängern (Bass 1970, S. 336, Nr. 5–6, Taf. 85, Abb. 5–6; Branigan 1974, Taf. 35, Nr. 3001–3002).

Anders gingen die Meister bei zwei in Istanbul aufbewahrten großen Ohrringpaaren aus Troja mit langen Anhängern vor: Die Öffnungen an der unteren Leiste, fünf bzw. sieben an der Zahl, sind mit aufgelöteten kleinen Ringen versehen (Hazirlayan, Esin 1991, Siebler

1994, S. 48, Abb. 58, 59). Die Ohrringe aus Poliochni (Bernabò-Brea 1976, Taf. CCXLI–CCXLII) haben Anhänger, deren Form und Ornamentierung dem Ohrring Kat. 13 sehr nahe kommt. Jedoch ist im Gegensatz zu diesem der Kopf des »Idols« an den Ohrringen aus Poliochni nicht durch eine Rosette verziert; außerdem befindet sich am Körper nur eine und nicht drei Rosetten. Im Unterschied zu den im Katalog gezeigten Ohrringen ist der in Istanbul aufbewahrte Ohrring (Hazirlayan, Esin 1991, S. 37) mit zwei Reihen zu je fünf Rosetten verziert. Ebenso weisen auch die Anhänger eine andere Form auf. Zwei weitere Körbchenohrringe aus Troja, die ebenfalls im Archäologischen Museum Istanbul aufbewahrt werden, sind mit vier Reihen zu je sieben Rosetten verziert (Lloyd 1961, S. 113, Abb. 76; Hazirlayan, Esin 1991, S. 36). Die Ohrringe aus Schatz A von Eskiyapar (Özgüç, Temizer 1993, S. 614, Abb. 1–4; S. 615 [Typ a]; Taf. 106, 2–5; B, 1–2; 621) liegen in zwei Exemplaren mit zwei und einem Haken vor. Die Rosetten sind vereinfacht und in zwei Reihen angeordnet. An den Ohrringen mit zwei Haken befinden sich je fünf, an jenen mit einem Haken je sechs Rosetten in einer Reihe. Das Körbchen eines Ohrrings aus dem Gebiet um Troja (Content 1992, S. 26f, Nr. 26) ist mit vier in einer Reihe aufgelöteten Halbkugeln verziert.

Das Körbchen der Ohrringe Kat. 125–126 ist mit waagrechten Granulationsreihen ausgeführt, die sich zwischen den waagrecht aufgelöteten Drähten befinden. Dieses Prinzip der Ornamentierung wurde auch bei der Verzierung einiger Ohrringe aus Poliochni verwendet (Bernabò-Brea 1976, S. 286, Taf. CCXLIb, CCXLIIa, CCLIb). Alle genannten Ohrringe unterscheiden sich voneinander in der Anzahl der Granulationsreihen und der waagrechten Drähte.

Bei einigen Ohrringen aus Poliochni sind die Körbchen auf entsprechende Weise verziert. An diesen sind jedoch nicht zwei, sondern drei Granulationsreihen mit einer jeweils ähnlichen Anzahl von Kügelchen, nämlich 12, 13 und 13, anzutreffen. Ähnlich der Ornamentierung des Ohrrings Kat. 15 vergrößert sich die Anzahl der Kügelchen in den unteren Reihen um eins (Bernabò-Brea 1976, Taf. CCXLI–CCXLII, CCLI, b). Die in Philadelphia aufbewahrten Ohrringe aus einem in der Troas gefunden Schatz weisen unterschiedliche Arten der Verzierung des Körbchens auf. Ein Ohrringpaar ist mit vier waagrechten Granulationsreihen geschmückt. Dabei befinden sich an einem der beiden Ohrringe in den beiden oberen Reihen je 17 Kügelchen, in der mittleren 18 und in der unteren 16, während am anderen Ohrring in jeder Reihe 17 Kügelchen vorhanden sind (Bass 1970, S. 335, Nr. 3–4, Taf. 85, Abb. 3–4). Das andere Ohrringpaar hat jeweils eine doppelte Rosettenreihe, wobei sich in einer Reihe je fünf bzw. neun Rosetten befinden (Bass 1970, S. 336, Nr. 5–6, Taf. 85, Abb. 5–6).

Die Ausstattung des Körbchens mit drei Rosetten, wie sie zur Verzierung des Ohrrings Kat. 155 verwendet wurden (Maxwell-Hyslop 1971, S. 49, Abb. 32a), ist einmalig: Das Dekor wird durch zwei konzentrische Kreise aus Draht gebildet, wobei der Raum zwischen diesen Kreisen durch die Kügelchen der Granulation ausgefüllt wird, und zwar durch ein großes Kügelchen in der Mitte und neun kleine als Rahmen. Die drei aufgelegten Rosetten am Lockenring Kat. 157 sowie an einem Ohrring und an Lockenringen aus Poliochni (Bernabò-Brea 1976, Taf. CCXLIII, a; CCXLIV, b; CCXLVI, 13; CCLI, a, c) sind auf andere Weise ausgeführt (siehe unten). Die blattförmigen Schuppen mit

hervortretender Rippe zur Verzierung der Ketten des Ohrrings Kat. 155 entsprechen den Ohrringen aus der Troas im Museum der Universität von Pennsylvania (Bass 1970, S. 336, Nr. 5–6, Taf. 85, Abb. 5–6).

Die Verzierung der unteren Leiste mit Öffnungen für die Anhänger an den trojanischen Ohrringen Kat. 13–16 und 125–126 in Form von schrägen, sich kreuzenden gravierten Linien findet ihre nächste Entsprechung im Schmuck der Ohrringe des ersten Paars in Philadelphia (Bass 1970, S. 335, Nr. 3–4, Taf. 85, Abb. 3–4).

Die an den Ketten der Körbchenohrringe Kat. 15–16 verwendeten vierkantigen Röhrchen haben Parallelen unter den Perlen aus Schatz A, wohingegen die Ketten selbst denjenigen der Diademe entsprechen.

K. Maxwell-Hyslop vermutet, daß diese Form von Ohrringen die Weiterentwicklung eines Typs darstellt, der in einem Fund aus dem Grab 1100 der Nekropole von Ur vertreten ist, oder daß es sich bei dem Fund aus Ur um einen Import aus Anatolien handelt (Maxwell-Hyslop 1971, S. 51). Unter Berücksichtigung der Tatsache, daß die wichtigsten Funde aus Gebieten nördlich von Ur stammen, halten T. Özgüç und R. Temizer die zweite Hypothese für wahrscheinlicher (Özgüç, Temizer 1993, S. 621).

Die von uns angestellte stilistische Analyse von Ohrringen aus Troja, der Troas und Poliochni läßt in Verbindung mit den technischen Befunden die Vermutung zu, daß dieser Typ von Schmuckstücken eine Entwicklung erlebt hat, und zwar von komplizierten Ohrringen mit einem aus einzelnen Drähten zusammengesetzten Körbchen zu einem einfacheren Typ, dessen Körbchen aus Plättchen mit eingravierten Linien zusammengebogen ist, wodurch

einzelne zusammengelötete Drähte nachgeahmt werden. Ich möchte jedoch nicht behaupten, daß diese Entwicklung durch den langen Zeitraum der Herstellung und Verwendung dieser Ohrringe bedingt war. Vielmehr ist denkbar, daß komplizierte und einfache Ohrringe parallel in verschiedenen Werkstätten oder durch verschiedene Meister, die sich im Niveau ihres Könnens erheblich unterschieden, hergestellt wurden.

Halbmondohrringe. Unter den ausgestellten Schmuckstücken befinden sich sieben Halbmondohrringe, die entweder aus einem oder aus zwei großen, zusammengelöteten und mit Granulation verzierten Elementen bestehen. Zwei Paare stammen aus Schatz A (Kat. 64–67), ein weiteres Paar aus Schatz D (Kat. 114–115) und ein Ohrring aus Schatz N (Kat. 232). K. Maxwell-Hyslop ordnet die Halbmondohrringe einem gesonderten Typ (3) zu, wobei sie die Vielfalt der Varianten dieser Form erwähnt (Maxwell-Hyslop 1971, S. 51). Tatsächlich handelt es sich hinsichtlich der Ornamentierung bei jedem Ohrringpaar um eine gesonderte Variante: So sind die Ohrringe Kat. 64–65 an den Rippen mit Granulation geschmückt, die Ohrringe Kat. 66–67 weisen durch ein Zickzackornament verzierte Kanten auf, wohingegen die Ohrringe Kat. 114–115 durch Granulationsreihen in Segmente unterteilt sind.

Von diesem Standpunkt aus betrachtet sind die Klassifikation von K. Branigan, der diese Ohrringe als Variante 1a von Halbmondohrringen zusammengefaßt hat und hierzu auch die nicht ornamentierten Ohrringe der frühen Bronzezeit aus Drachmani rechnet (Branigan 1974, S. 45), und die Typologie von B. Musche, welche die Halbmondohrringe in zwei Varianten unterteilt, nämlich in solche mit Granulationsreihen und solche mit im Zickzack verlaufenden Goldkügelchen (Musche 1992, S. 116f; Typ 4. 1–2), nicht ganz exakt.

Weder K. Maxwell-Hyslop noch K. Branigan noch B. Musche haben den prinzipiellen Unterschied zwischen den Ohrringen beachtet, der darin besteht, daß sie entweder aus zwei oder aus einem Element gefertigt sind. Hierbei stammen die zweiteiligen Ohrringe (Kat. 64–67) ausschließlich aus Schatz A, wohingegen die einteiligen Ohrringe (Kat. 114–115 und 232) zu den Schätzen D und N gehören. Interessanterweise wiederholen die Ohrringe aus Schatz N die Form der Ohrringe aus Schatz D, ihre Ornamentierung jedoch ist derjenigen der Ohrringpaare Kat. 64–67 (Schatz A) ähnlich.

Die Ohrringe der Schatzfunde D und N sind erheblich kleiner und leichter als die Ohrringe aus Schatzfund A. Ein weiterer Unterschied besteht in der Ornamentierung der Enden des Halbrings. Diese sind bei den Ohrringen der ersten Gruppe durch quer verlaufende Granulationsreihen und zwei abgeflachte, sechskantig profilierte Knöpfchen verziert. Diese werden durch Scheiben gebildet, die ebenfalls mit Granulation verziert sind.

Anstelle einer Granulation zur Verzierung der Enden der Ohrringe verwendeten die Meister bei der Herstellung der Ohrringe Kat. 114, 115 und 232 drei beweglich angebrachte Scheiben, die auf das im Querschnitt runde Ende des Halbmondohrrings aufgesetzt sind. Die mittlere Scheibe hat eine runde Form mit glatten Rändern, die äußeren haben die gleiche Form, weisen jedoch zackenförmige Ränder auf. Ein analoger Aufbau ist an den Halbmondohrringen mit drei Elementen im Athener Museum zu finden, die vermutlich aus Schatzfund G stammen (Kat. Athen 1990, Nr. 6).

Wie auch im Fall der zwei Typen des Aufbaus des Körbchens, liegt auch hier entweder eine Evolution der Halbmondohrringe oder eine vereinfachte Nachahmung einer komplizierten Arbeit vor. Interessanterweise stammen – ähnlich wie bei den Körbchenohrringen – die aufwendigeren Exemplare aus Schatzfund A. Der Typ der Halbmondohrringe behielt bis in die archaische Zeit hinein weite Verbreitung (Maxwell-Hyslop 1971, S. 58f; Laffineur 1980, S. 349f, Abb. 7–8).

»Knöpfe«. Diese »Knöpfe« aus Troja werden nach Auskunft von U. Esin im Archäologischen Museum Istanbul aufbewahrt (nicht ausgestellt). Eine ähnliche Form haben Goldperlen aus Alaça Höyük (Maxwell-Hyslop 1971, S. 44, Abb. 27d; Musche 1992, S. 109, Taf. XXXVI, 4). Die nächste Parallele jedoch sind Funde aus Mochlos. Am wahrscheinlichsten ist, daß diese Gegenstände als Ohrringe verwendet wurden; dies war bereits von H. Schmidt (1902, S. 235) und A. Götze (1902, S. 358f) vermutet worden. M. Korfmann weist in diesem Zusammenhang auf Idole aus Demirci Hüyük und Gumelniţa mit vier bis fünf Löchern in den Ohren hin (siehe ebenso Idol aus Ikiztepe in Südthrakien mit vier Löchern in jedem Ohr: Kat. Istanbul 1993, S. 82, Abb. 99; Idol aus Ikiztepe mit zwei Löchern in jedem Ohr: Kat. Istanbul 1993, S. 83, Abb. 100).

Maxwell-Hyslop äußert vorsichtige Zweifel an diesem Verwendungszweck und bezeichnet die Funktion dieser Schmuckstücke als rätselhaft (Maxwell-Hyslop 1971, S. 50, Abb. 33, s, t, u; S. 53). Eine andere Vermutung, diese Gegenstände hätten als Schließen für Kleidungsstücke gedient, scheint weniger wahrscheinlich, wenn man den ziemlich großen Abstand zwischen den Rändern der Halbkugeln berücksichtigt

(solche Gegenstände hätten wohl kaum zur Befestigung von Stoff oder Leder dienen können).

Lockenringe

In der ausgestellten Sammlung sind zwei Typen von Lockenringen vertreten: solche mit Stäbchen in Form von Halbringen, die aus einer unterschiedlichen Anzahl von Drähten (drei bis sieben) zusammengelötet sind, und solche in Form von anderthalbfach gewundenen Spiralen.

Lockenringe mit Stäbchen. Diese Gruppe von Schmuckstücken ist die umfangreichste der Sammlung. Sie zählt 89 Ringe aus Gold und Silber, wobei die goldenen überwiegen. Der größte Teil der Silberringe (insgesamt 26) stammt aus Schatzfund N und den Einzelfunden. Lockenringe mit Stäbchen in Form von Halbringen, die aus einer unterschiedlichen Anzahl von Drähten zusammengelötet sind, werden in der Literatur häufig als muschelförmig bezeichnet (shell-shaped oder einfach shell-earrings oder Muschelohrringe). K. Branigan ordnet alle ihm bekannten Gegenstände dieses Typs aus Troja, der Troas und Poliochni (129 Exemplare) einem Ohrringtyp (Typ II) zu (Branigan 1974, S. 45f, Taf. 23, 34, 41; 190, Nr. 2752–2880). K. Maxwell-Hyslop unterteilt solche Ringe in zwei Typen. Zum ersten Typ rechnet sie nicht ornamentierte Exemplare aus drei Stäbchen, zum zweiten durch grobe Granulation verzierte Lockenringe aus fünf oder mehr Elementen (Maxwell-Hyslop 1971, S. 51). Es fällt sofort auf, daß aus dieser Klassifikation die in der Sammlung gezeigten, aus vier Stäbchen zusammengelöteten Exemplare sowie die nicht ornamentierten, aus fünf oder sechs Stäbchen bestehenden Stücke herausfallen.

Die Klassifikation von B. Musche ist noch verworrener. Die Muschelohrringe werden durch die Autorin unabhängig von der Anzahl der Stäbchen und der Art der Ornamentierung (Musche 1992, S. 115f) dem zweiten Typ zugeordnet, wohingegen in den Abbildungstafeln (Musche 1992, Taf. XL) sie nicht nur beim zweiten, sondern auch beim ersten (Spirala-Lunula) und dritten Typ (Riesenohrringe) vertreten sind. Ebenso herrscht Verwirrung bei der Bestimmung des Verwendungszwecks dieser Kategorie von Schmuckstücken: Manchmal werden sie Lockenringe, manchmal Ohrringe genannt. Uns scheint es am ehesten wahrscheinlich, daß sie als Lockenringe und nicht als Ohrringe anzusehen sind. Wie uns M. Mellink liebenswürdigerweise mitgeteilt hat, ist die Praxis der Verwendung von Lockenringen durch Materialien aus den Ausgrabungen der Nekropole von Karataş belegt, wo in den Gräbern ähnliche Ringe aus Bronze in situ auf Schädeln gefunden wurden (zu den Ausgrabungen der Grabstätte Karataş siehe beispielsweise Mellink 1970, S. 245ff).

Wie verteilen sich diese Schmuckstücke auf die einzelnen Schatzfunde? Aus Schatz A stammen 47 goldene Lockenringe (Kat. 17–63) mit vier Typen, darunter zwölf mit drei Stäbchen, die sowohl als Exemplare in großem (Kat. 17–18) als auch in kleinem Format (Kat. 19–28) vorliegen, 17 kleine Lockenringe mit vier Stäbchen (Kat. 29–45), zwei große, mit drei Querreihen halbkugeliger Knöpfchen verzierte Lockenringe mit vier Stäbchen (Kat. 46–47) sowie 16 kleine Lockenringe mit sechs Stäbchen, die mit drei aufgelöteten, am Ansatz des Hakens zu einem Dreieck gruppierten, konischen Knöpfchen verziert sind. Letztere weisen zudem drei Querreihen solcher Knöpfchen mit unterschiedlichen Maßen und Konturen auf, wobei sich zwei nebeneinanderliegende Reihen aus fünf Knöpfchen jeweils in der Mitte des Halbrings und

eine Reihe aus drei Knöpfchen an dessen Ende befindet (Kat. 48–63).

Eine weitere Gruppe aus neun goldenen Lockenringen stammt aus Schatz D und beinhaltet drei Typen. Sie besteht aus einen kleinen Schläfenring mit drei Stäbchen (Kat. 104) und je vier Lockenringen mit fünf oder sechs Stäbchen (Kat. 105–108 bzw. 109–113). Schatz J enthält fünf goldene Lockenringe mit vier Typen. Vertreten sind ein kleiner Lockenring mit drei Stäbchen (Kat. 150), zwei kleine Lockenringe mit fünf Stäbchen (Kat. 151–152), ein Lockenring mit sieben Stäbchen (Kat. 153) sowie ein Ring mit sechs Stäbchen, der mit drei aufgelöteten Rosetten verziert ist (Kat. 157). Aus demselben Schatz stammen auch zwei aus Silber gefertigte Lockenringe mit fünf Stäbchen (Kat. 164).

In Schatzfund N wurde nur ein goldener Ring gefunden, nämlich ein Lockenring mit sechs Stäbchen (Kat. 231). Außerdem enthält dieser Schatz 13 große Silberringe mit fünf und sechs Stäbchen: einen Ring mit fünf Stäbchen (Kat. 233), ein Konglomerat aus sechs Ringen mit fünf und sechs Stäbchen (Kat. 235) sowie sechs Ringe mit sechs Stäbchen (Kat. 234 und 238).

Ein goldener Ring mit sechs Stäbchen stammt aus Schatz R (Kat. 241).

Bei den Einzelfunden sind nur silberne Lockenringe in elf Exemplaren vertreten, und zwar vier mit drei Stäbchen, einer mit vier Stäbchen (Kat. 246), einer mit fünf Stäbchen (Kat. 251), vier mit sechs Stäbchen (Kat. 249–251) und einer mit sieben Stäbchen (Kat. 250).

Goldene Lockenringe mit drei Stäbchen sind – sowohl in großem (Kat. 17–18) als auch in kleinem Format (Kat. 19–28, 104, 150) – in den Schätzen A, D und J vertreten. Entsprechende silberne Lockenringe sind nur aus den Einzelfunden bekannt (Kat. 246).

Kleine goldene Lockenringe mit vier Stäbchen sind nur in Schatz A vertreten (Kat. 29–45). In Silber ist ein solcher großer Ring nur aus den Einzelfunden bekannt (Kat. 246).

Am weitesten sind in den Schatzfunden Ringe mit fünf und sechs Stäbchen verbreitet. Interessanterweise fehlen diese Typen ohne Verzierung in Schatz A vollständig. Goldene Ringe mit fünf Stäbchen finden sich in den Schätzen D (Kat. 105–108) und J (Kat. 151–152), silberne dieser Art in den Schätzen J (Kat. 164) und N (Kat. 233, 235) sowie unter den Einzelfunden (Kat. 251).

Goldene Ringe mit sechs Stäbchen sind durch Funde aus den Schätzen D (Kat. 109–113), N (Kat. 231) und R (Kat. 241) vertreten. In Silber liegen solche Schmuckstücke in Schatz N (Kat. 234, 235 und 238) und in den Einzelfunden (Kat. 249–251) vor.

Ringe mit sieben Stäbchen sind durch ein goldenes (Schatz J, Kat. 153) und ein silbernes Exemplar aus den Einzelfunden vertreten (Kat. 250).

Wenn wir nun zu den Entsprechungen zu den ausgestellten Materialien übergehen, so können wir folgendes feststellen: Zwei Paare nicht ornamentierter, aus vier Stäbchen bestehender goldener Lockenringe sind in Schatz A aus Eskiyapar vertreten (Özgüç, Temizer 1993, S. 614, Abb. 5–6; 621–622, Taf. 107, 1–6). Dort wurde auch ein Paar von aus fünf Stäbchen zusammengelöteten Ringen gefunden (Özgüç, Temizer 1993, Taf. 107, 7–8). In Poliochni wurden ebenfalls solche Lockenringe gefunden, und zwar mit sechs Stäbchen (sowohl nicht ornamentierte als auch mit aufgelöteten Kügelchen oder Granulation verzierte) und mit fünf Stäbchen. Dabei haben sie unterschiedliche Abmessungen (Bernabò-Brea 1976, S. 287f, Taf. CCXLVI, 1–24, CCLI, c–d). Aus einem in der Troas gefundenen Schatz, der vom Museum der Universität Pennsylvania erworben wurde, stammen acht nicht ornamentierte Lockenringe, die aus fünf, sechs oder sieben Stäbchen zusammengelötet sind (Bass 1970, S. 337, Nr. 8–15, Taf. 86, Abb. 8–15; Branigan 1974, Taf. 33, Nr. 2851–2858), und drei ornamentierte, mit Granulation, einem halbkugelförmigen Knöpfchen und S-förmigen Drahtspiralen verzierte Lockenringe (Bass 1970, S. 337, Nr. 16–18, Taf. 86, Abb. 16–18; Branigan 1974, Taf. 34, Nr. 2848–2850). Aus dem Schatz eines Goldschmieds im Westen Kleinasiens, der 1992 auf einer Auktion der Galerie Taisei angeboten wurde, sind 19 Paare solcher Schmuckstücke aus Silber bekannt, die auf zwei Ringe aufgereiht sind. Sie sind aus fünf oder sechs Stäbchen zusammengelötet (Content 1992, S. 28f, Nr. 27). Lockenringe dieses Typs sind auch in Tarsus (Goldman 1956, S. 301, Abb. 434, 3; Maxwell-Hyslop 1971, S. 62f, Abb. 42d) und in Nordsyrien (Maxwell-Hyslop 1971, S. 62f, Taf. 44) anzutreffen. Ein Paar ähnlicher Schmuckstücke aus Silber wurde in einem Grab der Periode Kanisch Karum 1b gefunden. Sie sind auch in späteren hethitischen Denkmälern anzutreffen (Boehmer 1979, Taf. 25, Nr. 3573, Özgüç, Temizer 1993, S. 621f).

So ist offenkundig, daß sowohl die Lockenringe mit drei Stäbchen und in großem Format (Kat 17–18) als auch solche in kleinem Format (Kat. 19–28; 104; 150) in der Hauptsache für Troja charakteristisch sind, wenngleich ein ähnlicher Typ auch in Tarsus durch einen Fund aus Raum 55 in der Schicht der frühen Bronzezeit III belegt ist (Goldman 1956, S. 301, Abb. 434, 3; Maxwell-Hyslop 1971, S. 62, Abb. 42c). Auch sind uns Entsprechungen zu dem Paar großer Lockenringe, die aus vier Drähten zusammengelötet und mit

drei Reihen halbkugelförmiger Knöpfchen verziert sind (Kat. 46–47; Maxwell-Hyslop 1971, S. 50, Abb. 33 m–n), und zu den sechzehn kleinen Ringen mit sechs Stäbchen, die am Rand durch drei Knöpfchen und in der Mitte mit Reihen zu je fünf Knöpfchen geschmückt sind (Kat. 48–63; Maxwell-Hyslop 1971, S. 50, Abb. 33c–d, g–h), nicht bekannt. Es ist anzunehmen, daß auch diese Gruppen von Schmuckstücken in örtlichen Werkstätten hergestellt wurden.

Von den zahlreichen nicht ornamentierten Lockenringen mit Stäbchen hebt sich der Ring mit sechs Stäbchen aus Schatz J ab, der durch drei aufgelötete Rosetten verziert ist, die in der Mitte aus einem hohlen, halbkugeligen Knöpfchen bestehen und durch eine nicht geschlossene Einfassung aus abgeflachtem Draht mit Einschnitten an der Oberseite verziert sind (Kat. 157). Dieser wird von K. Maxwell-Hyslop nicht als eigenständige Variante aufgeführt (Maxwell-Hyslop 1971, S. 50, Abb. 33), sondern dem Typ 3.2 nach B. Musche (Musche 1992, S. 116, Taf. XL) zugeordnet. Die nächste Parallele zu diesem trojanischen Fund bildet ein Lockenring aus Poliochni (Bernabò-Brea 1976, S. 288, Nr. 23, Taf. CCXLVI, CCLIc). Jedoch unterscheidet sich dieser Lockenring in der Technik der Herstellung der Rosetten. Das Schmuckstück aus Poliochni ist, wie auch die von dort stammenden Körbchenohrringe (Bernabò-Brea 1976, Taf. CCXLIIIa, CCXLIVb, CCLIa), mit Rosetten verziert, deren Mitte halbkugelförmige Knöpfchen bilden und deren Einfassungen durch einen Ring aus gewundenem Draht gebildet werden. Offensichtlich ist die Ornamentierung mit Rosetten für die trojanischen Lockenringe mit Stäbchen nicht kennzeichnend, wohingegen die genannte Ornamentierung (wenn auch mit Rosetten anderer Typen) an Körb-

chenohrringen aus Troja, (Hazirlayan, Esin 1991, S. 36f; Musche 1992, Taf. XL, 6.1, 6. 5–7), der Troas (Bass 1970, S. 337, Nr. 16, Taf. 86, Abb. 16), Poliochni B 3–4 (Bernabò-Brea 1976, Taf. CCXLIIIa; CCXLIVb; CCLIa) und Eskiyapar (Özgüç, Temizer 1993, S. 614, Abb. 1) anzutreffen ist. Diese Beobachtung führt zu der Vermutung, daß der Lockenring Kat. 157 wahrscheinlich durch eine der Werkstätten oder einen der Meister hergestellt wurde, die auf die Herstellung von feinerem Schmuck, beispielsweise Körbchenohrringen, spezialisiert waren. Interessanterweise findet die Rosette am Lockenring Kat. 157 eine exakte Entsprechung in den Rosetten am Armband Kat. 123 (Schatz F) sowie an einem einmaligen Ohrring aus einem aus der Troas stammenden Schatz, der in Philadelphia aufbewahrt wird und ein Hybrid eines Lockenrings mit fünf Stäbchen und eines Körbchenohrrings mit Anhängern darstellt. Bei diesem Objekt wurden vom Lockenring der Körper und vom Ohrring die Ketten mit blattförmigen Anhängern übernommen (Bass 1970, S. 337f, Nr. 19, Taf. 86, Abb. 19). Auf diese Besonderheit des Ohrringes aus der Troas hat bereits J. Bass (1970, S. 337) hingewiesen, der annahm, daß dieser Ohrring die Goldschmiedetraditionen von Troja und Ur in sich vereint. Wo und von wem die genannten Erzeugnisse hergestellt wurden, bleibt ein Geheimnis. Wenn dies in Troja geschehen ist, so ist anzunehmen, daß es sich um die Arbeit eines durchreisenden Meisters handelt, der nicht lange an diesem Ort geblieben ist und keinen wesentlichen Einfluß auf das Schaffen der lokalen Meister hatte.

Eine seltene Form des Dekors wurde bei einem Lockenring mit vier Stäbchen aus Schatz D verwendet, der im Archäologischen Museum Istanbul unter der

Inventarnummer 681 aufbewahrt wird (Kat. Istanbul 1983, S. 136, Abb. 346; Kat. Tokio 1985, S. 360, Nr. 65.3). Er ist mit einem Filigranornament aus S-förmigen Spiralen geschmückt. Eine entsprechende Verzierung wurde auch für einen goldenen Lockenring mit sieben Stäbchen aus der Troas verwendet, der in Philadelphia aufbewahrt wird (Bass 1970, S. 337, Nr. 18, Taf. 86, Abb. 18). Sie hat ihrerseits eine Parallele im Dekor einer Nadel aus demselben Komplex (Bass 1970, S. 335, Nr. 1, Taf. 86, Abb. 1). Wenn man annimmt, daß alle angeführten Erzeugnisse von demselben Urheber stammen, dann haben wir es mit einem Meister mit hohem Niveau zu tun, der in seinem Können demjenigen Meister nahekommt, der den Lockenring Kat. 157, das Armband Kat. 123 und, wie wir unten zeigen werden, die Nadel Kat. 239 hergestellt hat. Das Lieblingsmotiv dieses Meisters war neben den oben beschriebenen Rosetten mit charakteristischer Form die brillenförmige Doppelspirale (siehe unten). Dies gibt uns die Grundlage, als Hypothese den einen der Goldschmiede als »Meister der S-förmigen Spirale« und den anderen als »Meister der brillenförmigen Doppelspirale« zu bezeichnen.

Es ist anzunehmen, daß die Lockenringe mit Stäbchen als Prototyp für Schmuckgegenstände dienten, die in Gießformen hergestellt wurden (Canby 1965, S. 44; Emre 1971, S. 128f, Abb. 11; Maxwell-Hyslop 1971, S. 61). So wurden Lockenringe mit fünf Stäbchen in einer Form aus Izmir (Canby 1965, S. 44, pl. 9a–c; Schäfer 1971, S. 421, Abb. 3; Emre 1971, Taf. I, 3, Abb. 11), einer Form aus der Sammlung Lipchitz (Canby 1970, Nr. 23; Emre 1971, S. 112, Nr. 38, Taf. I, 1) und einer aus Anatolien stammenden Form im Louvre (Canby 1965, S. 48, Taf. IX e; Emre 1971, S. 111, Nr. 35, Taf. II, 3a)

gegossen. Die Formen aus Assur und Sendschirli, die nach Meinung von R. B. Wartke zum Gießen ebensolcher Lockenringe dienten (Wartke 1980, S. 229f, Nr. 5–8; S. 237, Nr. 21; 252), wurden eher zur Herstellung von Halbmondohrringen verwendet. Lockenringe mit ähnlicher Form aus drei bis neun flachen Stäbchen, die aus einem durchgehenden Gold- oder Silberblech hergestellt wurden, waren bereits um 2000 v. Chr. in Susa, dem Iran und in Mesopotamien bekannt (Tallon 1987, S. 261f, 312f, Nr. 1148–1157).

Spiralförmige Lockenringe. Haarschmuck in Form von anderthalbfach gewundenen Spiralen aus geschmiedetem Draht, der im oberen Teil schmaler wird und einen abgeflachten Querschnitt aufweist, ist in dieser Ausstellung durch Einzelexemplare (Kat. 133–134, Schatz F) und Kat. 252 (Bronze) vertreten. Diese Schmuckstücke besitzen versetzt angeordnete, unten dicker werdende Windungen.

R. B. Wartke findet Entsprechungen zu den Spiralen Kat. 133–134 unter Materialien des sumerischen Typs (frühdynastische bis akkadische Zeit) aus Ur, Tell Brak, Kisch und Nippur (Wartke 1980, S. 251). Nach Meinung des Forschers befinden sich ausgeschnittene Vertiefungen für das Gießen der Halbfabrikate, aus denen solche Spiralen zusammengedreht wurden, in steinernen Gießformen aus Assur (Wartke 1980, S. 226–228, Nr. 1–3). Vor relativ kurzer Zeit wurde eine genaue Übersicht solcher Spiralringe aus Gold und Silber, die in Mesopotamien und Luristan gefunden wurden, von F. Tallon (Tallon 1987, S. 258–260, Nr. 1122–1139) zusammengestellt.

Ähnliche Ringe aus Silber mit anderthalbfachen Windungen stammen beispielsweise aus einem Schatz der frühen

Bronzezeit, der an der türkisch-iranischen Grenze gefunden wurde und in München aufbewahrt wird (Schauer 1980, S. 125, Abb. 2,5; Taf. 20, 16). Lockenringe mit anderthalbfachen Windungen waren in der frühen Bronzezeit in Anatolien, beispielsweise in Alaça Höyük, Küçükhöyük, Demirci Hüyük-Sariket und Beşik-Tepe, sowie im Transkaukasus, in Syrien, Mesopotamien und Griechenland bekannt (siehe Bibliographie zu Kat. 133). In der frühen und mittleren Bronzezeit waren solche Lockenringe aus Silber und Gold sowohl in Anatolien (z. B. Korucutepe) als auch im Nordkaukasus (Dagestan, Tschetschenien, Inguschetien) ziemlich weit verbreitet, wo ihr Aufkommen durch B. A. Kuftin mit mesopotamischem Einfluß in Verbindung gebracht wird (siehe Bibliographie zu Kat. 133). Im 3.–2. Jahrtausend v. Chr. verbreitete sich dieser Typ von Schmuckstücken auf dem weitläufigen Territorium Osteuropas, und zwar in der mittleren Phase der Mitteldnepr- und Fatjanovo-Kultur sowie in den Steppenkulturen Eurasiens wie der Srubach-, Andronovo-, Abaševo- und Balanbaš-Kultur u. a. (siehe Bibliographie zu Kat. 133).

Armringe

Ihrer Anzahl nach nehmen die Armringe keinen besonders bedeutenden Platz unter den Schmuckstücken dieser Ausstellung ein. Fünf vollständig erhaltene Armringe aus Gold und Silber, vertreten in drei Typen, stammen aus Schatz A (Kat. 72–74), F (Kat. 123) und N (Kat. 236).

Zum ersten Typ gehören die geschlossenen Armringe Kat. 72, 73 und 236 in Form eines Rings oder mit ovaler Form. Sie bestehen aus Draht mit rundem oder rhombischem Querschnitt (Branigan 1974, S. 43, [Typ II]). Dieser Typ von Armringen ist so universell und unter anderem in den Nekropolen der frühen Bronzezeit Anatoliens und der Ägäis (siehe Bibliographie zu Kat. 72) so weit verbreitet, daß es nicht erforderlich ist, ihn eingehender zu behandeln.

Aus Schatz A stammt ein goldenes Armband (Kat. 74), das von B. Musche (Musche 1992, S. 122ff, Taf. XLII) nicht in die Klassifikation der trojanischen Armringe einbezogen wurde. Dieser ist geschlossen und besteht aus vier zusammengelöteten Drahtringen, von denen die äußeren glatt und von rundem Querschnitt sind, während die inneren aus gedrehtem Draht bestehen, der ein Zopfmuster ergibt. D. Easton (Easton 1984, S. 159) erwähnt, daß ihm genaue Parallelen zu diesem Armband nicht bekannt sind, wenngleich die Technik seiner Herstellung durchaus dieser Periode entspricht, während die äußere Gestalt des Armbands an flache, goldene Armbänder aus Mochlos erinnert (Branigan 1974, S. 44 [Typ VI], Nr. 2588–2590). Wir wollen anmerken, daß letztere nach der Vermutung K. Branigans auf eine Unterlage aus Leder montiert wurden.

Hinsichtlich der künstlerischen Ausführung ruft das Armband aus Schatzfund F (Kat. 123) das größte Interesse hervor. Es besteht aus einem breiten Goldband mit Einfassungen aus Draht und ist durch von außen aufgelötete Längsreihen brillenförmiger Doppelspiralen aus dünnem Draht ornamentiert. Die Doppelspiralen verlaufen in entgegengesetzte Richtungen und sind durch vier Querreihen aus je drei Rosetten (analog zu den Rosetten zur Verzierung des Lockenringes Kat. 157) unterbrochen. An der Bruchstelle ist eine Reihe aus vier brillenförmigen Spiralen vorhanden. Die Windung einer Spirale legt sich auf die Einfassung der Rosette, wobei es sich um das Ergebnis einer Reparatur des Armbandes handeln könnte.

Die nächste Parallele zum Armband Kat. 123 ist ein Armband aus Schatz F, das im Archäologischen Museum Istanbul aufbewahrt wird (siehe Bibliographie zu Kat. 123). Jedoch unterscheiden sich die beiden Armbänder voneinander. So sind beim Armband in Istanbul, das ebenso mit zwei Reihen in entgegengesetzte Richtungen laufender Doppelspiralen verziert ist, die aus je neun bis zehn Spiralen bestehenden Abschnitte durch eine Querreihe aus filigranen Schlingen unterteilt. Dabei handelt es sich um vier bis fünf Reihen, die durch einen geraden Draht voneinander getrennt sind. Allerdings gestatten es die Verwendung des Hauptelements in Form brillenförmiger Doppelspiralen und die konstruktiven Besonderheiten, beide Armbänder mit großer Wahrscheinlichkeit zu den Erzeugnissen eines Meisters oder einer Werkstatt zu rechnen. Weitere direkte Entsprechungen zu diesen beiden Armbändern sind nicht bekannt.

In einem der Konglomerate aus Schatz N (Kat. 238) finden sich Fragmente, die sowohl zu Armringen als auch zu Halsringen gehören können. Ähnliche Fragmente aus rundem Draht sind auch in den Einzelfunden vorhanden (Kat. 248). Auch der Einzelfund Kat. 256 stellt das zu einem Haken gebogene Ende eines Armrings oder Halsrings (?) dar, das als gegossener Kopf eines Löwen oder eines Panthers mit offenem Maul ausgeformt ist (man kann es wohl kaum als Nadel ansehen, wie dies D. French tut). Armringe mit Tierkopfenden sind auch im Vorderen Orient im 1. Jahrtausend v. Chr. verbreitet (Musche 1992, Taf. LXXXII [Typ 4], XC [Typ 1], XCVII, 1–4), insbesondere in der Zeit der Achämeniden (Musche 1992, Taf. CX). Doch schon in der frühen Bronzezeit wurde Geschmeide mit Tierköpfen verziert (siehe z. B. die ein-

malige Silbernadel mit Eberkopf aus Karataş: Mellink 1970, S. 248, Taf. 57, Abb. 16 a–b).

Halsringe
Die in den ausgestellten Schätzen gefundenen goldenen und silbernen Halsringe sind aus glattem oder gewundenem Draht gefertigt und unterscheiden sich in der Ausformung ihrer Enden. Insgesamt enthält die Sammlung fünf Halsringe aus den Schätzen A (Kat. 75–77), J (Kat. 163) und N (Kat. 237). Außerdem kommen – wie oben erwähnt – Fragmente von Armringen oder Halsringen im Konglomerat Kat. 238 (Schatz N) sowie unter den Einzelfunden (Kat. 248) vor. Im Schatz F befindet sich ein Fragment eines goldenen Stabs mit konischem Knöpfchen (Kat. 127), das zu einem Halsring oder einer Nadel gehören könnte.

Alle Halsringe sind spiralförmig zusammengebogen, wahrscheinlich zur Gewährleistung einer größeren Kompaktheit beim Verstauen des Schatzes (die spiralförmig gewundene Form ließ einige Forscher fälschlicherweise darauf schließen, daß es sich um Armringe mit mehreren Windungen handelt; siehe z. B. Bass 1970, S. 335, Nr. 2; Musche 1992, S. 123, cf. 277). Jedoch legen die charakteristischen Umrisse der den Verschluß bildenden abgebogenen Enden mit Köpfen in Form vierkantiger kleiner Pyramiden (Kat. 75), konischer Köpfe mit Einschnitten (Kat. 76), halbkugeliger Knöpfchen (Kat. 163) oder einfach zu einem Haken gebogener, einen Verschluß bildender Enden (Kat. 77) die Vermutung nahe, daß es sich um Halsringe handelt. Die Ausführung der Köpfe der Halsringe hat unter den Schmucknadeln Parallelen: Köpfe in Form vierkantiger kleiner Pyramiden schmücken auch die Nadeln aus den von Blegen in Troja durchgeführten

Ausgrabungen sowie aus Funden in den Nekropolen von Küçükhöyük, Alaça Höyük, Kusura und Jortan (Gürkan, Seeher 1991, S. 85, Abb. 22, 1).

Interessanterweise wurden beide Halsringe aus Poliochni mit glatten konischen Knöpfchen an den Enden (Bernabò-Brea 1976, Taf. CCXLVI, 25–26), ein ihnen ähnlicher, aus der Troas stammender Ring aus der Sammlung in Philadelphia (Bass 1970, S. 335, Nr. 2, Taf. 86, Abb. 2) und ein Halsring aus Leukas auf Ithaka (Branigan 1974, Taf. 33, Nr. 2575) ebenso in zusammengebogener Form aufgefunden. Eine Vorstellung davon, wie die Halsringe ursprünglich ausgesehen haben, vermittelt ein Fund aus Schatz A in Eskiyapar (Özgüç, Temizer 1993, S. 615, 624, Taf. 110, 1–1b), der wesentlich massiver ist als die gezeigten Exemplare aus Troja (mit 18,2 cm Durchmesser wiegt der Halsring aus Eskiyapar 123,3 g). U. Esin hat uns darauf aufmerksam gemacht, daß die Köpfe der Halsringe im »Überfangguß« auf den fertigen Rohling aus Draht gesetzt werden konnten. Diese Technik war im 3. Jahrtausend v. Chr. verbreitet.

Glatte rundstabige Halsringe sind in den Schatzfunden A (Kat. 75–76) und J (Kat. 163) vertreten. Entsprechungen zu ihnen sind die oben erwähnten Funde aus Troja, der Troas, Poliochni, Eskiyapar und Leukas (siehe Bibliographie zu Kat. 75). Insgesamt kommen Halsringe in Form von Haken mit Knöpfchen (oder ohne solche) häufiger vor als solche mit Verschlüssen, die durch einen Haken am einen und einer Schlaufe am anderen Ende gebildet werden. In der Sammlung der Universität Bloomington ist ein solcher goldener Halsring enthalten (Rudolph 1978, S. 6, Nr. 1, Abb. 1). Ein entsprechender Halsring aus Bronze stammt aus Grab 25 der Nekropole von Karataş (Mellink 1964, S. 276, Taf. 82, Abb. 27).

Zwei Halsringe – diejenigen aus den Schätzen A (Kat. 77) und N (Kat. 237) – sind aus gewundenem Draht gefertigt. Entsprechungen zu dem Halsring aus Schatz A sind sowohl auf Lesbos als auch in Kleinasien bekannt (siehe Kat. 77). Ein Ende des silbernen Halsrings Kat. 237 endet in einer Verdickung in Form eines Schlangenkopfes mit Einschnitten an der Stirnseite. Diese Ausführung der Enden von Halsringen und Armringen ist für die hier betrachtete Epoche nicht charakteristisch. Sie erhielt jedoch außerordentlich weite Verbreitung in der antiken Goldschmiedekunst, besonders in der Zeit des Hellenismus, sowie in den ersten nachchristlichen Jahrhunderten (Pfeiler 1970, S. 21, 28f; Taf. 4; Higgins 1980, S. 168, 181; Taf. 51, c, 62a).

Halsringe in den trojanischen Schätzen (siehe auch Bibliographie zu Kat. 75) sind – hierauf hat uns M. Korfmann (1994a) hingewiesen – außerordentlich wichtig für die Datierung der frühen Bronzezeit in Europa. Bis in jüngste Zeit war der älteste Halsringfund im Nahen Osten ein Exemplar aus Ugarit, das auf etwa 2200 v. Chr. datiert wird (zu den Halsringen aus Ras Schamra und Byblos siehe Schaeffer 1949, S. 49ff). Im levantinischen Gebiet wurden in dieser frühen Periode Halsringe als Schmuck für Votivfiguren verwendet (Schaeffer 1949, S. 74, Abb. 31, Taf. XVII–XXI; Seeden 1980, Taf. D; 52ff.; Musche 1992, S. 227, Anm. 21). Wenn die trojanischen Funde, wie M. Korfmann vermutet, auf 2600–2450 v. Chr. zu datieren sind (siehe unten), ist für die frühe Bronzezeit in Europa entgegen der heutigen Chronologie ein früherer Zeitpunkt anzusetzen (Korfmann 1994a).

Perlen, Perlenschieber und Anhänger
Zu den meisten Schatzfunden sowie zu Zufallsfunden gehören Perlen, Schieber und Anhänger aus Gold, Silber, Bronze, Karneol und Bernstein. Die in der Literatur anzutreffenden Klassifikationen der Perlen, welche die trojanischen Materialien mit einschließen, können wegen ihrer Unvollständigkeit nicht als gelungen angesehen werden. So unterscheidet beispielsweise K. Branigan neun Typen von Metallperlen aus den Denkmälern der Ägäis (Branigan 1974, S. 39f, Taf. 23–24), wobei er viele Spielarten von Perlen aus der trojanischen Sammlung wegläßt oder zu einzelnen, selbständigen Typen zusammenfaßt. K. Blegen erwähnt 17 Typen von Goldperlen aus Troja IIg (Blegen 1950, Abb. 356). Sowohl in der einen als auch in der anderen Klassifikation fehlen einige Typen von Perlen, die in den trojanischen Schätzen anzutreffen sind. Bei der Beschreibung der Form der Perlen wird im folgenden die in der Übersicht der antiken Perlen der Nördlichen Schwarzmeerküste von E. M. Alekseeva (1975, S. 12ff) erarbeitete Terminologie verwendet.

Praktisch an allen Schnüren aus Schatzfund A befinden sich Perlen in unterschiedlicher Größe und Form: Kugelperlen, flache Scheiben mit glatten oder zackenförmigen Rändern, quadratische und im Querschnitt abgeflachte Perlen mit jeweils einem tiefen Einschnitt an den Seiten, kleine, im Querschnitt quadratische Scheiben, Varianten von faßförmigen gerippten Perlen, Schieber mit zwei Lappen und sechskantige Perlen in Form eines abgestumpften Doppelkegels. Etwas seltener sind glatte, massive, zylindrische faßförmige Perlen, zylindrische Perlen mit segmentartigen Schrägkanten sowie aus einem Metallstreifen gebogene faßförmige vierkantige Schieber und spindelförmige vierkantige Schieber anzutreffen. Zudem sind aus zwei aufeinanderliegenden konzentrischen Drahtringen zusammengelötete Schieber, die aus drei oder vier Drahtwindungen bestehen, vertreten. Ebenso sind sogenannte pilzförmige Anhänger unterschiedlicher Größe anzutreffen, die einen runden oder quadratischen Stab mit abgerundeten Kanten darstellen, der im oberen Teil zu einer schmalen, ovalen Scheibe mit einer Öffnung zum Aufhängen ausgeformt ist und unten einen kleinen kugelförmig-konischen Kopf aufweist, der durch ein auf das Ende des Stabes aufgesetztes hohles Scheibchen gebildet wird.

Die Perlen aus Schatz A (Kat. 78–101) sind unsystematisch aufgefädelt. Die Schnüre sind an den Enden mit roten Siegellackabdrücken mit dem lateinischen Buchstaben »S« versehen. Nach einer Vermutung D. Eastons könnte dies das Siegel H. Schliemanns gewesen sein, das vor der Ausstellung seiner Funde im Museum von South Kensington im Jahre 1877 angebracht wurde, wenngleich Easton später nicht ausschloß, daß das Siegel auch H. Schmidt gehört haben könnte (Easton 1955, S. 12).

Die von W. Kuckenburg stammende Zusammenfügung von Perlenketten zur Form eines aus zwanzig Schnüren bestehenden Halskragens (siehe Kat. Athen 1990, Nr. 41; Goldmann 1991, S. 203, Abb.12; Kat. Berlin – München 1992, Nr. 122, Abb. S. 63) ist recht überzeugend. Wie bereits erwähnt, gab es solche Gehänge im Vorderen Orient in der untersuchten Epoche. In der Rekonstruktion W. Kuckenburgs wurden vier schmale Goldstreifen mit je 20 Öffnungen verwendet, durch die alle Schnüre hindurchlaufen und die den Halsschmuck im mittleren Teil und an den Rändern fixieren. Das Problem liegt nun darin, daß solche Streifen oder Bänder im Schatz A nicht bekannt sind. Die beiden gelochten Stäbchen mit geglätte-

ten Enden aus Schatz A (Kat. 101) sind zum einen von unterschiedlicher Länge und weisen zum anderen unregelmäßig angebrachte Öffnungen auf, die in einer Reihe von Fällen praktisch aneinanderliegen. Dabei befinden sich im kürzeren Stäbchen 20, im längen 21 Öffnungen. Am wahrscheinlichsten ist, daß es sich hierbei um Rohlinge für die Herstellung von Perlen handelt.

Seltene Formen sind an Wirteln erinnernde Perlen in Form abgestumpfter Doppelkegel mit Einschnitten an den Kanten. Sie befinden sich an den Schnüren Kat. 93, 98 und 99. Ebenso sind auch kurze spindelförmige Schieber selten.

Einzigartig sind der nur in einem Exemplar bekannte Anhänger in Form eines Stabes mit Einschnitten an der Schnur Kat. 92 sowie die parallelepipede Perle mit Schrägkante in Form einer abgestumpften Pyramide an der Schnur Kat. 79. Selten sind auch die in nur wenigen Exemplaren vorliegenden langen Schieber in Form abgestumpfter Doppelkegel an der Kette Kat. 82. Als Einzelstück ist der Miniaturschieber mit zwei Doppelspiralen anzutreffen, der aus Schatz J (Kat. 161) stammt. Eine größere Variante dieses Schiebers stammt aus Schatz D (Kat. 116).

Betrachten wir nun die charakteristischsten Formen von Perlen und Schiebern. Die verschiedenen Varianten von kugelförmigen Perlen, quadratischen und runden Scheiben mit Zackenrand, die glatten massiven faßförmigen Perlen und sechskantigen Perlen in Form abgestumpfter Doppelkegel finden Parallelen in Poliochni und unter den aus Troja stammenden Funden, die in Athen aufbewahrt werden, sowie unter den aus den Grabungen K. Blegens stammenden Objekten (Blegen 1950, Abb. 356, 6, 7, 12, 13, 16; Branigan 1974, S. 39 (Typ II), Taf. 24, Nr. 3045; 39 (Typ III), Taf. 24, Nr. 3058,

3061, 3085; Bernabò-Brea 1976, Taf. CCLII, 5–10, 19f, 21, 24f; Kat. Athen 1990, Nr. 8).

Die faßförmigen, gerippten Perlen der Kette aus Schatzfund A sind, allerdings aus Silber, auch aus Eskiyapar bekannt (Özgüç, Temizer 1993, S. 614, Abb. 34; 616). Ähnliche Goldperlen sind in Poliochni (Bernabò-Brea 1976, Taf. CCLII, 22) und Demirci Hüyük-Sariket (Seeher 1991, S. 111, Abb. 7, m–o) vertreten. Ketten aus Perlen in Form abgestumpfter Doppelkegel mit Einschnitten an den Kanten sind aus der Nekropole von Beşik-Tepe in der Troas (Korfmann 1986, Abb. 12; Latacz 1986, S. 118, Abb. 15) bekannt. In Eskiyapar gibt es Varianten von länglichen Goldschiebern in Form abgestumpfter Doppelkegel, die aus Goldblech zusammengerollt sind (Özgüç, Temizer 1993, S. 614, Abb. 22–26; 616 [Typ 6]). Außerdem sind solche Schieber in Poliochni bekannt (Bernabò-Brea 1976, Taf. CCLII, 1; Branigan 1974, S. 39 [Typ I], Taf. 23, 3024). Entsprechende spindelförmige Schieber aus Troja sowie solche mit geringeren Abmessungen werden in Athen aufbewahrt (Kat. Athen 1990, Nr. 8). Diesen in Form und Abmessungen ähnliche Schmuckgegenstände finden sich in Schatz D (Kat. 118–119). Es ist anzunehmen, daß es sich bei diesem Typ von Goldschiebern um einen der ältesten bekannten Typen handelt, da ähnliche Schmuckstücke in recht hohem Maße bereits in den Gräbern der neolithischen Nekropole von Varna in Bulgarien vertreten sind (Kat. Saarbrücken 1988, S. 59, Abb. 28; 200, Nr. 41). Anhänger aus fransenartigen Schlaufen, die den in Schatz D gefundenen (Kat. 119–120) entsprechen und ebenfalls aus Troja stammen, werden in Athen aufbewahrt (Kat. Athen 1990, Nr. 8). Parallelen zu den Perlen in Form kleiner Ringe (Kat. 162, Schatz J) stammen aus Poliochni (Bernabò-Brea 1976, S. 289f, Nr. 12, Taf. CCLII, 8–10).

Die vierkantigen stäbchenförmigen Schieber (Schmidt 1902, S. 236, Abb. d2; Maxwell-Hyslop 1971, S. 53, Abb. 36, vierte Reihe, zweiter von links) dienten, wie oben erwähnt, als Elemente zur Bildung von Ketten für Anhänger an Körbchenohrringen des in Kat. 15 gezeigten Typs.

Besonders wollen wir auf die Schieber mit vier Spiralwindungen eingehen, die als ein ziemlich großes Exemplar aus Schatz D (Kat. 116) und als ein Miniaturexemplar aus Schatz J (Kat. 161) (Branigan 1974, S. 42, Typ X) vorliegen. Dieses dekorative Element ist zeitlich und räumlich weit verbreitet. Eine frühe Gruppe ist durch Objekte des 3. Jahrtausends v. Chr. in Kleinasien und Südthrakien vertreten (Poliochni, Troja IIg, Troas, Alaça Höyük, Eskiyapar, Kültepe, Ikiztepe, Ahemhüyük, Arslantepe VIa, Tell Brak, Tepe Hissar II, Königsgräber von Ur; siehe Bibliographie zu Kat. 116). Nach Ansicht der meisten Forscher, insbesondere M. Mallowan, W. Culican und K. Reinholdt (Mallowan 1947, S. 171ff, Culican 1964, S. 36–43; Reinholdt 1993, S. 23–26) ist das Entstehungsgebiet des Motivs der mit Spiralen versehenen Schieber der nördliche Iran. M. Mellink äußerte früher die Überlegung, daß die Schieber in Form von vier Spiralen anatolischer, möglicherweise westanatolischer Herkunft sind (Mellink 1956, S. 51).

Alle neuen Funde solcher Kettenelemente in Anatolien geben Anlaß, die Hypothese von M. Mellink für sehr wahrscheinlich zu erachten. Insbesondere haben sich vor kurzem T. Özgüç und R. Temizer für sie ausgesprochen (Özgüç, Temizer 1993, S. 622f). Im Verlauf der Entwicklung der Beziehungen zwischen den einzelnen Zentren erhielt das betrachtete Motiv in der frühen

Bronzezeit bis hin zur Ägäis rasch Verbreitung. Zur jüngeren Gruppe gehören Exemplare aus dem 2. Jahrtausend v. Chr., die aus Mykene, Pylos und Kephallenia sowie aus Mari, Babylon und Assur stammen (Kat. Berlin 1988, Nr. 87; Reinholdt 1993, S. 23–26).

Die meisten Schieber mit Spiralen bestehen aus Gold. Jedoch sind einige Beispiele auch aus Silber (Eskiyapar) und aus Bronze (Ikiztepe, Arslantepe VI) gefertigt. Bekannt ist eine aus Anatolien stammende Gußform aus Serpentin (sie wird im Louvre aufbewahrt), die auf einer Seite eine Vertiefung für das Gießen solcher Schmuckgegenstände aufweist, die jedoch ein zusätzliches Element besitzen, nämlich zwei auf den Windungen sich gegenüber sitzende kleine Vögel. Bemerkenswert ist, daß sich auf der anderen Seite dieser Gußform eine Vertiefung zum Guß einer nackten weiblichen Gottheit befindet, die der Bleifigur aus der ausgestellten Sammlung (Kat. 258) außerordentlich ähnlich ist (siehe Emre 1971, S. 111, Nr. 35, Taf. II, 3a–b).

K. R. Maxwell-Hyslop erwähnt, daß Kettenschieber mit vier Spiralwindungen als Beigaben in die Gräber gelangten und auf Siegeln solche Abbildungen mit Gottheiten in Zusammenhang standen. Nach Ansicht der Forscherin, die als Entsprechungen Abbildungen auf einer frühen Gruppe anatolischer und nordsyrischer Siegel anführt, kam dieses Motiv an der Schwelle zwischen dem 4. und 3. Jahrtausend v. Chr. auf und stand für den allgemeinen Begriff »Gewässer«. Die Goldschmiede setzten dieses Muster in Kettenelemente um, deren Bedeutung als Amulette wohl durch die Opferpriester hoch geschätzt wurde. Solche Amulette dienten möglicherweise als Votivgaben für die Gottheit und als Schmuck von Statuen. Auch könnten sie als Schmuck für die Opfer-

priester und adlige Frauen verwendet worden sein, mit denen sie dann in die Gräber gelangt sind (Maxwell-Hyslop 1989, S. 218–220). Es wird außerdem angenommen, daß die Spiralen nicht nur die Funktion von Amuletten, sondern auch von Schutzbringern hatten (Özgüç, Temizer 1993, S. 623).

Der stabförmige Anhänger mit waagrechten Einschnitten (Schmidt 1902 S. 236, Abb. e1) findet eine exakte Entsprechung im Schatz A aus Eskiyapar, in dem ein Kollier gefunden wurde, das aus 78 solchen Elementen und 415 kleinen, ringförmigen Perlen besteht (Typ 2 von Kettenelementen aus Eskiyapar nach der Klassifikation von T. Özgüç und R. Temizer). Die Forscher, die den Schatz aus Eskiyapar der Öffentlichkeit präsentierten, erwähnen, daß Kettenelemente dieses Typs erstmals in Mittelanatolien fixiert wurden (Özgüç, Temizer 1993, S. 614, Abb. 15–17; 616; 624; Taf. 111, 2a–b).

Eine charakteristische Form ist der sogenannte »schmetterlingsförmige« oder »geflügelte« röhrchenförmige Schieber mit zwei halbrunden flachen Lappen (Schmidt 1902, S. 236, Abb. d4, Maxwell-Hyslop 1971, S. 53, Abb. 37a; 54, Abb. 38i), der in Schatz A weit verbreitet ist und in einigen Exemplaren in dem Konglomerat Kat. 235 im Schatz N vorliegt. B. Musche rechnet diese Schieber zum Typ 3 ihrer Klassifikation, in die sie Kettenelemente aus Raum 253 der Schicht Troja IIg der Ausgrabungen K. Blegens einbezieht (Blegen 1950, S. 367, Taf. 357, 37–712, Abb. 356, 17), die im Archäologischen Museum Istanbul, Inv. 5554, aufbewahrt werden (Musche 1992, S. 122, Taf. XLI, 3; siehe auch Kat. Istanbul 1983, S. 136, Taf. 37, Abb. 348; Kat. Tokio 1985, S. 360, Nr. 68). K. Maxwell-Hyslop (1971, S. 53) weist darauf hin, daß solche Kettenelemente aus den Funden in Ur hinreichend bekannt sind. Wir wollen die Funde solcher goldener Kettenelemente aus Alaça Höyük (Kosay 1956, Taf. I, 5a; Lloyd 1961, S. 114, Abb. 77; Kat. Tokio 1985, Nr. 54), Poliochni (Bernabò-Brea 1976, S. 289, Nr. 3, Taf. CCXLVII; CCLII, 16) und Susa (Tallon 1987, S. 272, 316, Nr. 1170) erwähnen. Typologisch ähnliche Kettenelemente, jedoch mit abgeplatteten Lappen (das Aussehen der Kettenelemente erinnert an eine zweischneidige Streitaxt) stammen aus Schatz A in Eskiyapar (Özgüç, Temizer 1993, S. 614, Abb. 41f; 616; Taf. 112, 1a–c; Typ 3 nach der Klassifikation von T. Özgüç und R. Temizer). T. Özgüç und R. Temizer erwähnen Funde von goldenen Kettenelementen dieses Typs in den Gräbern von Kültepe sowie von goldenen und silbernen Kettenelementen in Karataş-Semayük (Özgüç, Temizer 1993, S. 623, Anm. 38–40). Ein Kollier mit ähnlichen Elementen, das wahrscheinlich aus dem Westen Kleinasiens stammt und 1992 auf einer Auktion der Galerie Taisei ausgestellt wurde, wird von D. Content auf die Mitte des 3. Jahrtausends v. Chr. datiert (Content 1992, S. 14f, Nr. 11). Die Übersichten von F. Tallon und B. Musche ergänzen einander und enthalten Funde solcher Kettenelemente aus dem Indus-Tal (Mohenjo-Daro), Turkmenien (Altin Depe) sowie aus dem Iran, insbesondere aus Tepe Hissar IIIB, und aus dem Kaukasus (Tallon 1987, S. 272; Musche 1992, S. 122; Taf. XLV, 2; LXI; XCII, 2, 6). Nach Ansicht der Forscherin ist dieser Typ von Kettenelementen ein Beweis für die Existenz von Handelswegen, die Griechenland, die Türkei, den Iran und Indien miteinander verbanden (Musche 1992, S. 122). Die halbkugelförmigen Perlen mit Ösen in der Mitte (Kat. 101), die nach Ansicht von K. Maxwell-Hyslop besser mit dem Arbeitsbegriff »Knöpfe« zu

bezeichnen sind (Maxwell-Hyslop 1971, S. 53, Abb. 37d, e), finden Entsprechungen in den am Rand mit Granulation verzierten Perlen aus Troja, die im Archäologischen Museum Istanbul aufbewahrt werden (Hazirlayan, Esin 1997, S. 47), in den schmucklosen Perlen aus den von K. Blegen in Troja durchgeführten Ausgrabungen (Blegen 1950, Abb. 357, 37–707), im Schatz B aus Eskiyapar (Özgüç, Temizer 1993, S. 614, Abb. 21; 619, 621, Taf. 120, 1) und in Poliochni (Bernabò-Brea 1976, Taf. CCL, 1–16; CCLII, 12). Der Vollständigkeit halber wollen wir diese Liste um eine von Maxwell-Hyslop angeführte Entsprechung aus Tell Brak (Maxwell-Hyslop 1971, S. 53; Taf. 25, 2) ergänzen.

Ebenfalls außerordentlich charakteristisch ist eine Form von Schiebern, die aus zwei aufeinanderliegenden konzentrischen, aus drei oder vier Windungen bestehenden Drahtringen zusammengelötet sind (Schmidt 1902, S. 236, Abb. c7). Entsprechende Schieber unterschiedlicher Größe (Ringscheibenperlen) sind das Hauptelement eines Kolliers aus einem Schatz aus Thyreatis (Higgins 1981, S. 71, Abb. 78; Deppert-Lippitz 1985, S. 11f; Reinholdt 1993, S. 1ff, Abb. 1–2, 4–8). Als Parallelen nennt K. Reinholdt Funde aus einem Sarkophag im Tholos C in Archanes auf Kreta und entsprechende Kettenelemente aus Bergkristall, die aus einem Tholos der mykenischen Periode in Nichoria in Lakonien stammen (Reinholdt 1993, S. 15f, Abb. 19).

Die meisten Goldperlen, besonders die massiven, wurden ihren unterschiedlichen Abmessungen nach zu urteilen nicht in Formen gegossen, sondern von Hand hergestellt. Es ist anzunehmen, daß für ihre Herstellung sowohl Platten oder Stäbchen mit Öffnungen, die in Schatz A (Kat 101) und F

(Kat. 124) gefunden wurden, als auch Stäbe mit Einschnitten aus Schatz F (Kat. 128–132) verwendet wurden.

Karneolperlen sind in den Funden aus Schatz E (Kat. 121–122) und L (Kat. 218–221) vertreten. Unter ihnen herrschen Perlen in Form abgestumpfter Doppelkegel mit unterschiedlichen Abmessungen und Proportionen vor.

Ähnliche Perlen in Form abgestumpfter Doppelkegel (Schmidt 1902, S. 236, Abb. d3) der akkadischen Zeit stammen aus Tell Brak (Musche 1992, S. 103, Taf. XXXIII, 2) und aus dem frühdynastischen Ur (Musche 1992, S. 81 [Typ 1], Taf. XXII, 91–91 [Typen 5. 2–3, 5. 5, 5. 7], Taf. XXVI–XXVI). Karneol- und Goldperlen mit entsprechender Form wurden im Schatz A in Eskiyapar (Özgüç, Temizer 1993, S. 614, Abb. 22–26, Taf. 115, 1; 616 [Typ 6], 624) und in Poliochni (Bernabò-Brea 1976, Taf. CCXLVII, c–d; CCLII, 1) gefunden. Solche Karneolperlen in Form abgestumpfter Doppelkegel sind auch aus dem 17.–16. Jahrhundert v. Chr. aus dem sogenannten »Schatz von Ägina«, im British Museum bekannt (siehe beispielsweise Higgins 1981, Abb. 46) sowie aus dem 14.–13. Jahrhundert v. Chr. aus Zypern (Higgins 1981, S. 176, Abb. 218).

Eine der Karneolperlen (Kat. 218) hat die Form eines abgestumpften Doppelkegels mit abgeflachten Kanten. Der Draht ist durch den Öffnungskanal hindurchgeführt. An ihm sind an beiden Seiten der Perle zwei flache Silberscheiben mit Ösen befestigt. Die andere Perle (Kat. 220) ist linsenförmig und weist einen querliegenden Öffnungskanal auf. Schließlich ist noch ein röhrchenförmiger Schieber mit zylindrischer Form und versetzter Mitte vorhanden (Kat. 221). Kettenelemente der beiden zuletzt genannten Typen sind aus dem frühdynastischen Ur (Musche 1992, S. 86, Abb. 6) bekannt.

Die zwei Bernsteinperlen Kat. 227–228 stammen aus Schatzfund L. Eine von ihnen ist ziemlich groß, dunkelrot und hat die Form eines abgestumpften Doppelkegels mit einer zu einem der Enden hin versetzten Rippe (Kat. 227). Ihre Form erinnert an die aus Troja bekannten Wirteln aus Ton (siehe Kat. Sofia 1982, Nr. 328) und andere Denkmäler der frühen Bronzezeit Anatoliens (siehe beispielsweise Gürkan, Seeher 1991, Abb. 25, 12). Die zweite Perle (Kat. 228) hat geringere Abmessungen und ist faßförmig. Bernstein wurde im Nahen Osten außerordentlich selten als Material für Perlen verwendet (Musche 1992, S. 43). Insgesamt gesehen gehören diese Perlen, sofern sie tatsächlich aus Schatz L stammen – was von A. Götze bezweifelt wird – zu den ältesten in Kleinasien bekannten Bernsteinerzeugnissen. Funde von Bernsteinperlen sind aus einem Schiffswrack bei Ulu Burun (Kaş) an der türkischen Küste bekannt, die auf das 13. Jahrhundert v. Chr. datiert werden. Eine Perle ist aus baltischem Bernstein hergestellt (Pulak 1988, S. 25).

Man nimmt an, daß baltischer Bernstein im 2. Jahrtausend v. Chr. durch den Handel auf den Flußschiffahrtswegen, wahrscheinlich der Donau, nach Kleinasien gelangen konnte (Mellaart 1966, S. 164; Lassen 1994, S. 135).

Zum Vergleich weisen wir darauf hin, daß in Ägypten baltischer Bernstein in der Bronzezeit außerordentlich selten anzutreffen ist: Die ältesten Funde stammen aus einer Zeit nicht vor ca. 1600 v. Chr. (Hood 1993). Ungefähr ab dieser Zeit verbreitete sich Bernstein auch in hohem Maß auf dem griechischen Festland. Wir weisen hier auf die Funde von Bernsteinperlen – darunter auch solche mit einer den Perlen aus Troja ähnlichen Form – aus den Schachtgräbern von Mykene, den Grä-

bern in Kakovatos, Peristeria und Pylos auf der Peloponnes hin (Hughes-Brock 1985; Kat. Berlin 1988, Nr. 280–281).

Eine besondere Gruppe von Anhängern bilden die aus Schatz J stammenden halbmondförmigen Anhänger aus dünnem Goldblech mit eingerollten und abgeplatteten Enden. Die Oberfläche der Halbmonde weist ein unregelmäßiges Ornament auf, das aus von der Rückseite her eingeschlagenen Punkten (Kat. 154) oder aus einer Punktreihe, Bögen und Dreiecken besteht (Kat. 156, 158–160). K. Branigan führt an, daß die ältesten Exemplare solcher Schmuckstücke, die er zum Typ IV von Ohrringen zusammenfaßt, aus Troja I stammen und Varianten solcher halbmondförmigen Objekte im neolithischen Kontext in Sesklo bekannt sind (Branigan 1974, S. 46 [Typ IV]). Nach Ansicht von M. Özdogan finden diese Anhänger Parallelen unter den Materialien aus der äneolitischen Nekropole von Varna in Bulgarien im 5.–4. Jahrhundert v. Chr. In diesem Zusammenhang sei darauf hingewiesen, daß einige Stücke aus der Nekropole von Varna ein Ornament aus von der Innenseite her getriebenen Punkten aufweisen (siehe beispielsweise Kat. Saarbrücken 1988, Abb. 36, 54, 70). M. Mellnik erwähnt, daß es sich hierbei um eine für das 2. Jahrtausend v. Chr. typische Form handelt (z. B. Ugarit).

Tatsächlich sind halbmondförmige Anhänger aus Goldfolie, darunter auch solche mit geometrischen Ornamenten, die jedoch nicht mit einem Stempel aufgebracht, sondern durch Granulation ausgeführt sind, aus dem 2. Jahrtausend v. Chr. bekannt (Maxwell-Hyslop 1971, S. 187, Abb. 112; Hemelrijk 1976, S. 22f, Abb. 8, 1 [aus dem Nordwestiran]). Es ist anzumerken, daß die Ornamentierung von Anhängern mit von der Rückseite her getriebenen Punkten Par-

allelen unter den oben betrachteten Diademen aus Anatolien und der Ägäis der frühen Bronzezeit sowie unter Anhängern aus Alaça Höyük findet (Kosay 1956, Taf. II, 12–13; Kat. Tokio 1985, Nr. 54). Auf entsprechende Weise ist beispielsweise eine silberne Schließe, die nach Meinung von M. Mellink eine lokale Arbeit ist, aus der Nekropole Karataş verziert (Mellink 1970, S. 245, Taf. 57, Abb. 17). Ein halbmondförmiges Objekt aus Bronze, das aus einer dünnen Platte gefertigt ist und ein mit einem Stempel aufgetragenes Ornament aufweist, wurde in der Nekropole von Ikiztepe gefunden; es wird auf die frühe Bronzezeit III, d. h. auf ca. 2300–2100 v. Chr., datiert (Bilgi 1990, S. 161, 218, Abb. 19, 434). Im Unterschied zu den Exemplaren aus Troja sind jedoch die Enden des Halbmondes nicht eingerollt. Ein ähnliches halbmondförmiges Objekt, jedoch aus einer wesentlich späteren Zeit (Halstatt-Zeit), stammt aus Korni in Rumänien (Hartmann 1970, Taf. 45, 323).

Der halbmondförmige Anhänger aus Bronze (Kat. 253) weist im Unterschied zu den Exemplaren aus Gold Enden aus dünnen, zu Spiralen zusammengedrehten Drähten auf und besitzt eine nicht ornamentierte Oberfläche. Während die goldenen Anhänger aus dünnem Goldblech ausgeschnitten und mit Hilfe eines Stempels verziert wurden, ist der bronzene Anhänger offensichtlich gegossen.

Nach der Herstellungstechnik und der Art der Ornamentierung kommt dem halbmondförmigen Anhänger ein Anhänger in Form einer nach unten weisenden Pfeilspitze (Kat. 254) nahe, der nach der Klassifikation K. Branigans zur umfangreichen Gruppe der blattförmigen Anhänger gehört (Typ 9 nach der Klassifikation K. Branigans; siehe Bibliographie zu Kat. 254).

Schmucknadeln

In der ausgestellten Sammlung sind einige Schmucknadeln vertreten, die grob in zwei Gruppen eingeteilt werden können. Es handelt sich dabei um die aus Schatz R (Kat. 245) und den Einzelfunden (Kat. 246–247) stammenden einfachen Schmucknadeln mit kugelförmig-konischem (Kat. 245) oder facettiertem (Kat. 247) Kopf, eine Schmucknadel mit einem im oberen Drittel geteilten Schaft und zwei durch senkrechte Einschnitte geschmückten Knöpfen (Kat. 246) sowie um die aus Schatz O stammenden goldenen Prunknadeln (Kat. 239–240), die zu den vollkommensten Exemplaren der in Troja gefundenen Schatzstücke gehören.

Die Schmucknadel aus Schatz R (Kat. 245) hat sowohl in Troja als auch unter anderen Denkmälern der Bronzezeit Anatoliens und der Kykladischen Inseln Parallelen (siehe Bibliographie zu Kat. 245). Zum selben Typ gehört das Fragment Kat. 127 (Schatz F), sofern es sich hierbei nicht um das Bruchstück eines Halsrings handelt. K. Branigan erwähnt (Branigan 1974, S. 35 [Typ IV b]), daß dieser Typ von Schmucknadeln gerade für die frühe Bronzezeit charakteristisch ist. Ähnliche Funde aus der mittleren Bronzezeit sind dem Forscher nicht bekannt.

Schmucknadeln mit facettierten Köpfen (Typ 11 nach der Klassifikation von D. French) sind auch in Kleinasien anzutreffen (siehe Bibliographie zu Kat. 247). Was die Schmucknadel Kat. 246 anbelangt (Typ 12 nach der Klassifikation von D. French), so findet K. Branigan (1974, S. 36 [Typ Vb]) zu ihr unter den Materialien der Ägäis keine Entsprechungen. Jedoch erwähnt K. Maxwell-Hyslop (1971, S. 57) den Fund einer ähnlichen bronzenen Schmucknadel aus dem Raum II von Byblos, die auf eine Zeit nach 2000 v. Chr., wahrscheinlich

auf die Mitte des 19. Jahrhunderts v. Chr., zu datieren ist. Die Ausführung der Nadelköpfe mit Einschnitten findet bei der Verzierung der Enden des Halsrings Kat. 76 und eines Halsrings aus Eskiyapar (Özgüç, Temizer 1993, Taf. 110, 1b) Parallelen. Möglicherweise dienten Schmucknadeln dieses Typs als Prototyp der Schmucknadeln mit zwei Zacken, die sich im Zentralkaukasus in der Mitte des 2. Jahrtausends v. Chr. verbreiteten (Techov 1977, S. 48f, Abb. 49, 1–6).

Kommen wir nun zu den beiden Prunknadeln aus Schatz O. Die Nadel Kat. 239 mit einem durch eine rechteckige Platte gebildeten Kopf mit Filigranornament, die am oberen Rand mit sechs zweihenkeligen Miniaturgefäßen verziert ist, hat ihre nächste Entsprechung in einer Goldnadel aus einem in der Troas gefundenen Schatz, der im Museum der Universität von Pennsylvania aufbewahrt wird (siehe Bibliographie zu Kat. 239). Während die Nadel Kat. 239 mit vier senkrechten Reihen aufgelöteter filigraner Verzierungen in Form brillenförmiger Doppelspiralen geschmückt ist, weist die Nadel in Philadelphia eine ebenfalls aus vier senkrechten Reihen bestehende Ornamentierung auf, die jedoch mit S-förmigen Spiralen ausgeführt ist. Die Reihen der Spiralen an der trojanischen Nadel sind durch glatte senkrechte Drähte unterteilt, wohingegen an der Schmucknadel aus der Troas diese Drähte (in zwei Fällen doppelte Drähte) durch schräg verlaufende Einschnitte geschmückt sind. Die an die oberen Ränder angelöteten Miniaturgefäße der Schmucknadel in Philadelphia haben länger gestreckte Hälse. Es gibt auch einen konstruktiven Unterschied: An der Schmucknadel Kat. 239 ist der Nadelschaft von der Rückseite der viereckigen Platte her gebogen, an der Schmucknadel in Philadelphia

hingegen von der Vorderseite her. Im übrigen sind sich die Nadeln – auch was ihre Abmessungen angeht – außerordentlich ähnlich. Es ist zudem zu erwähnen, daß das aus den Grabungen Schliemanns stammende Exemplar zweifellos aus der Hand eines erfahreneren Meisters stammt. Es zeichnet sich durch eine präzisere Ausführung der Details aus. Gleichzeitig jedoch hat dieser Goldschmied einzelne Arbeiten recht nachlässig ausgeführt. So wurde beispielsweise das herausstehende Ende des ausgetriebenen Teils des Nadelschaftes nicht abgeschnitten, sondern über dem unteren Rand der Platte an der Vorderseite abgebogen und flachgedrückt.

Die Prunknadel Kat. 239 ist nachweislich repariert worden. So ist an der oberen Stirnseite der Platte ein abgeflachter Draht angelötet, dessen Enden wahrscheinlich ursprünglich irgendwelche ornamentalen Abschlüsse, möglicherweise Spiralen, aufwiesen. Am linken Rand ist das Ende des abgeflachten Drahtes abgebrochen, sein anderes Ende ist mit der Verlängerung eines der auf die Platte aufgelöteten senkrechten Drähte zusammengedreht. Es ist kaum anzunehmen, daß dies durch den Meister vorgenommen wurde, der die Schmucknadel hergestellt hat.

Die Ausführung der Ornamentierung der Prunknadel Kat. 239 erinnert außerordentlich stark an die Verzierung des Armbandes Kat. 123 und des in Istanbul aufbewahrten Armbandes (siehe Bibliographie zu Kat. 123). Interessanterweise weisen sowohl an der Nadel als auch an den Armbändern die nebeneinanderliegenden Reihen der Doppelspiralen in unterschiedliche Richtungen. Man kann annehmen, daß alle diese Verzierungen von ein und demselben Meister stammen (siehe auch die Form der Spiralen der Schieber mit vier Spiralen Kat. 116

und 161). Die bei der Ornamentierung des Armbandes Kat. 123 und der Prunknadel Kat. 239 verwendete brillenförmige Doppelspirale wird bisweilen als »trojanische Spirale« bezeichnet (Otto 1992, S. 249), da es zu dieser Komposition unter den in der Bronzezeit im ägäischen Raum verbreiteten Ornamenten keine Parallelen gibt. Umso verwunderlicher ist, wie B. Otto erwähnt, die Tatsache, daß die »trojanische Spirale« als Einzelmotiv oder als Element einer komplizierteren Komposition an einem goldenen Diadem und am Brustharnisch aus dem Schachtgrab V in Mykene verwendet wurde (Otto 1992, S. 249–251, Abb. 10, c–d). K. Schuchhardt betrachtete die Goldgegenstände aus den kleinen trojanischen Schätzen als Importe (Schuchhardt 1891, S. 77f). Wir wollen im übrigen anmerken, daß die »trojanische Spirale« in Form von Anhängern in den Kulturen der Bronzezeit Osteuropas Verbreitung gefunden hat, namentlich in der mittleren Phase der Mitteldnepr-Kultur (Ėpocha bronzy 1987, S. 168, Abb. 12, 5), in der Počaper-Phase der Unterkarpaten-Kultur (Ėpocha bronzy 1987, Abb. 17, 4), in der Fatjanovo-Kultur (Ėpocha bronzy 1987, S. 192, Abb. 35, 22), in der Abaševo-Kultur (Chernykh 1970, Abb. 62, 18; Ėpocha bronzy 1987, S. 223, Abb. 61, 3; S. 224, Abb. 62: 1, 3; S. 255, Abb. 63,9) sowie in der Balanbaš- und Garinsko-borinsker Kultur (Chernykh 1970, Abb. 62, 17, 19–20).

Nach Ansicht D. Eastons gehört die Prunknadel Kat. 239 typologisch am ehesten zur Phase Troja II, obschon sie auch der Spätphase von Troja II zugeordnet werden kann (Easton, im Druck, S. 4, 18, Anm. 28).

Meiner Meinung nach erinnert die Form der Prunknadel Kat. 239 auch an eine Nadel aus Poliochni, die einen ähnlich langen Schaft und einen breiten flachen Aufsatz mit zwei Spiralwindungen an den Rändern besitzt (siehe Bibliographie zu Kat. 239). Es steht jedoch außer Zweifel, daß es sich bei Kat. 239 um eine erheblich weiterentwickelte und vervollkommnete Variante im Vergleich zu dem Exemplar aus Poliochni handelt.

Interessanterweise geht die Schmucknadel aus Poliochni auf ein außerordentlich stark verbreitetes Schema von Schmucknadeln mit einem geteilten, zwei Spiralen bildenden Kopf zurück (Branigan 1974, S. 36 [Typ XI], Taf. 19, Nr. 2064–2074). Ähnliche Schmucknadeln sind aus Troja bekannt (Maxwell-Hyslop 1971, S. 55, Abb. 40a; Müller 1972, S. 91, Taf. 291; Branigan 1974, Taf. 19, Nr. 2067–2068, 2070; Hazirlayan, Esin 1991, S. 38). Solche Schmucknadeln (Typ A nach der Klassifikation von J. Huot) waren zur Zeit des Übergangs vom 4. zum 3. Jahrtausend v. Chr. in Gebrauch. Die ältesten Exemplare wurden in Sialk IV und im Donauraum festgestellt. Im 3. Jahrtausend v. Chr. waren sie im Iran (Hissar II), in Afghanistan (Mundigak II und IV), Mittelasien (Anau II) und in Anatolien (Alaça Höyük, Ahlatlibel, Demirci Hüyük-Sariket) bekannt (Huot 1969, S. 73f; Seeher 1991, S. 110, 112, Abb. 8, 12). In das 3. Jahrtausend v. Chr. gehört auch eine Schmucknadel aus einem Denkmal der Kury-Araksa-Kultur von Beštašeni. Am Ende des 3. und Anfang des 2. Jahrtausends v. Chr. treten sie in etwas abgewandelter Form in Serien sowohl im Transkaukasus als auch im Nordkaukaus auf (Kušnareva, Čubinišvili 1970, S. 118, Abb. 43, 1; 127f, Anm. 185; Techov 1971, S. 84ff, Abb. 19, 15–19).

Diese Schmucknadeln verbreiteten sich über das ausgedehnte Gebiet von Mohenjo-Daro im Osten bis nach Bulgarien und Rumänien (siehe Dumitrescu 1970, S. 44f, Abb. 2; Bilgi 1984, S. 93, Abb. 16, 157; 1990, S. 215, Abb. 16, 241). Schon in der frühen Bronzezeit war derselbe Typ von Schmucknadeln auf den Kykladen verbreitet (Dumitrescu 1970, S. 46f; Branigan 1974, S. 36; Reinholdt 1993, S 17f, Abb. 22).

Ein kugelbauchiges Miniaturgefäß mit hohem Hals und breitem, nach außen gebogenem Rand, das sehr stark an die kleinen Gefäße der Prunknadel Kat. 239 erinnert, ziert eine in Istanbul aufbewahrte Goldnadel aus Troja mit einem aus einer nach oben gebogenen Doppelspirale bestehenden Kopf. Sie stammt aus den Ausgrabungen K. Blegens des Raums 252 eines Gebäudes der Schicht Troja II g (siehe Bibliographie zu Kat. 239).

Man nimmt an, daß dieser Typ von Nadeln auf ältere Vorlagen des Typs B aus Zentralasien und Afghanistan zurückgeht (Huot 1969, S. 75f). Ebensolche Nadeln mit kleinen Gefäßen sind auch von den Kykladen bekannt (Jacobstahl 1956, S. 160ff; Bass 1970, S. 335; Higgins 1980, S. 53, Abb. 5c, Taf. I; Reinholdt 1993, S. 22, Anm. 33, Abb. 30 a–c).

Die zweite Prunknadel aus Schatz O (Kat. 240) besitzt als Kopf eine Rundscheibe, die mit elfblättrigen Rosetten und Spiralen geschmückt ist. Man kann annehmen, daß die Blätter der Rosetten, ähnlich den Blättern der Rosette an einem Ring aus der ersten Hälfte des 15. Jahrhundert v. Chr. aus dem Kuppelgrab in Vafio in Lakonien, mit Email gefüllt waren. Man glaubt, daß die Zellenschmelztechnik (émail cloisonné) in der mykenischen Zeit entstanden ist (Kat. Berlin 1988, Nr. 195). Wir wollen erwähnen, daß das heutige Aussehen der Schmucknadel das Ergebnis einer ungenauen, in Berlin durchgeführten Restaurierung ist. Ursprünglich verlief der Schaft, wie dies auf einem Foto von

1902 deutlich zu sehen ist, durch die Öffnungen in der (heute oberen) Platte zum Kopf führte, der nun bei umgekehrter Anbringung des Schaftes kopfüber steht (Schmidt 1902, S. 245, Nr. 6134, Foto auf Beilage II nach S. 234).

K. R. Maxwell-Hyslop (1971, S. 56f) erwähnt, daß diese Prunknadel für Troja einmalig ist. Das Niveau der Goldschmiedekunst bei der Verwendung von Grubenschmelz läßt vermuten, daß sie auf eine spätere Zeit zu datieren ist als die Hauptmasse der Erzeugnisse aus den Schätzen, möglicherweise auf die Periode von Troja VI. I. Griesa (Kat. Athen 1990, Nr. 57) ordnet die Schmucknadel dem sehr langen Zeitraum von Troja II–V zu und datiert sie auf 2600–1800 v. Chr. Bei der Analyse des Hauptelements der Verzierung der Schmucknadel Kat. 240 findet B. Otto Parallelen zu dieser in einem Siegelabdruck aus Phaistos sowie in goldenen Scheibchen aus den Schachtgräbern von Mykene und erwähnt allgemein, daß solche Rosetten sich in der frühen Bronzezeit auf den Kykladen und in der mittleren Bronzezeit auf dem griechischen Festland verbreiteten (Otto 1992, S. 248, Abb. 6). Wir wollen auch die Verwendung dieses Motivs an den Golddiademen aus dem dritten und vierten Schachtgrab von Mykene (Deppert-Lippitz 1985, S. 27, Abb. 9; Dickinson 1994, S. 183, Abb. 5. 40, 4; 185) sowie an den Böden von Goldgefäßen aus dem Schatz von Et-Tod in Oberägypten erwähnen, die wahrscheinlich in mykenischen Werkstätten hergestellt worden sind (Maran 1987, S. 223, Abb. 1, 6a, 7a; 226).

Bei der Gestaltung beider Schmucknadeln Kat. 239 und 240 wurden runde, goldene Miniaturscheiben verwendet, und zwar als Kränze für die kleinen Gefäße an der Nadel Kat. 239 und als Element des unteren Drahtes des Kopfes der Nadel Kat. 240.

Rohlinge für Goldschmiedeerzeugnisse

Die in den Schätzen A (Kat. 101) und F (Kat. 124) gefundenen schmalen Stäbe bzw. Platten mit unregelmäßig eingeschlagenen Öffnungen haben Parallelen unter den im Archäologischen Museum Istanbul aufbewahrten Gegenständen aus Troja (siehe Bibliographie zu Kat. 124). Die Lage der Öffnungen an einer Platte aus Istanbul ist im übrigen regelmäßiger, was U. Esin Anlaß zu der Vermutung gibt, die Platte habe als Rohling für die Herstellung von Perlen dienen können. Wir wollen anmerken, daß in Istanbul auch eine lange Platte mit regelmäßiger Anordnung der Öffnungen, glatten, parallelen Rändern und einer waagrechten Markierung aufbewahrt wird. Die Vermutung K. Branigans, daß diese Platten als Elemente zur Befestigung von Anhängern an Körbchenohrringen dienen konnten, basiert auf zwei unpräzisen Grundannahmen: Erstens wird vorausgesetzt, daß sich die Öffnungen in den Platten in gleichem Abstand zueinander befinden und zweitens, daß die Anzahl der Öffnungen durch sechs oder sieben teilbar ist. Außerdem unterscheiden sich die Platten Kat. 101 und 124 von den dünnen und präzise ausgeführten Streifen, die als Befestigungselemente an Diademen dienten (siehe oben), und einer entsprechenden Platte aus Poliochni, die somit fälschlicherweise von Branigan dieser Gruppe zugeordnet wurde (Branigan 1974, S. 47, Taf. 22, Nr. 3005). Den Platten Kat. 101 und 124 sind drei Gegenstände mit je neun Öffnungen sehr ähnlich, die aus einem Komplex der mittleren Bronzezeit aus Velika Brbica stammen und in Belgrad aufbewahrt werden. Diese Platten haben jeweils ein Gewicht von ca. 2,7 g, eine Länge von 4,2 cm und eine Breite von

0,4 cm (siehe Bibliographie zu Kat. 101). Der Bestimmungszweck der Platten aus Velika Brbica ist unklar, jedoch ist ihre Verwendung als Unterteilungselemente von Ketten wenig wahrscheinlich, auch wenn Goldperlen in einer Menge von 1.021 Stück ebenfalls in diesem Komplex gefunden wurden (Garašanin 1954, S. 10, Nr. 4719, Tab. II, 1). Zu beachten ist die Tatsache, daß in eine Öffnung einer der Platten ein zusammengebogenes Drahtstück aus Gold eingesetzt ist (ähnlich dem Stück Kat. 101) und sich in demselben Komplex ein weiteres zusammengedrehtes Drahtstück aus Gold mit einem Gewicht von 12,68 g befindet (Garašanin 1954, Nr. 10, Nr. 4734, Tab. II, 7). So ist es, auch wenn D. Garašanin den Charakter des Komplexes nicht exakt bestimmt und annimmt, es könnte sich um einen Schatz oder um Grabbeigaben handeln, logischer, in diesem Komplex den Schatz eines Goldschmiedes zu sehen und die Platten mit Öffnungen – ähnlich denen aus Troja – als Rohlinge für Perlen zu betrachten.

Aus Schatz F stammen gehämmerte Goldstäbe mit abgerundetem Querschnitt, die stellenweise schmale, ungleichmäßige Kanten aufweisen und deren Enden abgeschlagen sind (Kat. 128–132). An einer Seite sind die Stäbe mit Einschnitten von geringer Tiefe versehen, was den Eindruck einer gezahnten Oberfläche vermittelt. A. Götze bezeichnete diese Funde als Goldbarren. H. Schliemann (1881, S. 553) erwähnte 16 solcher Gegenstände und brachte ihren Bestimmungszweck mit den silbernen »Talenten« Nr. 5967–5972 in Zusammenhang. Nach Ansicht der Autoren des Katalogs der Ausstellung in Istanbul (Kat. Istanbul 1983, S. 137, Abb. 365) konnten die durch Einschnitte markierten Teile bei Bedarf an diesen Stellen abgeschlagen werden. Der Wert dieser Stücke wurde durch Abwiegen bestimmt. Es ist jedoch nicht ausgeschlossen, daß ein Abwiegen nicht unbedingt erforderlich war, da das Gewicht jedes Teilstücks durch die Einschnitte gekennzeichnet war. Nach einer von M. Korfmann (1994a) geäußerten Vermutung ist das Gewicht solcher Stäbe mit den Gewichtssystemen Mesopotamiens, Syriens und Ägyptens zu vergleichen. An den Stäben in Istanbul mit einem Gewicht von 9,90 g bis 10,67 g sind 52 bis 60 Einschnitte angebracht, folglich sind die Stäbe in 53 bis 61 Abschnitte unterteilt. Die in Moskau aufbewahrten Stäbe wiegen 9,87 bis 10,48 g und sind in 53 bis 59 Stücke unterteilt. Zwischen dem Gewicht der Stäbe und der Anzahl der Stücke besteht kein direkter Zusammenhang. Umso komplizierter ist es, die Stäbe mit Einschnitten mit den Normen der im Nahen Osten verbreiteten Geldwiegesysteme zu vergleichen. So bestand eine babylonische Mine aus 60 Schekeln zu 8,4 g, eine hethitische aus 40 Schekeln zu 11,75 g und eine syrische aus 50 Schekeln zu 9,4 g. Nach den Berechnungen, die von K. Petruso auf der Grundlage von Funden sehr alter Gewichte aus Troja II angestellt wurden, hatte dort ein Schekel 5,5 g, während der mykenische Schekel 5,58 g wog (Moorey 1985, XV; Lassen 1994, S. 135f). Eine Mine aus Ebla mit einem Gewicht von 470 g bestand aus 60 Schekeln zu 7,83 g (Archi 1985). Fundierter erscheint der von M. Mellink vertretene Standpunkt, daß es sich bei solchen Stäben um Rohlinge für Goldschmiedearbeiten gehandelt haben könnte. Man kann sich vorstellen, daß die Stäbe zur Herstellung einzelner Typen von Perlen verwendet wurden.

Zudem ist auch die Möglichkeit nicht gänzlich zu verneinen, daß die Stäbe mit Einschnitten, ähnlich wie auch einige andere Gegenstände aus den Schätzen (z. B. ziemlich homogene Lockenringe)

eine Doppelfunktion erfüllten, und zwar als Halbfabrikate und Rohlinge für Goldschmiedeerzeugnisse und gleichzeitig als Urtyp von Geld. In diesem Sinne haben sich – noch vor A. Götze (Götze, in Dörpfeld 1902, S. 361ff) – der bekannte Numismatiker E. Babelon (Babelon 1897, S. 89) und vor vergleichsweise kurzer Zeit in Zusammenhang mit den untersuchten Funden aus den trojanischen Schätzen D. Mannsperger (Mannsperger 1992, S. 132–139) geäußert.

Auch das aus Schatz R stammende Stück eines spiralförmig zusammengedrehten, ziemlich dicken Drahtes mit geglätteten Enden (Kat. 242) kann als Rohling für Goldschmiedererzeugnisse angesehen werden. Dem gleichen Zweck dienten die anderthalbfach gewundenen Stücke aus rundem Draht mit geringerem Querschnitt (Kat. 243–244). Unter den Einzelfunden gibt es auf ähnliche Weise gewundene Stücke aus Bronzedraht (Schmidt 1902, S. 255, Nr. 6438–6443; Pfeffer 1990, Abb. 16, 1–2), die nach Ansicht A. Pfeffers (Pfeffer 1990, S. 35) zur Herstellung von Ketten dienten.

Die Funde kleiner Goldkügelchen sowie kleiner Silber- und Goldbarren im Konglomerat Kat. 217 von Schatz L stehen ohne Zweifel mit der Herstellung von Goldschmiedeerzeugnissen in Zusammenhang. Interessanterweise wird der Hauptteil des Konglomerats durch kleine goldene und größere silberne Nägel gebildet. Hier finden sich Goldkügelchen sowie flache runde und gezackte Scheiben, die in Schatz A weit verbreitet sind.

Menschliche Figuren

Besonderes Interesse wecken zwei Figuren: eine gegossene Bronzestatuette aus Schatz K (Kat. 165) und eine als Relief gegossene Bleifigur (Kat. 258).

Die massive, mittels eines Wachsmodells gegossene Bronzefigur besitzt keine Geschlechtsmerkmale. Sie steht aufgerichtet da mit einem waagrecht angewinkelten rechten Arm und an die Brust gedrückter Hand (der linke Arm ist am Ellenbogen abgebrochen und nicht erhalten; jedoch war er seiner Biegung nach zu urteilen ähnlich dem rechten angewinkelt). Sie ist der einzige Fund aus Schatz K, der in dieser Ausstellung gezeigt wird.

Außerordentlich charakteristisch ist die Form des Kopfes mit breiter Nase und zwei kleinen, abgerundeten Vertiefungen für die Augen sowie mit Ohren, die durch Halbringe gebildet werden. Diese weisen an der rechten Seite eine Öffnung und an der linken Seite eine Vertiefung auf.

Die trojanische Figur ist mit den Bronze- und Tonidolen aus Horoztepe im Norden Mittelanatoliens und Ikiztepe (Kat. Istanbul 1993, S. 82f, Abb. 99–101) vergleichbar. In Horoztepe wurde ein in ähnlicher Art ausgeführtes, Ende des 3. Jahrtausends v. Chr. entstandenes Idol in Form einer weiblichen Figur, die ein Kind stillt, gefunden. Etwas größer als die in Troja gefundene Figur (Höhe 21,5 cm), weist sie ebenfalls Öffnungen in den Ohren auf (Kat. Tokio 1985, S. 358, Nr. 40; Kat. Istanbul 1993, S. 113, Abb. 249). Entsprechend geformte Ohren finden sich auch an einer westanatolischen Koroplastik (Yakar 1985, Abb. IX, 14–16). Das Gesamtbild der Figur, die Haltung des Kopfes, die Nase und die Ohren erinnern an die vom Balkan stammenden Ton- und Marmoridole, insbesondere an Figuren aus Varna, Gumelnia (Kat. Saarbrücken 1988, S. 118, Abb. 67) und Werke der Spättripoler Plastik (Pogoševa 1985, S. 102f, 210ff, Abb. 795ff). Die Haltung der angewinkelten Arme ist ebenfalls ein für die Kleinplastik der Bronzezeit ziemlich charakteristischer Zug. Entsprechungen sind Bronzefiguren aus Kreta (Bossert 1923, Abb. 140–142) und nordsyrische Statuetten vom Ende des 3. und Anfang des 2. Jahrtausends v. Chr. (Seeden 1980, S. 15ff, Taf. 12, 41, 43). Jedoch unterscheidet sich das Gesamtbild der levantinischen Statuetten deutlich von der Bronzefigur aus Schatz K. Außerdem besitzen allen oben erwähnten Figuren ausgeprägte Geschlechtsmerkmale. Mit dem trojanischen Bronzeidol ist wohl eine Terrakotte aus Tarsus zu vergleichen, die ebenfalls keine Geschlechtsmerkmale und eine analoge Haltung der Arme sowie eine entsprechende Ausführung des Kopfes, der Nase und der Ohren (wenn auch letztere keine Öffnungen haben) aufweist. H. Goldman, der die Terrakotte aus Tarsus, die seines Erachtens vermutlich aus der frühen Bronzezeit des 3. Jahrtausends stammt, der Öffentlichkeit vorgeführt hat, weist darauf hin, daß eine entsprechende Figur in Kusura gefunden wurde (Goldman 1956, S. 336, Abb. 451, 3). Eine recht nahe Entsprechung zur trojanischen Figur führt K. Branigan an: Die Rede ist von einer fragmentierten Bleifigur aus Antiparos, die zur Grotta-Pelos-Kultur gehört und auf eine Zeit nicht nach der Periode Troja II datiert wird. Die Figur aus Antiparos hat ähnlich amorphe Umrisse des Rumpfes, die Arme sind ebenfalls an den Ellenbogen gebeugt, die Hände sind an die Brust gedrückt, Geschlechtsmerkmale fehlen (Branigan 1974, S. 50 [Typ II], Taf. 24, Nr. 3132).

Die stark schematisierte Figur einer weiblichen Gottheit mit rundlichem Gesicht, langem Hals, rechtwinklig an Schultern und Ellenbogen gebeugten Armen, an die Brust gedrückten Händen und an den Knien schmaler werdenden Beinen (Kat. 258) stammt aus den Einzelfunden. Trotz der Stilisierung betonte der Meister Details wie gewölbte Augen und Wangen sowie am oberen Rand des Kopfes verlaufende Wölbungen mit ovaler Form, die Haarlocken und Schmuckgegenstände nachahmen. Zapfenförmige Anhänger dienen als Ohrschmuck, der Hals ist mit vier waagrechten, reliefartigen Ringen geschmückt, wobei eine Halbkugel ein Kollier imitiert.

Diese Bleifigur ist kein Einzelfall. Bekannt ist eine sehr nahe Parallele, die wahrscheinlich aus Anatolien stammt und im Jahre 1966 vom Metropolitan Museum angekauft wurde (Emre 1971, S. 122, Nr. 34, Taf. II, 2). Solche Figuren wurden in ausgehöhlten Formen aus Stein gegossen. An einigen von ihnen, beispielsweise an den Formen aus Sippar, Izmir und Akhisar-Tiatejry, finden sich ähnliche Figuren (siehe Bibliographie zu Kat. 258). Wie die Untersuchungen von K. Emre (1971, S. 97) gezeigt haben, verbreiteten sich solche Bleifiguren in Anatolien von der frühen Bronzezeit (Troja IIg) bis zur Zeit der assyrischen Handelskolonien. K. Branigan (1974, S. 50) datiert die Verbreitung solcher Figuren im wesentlichen auf die zweite Hälfte des 3. Jahrtausends v. Chr. Gleichzeitig verwendete P. Calmeyer bei der Erwähnung der mittelanatolischen Parallelen zur Bleifigur aus Troja letztere als eines der Argumente für eine späte Datierung von Troja II (Calmeyer 1977, S. 93–97).

Gefäße

Diese Gruppe wird durch Erzeugnisse aus Gold, Silber und Bronze repräsentiert. Die meisten von ihnen stammen aus Schatz A (Kat. 1–7), zwei aus Schatz B (Kat. 102–103); ein Gefäß (Kat. 259) und möglicherweise ein Gefäßdeckel (Kat. 9) sind Einzelfunde.

Ausgehend von Entsprechungen aus der Troas, nämlich Bronzepfannen mit langen, flachen, in rollenartige Rundungen auslaufenden Stielen (sog. Stielpfannen), von denen zwei ganz erhalten sind und drei in Fragmenten vorliegen und im Prähistorischen Seminar der Universität Istanbul aufbewahrt werden (Bittel 1959, S. 1–7; Branigan 1974, Taf. 36f, Nr. 3196–3197; Spanos 1977, S. 99–101), vermutet K. Bittel, daß die große Phiale mit Omphalos Kat. 1, die anfangs von H. Schliemann als Schild aufgefaßt wurde (Schliemann 1881, S. 528f), in Wirklichkeit eine Pfanne ist. Ein Stiel einer solchen Pfanne, der den Stielen der Pfannen aus der Troas entspricht (Bittel 1959, S. 6f, Abb. 1–6), wurde ebenfalls in Schatz A gefunden; er befindet sich derzeit in der Staatlichen Eremitage (Schliemann 1874, Taf. 197; 1881 S. 523, Nr. 782; Götze, in Dörpfeld 1902, S. 346, Abb. 267e; Schmidt 1902, S. 226, Nr. 5822). A. Götze vermutete, daß dieser Gegenstand eine »Zeremonienaxt« war. Auf den ersten Blick ist die von K. Bittel vorgeschlagene Rekonstruktion recht überzeugend. Gleichzeitig jedoch ist die »Phiale« Kat. 1 im Durchmesser doppelt so groß wie die Pfannen aus der Troas, und das Verhältnis des Durchmessers der Pfanne und des Stiels an der von K. Bittel rekonstruierten Pfanne (50,6 und 18,8–25 cm) unterscheidet sich ebenfalls erheblich von den Abmessungen der Pfannen aus der Troas (beispielsweise 30,5–26,0 und 30,4 cm). Schließlich fehlen am Pfannenrund auch sichtbare Spuren der Befestigung des Stiels völlig (was sich im übrigen auch als Ergebnis der Restaurierung erklären läßt). In jedem Fall konnten die Abmessungen solcher Pfannen variieren, wovon insbesondere der Fund einer ähnlichen kleinen Pfanne aus Elektron im Schatz A in Eskiyapar zeugt (Özgüç, Temizer 1993, S. 619, Abb. 48, 50, Taf. 117, 3a–b). Die Ähnlichkeit in den Details der Pfanne aus Eskiyapar und der Funde aus der Troas gaben den türkischen Forschern Grund zu der Annahme, daß sie in ein und derselben Werkstatt in Nordwestanatolien hergestellt worden sind, von wo auch das genannte Gefäß aus Elektron nach Mittelanatolien (Eskiyapar) gelangte (Özgüç, Temizer 1993, S. 625f). Nach Ansicht von K. R. Maxwell-Hyslop wurden solche Gefäße zum Auswaschen von Flußgold verwendet (Maxwell-Hyslop 1970, S. 227). Diesen Standpunkt vertritt auch P. Spanos (Spanos 1977, S. 99), P. Calmeyer vermutet dagegen, daß diese Gefäße wohl eher zum Auswaschen von Zinn verwendet wurden (Calmeyer 1977, S. 92f). Dies jedoch verträgt sich kaum mit den heute vorhandenen Daten über die Herkunftsquellen des in Troja verwendeten Zinns (siehe unten).

Aus Schatz A (Kat. 2–3) und aus den Einzelfunden (Kat. 259) liegen drei aus sehr dünnem Silberblech getriebene anthropomorphe Gefäße mit abnehmbaren Verschlüssen vor (H. Schmidt hat darauf hingewiesen, daß der Fuß des eiförmigen Gefäßes Kat. 2 getrennt vom Bauch hergestellt wurde). Die senkrechten Öffnungen an den Ösen der Käppchen sowie an den am Bauch der Gefäße angelöteten Henkeln lassen annehmen, daß durch sie Schnüre zur Fixierung des Deckels hindurchgeführt wurden und die Fläschchen selbst versiegelt werden

konnten. Insofern handelt es sich um den Typus der Schnurösenflasche (vgl. H. Schmidt).

Höchstwahrscheinlich dienten alle drei Fläschchen als Behälter für Riechstoffe. Es ist anzunehmen, daß sie ziemlich lange in Gebrauch waren; dies ist durch erhebliche Spuren von Reparaturen belegt: In einer Reihe von Fällen hatte der Meister mittels eines Stempels von innen her die Wände des Flakons ausgebeult. Es ist nicht auszuschließen, daß mindestens einmal am Bauch des Flakons Kat. 2 ein kaum erkennbarer rechteckiger Flicken aufgesetzt wurde. Die Abmessungen und der Aufbau der Gefäße aus Troja sind ziemlich ähnlich. Es hebt sich wohl nur der Flakon Kat. 3 ab, bei dem Bauch und Deckel durch von innen her getriebene Rippen verziert sind. Diese bilden Kanneluren, welche an die Kanneluren am großen Goldbecher aus Schatz A (Kat. 7) und am kleinen zweihenkeligen Silberbecher aus der ehemaligen Norbert-Schimmel-Sammlung im Metropolitan Museum (Muscarella 1974, Nr. 2, Ancient Art 1992, S. 37) erinnern. Aus dieser Sammlung stammt auch die einzige aus Elektron gefertigte Entsprechung zu den anthropomorphen Gefäßen aus Troja (Muscarella 1974, Nr. 1; Ancient Art 1992, S. 37). Beide oben genannten Gefäße aus dem Metropolitan Museum stammen wahrscheinlich ebenfalls aus Nordwestanatolien. Nach Ansicht von M. Mellink könnte es sich bei dem Flakon Kat. 3 um eine lokale Arbeit handeln.

Die Vermutung, daß die anthropomorphen Gefäße aus örtlicher Produktion stammen, wird durch den Fund eines Tongefäßes mit zwei muffenförmigen Griffen und einem außerordentlich ähnlichen Käppchen mit senkrechten Öffnungen (Kat. Athen 1990, Nr. 78) gestützt, der aus den Schichten

Troja II–V stammt. Von ähnlichem an die Käppchen mit Ösen erinnerndem Aussehen sind die Ausgüsse der aus der frühen Bronzezeit stammenden kugelförmigen Krüge aus der Nekropole von Demirci Hüyük-Sariket (Seeher 1991, S. 104f, Abb. 3–4).

Die kugelbauchige Flasche Kat. 4 hat unter den Metallgefäßen keine Parallelen. Sie findet jedoch Entsprechungen unter den zum Kreis der »syrischen« Keramik gehörenden Flaschen, die sowohl aus Troja als auch aus anderen anatolischen Denkmälern bekannt sind (Orthmann 1964, Taf. 100; Podzuweit 1979, S. 182, Easton 1984, S. 157). Diese Flaschen wurden zur Aufbewahrung von Parfum und Essenzen verwendet. Nach Ansicht von M. Korfmann sind die nächsten Entsprechungen zur kugelbauchigen Flasche aus Troja Bleigefäße aus Demirci Hüyük (Seeher 1991, S. 110, 115, Abb. 10,1) und Küçükhöyük (Gürkan, Seeher 1991, S. 83, Abb. 21), die auf etwa 2400–2300 v. Chr. zu datieren sind. Jedoch haben diese Bleigefäße etwas andere Proportionen, ihr Hals und ihr Rumpf sind stärker gestreckt. Ein wichtiges, in den bisherigen Veröffentlichungen unerwähnt gebliebenes Detail sind deutliche Spuren eines Ornaments in Form eines Frieses am Bauch, das aus drei Reihen senkrecht gestreckter Rhomben besteht, deren Konturen in der Regel durch sehr kleine, waagrechte, durch dunkles Material getönte Kratzer gekennzeichnet sind. Eine Verzierung mit gepunkteten Rhomben ist auch bei der sogenannten »schwarzroten« Stuckkeramik Anatoliens, beispielsweise aus der Schicht Arslantepe VI B (Palmieri 1981, S. 112, 114, Abb. 7,6) und bei der »roten« Keramik der frühen Bronzezeit II aus Tarsus (Goldman 1956, S. 123, Nr. 279, Abb. 255) anzutreffen. Jedoch hatte das Dekor aus Rhomben wahrscheinlich eine Zweckbestimmung (Befestigung auf klebendem Material, dessen Reste in Form einer dunklen Substanz erhalten geblieben sind, offensichtlich aus organischem Material bestehende Wicklungen).

Von den trojanischen Metallgefäßen hat wohl die sogenannte Sauciere Kat. 5 verdienterweise die größte Aufmerksamkeit auf sich gezogen. K. Blegen (1950, S. 208) betont das offensichtlich nicht-trojanische Erscheinungsbild dieses kleinen goldenen Gefäßes. Gleichzeitig geben nach Meinung D. Traills und D. Eastons die Funde von Fragmenten kleiner Keramiksaucieren in den Schichten der frühen Bronzezeit aus Troja (I–III), Poliochni und Thermi V (Lamb 1936, S. 91, Abb. 32, Nr. 521, Blegen 1950, S. 40, 54, 185f, 193, Abb. 252, Nr. 5, 12, 17; 1951, 96, Abb. 60. F 16; Bernabò-Brea 1964, 650–1, Taf. CXXXIXc, CXXXg; Podzuweit 1979, 230–231) keinen Anlaß, daran zu zweifeln, daß das Goldgefäß tatsächlich in Troja gefunden wurde (Traill 1984, S. 111, Anm. 44, 49; 114, Anm. 61; Easton 1984, S. 157). Im übrigen wollen wir den Fund einer mit kleinen Vogelfiguren geschmückten Sauciere (Kat. Istanbul 1983, S. 133, Abb. 327) erwähnen, die wohl aus den Schichten Troja IV–V stammt. Genaue Entsprechungen aus Metall zu dem Gefäß sind nicht bekannt, obwohl in der Ägäis Goldgefäße gefunden wurden (siehe Bibliographie zu Kat. 5), jedoch nur mit einem Schnabel und einem Henkel, zu denen es Parallelen in der Keramik der frühen Bronzezeit II gibt (Branigan 1974, S. 50, 196; Buchholz, Karageorghis 1971, Abb. 822–824; Higgins 1981, S. 67, Abb. 70; Easton 1984, S. 157).

Doppelhenkel sind ein charakteristischer Zug des trojanischen Geschirrs der frühen Bronzezeit (Easton 1984, S. 157). Die Form der Henkel ähnelt

sehr stark denen eines vergoldeten Silbergefäßes aus der ehemaligen Norbert-Schimmel-Sammlung (Muscarella 1974, Nr. 2; Ancient Art 1992, S. 37) und denen des goldenen »depas amphikypellon« aus der Sammlung des British Museum, das im Gebiet um Troja gefunden wurde (BMQ 27. 3–4 [1963/64], S. 79f, Taf. XXIX, B; Muscarella 1974, Nr. 2). Die Form der Ausgüsse des trojanischen Gefäßes ist vergleichbar mit den Schnäbeln eines zweihenkeligen frühkykladischen Bechers von der Insel Syros (Buchholz, Karageorghis 1971, Abb. 848). Ähnlich den oben betrachteten anthropomorphen Gefäßen war auch die goldene Sauciere offensichtlich lange in Gebrauch, bevor sie schließlich in den Schatz kam; wahrscheinlich wurde während der Verwendung einer der Schnäbel ziemlich unakkurat auseinandergedrückt. Am ehesten sollte man sich der Meinung K. Blegens anschließen, wonach die Sauciere eine besondere Rolle bei rituellen Zeremonien spielte, im Unterschied zu den meisten anderen in den Schätzen enthaltenen Gefäßen aus Gold, Elektron und Silber, die für den alltäglichen Gebrauch wohlhabender Trojaner bestimmt waren (Blegen 1963, S. 79).

Aus ganzen Metallstücken getriebene Becher liegen in Gold und Silber vor. Die Goldbecher Kat. 6–7 stammen aus Schatz A und der Silberbecher (Kat. 103) aus Schatz B. Vor vergleichsweise kurzer Zeit wurden ähnliche Silberbecher aus dem Schatz A von Eskiyapar ausgestellt (Toker 1992, S. 52f, 190, Nr. 28–29, Özgüç, Temizer 1993, S. 617f, Abb. 45–46, Taf. 116, 3–4). Die Abmessungen der Becher aus Eskiyapar sind mit denen der trojanischen Gefäße vergleichbar. Sie sind bis zum heutigen Tag die einzigen in Metall ausgeführten Parallelen zu den Bechern aus Troja (Özgüç, Temizer 1993, S. 625). Den

Kanneluren des Bechers Kat. 6 ähnliche, diagonale Kanneluren finden sich an einem Silbergefäß aus Horoztepe (Özgüç 1964, S. 2f, Abb. 1). In Keramik ist diese Form nicht nur aus Troja (siehe beispielsweise Kat. Athen 1990, Nr. 20), sondern auch aus Thermi, Ahlatlibel (Podzuweit 1979, S. 162f; Easton 1984, S. 157) und Arslantepe VI B (Palmieri 1981, S. 112, 116, Abb. 9,4) bekannt.

Der Silberbecher Kat. 8 unterscheidet sich von der oben beschriebenen Gruppe von Bechern, da er eine etwas andere Form aufweist: Der Bauch verbreitert sich stark vom Boden des Gefäßes zu den Rändern hin. Entsprechungen zu der Form des Bechers unter zeitlich nahestehenden Denkmälern sind nicht bekannt. Unter den erhaltenen Metallbechern kommt ihm nach seiner Form ein Goldbecher aus Kültepe nahe, der aus einem monumentalen Gebäude der Periode Kanisch-Karum Ib aus dem 18. Jahrhundert v. Chr. stammt (Toker 1992, Nr. 44). In Keramik ist diese Form im übrigen aus der frühen Bronzezeit bekannt (Mellink 1970, S. 246, Taf. 55, Abb. 3; Podzuweit 1979, 163).

Das silberne Gefäß mit kugelförmigem Bauch, einer kleinen Standfläche und einem hohen, sich verbreiternden Hals Kat. 102 (Schatz B) ähnelt denjenigen Silbergefäßen aus Schatz A, die nicht ins Puschkin-Museum gelangt sind (Schmidt 1902, Nr. 5871–5872), sowie einem Silbergefäß aus der ehemaligen Schimmel-Sammlung (Muscarella 1974, Nr. 4; Ancient Art 1992, S. 37). Eine Form mit stärker abgeflachtem Bauch und weniger stark gebogenem Kranz ist in Silber aus Horoztepe (Özgüç 1964, S. 3, Abb. 2) und in Gold aus Euböa (Branigan 1974, S. 49, 195) bekannt. In Keramik ist diese Form aus Samos aus einer Schicht bekannt, die zeitlich mit Troja II zusammenfällt

(Milojčič 1961, S. 23, Nr. 3–4, Taf. 14, 7–8; 41, 9–10); mit einer Ergänzung in Form eines oder zweier Henkel kennt man sie aus der Troas, Thermi und Jortan (Podzuweit 1979, S. 156f, Typen 3FIaI, 3FIV a–b, 3G, 3HIbI; Kat. Istanbul 1983, S. 141. A 373; Easton 1984, S. 158).

Der silberne Gefäßdeckel (Kat. 9) weist eine zylindrische Form mit ringförmig gebogenem unterem Rand auf. Sein oberer Teil erinnert an eine leicht konvexen Scheibe mit hervorstehenden Rändern und zwei kleinen symmetrisch an den Rändern angebrachten Öffnungen. K. Branigan (1974, S. 50) erwähnt, daß dies das einzige ihm bekannte Exemplar eines Gefäßdeckels der Bronzezeit in der Ägäis ist. Unseres Erachtens jedoch hat das Exponat Kat. 9 eine Entsprechung unter den Funden aus dem Schachtgrab III von Mykene, wo ein typologisch nahestehender Gegenstand aus Gold gefunden wurde (Karo 1930/33, S. 56, Taf. CIII, 85).

Axthämmer

Zu Schatz L gehören vier Axthämmer aus poliertem Stein (Kat. 166–169). Sie unterscheiden sich voneinander durch ihre Abmessungen, ihr Gewicht, das Material, aus dem sie gefertigt sind, und durch ihre Gestaltungselemente. Hinsichtlich ihrer Konstruktion gliedern sich alle in Axtblatt, mittleres Schaftloch und Hammerkopf. Der obere Teil der Axthämmer besteht aus zwei sich zum Schneidenende und Hammerende hin verjüngenden Längskanten, wobei die segmentartige Hammerbahn und Axtschneide buckelförmig ausgebildet sind. Die Enden der Schneide sind geschärft und gebogen. Die Oberfläche ist insgesamt fein poliert. Das Axtblatt besitzt am Schaftloch einen zylindrischen Querschnitt und geht in eine

abgeflachte Schneide über. Das zylindrische Hammerende ist an der Stirnseite von gewölbter elliptischer Form. Bei dem Axthammer Kat. 169 ist die Stirnseite des Hammers durch eine senkrechte Kante in zwei Teile ungleicher Größe unterteilt.

Die Gestaltung der Schaftlöcher ist unterschiedlich. Gemeinsam, gleichsam obligatorisch, ist ein bandartiger Schmuck in Form von drei parallelen Reihen aus Buckeln; sie verbinden die beiden Öffnungen des Schaftlochs. Unterschiedlich ist dagegen die Füllung zwischen den jeweils drei umlaufenden Wülsten zwischen dem Schaftloch und dem Axtblatt einerseits und dem Hammerteil andererseits. Bei den Axthämmern Kat. 166–167 sind die Zwischenzonen glatt, bei Kat. 168–169 durch schräge Einschnitte in der Art eines Fischgrätenmusters verziert.

Hinsichtlich der Bestimmung des Materials, aus dem der Axthammer Kat. 169 gefertigt ist, steht heute außer Zweifel, daß es sich dabei um Lasurit handelt (vgl. Renfrew 1972, S. 445). Was das Material der übrigen Objekte anbelangt, so wird es in der Literatur als »grüner Nephrit« beschrieben. Jedoch wurde als Ergebnis einer visuellen Untersuchung durch Fachleute für Mineralogie das Material von Kat. 166 und 168 als nephritoid (?) und das von Kat. 167 als Jadetit (?) bestimmt. Unter Halogenlicht sind auf den Axthämmern Kat. 168–169 Spuren einer Goldauflage auszumachen. An den Öffnungen der Schaftlöcher sind in der Regel Bohrspuren in Form konzentrischer Rillen zu sehen. Die obere und untere Öffnung der Schaftlöcher haben unterschiedliche Durchmesser und sind etwas versetzt zueinander angeordnet. Dies ist wahrscheinlich durch die Bohrtechnik bedingt, bei der von beiden Seiten gebohrt wurde. Stellenweise sind Spuren von Anreißquadraten zum Aus-

bohren der Buckelreihen vorhanden. Die vollendete Form der Axthämmer, die hohe Qualität der Bohrung, der Ausführung und der sehr feinen Polierung der Oberfläche geben Anlaß, die trojanischen Äxte zu den Meisterwerken der Steinmetzkunst der Bronzezeit zu rechnen.

Interessanterweise ist die Lasuritaxt am stärksten von allen beschädigt. Die übrigen Äxte waren nach ihrem hervorragenden Erhaltungszustand zu urteilen praktisch nicht in Gebrauch. Nur eine von ihnen, nämlich Kat. 165, ist nach Ansicht D. Eastons vollendet (Easton 1995, S. 13). Der Forscher nimmt an, daß die Äxte Kat. 166–167 nicht durch den Meister fertiggestellt wurden, und erwähnt, daß die Ornamentierung der Bänder zwischen den Öffnungen der Schaftlöcher nur grob angezeichnet ist. Unserer Ansicht nach ist diese Vermutung nicht begründet.

Die übrigen drei Äxte sind aus einem graugrünen Material vom Typ Nephrit oder Jadeit gefertigt. Wir werden unten speziell auf die Frage der Gewinnung von Lasurit und den Handel mit diesem Material eingehen. Was nun Jadeit oder Nephrit angeht, so war die Verwendung dieser Mineralien ab der neolithischen Zeit im Vorderen Orient bekanntermaßen weit verbreitet. F. Matz (Matz 1956, S. 20) nahm insbesondere an, daß das Material, aus dem die trojanischen Äxte gefertigt sind, aus Vorderasien stammt. O. Höckmann (Höckmann 1987, S. 73) weist darauf hin, daß Mesopotamien höchstwahrscheinlich die Herkunftsquelle von Lasurit gewesen sein dürfte. D. Ogden führt an, daß Funde von Erzeugnissen aus Jadeit in Troja durchaus wahrscheinlich sind, da auf der modernen geologischen Karte der Troas Hinweise auf Jadeitvorkommen bei Kütahya zu finden sind. Außerdem wird angenommen, daß aus Jadeit hergestellte Äxte, die in Britannien und in anderen Gebieten Europas gefunden wurden (darunter in der Tschechoslowakei) aus Anatolien eingeführt worden sind (Campbell, 1963; Ogden 1980, S. 100). Eine Analyse der Herstellungstechnik der Axthämmer und der Besonderheiten ihrer Ornamentierung zeugt am ehesten davon, daß alle vier Äxte, einschließlich der Lasuritaxt, in einem Zentrum hergestellt wurden. Dabei muß meines Erachtens nicht notwendigerweise angenommen werden, daß die Äxte nach Troja eingeführt wurden (siehe z. B. Blegen 1963, S. 86; Yakar 1985, S. 144). Sie können durchaus vor Ort – wenn auch aus importiertem Rohmaterial – gefertigt worden sein. Zum Schatz von Borodino oder zum bessarabischen Hort, der in der Nähe des bessarabischen Dorfes Borodino gefunden wurde und damals, im Jahre 1912, in das Museum von Odessa gelangte (fon Štern 1914), aus dem er 1923 im Austausch in das Staatliche Historische Museum in Moskau kam (siehe unten), gehören vier komplette Äxte, von denen alle aus dunkelgrünem oder buntem Mineral hergestellt sind, wobei es sich vermutlich um Nephrit aus den sajanischen Vorkommen handelt (Popova 1986; Chernykh 1992, S. 230, Anm.; Berezanskaja et al. 1994, S. 33). Allerdings bezweifelte V. F. Petrun' (1994, S. 258) vor kurzem die sajanische Herkunft des Materials für diese Äxte. Er führt einige Erzeugnisse aus analogem Material, aus Jadeit, im Archäologischen Museum Odessa und in einer Privatsammlung in Odessa an, die alle aus der frühen Tripol'e-Zeit stammen.

Der Forscher vermutet, daß das Rohmaterial aus Rumänien stammt (Petrun' 1994, S. 259f). Eine bis zu einem gewissen Grad ähnliche Verzierung, jedoch nicht in Form von Buckelreihen, sondern von rhombischen Knöpfchen zwi-schen diagonalen Linien, findet sich am Schaftloch eines bronzenen Axthämmers aus Grab E in Alaça Höyük aus der zweiten Hälfte des 3. Jahrtausends v. Chr., der auf einen mit Blattgoldauflage geschmückten Stiel aufgesetzt ist. Das aus rhombischen Knöpfchen bestehende Ornament wird durch zwei quer verlaufende Streifen begrenzt (Kat. Istanbul 1983, S. 104, Abb. 223; Kat. Tokio 1985, S. 359, Nr. 57). Ein bronzener Axthammer, der an den Seitenteilen des Schaftlochs mit drei waagrechten Streifen aus gewölbten Punkten ornamentiert ist und ein mit Reihen von quer verlaufenden Einschnitten verziertes Schneidenende sowie ein am Hammerende angebrachtes Fischgrätenmuster aufweist, stammt aus Grab 2 des Hügelgrabs 1 der Siedlung Černomorskij im nördlichen Bezirk des Krasnodarer Kreises und gehört zur Frühzeit der nordkaukasischen Kultur, d. h. zur Zeit des Übergangs vom 3. zum 2. Jahrtausend v. Chr. (Tarabanov 1990, S. 41–43, Abb. 15,1).

Es ist anzunehmen, daß dies keine zufälligen Parallelen sind, sondern vielmehr durch die reliefartigen Streifen mit Buckeln an den Steinäxten aus Troja die entsprechenden Verzierungen von Metalläxten nachgeahmt wurden. M. Mellink vermutete, daß die reliefartigen Streifen an den trojanischen Äxten nichts anderes sind als die steinerne Nachahmung von Goldbelag an Kupferäxten. Es ist kein Zufall, daß an zwei von den vier trojanischen Axthämmern Spuren einer Goldauflage gefunden wurden (M. Mellink wußte davon nichts, als sie ihre Vermutung äußerte, da die Spuren der Goldauflage erst später von uns entdeckt wurden). Die Spuren der Vergoldung, die Verwendung von wertvollen Mineralien als Material für die Äxte, ihre sorgfältige Polierung sowie die Tatsache, daß die Schneiden der Äxte gleichmäßig gerundet sind, schließen praktisch ihre Verwendung als Hackwerkzeug aus und lassen vermuten, daß es sich hierbei entweder um Paradewaffen oder um Machtinsignien handelt (siehe beispielsweise Krajnov 1972, S. 52, Anm. 113–115; Šarafutdinova 1960, S. 68, Berezanskaja et al. 1994, S. 28). Kein Zufall ist wahrscheinlich auch, daß die Lasuritaxt in der Antike zerbrochen wurde. Interessanterweise weist eine Axt von ähnlicher Form (siehe unten) aus dem Grab eines Gießers im Hügelgrab 10 der Grabstätte Lebedi I Brandspuren auf. Die Waffe wurde an der Bohrung auseinandergebrochen und kam in zwei Hälften in das Grab (Gej 1986, S. 15, Chernykh 1992, S. 83, Abb. 27,11). Im Schatz von Borodino gibt es zwei Bruchstücke einer fünften Axt, die in der Antike zerschlagen wurde (Krivcova-Grakova 1949, 17, Taf. XII, Abb. 4,5).

Wenn wir die bekannten typologischen Schemata zur Klassifizierung der gebohrten Hammeräxte verwenden (z. B. Brjusov, Zimina 1966, S. 23–28, Krajnov 1972, S. 39, Abb. 14, Sanžarov 1992, S. 160f; Zápotocky 1992, 20–48, Taf. 2–31), so gehören die von uns untersuchten Axthämmer zum Typ der aus Hammerende und schaufelförmigem Axtende bestehenden Axthämmer. Unter diesem Typ werden Stücke mit zylindrischem Hammerende und stark ausladendem, geschärftem, schaufelförmigem Axtende, das durch eine bogenförmige, bauchig auslaufende Schneide gebildet wird, zusammengefaßt (flache Hammeräxte).

Meiner Ansicht nach sind die Äxte aus dem Schatz von Borodino zu einem gewissen Grad Entsprechungen zu den Äxten aus Schatz L. Dies wurde auch mehrfach durch die Forscher, allerdings ohne genaue Argumentation, angeführt (siehe beispielsweise Prausnitz 1955,

S. 26, Anm. 30; Gimbutas 1956, S. 146; Matz 1956, S. 20; Götze 1957, S. 27, Anm. 11; Blegen 1963, S. 76f; Yakar 1985, S. 144). K. Blegen zog, offensichtlich auf Grund der erwähnten Ähnlichkeit, sogar den sehr weit gehenden und durch nichts begründeten Schluß, daß Nephrit und Lasurit, aus denen die Äxte des Schatzes L gefertigt sind, wohl »aus Bessarabien oder aus irgendwelchen entfernteren Gegenden eingeführt worden sind« (Blegen 1963, S. 86).

Neben den Äxten wurden im Schatz von Borodino drei Streitkolben aus Alabaster, Speere, ein Dolch und eine Schmucknadel gefunden. Die silbernen Speere, die Schmucknadel und der Dolch aus Borodino sind durch eine komplizierte, goldene Inkrustation verziert (Krivcova-Grakova 1949; Gimbutas 1956, Taf. XII–XIII, Popova 1986, Chernykh 1992, S. 230, Taf. 23). Die eleganten Formen der Äxte aus Borodino, besonders die Form der sogenannten ersten Axt (Krivcova-Grakova 1949, S. 15, Taf. IV, VIII, 2; XIII, Inv. 54647), finden Entsprechungen unter den Äxten aus Schatz L. Der Unterschied der Äxte aus Borodino besteht in folgendem: Ihre Schaftlöcher sind nicht mit reliefartigen Buckelreihen und Wülsten verziert; außerdem stehen sie hinsichtlich der Qualität der Bohrung und Polierung den trojanischen Äxten nach. Interessanterweise gibt es sowohl innerhalb des Schatzes L als auch innerhalb des Schatzes von Borodino keine Äxte, die sich in ihrer Form oder ihren Abmessungen direkt gleichen.

Die Axthämmer aus dem Schatz von Borodino sind in Form und Proportionen nicht die einzigen Entsprechungen zu den trojanischen Exemplaren. Im Nordkaukasus findet sich eine ganze Gruppe von ähnlichen Äxten aus der Frühzeit der nordkaukasischen Kultur (Äxte des kabardino-pjatigorsker Typs oder nordkaukasische Äxte), die mehrheitlich im Gebiet des oberen Kuban und im Mittleren Vorkaukasus konzentriert sind, von wo aus sie sich über die Steppe verbreitet haben und bis hin zum südlichen Bug gelangt sind (Nečitajlo 1991, S. 90f, Abb. 36). Ähnliche Axthämmer sind beispielsweise im Donbecken bekannt (Sanžarov 1992, S. 171–173; Abb. 7, S. 5f; 8,1).

M. Gimbutas betrachtete den Schatz von Borodino als frühesten der turbinsko-sejminsker Komplexe und datierte ihn auf 1450–1350 v. Chr. (Gimbutas 1956). E. H. Chernykh und S. V. Kuz'minych (Épocha bronzy 1987, S. 102; Chernykh 1992, S. 229) halten aber die Datierung des Schatzes von Borodino auf das 16.–15. Jahrhundert v. Chr. für gerechtfertigt, in jedem Fall aber spätestens auf das 15. Jahrhundert (Merpert 1962, S. 19-21; Terenožkin 1965, S. 64f; Bočkarev 1968, S. 153f; Hachmann 1957, S. 170–173; Moszolic 1967, S. 121–123; Vladár 1973, S. 341–344, Popova 1986).

Die kabardino-pjatigorsker Äxte und die von ihnen abgeleiteten Äxte wurden auf das 15.–13. Jahrhundert v. Chr. datiert (Markovin 1960, S. 86, 99f; Safronov 1968, S. 103–114). Später hat M. G. Gadžiev überzeugend nachgewiesen, daß solche Äxte auf dem Gebiet Dagestans nicht später als am Ende des 3. Jahrtausends v. Chr. aufkamen. Heute wird die Etappe der nordkaukasischen kulturhistorischen Gemeinsamkeit, zu der die Funde der Äxte gehören, auf etwa 2300–2100 v. Chr. datiert (Markovin 1994, S. 282f). Zu einer noch früheren Zeit (25.–24. Jahrhundert v. Chr.) rechnet A. N. Gej eine aus Serpentinstein gefertigte Paradeaxt von analoger Form aus dem Grab eines Gießers in der Hügelgrabstätte Lebedi I im Krasnodarer Kreis (Gej 1986, S. 15, Nr. 1; S. 18f, Abb. 4, 3; 5; 23–24, 29). Diese Datierung dehnt der Forscher auch auf eine in Form und Proportionen nahezu identische Axt aus graugrünem Serpentinstein aus, die aus einem Hügelgrab bei der Ortschaft Staro-Michajlovka bei Stavropol stammt und durch den Autor der Publikation auf die erste Hälfte des 2. Jahrtausends v. Chr. datiert wird (Minaeva 1965, S. 96–99, Abb. 2, vgl. Gej 1986, S. 23f). Prausnitz, der aus einer Brandschicht eines sogenannten Hofes stammende Äxte mit ähnlicher Form aus Ej (Ed-Tell) in Palästina der Öffentlichkeit vorgestellt hat, weist darauf hin, daß ihre Datierung auf den Funden ägyptischer Alabastergefäße aus demselben Komplex beruht und auf einen Zeitraum von 2500–2300 v. Chr. festgelegt werden kann (Prausnitz 1955, S. 19, 27). Besonderes Interesse weckt das Fragment eines aus Hammerende und schaufelförmigem Axtende bestehenden Axthammers aus der Ortschaft Rajgorodok im Gebiet Lugansk, dessen reliefartig markierte Öse durch einen Fries in Form eines Fischgrätenmusters verziert ist (Sanžarov 1992, S. 172f, Abb. 9,1), der an den Schmuck der Äxte Kat. 168–169 erinnert. Auf ähnliche Weise sind – wie S. N. Sanžarov (1992, S. 172) erwähnt – die Seitenteile des Schaftlochs eines Axthammers aus der Ortschaft Novyj Mir im Gebiet Dnepropetrovsk ausgebildet. Reich mit Reliefornamenten verzierte Parade-Axthämmer eines etwas anderen Typs, darunter auch solche aus Porphyrit, Diabas und Basalt des Vorkommens von Krivorož'e, die hauptsächlich vom rechten Ufer des Ingul stammen, verbreiteten sich im Süden der Ukraine am Ende des 3. bis zum ersten Viertel des 2. Jahrtausends v. Chr. (Šarafutdinova 1980; Bratčenko, Šapošnikova 1985, S. 416f, Abb. 112, 4-5; Berezanskaja et al. 1994, S. 23, 26, Abb. 7; S. 27f). Bekannt sind auch Axthämmer mit langen, schaufelförmigen Axtenden aus den Grabstätten von Velikosel'e, Fat'janovo, Voronko und Goluzin der Fat'janovo-Kultur, die in Osteuropa in der ersten Hälfte des 2. Jahrtausends v. Chr. verbreitet waren und an beiden Seiten der Schaftlöcher mit strahlenförmigen Mustern verziert sind, von denen jedes aus neun Paar eingeritzten Linien besteht bzw. aus fünf Linien bei der Axt aus der Grabstätte von Fat'janovo. Diese Linien laufen in die Seitenflächen aus. Nach Ansicht von D.A. Krajnov konnten die ornamentierten fat'janovoer Äxte wohl nur Anführern gehören (Krajnov 1972, S. 50, Abb. 20; 52; Ėpocha bronzy 1987, S. 181, Abb. 25, 23). In diesem Zusammenhang weisen wir auf den Fund eines Fragments eines Axthammers aus Troja hin, der mit parallelen eingeritzten Linien verziert ist (Götze, in Dörpfeld 1902, S. 375, Abb. 327). Ähnlich verzierte Äxte sind auch aus Bulgarien (siehe beispielsweise: Detev 1981, S. 157, Abb. 23,1) und Palästina (Prausnitz 1955, S. 20, Abb. 1) bekannt.

Knäufe und Aufsätze

Zum Schatz L gehören sechs durchsichtige pilzförmige Knäufe aus Bergkristall in Form zylindrischer Schaftansätze mit einer Öffnung zum Aufsetzen auf einen Stiel oder Stab und zwei seitlichen Stiftlöchern zur Fixierung (Kat. 170–175). Sie besitzen halbkugelförmige oder abgeflachte halbkugelförmige Köpfe.

Alle sechs Knäufe unterscheiden sich voneinander durch ihre Maße und Proportionen sowie durch Details der Herstellung, wobei man sie jedoch grob in drei Paare unterteilen kann. Das erste Paar (Kat. 170–171) wird durch die größten Knäufe gebildet; diese haben die größte Höhe (5,65–5,95 cm), unterscheiden sich jedoch in ihren Abmessungen und ihrer

Form. Sie weisen – wie auch die Knäufe der dritten Gruppe (Kat. 174–175) – eine halbkugelige, nicht abgeflachte Form und ziemlich hohe Schaftansätze auf (ihre Höhe entspricht ungefähr der Hälfte der Gesamthöhe). Im Unterschied zum ersten Paar haben die Knäufe Kat. 172–173 deutlich geringere Abmessungen (Höhe 4,45 cm) und weisen stark abgeflachte Köpfe auf. Während die zentrale Öffnung in den Knäufen des ersten und dritten Paares nur leicht in den Körper des Kopfes hineinragt, geht sie in den Knäufen der zweiten Gruppe durch zwei Drittel des Körpers der Köpfe hindurch und verfehlt nur um weniges die Oberfläche. Die Knäufe des dritten Paares unterscheiden sich in ihrer Höhe praktisch nicht von den Aufsätzen der zweiten Gruppe (sie beträgt 4,3–4,35 cm). Jedoch ist der Durchmesser ihrer Köpfe geringer, sie sind nicht abgeflacht und haben deshalb andere Umrisse. Etwas anders als an den Knäufen der ersten und zweiten Gruppe ist bei den Aufsätzen der dritten Gruppe der Übergang vom Kopf zum Schaftansatz ausgeführt, und zwar in Form einer stärker (Kat. 174) oder weniger (Kat. 175) deutlich herausstehenden Stufe. Ein charakteristisches Merkmal der letzten Gruppe von Knäufen ist eine waagrechte, unebene Rille, die unter den seitlichen Öffnungen über der Grundfläche in einer Höhe von 0,4–0,7 cm verläuft.

Auf den ersten Blick besteht die engste Verwandtschaft mit in den mykenischen Schachtgräbern gefundenen Aufsätzen von Bronzenadeln in Form von Kristallkugeln mit senkrechter gerippter Einteilung, deren größtes Exemplar im dritten Schachtgrab entdeckt wurde. Dieses weist einen Höhe von 4,5 cm bei einem maximalen Durchmesser von 6 cm auf (Karo 1930/33, 57, Taf. XXXI, S. 103; Buchholz, Karageorgis 1971, Abb. 1298; Kat. Athen 1990, Nr. 223; Dickinson 1994, 182, Abb. 5.39, 9).

Polierte Steinaufsätze von Streitkolben mit kugelförmigen oder birnenförmigen Umrissen oder mit Vorsprüngen erhielten in den Kulturen der frühen und mittleren Bronzezeit in Vorderasien, dem Kaukasus, der Ukraine und Mitteleuropa Verbreitung (siehe beispielsweise Gimbutas 1956, S. 146, Abb. 2, 7; 149, Abb. 5, 9–10; 151, Abb. 7, 9, 11; Esajan 1966, S. 51–54; Mirzoev 1977, S. 41–43; Berezanskaja et al. 1994, S. 26, Abb. 7; Ėpocha bronzy Kavkaza i Srednej Azii 1994, S. 302, Taf. 93, 8, 18–19). Aufsätze von Streitkolben sind relativ häufige Funde in Gräbern und werden gewöhnlich als Rüstungsgegenstände und Machtinsignien angesehen. Das gemeinsame Auftreten von Parade- oder Streitäxten und Streitkolben in einem Fundkomplex ist nicht selten (wie auch im Schatz L oder im Schatz von Borodino: Krivcova-Grakova 1949, S. 17f, Taf. XII, 1–3; XVII, 1–3). Gleichzeitig haben jedoch die bekannten Aufsätze von Streitkolben im Unterschied zu den trojanischen Knäufen durchgehende Öffnungen für den Stiel. Bekannt sind entsprechende Aufsätze für Streitkolben auch durch die Ausgrabungen von Troja (sie stammen aus den Schichten Troja II–IV: Götze, in Dörpfeld 1902, S. 377, Abb. 377; Blegen 1950, Taf. 222, S. 33–134), Demirci Hüyük (Seeher 1991, S. 108, 115, Abb. 10, 2), und Küçükhöyük (Gürkan, Seeher 1991, S. 92–94, Abb. 26, 3–8).

Bei den trojanischen Funden aus Schatz L jedoch handelt es sich um Aufsätze, die Paradestäbe und Zepter, wie dies A. Götze (Götze in Dörpfeld 1902, S. 339), K. Blegen (Blegen 1963, S. 77), und J. Yakar (Yakar 1985, S. 144) vermutet haben, oder aber – unter Berücksichtigung ihrer oben erwähnten Paarigkeit – Möbelstücke, wie zum Beispiel Throne, geschmückt haben könnten. Nicht ausgeschlossen ist auch ihre

Verwendung als Aufsätze von Stielen, Schwertern oder Dolchen. Solche Aufsätze mit ähnlicher Form und ähnlichen Abmessungen aus den Schachtgräbern von Mykene haben ebenfalls seitliche Stiftlöcher zur Fixierung der Aufsätze am Stiel (beispielsweise Marmoraufsätze aus dem Schachtgrab V: Karo 1930/33, S. 140, Abb. 57, Nr. 778; Kat. Athen 1990, Nr. 273–274; oder Alabasteraufsätze aus dem Grab IV: Karo 1930/33, S. 108f, Taf. LXXVI, S. 484f, 487). Eine ähnliche Konstruktion und Form haben die Marmor- und Elfenbeinaufsätze, die aus den Schichten Troja VI bzw. VIII-X stammen (Götze in Dörpfeld 1902, S. 398, Abb. 385; S. 417, Abb. 443c). Auch sind ähnliche Funde aus Kalkstein und Marmor in Boghazköy zu nennen, die zum 14.–13. Jahrhundert v. Chr. gehören (Boehmer 1979, S. 56, Nr. 3751–3753). Eine weitere Vermutung wurde von K. Blegen geäußert: Die Knäufe aus Bergkristall könnten als Endstücke von Stielen für Axthämmer gedient haben (Blegen 1963, S. 77).

Was das für die Knäufe verwendete Material anbelangt, so ist auch auf den Fund eines entenförmigen Kosmetikgefäßes aus Bergkristall aus Mykene, das auf etwa 1550–1500 v. Chr. datiert wird (Buchholz, Karageorghis 1971, Abb. 1156; Higgins 1981, S. 162, Abb. 201), oder auf Auflagen mit geometrischer Form aus dem Schachtgrab IV (Karo 1930/33, S. 116, Taf. CLIII, 574) hinzuweisen.

Im übrigen wurde Bergkristall im Nahen Osten (Ur) und Kleinasien (Tarsus, Boghazköy, Ahemhüyük) im 3./2. Jahrtausend v. Chr. nicht nur zur Herstellung von Perlen verwendet. So wurde beispielsweise in Tarsus eine großartige männliche Figur mit einer Höhe von 6 cm gefunden, die zur hetitischen Periode gehört (Goldman 1956, S. 342–344, Abb. 456). Aus den Grabungen K. Blegens in Troja stammen zwei Löwenköpfe aus Bergkristall, die, wie der Forscher vermutet, als Aufsätze von Stäben und Zeptern gedient haben (Blegen 1950, Taf. 359, 36–14; 1963, S. 77, Taf. 26; Kat. Istanbul 1983, S. 135, Abb. 341).

Über die Form des Gegenstandes Kat. 226 (Schatz L) läßt sich kaum etwas Bestimmtes sagen. Unter Berücksichtigung der Vertiefung in seinem unteren Teil kann man diesen Gegenstand vorläufig mit dem Arbeitsbegriff »Aufsatz« bezeichnen.

Linsen

Neben den Aufsätzen aus Schatz L wurde eine Serie weiterer Gegenstände aus Bergkristall mit einem anderen Bestimmungszweck gefunden. Alle sogenannten Linsen sind durchsichtig und plankonvex, variieren jedoch in ihrer Form. Die meisten von ihnen liegen als kleine Scheiben mit abgerundeter Form vor, in einer Reihe von Fällen haben sie eine unebene Schrägkante an der Grundfläche (Kat. 176–216). Die Form der Scheiben ist recht stark standardisiert. Ihr Durchmesser beträgt in der Regel 2,4–2,5 cm, ihre Höhe 0,75–0,85 cm. An einigen »Linsen« befinden sich Spuren von Bronze- und Eisenoxiden, die H. Schmidt Anlaß zu der Vermutung gaben, daß sie als Besatz eines Bronzegürtels gedient haben könnten. Nach Ansicht K. Blegens könnten diese Scheiben entweder als Spielmarken oder als Einsätze (Blegen 1963, S. 77) verwendet worden sein. M. Korfmann schließt sich unter Hinweis auf entsprechende Spielmarken in Mesopotamien dem ersten Vorschlag an. Wir weisen als Beispiel auf den Fund eines aus Bergkristall bestehenden Astragalus aus Ur hin (D'jakonov 1990, S. 115, Abb. 42a).

Drei Linsen mit unterschiedlichen Abmessungen (Kat. 222–224), deren Zugehörigkeit zu diesem Komplex nach Ansicht von A. Götze nicht eindeutig festgestellt werden kann, sind von ovaler Form, wobei eine Linse (Kat. 224) zugespitzte Enden aufweist. Schließlich gibt es noch zwei große (Dm. 5,4 cm), runde Linsen (Kat. 229–230), von denen eine (Kat. 230) in der Mitte durchbohrt ist. Man geht davon aus, daß solche Linsen als Vergrößerungsgläser verwendet wurden. Bezüglich der großen Linse Kat. 229 wurde dieser Standpunkt bereits von A. Götze (1902, S. 340) vertreten.

Funde ähnlicher plankonvexer Linsen stammen insbesondere aus den Ausgrabungen des Palastes von Knossos auf Kreta und der unweit von diesem gelegenen Nekropole von Mavrospilio, die auf etwa 1400 v. Chr. datiert wird. Eines der dort gefundenen Exemplare hat einen Durchmesser von 1,4 cm bei einer Höhe von 0,4 cm. Seine Brennweite beträgt 2,2 cm. Die Linse ermöglicht eine elffache Vergrößerung (Sines, Sakellarakis 1987, S. 191, 193, Abb. 3). 1983 wurden zwei weitere Linsen mit einem Durchmesser von 0,8 und 1,5 cm, einer Höhe von 0,4 bzw. 0,6 cm und einer Brennweite von 1,2 bzw. 2,5 cm in der Idäischen Höhle, ebenfalls auf Kreta, gefunden (Sines, Sakellarakis 1987, S. 191f, Abb. 1–2). Wir wollen anmerken, daß die kretischen Linsen wesentlich kleiner sind als selbst die kleinsten der in Troja gefundenen. Ähnliche Funde stammen aus den Ausgrabungen in Amathus auf Zypern sowie aus Gordion und Ephesus in Kleinasien (Sines, Sakellarakis 1987, S. 191f, Anm. 5–7). Das Material, aus dem sie gefertigt sind, nämlich Bergkristall, ist wegen des höheren Refraktionsindex für die Herstellung von Linsen weitaus besser geeignet als gewöhnliches Glas. Eine Linse aus Bergkristall ermöglicht eine um das 1,2fache höhere Vergrößerung als eine Glaslinse von derselben Größe (Sines, Sakellarakis 1987, S. 193).

Was die Linse mit Durchbohrung Kat. 230 anbelangt, so könnte nach Meinung M. Korfmanns diese Scheibe als Wirtel gedient haben. 1994 wurde bei den Ausgrabungen der Schicht Troja VII ein entsprechender Wirtel aus Elfenbein gefunden; ähnliche Wirteln sind auch aus Alaça Höyük bekannt. Dort wurde im Grab L aus dem letzten Viertel des 3. Jahrtausends v. Chr. eine silberne, mit Gold verzierte Spindel mit einem flachen, scheibenförmigen Silberwirtel entdeckt (Kat. Istanbul 1993, S. 81, Abb. 97).

Goldblechscheibe

Aus Schatz H stammt eine große runde Goldblechscheibe mit geprägtem Ornament in Form einer vielblättrigen Rosette, die in der Mitte eingedrückte Blätter mit spitzen Enden aufweist. Am Rand verlaufen zwei konzentrische Einfassungen. Zwischen ihnen und dem zentralen Feld befinden sich Blätter von dreieckiger Form, deren Spitzen sich zwischen die Blätter der Rosette schieben (Kat. 149).

H. Schliemann und nach ihm K. Schuchhardt und H. Schmidt haben diesen Schmuckgegenstand mit Funden aus Mykene verglichen. Tatsächlich stellen die geprägten Goldscheiben aus dem Schachtgrab III in Mykene die nächste Entsprechung dar (siehe Bibliographie zu Kat. 149). Hier wurden auch zwei goldene Scheiben mit Öffnungen in der Mitte und sehr ähnlichen Blättern

mit spitzen Enden mit einem Durchmesser von 5 cm gefunden (Karo 1930/33, S. 47, Taf. XXVII, 21). Solche spitzen Blätter sind auch auf die große goldene Scheibe (Durchmesser 17 cm) aus dem Grab IV (Karo 1930/33, S. 77, Taf. XL, 246) aufgeprägt. Wir weisen auch auf eine aufgelegte Rosette hin, welche die Stirn eines Stiers eines silbernen Rhytons aus dem Grab IV schmückt (Karo 1930/33, S. 93, Taf. CXIX, 384). Eine recht ähnliche Verzierung in Form von Rosetten (jedoch mit abgerundeten Blättern) zeigen die geprägten Diademe aus demselben Grab (Karo 1930/33, S. 72f, Taf. XXXVI, 233–235; XLI, 230; siehe auch Karo 1930/33, S. 171, Abb. 82a–d) sowie auf einen Silberbecher gelegte Goldornamente aus dem Schachtgrab III (Karo 1930/33, S. 60, Taf. CV, 122).

Nach Ansicht M. Özdogans kann der trojanische Fund der Schicht VIIa zugerechnet werden. Gleichzeitig betonen M. Mellink und M. Korfmann, daß sich die Scheibe von den mykenischen Scheiben unterscheidet. M. Korfmann vermutet, daß es sich bei ihr um den Prototyp der mykenischen Scheiben gehandelt haben könnte. In diesem Zusammenhang weist der Forscher darauf hin, daß einige Elemente der Schachtgräber von Mykene ebenfalls Prototypen unter den anatolischen Denkmälern des 3. Jahrtausends v. Chr., insbesondere in Alaça Höyük, finden.

Die untersuchte Scheibe ist unter den ausgestellten Funden eines der außerordentlich seltenen Beispiele für die Ver-

wendung von Matrizen. Neben der Scheibe wurde mit Hilfe einer Matrize der aus den Einzelfunden stammende Belag eines Knaufs (Kat. 255) geprägt. Dieser hat die Form einer hohlen abgeflachten Halbkugel mit geprägtem, unregelmäßigem Kreuzornament, in dessen Zwickel Winkelmotive eingefügt sind.

Die Ornamentierung dieses Gegenstandes findet Parallelen in den in Formen vergossenen Scheiben aus Akhisar-Tiatejry und Abu Habba sowie in einer Form unbekannter Herkunft aus dem British Museum (siehe Bibliographie zu Kat. 255). Ein ähnliches Ornament findet sich auf einem Tonstempel aus einer Schicht der frühen Bronzezeit II in Karataş (Mellink 1970, S. 250, Taf. 58, Abb. 23a) sowie auf einem Siegel aus Anatolien (French 1969, Abb. 101 a–b) und Kreta (Otto 1976, Beil. VI).

Wirtel

Der aus Schatz L (Kat. 225) stammende Wirtel aus Ton in Form eines abgestumpften Doppelkegels mit abgeschrägten Kanten an der Stirnseite ist das einzige keramische Exponat. Ein Wirtel von ähnlicher Form ist aus Troja (Götze, in Dörpfeld 1902, S. 424, Abb. 455c; Blegen 1950, Abb. 128, 15; S. 72, Abb. 16; Kat. Sofia 1982, Nr. 329; Kat. Athen 1990, Nr. 143; Buntzen 1992) sowie aus anderen Denkmälern Anatoliens der frühen Bronzezeit bekannt (siehe beispielsweise Kâmil 1982, Abb. 85, S. 299–302; Gürkan, Seeher 1991, S. 91, Abb. 25, 9, 11).

Relative und absolute Chronologie der trojanischen Schätze

Man kann meines Erachtens erst dann über die relative und absolute Chronologie der trojanischen Schätze sprechen, wenn zuvor die beiden folgenden Fragen beantwortet sind: Kann man die vorliegenden Komplexe überhaupt als authentisch ansehen, wenn man die häufig geäußerte Vermutung bedenkt, daß Heinrich Schliemann ein großer »Mystifizierer« war und die Schätze aus Gegenständen unterschiedlicher Herkunft zusammengestellt hat? Sind die betrachteten Komplexe von Gegenständen »Schätze« bzw. »Horte«? Falls ja, kann dieser Begriff ausnahmslos auf alle Komplexe oder nur auf einen Teil von ihnen angewandt werden?

Ich werde nicht im einzelnen auf die Polemik über die Frage eingehen, ob die von Schliemann gefundenen Schätze als authentisch angesehen werden können. Dieses Problem wurde besonders in den letzten Jahren häufig diskutiert, vor allem in der Auseinandersetzung zwischen dem amerikanischen Philologen D. Traill (Traill 1983, 1984, 1986, 1988, 1988a, 1992), der eine hyperkritische Position einnimmt, und dem englischen Wissenschaftler D. Easton (Easton, 1984, siehe z. B. Siebler 1990, S. 127ff). Was sind nun die wichtigsten Ergebnisse dieser Diskussion? D. Traill verteidigt seinen Standpunkt, daß der »Schatz des Priamos« Funde aus einer früheren Zeit einschließt (die Rede ist von Gegenständen aus Bronze), und stützt sich dabei unter anderem auch auf die Schlußfolgerung, zu der D. Easton gekommen ist: Schliemann habe kleine Funde zusammengefaßt, um große »Schätze« zu schaffen. Kann man wie bisher – so fragt D. Traill – glauben, daß der »Schatz des Priamos« eine geschlossene Einheit darstellt? Traill gibt darauf

selbst die Antwort: »Ja, ich glaube, daß das möglich ist.«

Es stellt sich jedoch nicht mehr die Frage »Können wir?«, sondern »Müssen wir?« (Traill 1992, S. 188f). D. Easton räumt ein, daß von den neun Gegenständen, die D. Traill aus früherer Zeit stammenden Funden zuordnet, nur zwei (ein Messer und ein Dolch) tatsächlich zu früheren Funden gehören könnten und absichtlich oder unabsichtlich dem Schatz zugeordnet wurden, was aber wohl kaum die Geschlossenheit des Schatzes in Frage stellt (Easton 1992, S. 196, Anm. 4).

Vor kurzem ist der ungarische Wissenschaftler J. Makkay bei einem Vergleich von Funden aus Troja mit Funden aus der Maikop- und der späten Tripol'e-Kultur zu folgendem Schluß gekommen: Der Schatz A kann nicht in der Zeit von Troja IIg, sondern erst später versteckt worden sein. Die jüngsten Gegenstände, die nach Ansicht des Forschers zu den Perioden Troja III–IV gehören, gäben nur den terminus post quem. Nimmt man an, daß der Hort nicht weiter als bis 2200 v. Chr. (Troja IIg) zurückdatiert werden kann, so könnte sein Akkumulationsprozeß bereits um das Jahr 2400 v. Chr. begonnen haben (siehe auch den unten angeführten modernen Standpunkt zur Datierung von Troja IIg). So ist nach Meinung Makkays zu vermuten, daß der älteste und wertvollste Teil des Schatzes A (Kopfschmuck) noch zum 24. Jahrhundert v. Chr. zu rechnen ist und somit gleichzeitig der ersten und frühesten Phase der pontischen Goldverarbeitung angehört. Wenn sich die Datierung des anderen Teils des Schatzes A auf das 20.–19. Jahrhundert v. Chr. bestätigt (siehe auch die unten

angeführten Standpunkte von K. R. Maxwell-Hyslop und P. Calmeyer), so wird man – wie der Autor der Hypothese annimmt – für das Verstecken des Schatzes einen späteren Zeitpunkt ansetzen können. J. Makkay vertritt die Auffassung, je größer der zeitliche Abstand zwischen den ältesten und jüngsten Gegenständen des Schatzes A ist, desto größer ist auch die Wahrscheinlichkeit, daß der Komplex nicht authentisch ist, sondern ihm durch Schliemann Gegenstände anderer Herkunft hinzugefügt wurden (Makkay 1992, S. 202f).

D. Easton, der sich hauptsächlich auf die Kartographie der Schatzfunde und die Analyse der stratigraphischen Situation in verschiedenen Teilen der alten Stadt stützt, kam zu dem Schluß, daß die trojanischen Schätze zu verschiedenen Perioden gehören. Nach seiner Auffassung ist der älteste Schatz der von ihm als Schatz R2 bezeichnete, zu dem ein Goldring und einige Ketten gehören und der noch zum Ende der Zeit von Troja I zu rechnen ist, für das er eine Datierung auf etwa 2650 v. Chr. vorschlägt (Easton, im Druck, S. 1). Der mittleren Zeit von Troja II, also der Zeit der Existenz des zentralen Megarons IIa, ordnet Easton die Schätze G, N, R1 und Q zu. Das Datum des Brandes dieser Schicht gibt er mit 2350 v. Chr. an (Easton, im Druck, S. 2). Zur späten Endphase von Troja II, die nach seiner Annahme um 2150 v. Chr. ihren Abschluß fand, gehören die Schatzfunde A, B, C, F, J und L, die mit größerer oder geringerer Wahrscheinlichkeit in situ gefunden wurden (Easton, im Druck, S. 2ff). In eine gesonderte zeitliche Gruppe ordnet er die Schatzfunde D, E, K, O, M und S 1–2 ein, die in der

Schicht der Zerstörung des späten Troja II im Sekundärkontext entdeckt wurden (Easton, im Druck, S. 4). Easton ist unsicher bei der Bestimmung des Schatzes Ha und rechnet die Schätze Hb und P zur Periode Troja VI oder VII (Easton, im Druck, S. 4f).

Schon A. Götze hatte darauf hingewiesen, daß sich die Zusammensetzung der Schatzfunde erheblich voneinander unterscheidet. Er nahm an, daß die Schatzfunde D, E, G, H, J, N und Q, die hauptsächlich aus Schmuckstücken bestehen, Schätze reicher Frauen waren. Die in ihnen enthaltenen Edelmetallbarren weisen – so Götze – darauf hin, daß sie offenbar Goldschmieden zur Verarbeitung übergeben wurden. Götze äußerte Zweifel daran, daß die Schmucknadeln aus Schatz O zu einem geschlossenen Komplex gehören. Die Schätze A und F, die neben Schmuckgegenständen Waffen, Geräte und »Geldbarren« [gemeint sind die Stäbe mit Einschnitten Kat. 128–132 – M. T.] enthalten, sind nach seiner Auffassung Familienschätze. Der heterogene Charakter des Schatzes K, zu dem zerbrochene Bronzen gehören, zeuge davon, daß diese Objekte einem Bronzegießer gehörten und zum Einschmelzen bestimmt waren. Mit Leichenverbrennung stehen die Funde aus Schatz M kaum in Zusammenhang, ebenso auch nicht mit Begräbnissen. Auch bei den Gegenständen aus den Schätzen S und B sieht A. Götze keinen Zusammenhang mit Begräbnissen, während die Funde aus Schatz R von einer »verunglückten Person, bei deren Skelett sie lagen«, getragen worden seien. Was nun den »Schatz C« betrifft, so vereinigt er in sich Gegenstände aus drei verschiedenen Funden, und es ist schwierig, Genaueres über deren Zusammensetzung zu sagen (Götze, in Dörpfeld 1902, S. 342f).

1959 erwähnte der herausragende deutsche Kleinasien-Forscher K. Bittel, daß die Schatzfunde A, C, D und ein Teil der Schatzfunde E, F und M als geschlossene Komplexe anzusehen seien, da die Gegenstände in Keramikgefäßen gefunden wurden. Sie sind Schätze im direkten Sinne des Wortes. In allen anderen Fällen seien entweder die Umstände beim Fund unklar, oder sie beweisen, daß es sich dabei nicht um Gegenstände eines Schatzes handelt, sondern um Inventar von Häusern und Räumen, das bei deren Zerstörung in die betreffende Schicht gelangt ist. Dies ist nach Meinung K. Bittels offensichtlich bei Schatzfund N der Fall und mehr als wahrscheinlich bei den Schätzen B, D, J und K. Man gewinnt den Eindruck, Schliemann habe, inspiriert von den Erfolgen seiner ersten Grabungen, einzelne Funde zu Schätzen zusammengefaßt, die nur zufällig in geringem Abstand voneinander gefunden worden waren. Wenigstens die Schatzfunde O, Q, R und S können mit hinreichender Sicherheit zu dieser Kategorie gezählt werden (Bittel 1959, S. 18f).

Die Grabungsergebnisse K. Blegens stützen diese Vermutung. Nur in einem Fall konnte der Archäologe nachweisen, daß die Gegenstände absichtlich unter dem Fußboden eines Raums versteckt worden waren (Blegen 1950, S. 366f). Meines Erachtens gehören die Funde von Eskiyapar zum selben Typ wie die Mehrzahl der trojanischen Schätze: Beide in der Siedlung entdeckten Schätze wurden in Gefäßen unter dem Fußboden eines Raumes der frühen Bronzezeit III gefunden (Özgüç, Temizer 1993, S. 613). Zweifellos gibt es auch eine Parallele zu dem Schatz aus Poliochni, der in einem Tongefäß im Raum 643 der sogenannten »gelben Periode« gefunden wurde, die zeitgleich mit Troja IIg ist (Bernabò-Brea 1976,

S. 285). Interessant ist, daß in Larsa in Mesopotamien bei den Ausgrabungen eines Raumes im Tempel von E'babbar ein versiegeltes Tongefäß gefunden wurde, das etwa auf das 18. Jahrhundert v. Chr. zu datieren ist und in dem neben Gold- und Silberschmiedearbeiten Ketten, Werkzeuge, Urkunden, ein zylindrisches Siegel, Bruchstücke von Gegenständen aus Gold, Silber und Kupfer sowie Steingewichte gefunden wurden. Blegen definiert diesen Komplex als Schatz eines Goldschmieds (Arnaud, Calvet, Huot 1979; Huot 1980), was meiner Meinung nach immer noch seine Berechtigung hat, auch wenn dies vor kurzem in Frage gestellt wurde (Bjorkmann 1993).

Nicht vollständig klar ist die Frage bezüglich des Schatzes B, den weder A. Götze noch K. Bittel als Schatz ansahen. Jedoch kam D. Easton zu dem Schluß, daß die Schätze A und B einander so sehr ähneln und zudem – wenn man von der Beschreibung Schliemanns ausgeht – fast an ein und derselben Stelle gefunden wurden, so daß ihre Zugehörigkeit zu einem einzigen Schatz nicht ausgeschlossen werden kann (Easton 1984, S. 166f). Gleichzeitig merkt der englische Forscher wörtlich folgendes an: »Es gibt einige Gründe zu der Annahme, daß der Schatz B in einem Zistengrab enthalten war, das auf die Zeit von Troja III oder sogar Troja IV zu datieren ist« (Easton 1984, S. 168). D. Easton hält die Schatzfunde A, B, D, E, F, J und L für Schätze im direkten Wortsinn. Die Schätze R2 und S1–2 könnten nach seiner Auffassung Grabbeigaben gewesen sein (Easton, im Druck, S. 1–4).

Welche Information liefert nun eine Analyse des gemeinsamen Antreffens von Gegenständen unterschiedlicher Kategorien in den Komplexen und eine stilistische Analyse der Denkmäler? Wir wollen versuchen, unsere oben angeführten Einzelbeobachtungen zusammenzufassen.

Beginnen wir mit dem Schatz A als dem größten Fundkomplex und demjenigen Schatz, der aus heutiger Sicht in seinem Hauptbestandteil keinen Zweifel an seiner Echtheit hervorruft. So finden die Goldbecher Kat. 6–7 eine sehr enge typologische Parallele im Silberbecher aus Schatz B (Kat. 103). Es gibt Informationen, die es erlauben, den Schatz A und den Schatz D, der wohl ebenfalls keine Zweifel an seiner Authentizität hervorruft, als synchron anzusehen: In beiden Schätzen wurden gleichartige Lockenringe mit drei Stäbchen und kleinem Format gefunden, die vor allem für Troja charakteristisch sind. Es handelt sich dabei um Kat. 19–28 (Schatz A) und Kat. 104 (Schatz D). Eine Annäherung von Schatz F und Schatz A ergibt sich aus den gleichartigen Lochstäben, die von uns als Rohlinge für die Herstellung von Perlen definiert werden: Kat. 101 (Schatz A) und 124 (Schatz F). Zum Schatz Ha gibt es Parallelen bei den idolförmigen Anhängern und besonders bei den Ketten mit schuppenförmigen Plättchen, wobei letztere enge Parallelen zu den Körbchenohrringen haben (Kat. 13–14). Die Kügelchen, die runden und gezackten Scheiben und die halbkugelförmigen Blechscheibchen mit Ösen im Konglomerat Kat. 217 aus Schatz L sind den Perlen und Blechscheibchen aus Schatz A ähnlich, die röhrchenförmigen Schieber mit zwei Lappen in Schatz A finden analoge Gegenstände im Konglomerat Kat. 235 aus Schatz N.

Die Möglichkeit einer Synchronisation geben nicht nur die Funde aus Schatz A. Betrachten wir beispielsweise Schatz D. Hier und in Schatz J wurden kleine Lockenringe mit drei Stäbchen (Kat. 104–150) gefunden, die – wie bereits oben erwähnt – auch in Schatz A

anzutreffen sind. In beiden Schätzen wurden goldene Lockenringe mit fünf Stäbchen (Kat. 105–108 bzw. 151–152) gefunden. Und schließlich sind auch die Schieber mit vier Spiralen aus den Schätzen D und J, der »große« (Kat. 116) und der Miniaturschieber (Kat. 161), in vollkommen identischer Technik ausgeführt. Ebenso gibt es Gründe für die Synchronisierung des Schatzes D mit den Schätzen (oder den Komplexen aus Räumen) N und R. Diese Möglichkeit geben die Funde der zu diesen Schätzen gehörenden Lockenringe mit fünf Stäbchen Kat. 109–113 (Schatz D), Kat. 231 (Schatz N) und Kat. 241 (Schatz R). Hier ist anzumerken, daß im Schatz N auch Silberringe dieses Typs gefunden wurden (Kat. 234–235, 238).

Recht gewichtig sind auch die Gründe, den Schatz F nicht nur mit dem Schatz A, sondern auch mit den Schätzen J und O zu synchronisieren. So sind auf dem Armband Kat. 123 (Schatz F) und auf dem Lockenring Kat. 157 (Schatz J) die Rosetten mit halbkugelförmigen Wölbungen in der Mitte der geriffelten, nicht geschlossenen Einfassung in gleicher Technik ausgeführt. Dieses Detail erlaubt es, wie oben ausgeführt, die genannten Erzeugnisse einem einzigen Meister oder einer einzigen Werkstatt zuzuordnen. Zum gleichen Schluß kamen wir bei einem Vergleich der Ausführungsdetails des Armbandes Kat. 123 und der Prunknadel Kat. 239 aus dem Schatzfund O. Die Karneolperlen in Form abgestumpfter Doppelkegel aus Schatz E (Kat. 121–122) finden eine Parallele in Schatz L (Kat. 219).

So haben wir mehr oder weniger gewichtige Hinweise zur Synchronisierung von elf aus dreizehn in dieser Sammlung gezeigten Komplexen. Lediglich die Schätze K und Hb fallen heraus, von denen jeder in der Ausstel-

lung durch jeweils ein Exponat vertreten ist. Im übrigen finden die zum Schatz K gehörenden Bronzecelte (Schmidt 1902, S. 241, Nr. 6047–6048) Parallelen in Schatz A (Schmidt 1902, S. 227, Nr. 5831–5838). Schwieriger ist die Frage bezüglich des Schatzes Hb, der nur durch einen Fund vertreten ist. Götze (in Dörpfeld 1902, S. 336 Abb. 404) vermutete die Blechscheibe mit Rosette zu Troja VI gehörig. Meines Erachtens ist die Frage berechtigt, ob man diesen Fund überhaupt als Schatz bezeichnen kann. Natürlich sind nicht alle Parallelen für die Bestätigung der Gleichzeitigkeit der Komplexe von gleicher Bedeutung. Solche Schlüsse können wohl kaum nur auf der Grundlage des gemeinsamen Auftretens von Perlenketten gezogen werden, die bekanntlich über einen langen Zeitraum hergestellt wurden und in Gebrauch waren.

Weitaus gewichtigere Hinweise ergeben die charakteristischen Details bei der Ausführung oder beim gemeinsamen Antreffen von seltenen und nur für dieses Denkmal kennzeichnenden Erzeugnissen. Allerdings kann man auch bei diesem Ansatz die Schatzfunde A, B, D, F, J, Ha, N, O und R als gleichzeitig ansehen und so auf die Synchronität (im Rahmen des Vorhandenseins der im Schatz vertretenen Gegenstände) praktisch aller trojanischen Schätze schließen. Auch wenn man annimmt, daß einige von ihnen keine Schätze im eigentlichen Sinne sind, sondern mehr oder weniger zufällige Gruppen von Gegenständen aus einem während einer Feuersbrunst zerstörten Raum, d. h. mehr oder weniger geschlossene Komplexe, kann man alle Schätze mit Ausnahme der beiden letzten (O, R) als solche Komplexe betrachten. So besteht beispielsweise der Schatz O aus zwei goldenen Prunknadeln, die in einer Entfernung von ca. 1 m voneinander gefunden wurden (Götze, in Dörpfeld 1902, S. 341). Man kann wohl kaum eine phantastische Weitsicht Schliemanns unterstellen, der die Schätze unter Berücksichtigung aller Angaben aus den Ergebnissen der neuesten Untersuchungen der Stratigraphie Trojas und der hier angeführten Analyse »zusammengestellt« haben soll! Ein wichtiges Argument für die Authentizität der Schätze ist ihr von D. Mannsperger erwähnter gemischter Charakter: die Schätze können gleichzeitig als Horte und als Material für Handwerker angesehen werden. Diese Tatsache spiegelt ohne Zweifel die reale wirtschaftliche Situation des prähistorischen Troja wider und macht die Vermutung wenig wahrscheinlich, daß die Schätze durch Schliemann künstlich zusammengestellt wurden (Mannsperger 1992, S. 133). Für eine relative Zeitgleichheit der Schätze sprechen auch die folgenden Überlegungen: Die Grabungsergebnisse Blegens haben gezeigt, daß Funde aus Gold praktisch an allen Stellen angetroffen wurden, an denen die Schicht Troja IIg untersucht wurde. Im Gegensatz dazu wurde in den folgenden Siedlungen Troja III, IV und V kein einziger Gegenstand aus Gold, Silber, Elfenbein oder Elektron gefunden (Blegen 1950, S. 207f; 1963, S. 74). Mit der Zuordnung der von Schliemann gefundenen Schätze zu Troja IIg sind auch andere Forscher einverstanden (siehe z. B. Bittel 1959, S. 19–22). Diese Periode des Bestehens der alten Stadt datiert die Mehrheit der Forscher bis in die jüngste Zeit auf 2300–2200/2100 v. Chr. (siehe Bittel 1959, S. 22, Anm. 33a; Easton, im Druck, S. 2ff; Andreev 1995, S. 104) oder 2400–2300 v. Chr. (siehe Prausnitz 1955, S. 27; Höckmann 1987, S. 71, Anm. 122) oder auf 2450–2050 v. Chr. (Spanos 1977, S. 106). Dazu handelt es sich nach den neuesten Forschungen M.

Korfmanns bei der Schliemannschen Schicht Troja III um die Schicht Troja IIh.

Korfmann definiert nicht nur eine, sondern zwei Brandschichten, in der Annahme, daß sich nach dem Brand von Troja II ein Teil der Bevölkerung wieder auf dem Hügel angesiedelt und dabei teilweise die vom Brand verschont gebliebenen Gebäude verwendet hat (zur Kontinuität der kulturellen Entwicklung von Troja III siehe bereits Blegen 1963, S. 70). In diesen »ärmlichen Behausungen« konnten also auch reiche Leute leben! So wurde beispielsweise 1,5 m über dem verbrannten Fußboden des Megarons IIA eine diesen bedekkende Brandschicht eines Hauses festgestellt, unter der eine Nadel aus Elektron mit charakteristischer Form, die sogenannte »kyprische Schleifennadel«, aufgefunden wurde (Korfmann 1992, S. 22, Abb. 20,5; S. 24f; 1994a), also ein Typ, der in der frühen Bronzezeit vom Iran bis in die Schweiz Verbreitung fand. Ihre Datierung (Beginn der zweiten Hälfte des 3. Jahrtausends v. Chr.) ist für die Datierungen der frühen Bronzezeit in Kleinasien und Südosteuropa wichtig (Korfmann 1992, S. 24f, 27). Die Entdeckung der zweiten Brandschicht bei den 1990 und 1991 in Troja durchgeführten Ausgrabungen kann bei der Diskussion der Datierung der verschiedenen Horizonte, in denen Schätze enthalten sind, von großer Bedeutung sein. Die Ergebnisse einer Radiokarbonanalyse im Berliner Labor ergaben eine Datierung in einem Bereich von 2400–2000 v. Chr. für die Schicht Troja IIg (Görsdorf, Kohl 1992, S. 334, Abb. 5). Heute wird unter Berücksichtigung der neuesten Beobachtungen über Stratigraphie und der Daten der Radiokarbonanalysen das Ende der Epoche Troja II auf die zweite Hälfte des 25. Jahrhunderts v. Chr. datiert (Korfmann 1994a). Bei der Erwähnung, daß die Mehrheit

der Schätze aus der Endphase der Schicht Troja II entstammt, schließt M. Korfmann (1994a) die Möglichkeit nicht aus, daß sich unter den Schätzen auch Komplexe befinden, die zur Periode Troja III (ca. 2390–2200 v. Chr.) und sogar Troja IV, d. h. 2200–2000 v. Chr., gehören könnten.

Gleichzeitig bestehen andere Ansichten zur absoluten Chronologie der trojanischen Schätze, die in der Hauptsache nicht auf der Stratigraphie des Hügels Hissarlik beruhen, sondern auf der antiquarischen Analyse einzelner Denkmäler aus den Schätzen. Bei der Datierung eines Schatzes metallischer Erzeugnisse aus der Troas mit Hilfe der trojanischen Schätze erwähnte K. Bittel mögliche Verbindungen zwischen den trojanischen Gefäßen, insbesondere einem der Krüge aus Schatz B (Bittel 1959, Abb. 28), und den Krügen mit Schnäbeln aus der Karum-Zeit (Bittel 1959, S. 10, Abb. 14–16). Diese haben Henkelansätze mit Voluten, die für Troja V charakteristisch sind (Bittel 1959, S. 18). Wir wollen anmerken, daß das Spätstadium von Karum Ib in den Bereich 1850–1650 v. Chr. datiert wird (Kull 1989, S. 72).

Den Standpunkt einer relativ späten Datierung der trojanischen Schätze vertraten K. R. Maxwell-Hyslop und P. Calmeyer. Bei der Analyse von Schiebern mit vier Spiralen aus Troja ordnete K. R. Maxwell-Hyslop diese in die Periode der Dritten Dynastie von Ur um etwa 2000 v. Chr. oder in eine etwas spätere Zeit ein (Maxwell-Hyslop 1989, S. 218). Die mit Granulation geschmückten Halbmondohrringe mit drei Stäbchen sind nach Meinung der Forscherin typisch für die Isin-Larsa-Zeit in Babylon und Elam, die auf etwa 2025–1763 v. Chr. datiert wird. So ist nach Meinung Maxwell-Hyslops die Möglichkeit nicht auszuschließen, daß das Ende von Troja II in eine jüngere Zeit fällt (Maxwell-Hyslop 1970, S. 227f; 1971, S. 58f, 71). P. Calmeyer, der sich auf dieselben Materialien stützt, aufgrund derer K. R. Maxwell-Hyslop ihre chronologischen Schlüsse zieht, kommt zu dem Ergebnis, daß die Periode des Endes von Troja IIg zeitgleich mit der Periode Karum II Kültepe ist und diese Perioden auf etwa 1850–1750 v. Chr. datiert werden können (Calmeyer 1977, S. 96f). P. Calmeyer schließt sich dem Standpunkt K. R. Maxwell-Hyslops bei der Datierung der Schmuckstücke an. Beide Forscher merken an, daß die Pfanne mit Omphalos (Kat. 1) außerordentlich nahe Parallelen in Assur (Bodengrab 20, Gruft 21) aufweist, die nach den Funden von Siegeln auf die altbabylonische Zeit (Maxwell-Hyslop 1970, S. 227f; Calmeyer 1977, S. 90–92, Taf. II, a–b) datiert werden. B. Otto (1992, S. 250) vergleicht bei der Analyse von Ornamentmotiven auf einigen Gegenständen aus den trojanischen Schätzen diese mit Objekten aus den Schachtgräbern von Mykene, deren Datierung auf etwa 1700 v. Chr. einige Forscher teilen (Kull 1989, S. 72).

Allerdings wird der Standpunkt über die historische Gleichzeitigkeit der Schätze aus Troja IIg und der Karum-Zeit in der Regel von anderen Forschern nicht akzeptiert. Man erwartet, daß die Ergebnisse der neuen Ausgrabungen in Troja zu einer Lösung führen (Kull 1989, S. 69f). Wahrscheinlich haben diejenigen Forscher recht, die sagen, daß die Lage der konzentrischen Kreise, die den Omphalos bei der Pfanne aus Assur umgeben, eine andere ist und die Pfanne sich auch in sonstigen Details von anatolischen Stücken unterscheidet (Spanos 1977, S. 105f; Özgüç, Temizer 1993, S. 626). Dadurch wird eines der Argumente der Anhänger der »niedrigen« Chronologie der trojanischen Schätze in Frage gestellt. Was die Halbmondohrringe mit drei Elementen angeht, so sind solche in dieser Sammlung nicht vertreten (!). Zwei Halbmondohrringe mit drei Stäbchen, die vermutlich aus Schatz G stammen, werden in Athen aufbewahrt (Kat. Athen, Nr. 6). Wie bereits oben ausgeführt, liegen Halbmondohrringe in Varianten aus einem oder zwei Elementen vor. Nach Maxwell-Hyslop findet die Verzierung der Ohrringe mit Granulation eine Parallele in Mesopotamien, allerdings nicht vor der Zeit der Dritten Dynastie von Ur. Ihrer Ansicht nach ist es wenig wahrscheinlich, daß die mit Goldkörnchen verzierten Halbmondohrringe anatolischer Herkunft sind. Wenn man sie aber als Importe ansieht, so könnten sie nicht vor dem Beginn der Dritten Dynastie von Ur, d. h. 2113 v. Chr., in den Schatz A gelangt sein (Maxwell-Hyslop 1971, S. 58f). In diesem Zusammenhang ist zu erwähnen, daß von allen Locken- und Ohrringen die betrachteten Halbmondohrringe die deutlichsten Gebrauchsspuren aufweisen. Die Granulation ist insbesondere auf einer Seite der meisten Ohrringe abgerieben, bei zwei Ohrringen sind die Haken abgebrochen. Oben wurde erwähnt, daß die Halbmondohrringe aus den Schatzfundenen A, D und N entweder für eine Evolution dieses Typs von Schmuck sprechen oder aber die Ohrringe aus den beiden letzten Schätzen die vereinfachte Imitation eines differenzierten Vorbilds darstellen. Es ist interessant, daß in der Konstruktion der Ohrringe Elemente anderer Arten von in Troja verbreiteten Schmuckgegenständen verwendet werden, nämlich gezackte Scheiben. So gibt es keinen Grund, die in den trojanischen Schätzen gefundenen, mit Granulation geschmückten Halbmondohrringe als Importe aus Mesopotamien anzusehen. Entsprechend kann man sich auch nicht der Chronologie von Maxwell–Hyslop anschließen. Die Axthämmer aus Schatz L können wohl ebensowenig als Beweis für eine späte Datierung dienen: Genaue Entsprechungen zu ihnen kennen wir nicht, und ihnen der Form nach ähnliche Gegenstände waren beispielsweise im Nordkaukasus oder in Palästina im 25.–23. Jahrhundert v. Chr. bekannt. Auch die mit einer Rosette verzierte Prunknadel mit Leiste (Kat. 240) aus dem äußerst zweifelhaften Schatz O (siehe oben) kann nicht als Argument für eine späte Datierung der Schätze dienen.

Aus all dem folgt, daß die am ehesten akzeptable Datierung der trojanischen Schätze die »hohe Chronologie«, unter Berücksichtigung derer die Schätze in einen Zeitraum von der Mitte bis in das dritte Viertel des 3. Jahrtausend v. Chr. einzuordnen sind.

Werkstätten und Produktionszentren

Es ist eine allgemein anerkannte Tatsache, daß sich Zeugnisse der materiellen Kultur, darunter auch Schmuckgegenstände, durch Ortsveränderung der Kulturträger, durch Handel (einschließlich Gründung von Handelskolonien), durch umherziehende und/oder in Lohnarbeit stehende Handwerker, durch Überfälle und Eroberungen sowie durch Geschenke (Abgaben) verbreiten. Jedoch liegt der Entwicklung der Kulturträgerschaft eine gewisse Eigendynamik zugrunde. In diesem Zusammenhang betrachtet B. Musche das Zweistromland als Kulturzentrum, von dem derartige Wellen ausgingen, die Grenzregionen Syrien-Palästinas, Kleinasien-Nordsyriens und des Irak jedoch als »Peripherie«, die insgesamt den Einfluß der angrenzenden Kulturzentren (Ägypten, Griechenland, östliche Nomaden) erfahren hat. Als Beispiel werden Schmuckstücke aus Alaça Höyük und Troja II angeführt. So sollen die beide Diademe aus Alaça Höyük auf Vorlagen aus Ur zurückgehen.

Auf ganz ähnliche Weise erinnern die Körbchenohrringe aus Troja nach Ansicht B. Musches so sehr an Ohrringe aus Ur, daß wir an einen gemeinsamen Prototyp denken mussen. Nach Alaça Höyük, einer etwas abseits der Handelswege gelegenen Siedlung in Mittelanatolien, sei die Goldschmiedekunst von Ur nur in einer vereinfachten, erheblich reduzierten Form gelangt. Dagegen hätten die Schmuckstücke aus Troja II die ganze Kompliziertheit derer aus Ur bewahrt, wahrscheinlich deshalb, weil die Handelswege diese Zentren unmittelbar verbanden, und ohne Zweifel deshalb, weil sie dem kulturellen Niveau der örtlichen Aristokratie entsprachen. Jedoch habe sich diese Elite gleichzeitig

im Einflußbereich der hochentwickelten ägäischen Goldschmiedekunst befunden. Dies würden die Körbchenohrringe im Vergleich mit Schmuckstücken aus Poliochni bezeugen. Einerseits hätten wir es mit vorderasiatischer Tradition zu tun, andererseits würden die Schmuckstücke auf den osteuropäischen Bereich hinweisen (Musche 1992, S. 51f).

Meines Erachtens kann man schwerlich vom Einfluß einer »hochentwickelten« ägäischen Goldschmiedekunst auf die trojanischen Schmuckgegenstände sprechen und hierzu als Beweis Erzeugnisse aus Poliochni anführen, deren unzweifelhafte genetische Nähe zu den trojanischen Schmuckstücken oben aufgezeigt wurde. Dabei gibt es Anlaß zu der Vermutung, daß einzelne Funde aus Troja und Poliochni in denselben Werkstätten oder durch dieselben umherziehenden Meister hergestellt worden sind. Was die spiralförmigen Lockenringe und Körbchenohrringe betrifft, so könnten diese Formen, wie J. Canby gezeigt hat (Canby 1965, S. 53ff), durch Goldschmiede, die wahrscheinlich in Karawanen durch weit voneinander entfernte Gegenden reisten, verbreitet worden sein. Man kann wohl vermuten, daß gerade Troja in der Zeit von der Mitte bis in das dritte Viertel des 3. Jahrtausends v. Chr. eines der führenden Zentren der Goldschmiedekunst im westlichen Kleinasien und in der Ägäis war (siehe auch Branigan 1974, S. 108f). Interessant ist die Tatsache, daß die trojanischen Schätze einen sehr bedeutenden Prozentsatz der Goldfunde auf dem Gebiet der sogenannten zirkumpontischen metallurgischen Provinz der frühen und mittleren Bronzezeit ausmachen, wo doch mehr als 90 % aller in diesem Gebiet bekannten Gold-

funde aus Schätzen und sogenannten Königsgräbern stammen (Chernykh 1992, S. 142, Abb. 48; 144, 170, Anm. 3). Es ist nicht ausgeschlossen, daß die Erzeugnisse der trojanischen Goldschmiede und Toreuten auch Mittelanatolien erreichten. Man nimmt an, daß die in Eskiyapar gefundenen Pfannen, Kelche und Körbchenohrringe aus Troja oder aus Werkstätten Nordwestanatoliens, die mit Troja in Verbindung standen, dorthin gebracht worden sind (Özgüç, Temizer 1993, S. 627).

Die Frage ist berechtigt, was denn die trojanischen Schätze überhaupt sind. Waren sie Grabbeigaben oder Tempelschätze oder Schätze von Privatpersonen sowie der Herrscher der Stadt, die in Zeiten der Gefahr versteckt wurden?

Wenden wir uns den Gegenständen zu, die als Halbfabrikate oder Rohlinge angesehen werden können. Als Halbfabrikate für die Herstellung von Perlenketten haben wir die schmalen Stäbe mit unregelmäßig eingeschlagenen Öffnungen aus den Schätzen A und F definiert. Im Schatz A wurden zudem sechs Silberbarren gefunden (Schmidt 1902, S. 236f, Nr. 5967–5972; Easton 1984, S. 150f; Mannsperger 1992, S. 137f), die heute in der Eremitage aufbewahrt werden (Easton 1995, S. 12). D. Easton führt als Parallelen zu ihnen Barren aus Mochlos an (Easton 1984, S. 158). Dem Schatz F entstammen auch die Stäbe mit Riffelungen, die vermutlich ebenfalls als Rohlinge zur Herstellung von Perlen dienten. Die zusammengedrehten Golddrahtstücke aus Schatz R waren am ehesten Rohlinge für Goldschmiedearbeiten. Ohne Zweifel sind auch die Funde kleiner goldener Kügelchen und kleiner Silber- und Goldbarren im Konglomerat Kat. 217 aus Schatz L mit der Goldschmiedekunst in Verbindung zu bringen. Goldbarren finden sich auch unter den Materialien aus Troja, die in Istanbul aufbewahrt werden (Hazirlayan, Esin 1991, S. 36; Siebler 1994, S. 48, Abb. 58), sowie in den Schatzfunden C (Kat. Istanbul 1983, S. 137, Abb. 358) und E (Kat. Istanbul 1983, S. 137, Abb. 359). Ein Elektronbarren wurde im Schatz E gefunden (Kat. Istanbul 1983, Abb. 357). Außerdem waren einige Stücke aus den Schätzen, wie zum Beispiel die gebrochenen und verformten, mit Doppelspiralen verzierten Armbänder aus Schatz D, die heute in Moskau (Kat. 123) und Istanbul aufbewahrt werden, wohl kaum zur Reparatur bestimmt, sondern dienten eher als Material für neue Goldschmiedewerke. Mit dem Goldschmiedehandwerk sind höchstwahrscheinlich auch die Funde der plankonvexen Linsen in Zusammenhang zu bringen. Wenn auch die Serie der kleinen »Linsen« einen anderen Bestimmungszweck hatte, wurde die große plankonvexe Rundlinse Kat. 229 höchstwahrscheinlich als Vergrößerungsglas benutzt. Der von uns geäußerten Vermutung über die Bestimmung des Schatzes L als Produktionsmaterial hat sich D. Easton angeschlossen (Easton 1995, S. 13).

Diese Gegenstände bezeugen den zumindest teilweisen Verwendungszweck als Produktionsmaterial. Dies schließt die Vermutung aus, daß es sich bei den Schätzen um Grabbeigaben handelte, wie dies von einigen Forschern insbesondere in bezug auf die Schätze A und B angenommen wurde (siehe beispielsweise Easton 1984, S. 148f, 168; 1990a, S. 491). Deutliche Parallelen bestehen zwischen Teilen der trojanischen Schätze und dem Schatz eines Goldschmieds aus Larsa (Vorhandensein fertiger Werke und deren Bruchstücke sowie von Werkzeugen und Gewichten).

Gleichgültig, ob wir es nun mit Tempelschätzen, Schätzen von Herrschern oder Schätzen von Goldschmieden zu tun haben oder aber mit Komplexen, die eine Doppelfunktion erfüllten (siehe den oben angeführten Standpunkt von D. Mannsperger), so steht außer Zweifel, daß das Troja der Epoche, aus der die Schätze stammen, ein Zentrum der Goldverarbeitung war. Von der Entwicklung der Goldschmiedekunst und der Metallverarbeitung überhaupt zeugt auch die Tatsache, daß bei den Ausgrabungen in Troja häufig Gußformen, Tiegel, Endstücke von Blasebälgen und Barren gefunden wurden (Schmidt 1902, S. 256–266; Götze, in Dörpfeld 1902, S. 368f, Beil. 45, Nr. I–V; Blegen 1963, Abb. 64; Easton 1984, S. 157; Kat. Sofia 1982, Nr. 141–145; Kat. Athen 1990, Nr. 113–115; Yener, Vandiver 1993, S. 219, Anm. 51; S. 237, Anm. 107).

Vermutlich wurden Werke aus Gold und Silber von ein und denselben Meistern angefertigt. Dafür sprechen sowohl die Typologie des am meisten verbreiteten Massenschmucks, wie beispielsweise aus mehreren Elementen bestehende Lockenringe, und die Funde von Gold- und Silberbarren sowie Halbfabrikaten in ein und denselben Schätzen, als auch Angaben, die den chronologisch nahen Archiven von Ur (Loding 1974, S. 274f; Bjorkmann 1993, Anm. 1) und Ebla in Syrien (24. Jahrhundert v. Chr.) zu entnehmen sind. Obwohl es in Ebla einen speziellen Terminus für die Bezeichnung von Goldschmieden gab (ku-dim), wurde dieser außerordentlich selten verwendet. In den Verwaltungstexten von Ebla ist erheblich häufiger ein anderer Terminus (simug) anzutreffen, der Handwerker bezeichnet, die sowohl mit Gold als auch mit Silber arbeiteten (Archi 1993, S. 617). Die Schlußfolgerung hinsichtlich der relativen Gleichzeitigkeit der trojanischen Schätze und eine stilisti-

sche Analyse der Erzeugnisse beweisen, daß die Goldschmiedearbeiten von Troja nicht in einer, sondern mindestens in mehreren, wahrscheinlich parallel arbeitenden Werkstätten gefertigt wurden. Dieser auf den ersten Blick paradoxe Schluß (warum arbeiteten so viele Meister in einer kleinen Stadt, deren Kultur nicht einmal das Niveau beispielsweise der ägäischen Zivilisationen des 2. Jahrtausends v. Chr. erreichte und mit diesen gar nicht vergleichbar ist) stützt einerseits meinen Standpunkt, daß Troja II eines der bedeutendsten Zentren der Edelmetallverarbeitung seiner Zeit war und hat andererseits auch nichts Verwunderliches, wenn wir die Archive von Ebla betrachten, denen zu entnehmen ist, daß die Verwaltung des Hofes die Tätigkeit von 500 (!) als »simug« bezeichneten Handwerkern kontrollierte (Archi, S. 616f). Im übrigen haben wir keinerlei Quellen zum sozialen Status der trojanischen Goldschmiede (sie können durchaus unabhängig gewesen sein). Keilschrifttafeln und archäologischen Materialien zufolge existierten solche Werkstätten in Ur (D'jakonov 1990, S. 120f). Auf dem Gebiet der Troas standen Gold, Silber, Blei und Kupfer zur Verfügung (De Jesus 1980, S. 65, 76, 83, 137f; Pernicka et al., 1984, S. 536, Abb. 1; S. 569f, Abb. 22f; Mannsperger 1992, S. 131). Ein Goldvorkommen war in der Troas bei Astira bekannt. Es kann angenommen werden, daß es von ältester Zeit an den örtlichen Bedarf deckte und zu Beginn der christlichen Zeit vollkommen erschöpft war (Blegen 1963, S. 89; Mellaart 1966, S. 164; Higgins 1980, S. 9): »Über dem Gebiet der Abydoser in der Troas befindet sich Astira. Diese zerstörte Stadt gehört jetzt den Abydosern; früher war sie eine unabhängige Stadt und verfügte über Goldfelder, die jetzt aufgebraucht und erschöpft sind, ähnlich den Feldern auf dem Berg Tmol in der Nähe des Flusses Paktol« (Strabo XIII, 23). »In unmittelbarer Nähe von Astira befindet sich Adramytteion [...] Außerhalb der Bucht und der Landzunge von Pyrrha befindet sich die verlassene Stadt Kisphena mit einem Hafen. Über dieser Stadt befindet sich in der Tiefe des Landes ein Kupferbergwerk« (Strabo XIII, 51). Nach Meinung der Forscher unserer Zeit gehören zur prähistorischen Zeit Abbaustellen in Astira und Bal'i (Pernicka et al., 1984, 570–573, Abb. 23). Sie haben gezeigt, daß der bei weitem größte Teil der analysierten Erzeugnisse aus Poliochni, darunter auch Lockenringe, aus platinhaltigem Gold besteht. Es stammt nach A. Hartmann aus dem ägäischen Raum oder den angrenzenden Gebieten. Eine ähnliche Goldlegierung wurde auch, wie die Analysen gezeigt haben, in der mykenischen Zeit verwendet (Hartmann 1982, S. 32, 146f, Taf. 103).

Zahlreiche Erzeugnisse aus den trojanischen Schätzen zeugen vom hohen Niveau der Goldschmiedekunst. Die Meister erzielten bedeutende Erfolge bei der Herstellung von Draht, dünner Goldfolie sowie bei der Verzierung von Erzeugnissen durch aufgelötete Drähte (Filigran) und winzige Goldkügelchen (Granulation).

Draht, auch gedrehter Draht mit quadratischem Querschnitt, wurde nicht durch Ziehen hergestellt, sondern geschmiedet (Oddy 1979, S. 44). Vom 5. Jahrtausend v. Chr. an waren die alten Meister – dies beweisen Goldschmiedewerke aus der áneolithischen Nekropole von Varna (Kat. Saarbrücken 1988, S. 70, Abb. 36; S. 73, Abb. 39) – auf dem Weg zur Vollkommenheit bei der Herstellung dünner Goldfolie, wobei die Herstellungsverfahren unterschiedlich waren (Eluère 1990, S. 174f, Abb. 198; Eluère, Raub 1991).

Es ist anzunehmen, daß viele Verfahren der Goldschmiedekunst Trojas aus Mesopotamien übernommen wurden. So existierte die Filigrantechnik in Vorderasien bereits um 2500 v. Chr. (Higgins 1980, S. 19ff). Älteste Beispiele für die Verwendung von aufgelötetem Draht sind der berühmte goldene Dolch und die Perle in Form eines abgestumpften Doppelkegels aus der Nekropole von Ur (Moorey 1985, S. 85).

Man kann davon ausgehen, daß die Granulationstechnik auf dem Wege in die Städte Nordsyriens, beispielsweise Tell Brak, aus Sumer nach Troja gelangt ist (Wolters 1983, S. 70). Als ältestes Beispiel für eine Granulation, das auf etwa 2500 v. Chr. datiert ist, wird eine Goldperle aus Ur angesehen, die aus elf Körnchen besteht, welche, wie Ogden vermutet, ohne jedwedes Lot miteinander verbunden wurden (Ogden 1982, Abb. 4,55; 65; siehe auch Moorey 1985, S. 89–91). Nach seiner Auffassung verwendeten die Goldschmiede bereits um das Jahr 2000 v. Chr., als sich die Granulationstechnik von Vorderasien her nach Ägypten und Kreta verbreitete, eine Variante von festem Kolloidallot (Ogden 1982, S. 65). Die Herstellung der Körnchen war, wie D. L. Caroll anführt, der unkomplizierteste Vorgang bei der Granulierung. Man nimmt an, daß ihre Größe durch den Stil bestimmt wurde, in dem das Schmuckstück ausgeführt war. So haben beispielsweise die Körnchen auf einem Paar Körbchenohrringe aus Troja, das in Istanbul aufbewahrt wird (Inv. 679; Schliemann 1881, S. 489, Nr. 842–843) einen mittleren Durchmesser von 1,11 mm, also neun Körnchen pro Zentimeter (Caroll 1974, S. 34), wohingegen die Körnchen, die von den mykenischen Goldschmieden zur Verzierung von Perlen verwendet wurden, weitaus geringere Abmessungen aufweisen (18 bis 20 Körnchen pro Zentimeter). Die Körnchen an etruskischen Goldohr-

ringen der klassischen Zeit weisen einen Durchmesser von 0,1–0,15 mm auf (Ogden 1982, S. 66, 70, Abb. 4, 64). D. L. Caroll führt aus, daß die alten Goldschmiede drei verschiedene Lote verwendeten. Dabei bewiesen die dem Forscher zur Untersuchung zugänglichen Stücke aus Troja mit Granulation, daß ein Lot aus einer Legierung aus Gold, Silber und Kupfer verwendet wurde. Es kam also die älteste Technik zur Anwendung, die bereits im 3. Jahrtausend v. Chr. Verbreitung gefunden hatte (Caroll 1974, S. 35).

Ketten des Typs »loop-in-loop« (Schlaufe in Schlaufe), die häufig von den trojanischen Meistern verwendet wurden, sind eine Variante, die sich etwa um 2500 v. Chr. entwickelte. In der ägäischen Welt sind Ketten dieses Typs erstmals in den Goldschmiedearbeiten von Mochlos der vordynastischen Zeit belegt. In Ur kamen sie früher auf, etwa um das Jahr 3000 v. Chr. Die Ursprünge dieses Typs sind wahrscheinlich in dieser Region zu suchen, von wo die Technik des Flechtens von Ketten sich nach Anatolien und in die Ägäis verbreitete (Higgins 1980, S. 16; Ogden 1982, S. 57; Moorey 1985, S. 85f). Die Entwicklung dieser feinsten Techniken der Goldschmiedekunst war wahrscheinlich nicht ohne die Verwendung von Vergrößerungslinsen möglich, deren ältestes heute bekanntes Exemplar zum trojanischen Schatz L (Kat. 229) gehört.

Interessanterweise verwendeten die trojanischen Meister, die sich so vielfältige Techniken der Goldbearbeitung angeeignet hatten, keine Matrizen für das Stanzen gleichartiger Erzeugnisse aus Goldfolie. Es wäre logisch, dies beispielsweise für die Herstellung von idolförmigen Anhängern für Diademe und Ohrringe anzunehmen. Jedoch ist jeder Anhänger in seinen Details unterschiedlich und individuell ausgeschnitten sowie durch ein Punktornament verziert. Die einzigen Gegenstände aus den untersuchten Ausstellungsobjekten, für deren Herstellung Matrizen verwendet wurden, sind eine Scheibe mit Rosette (Kat. 149) und der Belag eines Knaufs (Kat. 255). Diese können aus einer späteren Zeit stammen. Ein indirektes Argument für diese Annahme ist die Verwendung von Matrizen in der mykenischen Zeit, die sowohl durch die mit ihrer Hilfe hergestellten Erzeugnisse als auch die Funde der Matrizen selbst belegt ist (Buchholz, Karageorghis, 1971, Abb. 458–461; Kat. Athen 1990, Nr. 280; Eluère 1990, S. 177f, Taf. 202–203; Dickinson 1994, S. 186f). Demgegen-

über waren Matrizen im 3. Jahrtausend v. Chr. sowohl in Ägypten als auch in Mesopotamien bekannt (Eluère 1990, S. 177).

Besondere Aufmerksamkeit sollte man dem Fragment des Aufsatzes Kat. 226 schenken. Eine von A. Götze (1902, S. 423) und H. Schmidt (1902, S. 244) durchgeführte chemischen Analyse einer Probe beweist, daß dieses Stück aus Eisen besteht. Dieser Gegenstand gehört zu den ältesten Fundstücken aus Eisen. Die ältesten Eisenerzeugnisse waren nach dem hohen Nickelgehalt zu urteilen aus Meteoriteisen gefertigt. Da die Eisenzeit in Anatolien erst um das Jahr 1200 v. Chr. anbrach, sind Funde aus

Eisen einer früheren Zeit ganz ungewöhnlich. Zu den ältesten Eisenerzeugnissen rechnet man bis zum heutigen Tag Funde aus Samarra und Tepe Sialk im Iran, die zur Zeit um 5000 bzw. 4600–4100 v. Chr. gehören. Im 3. Jahrtausend v. Chr. sind Erzeugnisse aus Eisen außerordentlich selten. Sie stammen aus Ur, Uruk, Tell Asmar, Cagar Bazar und Alaça Höyük (Waldbaum 1980, S. 69–74; Moorey 1985, S. 100f; Pleiner 1986, S. 237; Yalcin 1993, S. 362f). Die weitere technologische Untersuchung des Aufsatzes oder Knaufs aus Troja wird die Klärung der Frage erlauben, welchen Platz er unter den ältesten Eisenerzeugnissen der Welt einnimmt.

Troja im System des Austausches in der frühen Bronzezeit

Troja II ist durch die systematische Verwendung von Bronze gekennzeichnet. Deshalb kann man diese Siedlungsperiode mit vollem Recht in die Bronzezeit datieren. Im Nordwesten Kleinasiens wurden genügend Lagerstätten von Kupfer abgebaut, das zur Herstellung von arsenhaltiger Bronze verwendet wurde, welche eine lange Entwicklungsgeschichte in der anatolischen Metallurgie hat. Vor dem Hintergrund der vorherrschenden arsenhaltigen Bronze heben sich Materialien aus Poliochni, Troja und der Troas ab. Hier war in der frühen Bronzezeit zinnhaltige Bronze recht weit verbreitet (siehe Stech, Pigott 1986, S. 52–56; McGeehan-Liritzis, Taylor 1987, S. 294; Muhly 1993, S. 240–243). So enthielten über die Hälfte der analysierten Erzeugnisse aus Poliochni mehr als 1,0 % Zinnbeimengungen. Der prozentuale Anteil von zinnhaltiger Bronze unter den aus derselben Zeit stammenden Materialien aus

Troja und der Troas liegt mit 62 % noch höher. Es ist ganz offensichtlich, daß ein solch entscheidender Fortschritt in der metallurgischen Verfahrenstechnik wie der Übergang von arsenhaltiger zu zinnhaltiger Bronze durch das Aufkommen neuer Rohstoffquellen möglich war. Analysen auf Bleiisotope haben gezeigt, daß die Rohstoffe aus geologisch sehr alten – etwa 700 bis 900 Millionen Jahre – Vorkommen des Präkambriums stammen. Solche Vorkommen sind weder in Kleinasien noch im ägäischen Raum noch in Südosteuropa bekannt. Man trifft sie jedoch in Zentralasien und möglicherweise auch in Afghanistan an (wenngleich die untersuchten Zinnvorkommen in Afghanistan mit 200–150 Millionen Jahren relativ jung sind; dies ist vom geologischen Standpunkt her ein sehr kompliziertes Gebiet und mögliche ältere Vorkommen können nicht ausgeschlossen werden). Bei den Analysen auf Bleiisotope fallen nicht nur die Objekte

aus zinnhaltiger Bronze, sondern auch die reinen Kupferobjekte, die aus Troja und Poliochni stammen, in eine besondere Gruppe. Dies erlaubt die Annahme, daß sie nicht nur aus importiertem Zinn, sondern auch aus importiertem Kupfer hergestellt sind, obwohl Beimengungen von importiertem Zinn auch in Erzeugnissen aus vor Ort vorhandenem Kupfer anzutreffen sind (Muhly, Pernicka 1992, S. 312–314). Die früheste zinnhaltige Bronze im Orient stammt aus Mundigak in Afghanistan und kann noch auf die zweite Hälfte des 4. Jahrtausends v. Chr. datiert werden (Stech, Pigott 1986; McGeehan-Liritzis, Taylor 1987, S. 294). T. Stech und B. Pigott sind zu dem Schluß gekommen, daß das in Mesopotamien verwendete Zinn in die Troas importiert wurde und über Troja nach Mittelanatolien gelangte (Stech, Pigott 1986, S. 52ff). Die Vermutung, das afghanische Zinn sei nach Anatolien importiert worden, wird von anderen

Forschern im Lichte der neuen Entdekkungen im Taurusgebirge bezweifelt (McGeehan-Liritzis, Taylor 1987, S. 294f). Allerdings scheint die Hypothese, daß möglicherweise Zinn aus den Vorkommen auf dem Balkan (McGeehan-Liritzis, Taylor 1987, S. 294) oder aus Böhmen, wie dies D. Mellaart annimmt (Mellaart 1966, S. 164), in der Troas verwendet worden sei, noch weniger wahrscheinlich. Die Vermutung über die anatolischen Quellen des Zinns im 3. Jahrtausend v. Chr. kamen wieder in Zusammenhang mit einer Entdeckung im Bergwerk Kestel (Gültepe) im Südosten Kleinasiens auf (siehe z. B. Yener, Goodway 1992; Yener, Vandiver 1993; 1993a; Willies 1992; 1993). Andere Forscher vermuten, daß die Bergwerke des Taurus kaum als Zinnquelle gedient haben können. Wahrscheinlicher ist, daß hier Blei und Silber, möglicherweise auch Gold, abgebaut wurden (siehe Muhly et al. 1991; Muhly, Pernicka 1992, S. 315). D. Muhly erinnert in diesem Zusammenhang an die Existenz eines Handelsweges, der aus den assyrischen Keilschrifttexten vom Beginn des 2. Jahrtausends v. Chr. wohlbekannt ist. In ihnen ist von Karawanen mit Hunderten von Kamelen die Rede, die über den Taurus zogen und auf denen das Zinn aus irgendwelchen entfernten Vorkommen im Osten nach Mittelanatolien geschafft wurde. In jedem Fall zeigen die Analysematerialien zu Poliochni, Troja und Kastri auf Syros, daß zu einem bestimmten Zeitpunkt in der zweiten Hälfte des 3. Jahrtausends v. Chr. ein entscheidender Wechsel der Quellen, die den ägäischen Raum mit Metall versorgten, stattgefunden hat. Zumindest ist ein großer Teil der zinnhaltigen Bronze von außen in diese Region gelangt (Belli 1991; Hall, Steadman 1991; Pernicka et al. 1990, S. 290f; 1992; Muhly 1993, S. 241).

Nach Ansicht M. Korfmanns (1994a) ist der Fund eines Axthammers aus Lasurit in Troja ein Beweis dafür, daß auch das Zinn, dessen Vorhandensein in den trojanischen Gegenständen aus Bronze festgestellt wurde, aus Afghanistan stammt.

Lasurit wurde in den Bergwerken von Badachschan in Afghanistan abgebaut (Herrmann 1968, S. 22–27; Higgins 1980, S. 38; Ogden 1982, S. 100f; Tolle-Kastenbein, im Druck). Gegen Mitte des 3. Jahrtausends v. Chr. gelangte es über den Handelsweg in den Irak, wo dieses Mineral im Überfluß in Ur, ferner in Gaura und Tepe Hissar anzutreffen ist (Herrmann 1968, S. 21, 29–57; Ogden 1982, S. 100). Der Standpunkt, daß ein Zusammenhang zwischen dem Handel mit Lasurit und Zinn im 3. Jahrtausend v. Chr. bestand, wurde bereits früher vertreten (siehe Muhly 1973, S. 307; 1985, S. 281). Er wird durch die Tatsache bestärkt, daß auf dem Gebiet von Badachschan nicht nur Vorkommen von Lasurit sondern auch von Zinn anzutreffen sind (Stech, Pigott 1986, S. 45). Es ist nicht auszuschließen, daß der Handel mit diesen Mineralien auch den Fernhandel mit Gold betraf (Muhly 1977, S. 76; Stech, Pigott 1986, S. 45f). Andererseits ist unter den aus Anatolien stammenden Materialien des 3. Jahrtausends v. Chr. die in Troja gefundene Axt aus Lasurit praktisch die einzige Grundlage für diese Hypothese (Stech, Pigott 1986, S. 55). Die Vorstellung, daß Troja Vorteile aus seinen Handelsbeziehungen im 3. Jahrtausend zog, ist nicht neu (siehe Matz 1956, S. 19; Mellink 1956; Blegen 1963, S. 88f; Canby 1965, S. 52ff). Es sieht so aus, daß Troja gegründet wurde, um Vorteile aus mehreren verschiedenen Austauschsystemen zu erlangen. Die Kontrolle über die Waren konnte durch eine kleine Bevölkerung dank der Wahl einer strategischen Lage und dem örtli-

chen Vorkommen einiger außerordentlich wichtiger, die Grundlagen der Handelsbeziehungen bildender Metalle wie Silber und arsenhaltiges Kupfer ausgeübt werden. Man nimmt an, daß im 3. Jahrtausend v. Chr. in Anatolien Silber gewonnen wurde, wobei der größte Teil durch Handel nach Mesopotamien gelangte. Die Initiative für diesen Austausch ging dabei von den Bewohnern Mesopotamiens aus, die das Silber gegen Zinn tauschten (Stech, Pigott 1986, S. 51, 55f; Höckmann 1987, S. 71, Anm. 136).

Es ist nicht ausgeschlossen, daß auch das zur Herstellung von Goldschmuck in Ur verwendete Gold aus Anatolien nach Mesopotamien gelangte. Jedenfalls gibt es Angaben darüber, daß es aus dem Tal des Flusses Paktol im Gebiet um Sardes stammt (siehe Höckmann 1987, S. 72f). Die Verwendung von Zinn in Anatolien ist sowohl durch kulturelle als auch durch technologische Faktoren zu erklären: Die Schätze von Troja zeigen deutlich, daß die Trojaner ihren Reichtum und ihre soziale Stellung demonstrieren wollten (Stech, Pigott 1986, S. 56f). Man kann annehmen, daß in der frühen Bronzezeit Troja eine wichtige Rolle beim Handel mit Zinn spielte (Höckmann 1987, S. 70f).

Interessant ist, daß, nach den administrativen Texten des 24. Jahrhunderts v. Chr. zu urteilen, die Meister am Hof von Ebla nur zinnhaltige Bronze herstellten (Archi 1993, S. 617). Die Materialien aus Horoztepe beweisen, daß zinnhaltige Bronze vorwiegend von der Elite verwendet wurde (Stech, Pigott 1986, S. 55). So erweist sich der Handel zwischen Anatolien und Mesopotamien als ein Austausch der in begrenztem Umfang vorhandenen prestigeträchtigen Waren zwischen Menschen mit hoher sozialer Stellung (Stech, Pigott 1986, S. 57).

Bereits 1956 stellte M. Mellnik bei ihrer Untersuchung von Analogien zwischen Gegenständen aus Alaça Höyük und dem ägäischen Raum einen Bezug zwischen diesen Parallelen und dem Handel her (Mellink 1956, S. 53ff). Sie wies darauf hin, daß neben dem Seehandel, den die Trojaner und die Bewohner der ägäischen Inseln so intensiv betrieben, die Blüte der Metallbearbeitung in diesen beiden Regionen dazu beitrug, daß die Bedeutung der Handelswege auf dem Lande, die Troja und Mittelanatolien verbanden, zunahm. Neue Materialien aus dem Gebiet Kültepe-Samsun bestätigen ihre Vermutung. Es ist nicht ausgeschlossen, daß die Händler mit afghanischem Zinn einen Teil des Weges auf Schiffen durch das Schwarze Meer zurücklegten. Dies erklärt auch die Verwendung einer seltenen Legierung in dem die Dardanellen kontrollierenden Troja sowie in Poliochni und Thermi

(Muhly 1993, S. 242). Die Funde aus Eskiyapar beweisen wohl, daß der Handel auf dem Landwege intensiver war als angenommen. Nach Meinung von T. Özgüç und R. Temizer traf eine Karawane, bestehend aus 200 bis 250 Eseln, auf dem Weg von Assur nach Kanisch auf weit mehr Hindernisse, als eine Karawane von Eskiyapar auf ihrem Weg nach Troja. So führte die Entwicklung der Metallbearbeitung zur Bildung eines Handelssystems, das weit entfernte Regionen bereits in der frühen Bronzezeit miteinander verband (Özgüç, Temizer 1993, S. 627f).

Die oben angestellte Analyse der trojanischen Schätze im Kontext der heute zur Verfügung stehenden Kenntnisse des Bergbaus und der Metallbearbeitung in Anatolien zeigt deutlich, daß in der Mitte des 3. Jahrtausends v. Chr. Troja dank seiner günstigen Lage an der Kreuzung von Handelswegen zu Wasser und zu Land, die Europa und Asien sowie das Mittelmeer und das Schwarze Meer miteinander verbanden, und durch den Überfluß an Metallvorkommen eines der Zentren der Akkumulation von Reichtümern und somit auch ein Anziehungspunkt für Goldschmiede, Meister der Toreutik (Treibarbeit) und Bronzegießer wurde. Indem sie die Schmuckformen und die Bearbeitungstechniken von Edelmetallen und Bronze aus dem Zweistromland beibehielten, schufen die von dort stammenden Meister eine lokale Goldschmiedeschule. Neben Meistern mittleren Niveaus wurde diese Schule durch herausragende Goldschmiede vertreten, die für ihre Zeit einzigartige Werke schufen und einen erheblichen Beitrag zur Bildung der angewandten Kunst im Griechenland und Kleinasien des 2. Jahrtausends v. Chr. schufen (siehe beispielsweise: Branigan 1974, S. 108–114; Deppert-Lippitz 1985, S. 11f; Dickinson 1994, S. 181).

Literaturverzeichnis

Im Unterschied zur Transkription der Namen in den Textbeiträgen wurde hier wie bei allen sonstigen Literaturangaben transliteriert: sch = š, tsch = č, w = v. Die Alphabetisierung entspricht der Transkription.

Anfernt'ev 1988
Anfert'ev, A. N. »Greki« in: Ivanova, Ju. V. (Red.) *Brak u narodov Central'noj i Jugo-Vostočnoj Evropy*, S. 206–228, Moskau 1988

Akimova 1990
Akimova, L. I. »Analiz Vazy Fransua« in: Akimova L. I. (Red.), *Obraz-smysl v antičnoj kul'ture*, S. 96–133, Moskau 1990

Akimova 1992
Akimova, L. I. *Ferejskie freski. Opyt rekonstrukcii miforitual'noj sistemy*. Diss., Moskau 1992

Akimova im Druck
Akimova, L. I. »Vstreča vzgljadov na attičeskich nadgrobijach. K probleme ikonografii tamanskoj stely s voinami« in: È. Zimon, E. A. Savostina (Red.) *Tamanskij rel'ef. Drevnegrečeskaja stela s izobraženijami voinov*, im Druck

Akimova, Kifišin 1994
Akimova, L. I. Kifišin A. G. »O miforitual'nom smysle zontika« in: Akimova L. I. (Red.), *Ètruski i Sredizemnomor'e. Materialy meždunarodnoj konferencii, 9-11 aprelja 1990 g*. S. 167–224, Moskau 1994

Alekseeva 1975
Alekseeva, E. M. »Antičnye busy Severnogo Pričernomor'ja« in *SAI*, Heft G, S. 1–12, Moskau 1975

Ancient Art 1974
Muscarella, O. W. (Hg.) *Ancient Art. The Norbert Schimmel Collection*, Mainz 1974

Ancient Art 1992
Ancient Art. Gifts from the Norbert Schimmel Collection. The Metropolitan Museum of Art Bulletin, Frühjahr 1992

Andreev 1995
Andreev, Ju. V. *Ègejskij mir v preddverii civilizacii*. VDI 1, S. 100–115, 1995

Archäologie und historische Erinnerung 1992
Archäologie und historische Erinnerung: nach 100 Jahren Heinrich Schliemann (Hg. Cobet, J.; Patzek, B.), Essen 1992

Archi 1993
Archi, A. »Bronze Alloys in Ebla« in: Frangipane M.; Hauptmann H.; Liverani M.; Matthiae S.; Mellink M. (Hg.) *Between the Rivers and over the Mountains. Archaeologica anatolica et mesopotamica Alba Palmieri dedicata*, S. 615–623, Rom 1993

Arnaud et al. 1979
Arnaud, D.; Calvet, Y.; Huot, J.-L. *Ilšuibnišu, orfèvre de l'»E. BABBAR de Larsa«*. Syria 56, S. 1–64, 1979

Babelon 1897
Babelon, E. *Les origines de la monnaie*, Paris 1897

Balonov 1988
Balonov, F. R. »Semantika ›keraunos‹ i ›farmakos‹ v grečeskoj ikonografii i mifologii« in: Danilova I. E. (Red.) *Žisn' mifa v antičnosti (Materialy naučnoj konferencii ›Vipperovskie čtenija-XVIII‹)* S. 173–199, Moskau 1988

Bass 1966
Bass, F. »Troy and Ur. Gold Links Between Two Capitals« in: *Expedition* 8, 4, S. 26–39, 1966

Bass 1970
Bass, F. »A Hoard of Trojan and Sumerian Jewelry« in *AJA* 74, S. 335–342, 1970

Becatti 1955
Becatti, G. *Oreficerie antiche dalle minoiche alle barbariche*, Rom 1955

Begemann et al. 1992
Begemann, F.; Schmitt-Strecker, S.; Pernicka, E. »The Metal Finds from Thermi III-V: A Chemical and Lead-Isotope Study« in: *Studia Troica* 2, S. 219–240, 1992

Belli 1991
Belli, O. *The Problem of Tin Deposits in Anatolia and its Need for Tin, According to the Written Sources*, in Anatolian Iron Age. Proceedings of the Second Anatolian Iron Ages Colloquium, held at Izmir, May 1987, Oxford 1991

Berezanskaja 1994
Berezanskaja, S. S. et al. *Remeslo èpochi èneolita-bronzy na Ukraine*, Kiev 1994

Bernabò–Brea 1964
Bernabò-Brea, L. *Poliochni. Città preistorica nell'isola di Lemnos. Monografie della scuola archeologica di Atene e delle missioni italiane in oriente, I*, Rom 1964

Bernabò–Brea 1976
Bernabò-Brea, L. *Poliochni. Città preistorica nell'isola di Lemnos. Monografie della scuola archeologica di Atene e delle missioni italiane in Oriente, II*, Rom 1976

Bilgi 1984
Bilgi, Ö. »Metal Objects from Ikiztepe-Turkey« in *AVA-Beitr.* 6, S. 31–96, 1984

Bilgi 1990
Bilgi, Ö. »Metal Objects from Ikiztepe-Turkey« in *AVA-Beitr.* 9–10, S. 119–220, 1990

Bittel 1959
Bittel, K. »Beitrag zur Kenntnis anatolischer Metallgefäße der zweiten Hälfte des dritten Jahrtausends v. Chr.« in *JdI* 74, S. 1–33, 1959

Bjorkman 1993
Bjorkman, J. K. »The Larsa Goldsmith's Hoards – New Interpretations« in *JNES* 52, 1, S. 1–23, 1993

Blegen 1950–58
Blegen, C. W. *Troy Excavations Conducted by the University of Cincinnati 1932–1938. Parts I–IV*, Princeton 1950–58

Blegen 1963
Blegen, C. W. *Troy and the Troyans*, New York 1963

Bočkarev 1968
Bočkarev, V. S. »Problema Borodinskogo klada« in: *Problemy archeologii*, 1, S. 129–154, Leningrad 1968

Boehmer 1972
Boehmer, R. M. *Die Kleinfunde von Boğaz-köy aus den Grabungskampagnen 1931–1939 und 1952–1969*. Boğazköy-Hattusa, VII, Berlin 1972

Boehmer 1979
Boehmer, R. M. *Die Kleinfunde aus der Unterstadt von Boğazköy*. Boğazköy-Hattusa, VII, Berlin 1979

Bossert 1923
Bossert, H. Th. *Altkreta. Kunst und Hand-werk in Griechenland, Kreta und auf den Kykladen während der Bronzezeit*, Berlin 1923

Bosert 1942
Bossert, H. Th. *Altanatolien. Kunst und Handwerk in Kleinasien von den Anfängen bis zum völligen Aufgehen in der griechischen Kultur*, Berlin 1942

Branigan 1974
Branigan, K. *Aegean Metalwork of the Early and Middle Bronze Age*, Oxford 1974

Bratčenko, Šapošnikova 1985
Bratčenko, S. N.; Šapošnikova, O. G. »Kata-kombnaja kul'turno-istoričeskaja obščnost'« in: Telegin, D. Ja. (Red.), *Archeologija Ukrainskoj SSR, I. Pervobytnaja archeologija*. S. 403–419, Kiev 1985

Brjusov, Zimina 1966
Brjusov, A. Ju.; Zimina, M. P. »Kamennye sverlenye boevye topory na territorii Evro-pejskoj časti SSSR« in *SAI*, Heft V 4-4, Moskau 1966

Buchholz, Karageorghis 1971
Buchholz, H.-G.; Karageorghis, V. *Altägais und Altkypros*, Tübingen 1971

Butzen 1992
Butzen, K. *Studie zu bronzezeitlichen Spinn-wirteln aus 18 Grabungskampagnen in Troia*. Magister-Arbeit an der Universitat Tübingen, Tübingen 1992

Calmeyer 1977
Calmeyer, S. »Das Grab eines altassyrischen Kaufmanns« in: *Iraq* 39, S. 87–97, 1977

Campbell Smith 1963
Campbell Smith, W. »Jade Axes from Sites in the British Isles« in: *Proceedings of the Prehi-storic Society* 29, S. 133–172, 1963

Canby 1965
Canby, J. »Early Bronze ›Trinket‹ Moulds« in: *Iraq* 27. 1, S. 42–59, 1965

Canby 1970
Canby, J. *Art of Sumer and Akkad*. Exhibi-tion Catalogue. Walters Art Gallery Bull. Suppl. I, Baltimore 1970

Caroll 1970
Caroll, D. L. »Drawn Wire and the Identifica-tion of Forgeries in Ancient Jewellery« in: *AJA* 74, S. 401, 1970

Caroll 1972
Caroll, D. L. »Wire Drawing in Antiquity« in: *AJA* 76, S. 321–323, 1972

Caroll 1974
Caroll, D. L. »A Classification for Granula-tion in Ancient Metalwork« in: *AJA* 78, S. 33–39, 1974

Content 1992
Content, D. *Gold & Silver Auction. Part II. Ancient to Renaissance*, Taisei Gallery. 5th November 1992, New York 1992

Culican 1964
Culican, W. »Spiral-End Beads in Western Asia« in: *Iraq* 26, 1, S. 36–43, 1964

De Jesus 1980
De Jesus, S. *The Development of Prehistoric Mining and Metallurgy in Anatolia*, BAR Intern. ser., 74., Oxford 1980

Deppert–Lippitz 1985
Deppert-Lippitz, B. *Griechischer Gold-schmuck*, Mainz 1985

Detev 1981
Detev, P. »Le telle Razkopanica. Izvestija na Archeologičeskija Institut XXXVI« in *Cul-tures préhistoriques en Bulgarie*, S. 141–188, 1981

Dethier 1876
Dethier, M. »Une partie du trésor troyen au Musée de Constantinople« in *RevArch*. N. S. 31, S. 416–419, 1876

Dickinson 1994
Dickinson, O. *The Aegean Bronze Age*, Cam-bridge 1994

Dörpfeld 1902
Dörpfeld, W. *Troja und Ilion. Ergebnisse der Ausgrabungen in den vorhistorischen und historischen Schichten von Ilion in den Jahren 1870–1894*, Athen 1902

Doumas 1979
Doumas, C. *Cycladic Art. Ancient Sculpture and Ceramics of the Aegean from the N. S. Goulandris Collection*, Washington 1979

Dumitrescu 1970
Dumitrescu, V. »The Chronological Relation between the Cultures of the Eneolithic Lower Danube and Anatolia and the Near East« in: *AJA* 74, S. 43–50, 1970

D'jakonov 1990
D'jakonov, I. M. *Ljudi goroda Ura*, Moskau 1990

Easton 1981
Easton, D. »Schliemann's Discovery of ›Priam's Treasure‹: Two Enigmas« in: *Anti-quity* 55, S. 179–183, 1981

Easton 1984
Easton, D. »Priam's Treasure« in: *AnatSt* 34, S. 141–169, 1984

Easton 1984a
Easton, D. »Schliemann's Mendacity: A False Trail?« in: *Antiquity* 58, S. 197–204, 1984

Easton 1990
Easton, D. »Reconstructing Schliemann's Troy« in: *Heinrich Schliemann nach hundert Jahren 1990*, S. 431–447, 1990

Easton 1990a
Easton, D. *Schliemann's Excavations at Troy 1870–1873*. Ph. D. Thesis, London 1990

Easton 1992
Easton, D. »Was Schliemann a Liar?« in: Heinrich Schliemann: Grundlage und Ergebnisse 1992, S. 191–198, 1992

Easton 1992a
Easton, D. »Schliemanns Ausgrabungen in Troia« in: Archäologie und historische Erinnerung 1992, S. 51–72, 1992

Easton 1994
Easton, D. »Schliemann did admit the Mycenaean Date of Troy VI« in: Studia Troica 4, S. 173–175, 1994

Easton 1994a
Easton, D. »Priam's Gold: The Full Story« in: AnatSt 44, S. 221–243, 1994

Easton 1995
Easton, D. »The Troy Treasures in Russia« in: Antiquity 69, N 262, S. 11–14, 1995

Easton (im Druck)
Easton, D. The Excavation of the Troy Treasures and their History up to the Death of Schliemann in 1890, im Druck

Easton, Weninger 1993
Easton, D.; Weninger, B. »Troia VI Lower Town – Quadrats I8 and K8: A Test Case for Dating by Pottery Seriation« in: Studia Troica 3, S. 45–96, 1993

Eluère 1990
Eluère, C. Les secrets de l'or antique, Paris 1990

Eluère, Raub 1991
Eluère, C.; Raub, C. J. »New Investigation on Early Gold Foil Manufacture« in: Pernicka, E., Wagner, G. A. (Hg.) Archaeometry '90. Proceedings of the 27th Symposium on Archaeometry held in Heidelberg, Apr. 2–6, 1990, S. 45–54, Basel 1991

Emele 1993
Emele, M. »Heinrich Schliemanns Kenntnisstand zu Troia VI im Jahre 1890« in: Studia Troica 3, S. 239–246, 1993

Emre 1971
Emre, K. Anatolian Lead Figurines and their Stone Moulds. Türk tarih kurumu yayinlarindan – VI. ser. Sa. 14, Ankara 1991

Esajan 1966
Esajan, S. A. Oružie i voennoe delo drevnej Armenii (III–I tysjačeletie do n. è.), Erevan 1966

Èpocha bronzy 1987
Bader, O.N.; Krajnov, D. A.; Kosarev, M. F. (Red.), Èpocha bronzy lesnoj polosy SSSR (Archeologija SSSR), Moskau 1987

Èpocha bronzy Kavkaza 1994
Kušnareva, K. Ch.; Markovin V. I. (Red.), Èpocha bronzy Kavkaza i Srednej Azii. Rannjaja i srednjaja bronza Kavkaza (Archeologija), Moskau 1994

French 1969
French, D. H. Anatolia and the Aegean in the Third Millenium B. C. Dissertation at St. Catharine's College, 1969

Forbes 1964
Forbes, R. J. Studies in Ancient Technology IX, Leiden 1964

Gadžiev 1975
Gadžiev, M. G. »K voprosu o proischoždenii i chronologii severokavkazskich toporov kabardino-pjatigorskogo tipa« in: Pjatye Krupnovskie čtenija po archeologii Kavkaza. Tezisy dokladov, S. 24–26, Machačkala 1975

Gamer 1992
Gamer, G. »Frank Calvert, ein Vorläufer Schliemanns. Wer hat Troia entdeckt?« in: Troia 1992, S. 34–50

Garašanin 1954
Garašanin, D. Nationalmuseum-Belgrad. Vorgeschichte. I. Katalog der vorgeschichtlichen Metalle, Belgrad 1954

Gawrilow 1990
Gawrilow, A. »Schliemann und Rußland« in: Heinrich Schliemann nach hundert Jahren, S. 379–396, 1990

Gej 1986
Gej, A. N. »Pogrebenie litejščika novotitorovskoj kul'tury iz Nižnego Prikuban'ja« in: Kameneckij I. S. (Red.), Archeologičeskie otkrytija na novostrojkach. Drevnosti Severnogo Kavkaza (materialy rabot Severokavkazskoj èkspedicii), 1., S. 13–32, Moskau 1986

Gimbutas 1956
Gimbutas, M. »Borodino, Seima and their Contemporaries« in: Proceedings of the Prehistoric Society XXII, S. 143–172, 1956

Goldman 1956
Goldman, H. Excavations at Gözlü Kule, Tarsus. From the Neolithic through the Bronze Age, Princeton 1956

Goldmann 1991
Goldmann, K. »Der Schatz des Priamos. Zum Schicksal von Heinrich Schliemanns ›Sammlung Trojanischer Alterthümer‹« in: AntW 3, S. 195–206, 1991

Goldmann 1992
Goldmann, K. »Der Schatz des Priamos. Zum Schicksal von Heinrich Schliemanns ›Sammlung Trojanischer Alterthümer‹« in: Heinrich Schliemann: Grundlage und Ergebnisse, S. 377–390, 1992

Goldmann 1993
Goldmann, K. »Heinrich Schliemanns ›Sammlung trojanischer Alterthümer‹. Die Schenkung an das ›deutsche Volk‹ 1881« in: Schliemanns Gold, S. 13–17, Mainz 1993

Goldmann 1993a
Goldmann, K. »Alteuropas Alter« in: Schliemanns Gold, S. 18–23, 1993

Goldmann 1995
Goldmann, K.; Schneider, W. Das Gold des Priamos. Geschichte einer Odyssee, Berlin 1995

Görsdorf, Kohl 1992
Görsdorf, J.; Kohl, G. »The Berlin Radiocarbon Data Base as a Research Tool« in: Heinrich Schliemann: Grundlage und Ergebnisse, S. 329–335, 1992

Götze 1957
Götze, A. »Kleinasien« in: *Kulturgeschichte des alten Oriens.* III,1, München 1957

Graves 1992
Graves, S. *Mify drevnej Grecii.* Übers. aus dem Engl., Moskau 1992

Griesa 1992
Griesa, I. »Bemerkungen zum heutigen Stand der Schliemann-Sammlung« in: *Heinrich Schliemann: Grundlage und Ergebnisse,* S. 391–396, 1992

Gürkan, Seeher 1991
Gürkan, G.; Seeher, J. »Die frühbronzezeitliche Nekropole von Küçükhöyük bei Bozüyük« in: *IstMitt* 41, S. 39–96, 1991

Hachmann 1957
Hachmann, R. *Die frühe Bronzezeit im Westlichen Ostseegebiet und ihre Mittel- und Südosteuropäischen Beziehungen,* Hamburg 1957

Hall, Steadman 1991
Hall, M. E.; Steadman S. R. »Tin and Anatolia: Another Look« in: *JMA* 4, S. 217–234, 1991

Hartmann 1970
Hartmann, A. *Prähistorische Goldfunde aus Europa, I: spektralanalytische Untersuchung und deren Auswertung.* Studien zu Anfängen der Metallurgie 3, Berlin 1970

Hartmann 1978
Hartmann, A. »Ergebnisse der spektralanalytischen Untersuchung äneolitischer Goldfunde aus Bulgarien« in: *Studia Praehistorica I-II. Varenskij nekropol' i problemy chalkolita. Meždunarodnyj simpozium, Varna, 19–23 aprelja 1976 g.,* S. 27–45, 1978

Hartmann 1978a
Hartmann, A. »Die Goldsorten des Äneolithikums und die Frühbronzezeit im Donauraum« in: *Studia Praehistorica* I-II, S. 182–191, 1978

Hartmann 1982
Hartmann, A. *Prähistorische Goldfunde aus Europa, II: spektralanalytische Untersuchung und deren Auswertung.* Studien zu Anfängen der Metallurgie 5, Berlin 1982

Hazirlayan, Esin 1991
Hazirlayan, Y.; Esin, U. *Heinrich Schliemann. Troya. Kazi raporlari ve mektuplarindan seçme parçalaria,* Istanbul 1991

Hemelrijk 1976
Hemelrijk, J. M. *Gifts to mark the re-opening.* Allard Pierson Museum, Amsterdam 1976

Heinrich Schliemann: Grundlage und Ergebnisse 1992
Herrmann, J. (Hg.) *Heinrich Schliemann: Grundlage und Ergebnisse moderner Archäologie 100 Jahre nach Schliemanns Tod,* Berlin 1992

Heinrich Schliemann nach hundert Jahren 1990
Calder, W. M. III; Cobet, J. (Hg.) *Heinrich Schliemann nach hundert Jahren,* Frankfurt/M. 1990

Herrmann 1968
Herrmann, G. »Lapis Lazuli, the Early phases of its trade« in: *Iraq* 30, 1, S. 21–57, 1968

Higgins 1980
Higgins, R. J. *Greek and Roman Jewellery* (2. Aufl.), London 1980

Higgins 1981
Higgins, R. J. *Minoan and Mycenean Art,* New York/Toronto 1981

Hood 1993
Hood, S. »Amber in Egypt« in: Beck C. W., Bouzek J. (Hg.) *Amber in Archaeology. Proceedings of the Second International Conference on Amber in Archaeology. Liblice,* S. 230–235, Prag 1993

Höckmann 1987
Höckmann, O. »Frühbronzezeitliche Kulturbeziehungen im Mittelmeergebiet unter besonderer Berücksichtigung der Kykladen« in: Buchholz, H.-G. *Ägäische Bronzezeit,* S. 53–120, Darmstadt 1987

Hughes-Brock 1985
Hughes-Brock, H. »Amber and the Mycenaens« in: *Journal of Baltic Studies* XVI, 3, S. 257–267, 1985

Huot 1969
Huot, J.-L. »La diffusion des épingles a tête a double enroulement« in: *Syria* 46, S. 57–93, 1969

Huot 1980
Huot, J.-L. »Le métier de l'orfèvre à Larsa« in: *L'Archéologie de l'Iraq: Perspectives et limites de l'interprétation anthropologique des documents.* Colloques internationaux du C. N. R. S. No. 580, S. 113–118, Paris 1980

Jacobstahl 1956
Jacobstahl, S. *Greek Pins,* Oxford 1956

Kâmil 1982.
Kâmil, T. *Yortan Cemetery in the Early Bronze Age of Western Anatolia.* BAR Intern. ser., 145, Oxford 1982

Karo 1930/33
Karo, G. *Die Schachtgräber von Mykenai,* München 1930/33

Kat. Athen 1990
Troy, Mycenae, Tiryns, Orchomenos. Heinrich Schliemann: The 100th Anniversary of his Death. Athen 1990

Kat. Berlin 1988
Das mykenische Hellas. Heimat der Helden Homers, Berlin 1988

Kat. Berlin München 1992
Dannheimer, H.; Menghin, W. (Hg.) *Troia,* Berlin/München 1992

Kat. Istanbul 1983
The Anatolian Civilisations. I. Prehistoric. Hittite. Early Iron Age, Istanbul 1983

Kat. Istanbul 1993
Woman in Anatolia. 9000 Years of the Anatolian Woman, Istanbul 1993

Kat. Saarbrücken 1988
Macht, Herrschaft und Gold. Das Gräberfeld von Varna (Bulgarien) und die Anfänge einer

neuen europäischen Zivilisation, Saarbrücken 1988

Kat. Sofia 1982
Troja i Trakija. Troja und Thrakien, Sofia 1982

Kat. Tokyo 1985
Land of Civilisations, Turkey, Tokio 1985

Kibbert 1980
Kibbert, K. *Die Äxte und Beile im mittleren Westdeutschland.* Pt. I. PBf, Abt. IX, 10, München 1980

Kifišin 1990
Kifišin, A. G. »Genostruktura dogrečeskogo i drevnegrečeskogo mifa« in: *Obraz-smysl v antičnoj kul'ture,* S. 9–63, Moskau 1990

Korfmann 1986
Korfmann, M. »Beşik-Tepe. Vorbericht über die Ergebnisse der Ausgrabungen von 1984. Grabungen am Beşik-Yassitepe, Beşik-Sivritepe und Beşik-Gräberfeld« in AA, S. 303–329, 1986

Korfmann 1990
Korfmann, M. »Altes und Neues aus Troia« in: *Das Altertum* 36, 4, S. 1–11, 1990

Korfmann 1991
Korfmann, M. »Troia – Reinigungs- und Dokumentationsarbeiten 1987, Ausgrabungen 1988 und 1989« in: *Studia Troica* 1, S. 1–34, 1991

Korfmann 1992
Korfmann, M. »Troia – Ausgrabungen 1990 und 1991« in: *Studia Troica* 2, S. 1–42, 1992

Korfmann 1993
Korfmann, M. »Troia – Ausgrabungen 1992« in: *Studia Troica* 3, S. 1–38, 1993

Korfmann 1993a
Korfmann, M. »Die Forschungsplanung von Heinrich Schliemann in Hisarlik-Troia und die Rolle Wilhelm Dörpfelds« in: *Studia Troica* 3, S. 247–264, 1993

Korfmann, Kromer 1993
Korfmann, M.; Kromer, B. »Demircihüyük, Beşik-Tepe, Troia – Eine Zwischenbilanz zur Chronologie dreier Orte in Westanatolien« in: *Studia Troica* 3, S. 135–171, 1993

Korfmann 1994
Korfmann, M. »Troia – Ausgrabungen 1993« in: *Studia Troica* 4, S. 1–50, 1994

Korfmann 1994a
Korfmann, M. *Die Schatzfunde in Moskau – ein erster Eindruck. Sonderbericht Troia-Gold. AntW* 4, 1994

Korucutepe 1980
Van Loon, M. N. (Hg.) *Korucutepe. Final Report on the Excavations of the Universities of Chicago, California (Los Angeles) and Amsterdam in the Keban Reservoir. Eastern Anatolia 1968–1970,* Amsterdam/New York/Oxford 1980

Koşay 1956
Koşay, H. »Allgemeines über die Schmucksachen der älteren Periode Alaca Höyük« in: Weinberg, S. S. (Hg.) *The Aegean and the Near East. Studies Presented to Hetty Goldman on the Occasion of her 75th Birthday,* S. 36–38, New York 1956

Kotovič et al. 1980
Kotovič, V. G.; Kotovič, V. M.; Magomedov, S. M. »Utamyšske kurgany« in: Markovin V. I. (Red.), *Severnyj Kavkaz v drevnosti i v srednie veka,* S. 43–61, Moskau 1980

Krajnov 1972
Krajnov, D. A. *Drevnejšaja istorija Volgo-Okskogo meždureč'ja,* Moskau 1972

Kriesch 1994
Kriesch, E. *Der Schatz von Troja und seine Geschichte,* Hamburg 1994

Krivcova–Grakova 1949
Krivcova-Grakova, O. A. »Bessarabskij klad« in: *Trudy GIM* 1, Moskau 1949

Kuckenburg 1992
Kuckenburg, W. »Dokumentation zur Rekonstruktion des grossen Diadems aus dem Schatz A von Troia« in: *Studia Troica 2,* S. 201–218, 1992

Kuftin 1941
Kuftin, B. A. *Archeologičeskie raskopki v Trialeti,* Tbilisi 1941

Kull 1989
Kull, B. »Untersuchungen zur Mittelbronzezeit in der Türkei und ihrer Bedeutung für die absolute Datierung der europäischen Bronzezeit« in: *PZ* 64. 1, S. 48–73, 1989

Kušnareva, Čubinišvili 1970
Kušnareva, K. Ch.; Čubinišvili, T. N. *Drevnie kul'tury Južnogo Kavkaza (V–VIII tys. de n. ė),* Leningrad 1970

Laffineur 1980
Laffineur, R. »Collection Paul Canellopoulos, XV. Bijoux en or grecs et romains« in: *BCH* 104, S. 345–457, 1980

Lamb 1936
Lamb, W. *Excavations at Thermi in Lesbos,* Cambridge 1936

Lassen 1994
Lassen, H. »Zu den beiden Bronzebeinringen aus dem Gräberfeld an der Beşik-Bucht in der Troas« in: *Studia Troica* 4, S. 127–142, 1994

Latacz 1986
Latacz, J. »News from Troy« in: *Berytus XXXIV,* S. 97–127, 1986

Latacz 1988
Latacz, J. »Neues von Troja« in: *Gymnasium* 95, 5, S. 385–413, 1988

Lloyd 1961
Lloyd, S. *The Art of the Ancient Near East,* London 1961

Loding 1974
Loding, D. *A Craft Archive from Ur.* Ph. D. diss., University of Pennsylvania. Philadelphia 1974

Makkay 1992
Makkay, J. »Priam's Treasure: Chronological Considerations« in: *Heinrich Schliemann: Grundlage und Ergebnisse*, S. 199–204, 1992

Mallowan 1947
Mallowan, M. »Excavations at Brak and Chagar Bazar« in: *Iraq* 9, S. 1–259, 1947

Mannsperger 1992
Mannsperger, D. »Das Gold Troias und die griechische Goldprägung im Bereich der Meerengen« in: *Troia 1992*, S. 124–151, 1992

Mansfeld 1993
Mansfeld, G. »Pinnacle E4/5 – Bericht über die Ausgrabungen 1989 und 1990« in: *Studia Troica* 3, S. 39–44, 1993

Maran 1987
Maran, J. »Die Silbergefäße von eṭ-Tôd und die Schachtgräberzeit auf dem griechischen Festland« in: *PZ* 62. S. 221–227, 1987

Markovin 1960
Markovin, V. I. *Kul'tura plemen Severnogo Kavkaza v ėpochu bronzy (II tys. do n. ė)*, MIA 93, Moskau 1960

Markovin 1994
Markovin, V. I., »Severokavkazskaja kul'turno-istoričeskaja obščnost'« in: *Ėpocha bronzy Kavkaza*, S. 254–286, 1994

Matz 1956
Matz, F. *Kreta, Mykene, Troja. Die minoische und die homerische Welt*. Stuttgart 1956

Matz 1962
Matz, F. *Kreta und frühes Griechenland*. Baden-Baden 1962

Maxwell-Hyslop 1960
Maxwell-Hyslop, K. R. »The Ur Jewellery« in: *Iraq* 22, S. 105–115, 1960

Maxwell-Hyslop, 1970
Maxwell-Hyslop, K. R. »Near Eastern Gold ›Treasures‹: a Note on the Assyrian Evidence« in: *Antiquity* 44, S. 227–228, 1970

Maxwell-Hyslop 1971
Maxwell-Hyslop, K. R. *Western Asiatic Jewellery, c. 3000-612 B. C.*, London 1971

Maxwell-Hyslop 1989
Maxwell-Hyslop, K. R. »An Early Group of Quadruple Spirals« in: *Anatolia and the Ancient Near East. Studies in Honor of Tahsin Özgüç*, S. 215–223, Ankara 1989

McGeehan-Liritzis, Taylor 1987
McGeehan-Liritzis, V.; Taylor, J. W. »Yugoslavian Tin Deposits and the Early Bronze Age Industries of the Aegean Region« in: *OxfJA* 6. 3, S. 287–300, 1987

Mellaart 1966
Mellaart, J. *The Chalcolithic and Early Bronze Ages in the Near East and Anatolia*, Beirut 1966

Mellink 1956
Mellink, M. »The Royal Tombs at Alaca Höyük and the Aegean World« in: *The Aegean and the Near East*, S. 39–58, 1956

Mellink 1964
Mellink, M. »Excavations at Karataş-Semayük« in: *AJA* 68, S. 269–278, 1964

Mellink 1967
Mellink, M. »Excavations at Karataş-Semayük« in: *AJA* 71, S. 251–267, 1967

Mellink 1970
Mellink, M. »Excavations at Karataş-Semayük and Elmali, Lycia, 1969« in: *AJA* 74, S. 245–253, 1970

Menghin 1993
Menghin, W. »Das Museum für Vor- und Frühgeschichte. Der Zweite Weltkrieg und seine Folgen« in: *Schliemanns Gold*, S. 9–12, Mainz 1993

Merpert 1962
Merpert, N. J. *Srubnaja kul'tura Južnoj Čuvašii*. MIA 111, S. 7–21, Moskau 1962

Merpert 1965
Merpert, N. J., *O svjazach Severnogo Pričernomor'ja i Balkan v rannem bronzovom veke*. KSIA 105., S. 10–20, Moskau 1965

Meyer 1969
Meyer, E. *Heinrich Schliemann. Kaufmann und Forscher*, Göttingen 1969

Milojčić 1961
Milojčić, V. »Die prähistorische Siedlung unter dem Heraion« in: *Samos* I, Bonn 1961

Minaeva 1965
Minaeva, T. M. »Kurgan ėpochi bronzy u s. Staro-Michajlovka« in: Krupnov E.I. (Red.), *Novoe v sovetskoj archeologii. Pamjati S. V. Kiseleva. K 60-letiju so dnja roždenija*. MIA 130, S. 96–99, Moskau 1965

Mirzoev 1977
Mirzoev, R.N. »K tipologii predmetov vooruženija iz rannesrednevekovych pamjatnikov Dagestana« in: Gadžiev M. G. (Red.), *Drevnie pamjatniki Severo-vostočnogo Kavkaza (Materialy po archeologii Dagestana, VI)*, S. 26–51, Machačkala 1977

Moorey 1985
Moorey, P. R. S. *Materials and Manufacture in Ancient Mesopotamia. The Evidence of Archaeology and Art. Metals and Metalwork, Glazed Materials and Glass*, BAR Intern. ser. 237, Oxford 1985

Moszolics 1973
Moszolics, A. *Bronze und Goldfunde des Karpathenbeckens*, Budapest 1973

Muhly 1973
Muhly, J. D. »Copper and Tin. Transactions« in: *The Connecticut Academy of Arts and Sciences* 43, S. 155–535, 1973

Muhly 1977
Muhly, J. D. »The Copper Ox-hide Ingots and the Bronze Age Metals Trade« in: *Iraq* 39, S. 73-82, 1977

Muhly 1985
Muhly, J. D. »Sources of Tin and the Beginnings of Bronze Metallurgy« in: *AJA* 89, S. 275–291, 1985

Muhly 1993
Muhly, J. D. »Early Bronze Age Tin and the Taurus« in: *AJA* 97, S. 239–253, 1993

Muhly et al. 1991
Muhly, J. D.; Begemann, F.; Oztunali, O.;
Pernicka, E.; Schmitt-Strecker, S.; Wagner,
G. A. »The Bronze Metallurgy of Anatolia
and the Question of Local Tin Sources« in:
Pernicka, E.; Wagner, G. A. (Hg.) *Archaeo-
metry '90. Proceedings of the 27th Sympo-
sium on Archaeometry held in Heidelberg
Apr. 2–6, 1990*, S. 209–220, Basel 1991

Muhly, Pernicka 1992
Muhly, J. D.; Pernicka, E. »Early Trojan
Metallurgy and Metal Trade« in: *Heinrich
Schliemann: Grundlage und Ergebnisse*,
S. 309–318, 1992

Müller 1929
Müller, V. *Frühe Plastik in Griechenland und
Vorderasien*, Augsburg 1929

Müller 1972
Müller, W. *Troja. Wiederentdeckung der Jahrtausende*. Leipzig 1972

Munčaev 1975
Munčaev, R. M. *Kavkaz na zare bronzovogo
veka*, Moskau 1975

Musche 1992
Musche, B. »Vorderasiatischer Schmuck
von den Anfängen bis zur Zeit der Achaeme-
niden (ca. 10 000–330 v. Chr.)« in: *Hand-
buch der Orientalistik*, Abt. 7. Kunst und
Archäologie. Bd. 1. *Der alte vordere Orient.*
Abschnitt 2. *Die Denkmäler*, Leiden/New
York/København/Köln 1992

Narty 1957
Abaev, V. I. (Red.), *Narty. Osetinskij narod-
nyj èpos*, Moskau 1957

Nečitajlo 1991
Nečitajlo, A. L. *Svjazi naselenija stepnoj
Ukrainy i Severnogo Kavkaza v èpochu
bronzy*, Kiev 1991

Niederland 1967
Niederland, W. G. »Das Schöpferische im
Lebenswerk Heinrich Schliemanns im Lichte
psychoanalytischer Forschung« in: *Caroli-
num 32*, S. 9–16, 1967

Oddy 1979
Oddy, W. A. »Hand-Made Wire in Antiquity:
A Correction« in: *MASCA Journal 1. 2*,
S. 44–45, 1979

Ogden 1982
Ogden, J. *Jewellery of the Ancient World*,
London 1982

Orthmann 1964
Orthmann, W. *Die Keramik der frühen Bron-
zezeit aus Inneranatolien* (Ist Forsch 24),
Tübingen 1964

Otto 1976
Otto, B. *Geometrische Ornamente auf anato-
lischer Keramik. Symmetrien frühester
Schmuckformen im Nahen Osten und in der
Ägäis*, Mainz 1976

Otto 1992
Otto, B. »Vergleichende Betrachtungen zur
Ornamentik goldener Zierate aus Troja und
Mykene« in: *Heinrich Schliemann: Grundlage
und Ergebnisse*, S. 243–252, 1992

Özgüç 1964
Özgüç, T. »New Finds from Horoztepe« in:
Anatolia 8, S. 1–17, 1964

Özgüç, Temizer 1993
Özgüç, T.; Temizer, R. »The Eskiyapar Trea-
sure« in: Mellink, M.; Porada, E.; Özgüç, T.
(Hg.) *Aspects of Art and Iconography: Anato-
lia and its Neighbors. Studies in Honor of
Nimet Özgüç*, S. 613–628, Ankara 1993

Palmieri 1981
Palmieri, A. »Excavations at Arslantepe
(Malatya)« in: *AnatSt 31*, S. 101–119, 1981

Pernicka et al. 1984
»Archäometallurgische Untersuchungen in
Nordwestanatolien« in: *JbZMus Mainz 31*,
S. 533–599, 1984

Pernicka et al. 1990
»On the Composition and Provenance of
Metal Artefacts from Poliochni on Lemnos«
in: *OxfJA 9. 3*, S. 263–298, 1990

Pernicka et al. 1992
»Comment on the Discussion of Ancient Tin
Sources in Anatolia« in: *JMA 5*, S. 91–98, 1992

Petrun' 1994
Petrun', V. F. »Žadeititovye orudija iz sobra-
nija Odesskogo archeologičeskogo muzeja«
in: Ochotnikov S. B. (Red.) *Drevnee Pričernomor'e. Kratkie soobščenija Odesskogo
Archeologičeskogo Obščestva*, S. 256–262,
Odessa 1994

Pfeffer 1990
Pfeffer, A. *Kupfer-und Bronzefunde der Nord-
ostägäis. Ihre gegenseitigen und auswärtigen
Beziehungen aufgrund typologischer Verglei-
che und Analyse*. Magisterarbeit an der Universität Tübingen, Tübingen 1990

Pfeiler 1970
Pfeiler, B. *Römischer Goldschmuck des ersten
und zweiten Jahrhunderts n. Chr. nach datier-
ten Funden*, Mainz 1970

Pleiner 1986
Pleiner, R. »Über das Eisen der Bronzezeit«
in: *Veröffentlichungen des Museums für Ur-
und Frühgeschichte, Potsdam 20*, S. 237–240,
Potsdam 1986

Podzuweit 1979.
Podzuweit, C. *Trojanische Gefäßformen der
Frühbronzezeit in Anatolien, der Ägäis und
angrenzenden Gebieten*, Mainz 1979

Pogoševa 1985
Pogoševa, A. P. »Die Statuetten der Tripolje-
Kultur« in: *AVA-Beitr. 7*, S. 95–242, 1985

Popova 1986
Popova, T. B. *Borodinskij klad*, Moskau 1986

Prausnitz 1955
Prausnitz, M. W. »Ay and the Chronology of
Troy« in: *Annual Report of the Institute of
Archaeology 11*, S. 19–28, London 1955

Pulak 1988
Pulak, C. »The Bronze Age Shipwreck at Ulu
Burun, Turkey: 1985 Campaign« in: *AJA 92*,
S.1–37, 1988

Reinholdt 1993
Reinholdt, C. »Der Thyreatis-Hortfund in
Berlin. Untersuchungen zum vormykenischen
Edelmetallschmuck in Griechenland« in: *JdI
108*, S. 1–41, 1993

Renfrew 1972
Renfrew, C. *The Emergence of Civilisation. The Cyclades and the Aegean in the Third Millenium B. C.*, London 1972

Rudolph 1978
Rudolph, W. »A Note on Chalcolithic-Early Bronze Age Jewelry from the Burton Y. Berry Collection« in: *Indiana University Art Museum Bulletin* I. 2, S. 6–21, 1978

Safronov 1986
Safronov, V. A. *Datirovka Borodinskogo klada.* In: *Problemy archeologii* 1, S. 75–128, Leningrad 1986

Sanžarov 1992
Sanžarov, S. N. »Kamennye sverlenye toporymolotki Donbassa« in *RA* 3, S. 160–177, 1992

Sargnon 1987
Sargnon, O. *Les bijoux préhelléniques.* Institut français d'archéologie du Proche Oriente. Beyruth-Damas-Amman. Bibliothèque archeologique et historique, CVIII, Paris 1987

Schäfer 1971
Schäfer, H. S. »Zur Datierung einer Gußform aus Troia« in: *AA*, S. 419–422, 1971

Schaeffer 1949
Schaeffer, C. F. A. »Les porteurs des torques« in: *Ugaritica. II. Mission de Ras Shamra. V*, S. 49–120. Paris 1949

Šarafutdinova 1980
Šarafutdinova, I. M. »Ornamentovani sokyrymolotky z katakombnych pochovan' na Inguli« in: *Archeologyja 33*, S. 60–70, 1980

Schauer 1980
Schauer, P. »Ein bronzezeitlicher Schmuckdepotfund aus dem persisch-türkischen Grenzgebiet« in: *ArchKorr* 10, S. 123–137, 1980

Schliemann 1874
Schliemann, H. *Atlas trojanischer Alterthümer. Photographische Abbildungen zu dem Bericht über die Ausgrabungen in Troja*, Leipzig 1874

Schliemann 1874a
Schliemann, H. *Trojanische Alterthümer. Bericht über die Ausgrabungen in Troja*, Leipzig 1874

Schliemann 1875
Schliemann, H. *Troy and its Remains. A Narrative of Researches and Discoveries made on the site of Ilium, and the Trojan Plain*, London 1875

Schliemann 1878
Schliemann, H. *Mykenae. Bericht über meine Forschungen und Entdeckungen in Mykenae und Tiryns*, Leipzig 1878

Schliemann 1881
Schliemann, H. *Ilios. Stadt und Land der Trojaner. Forschungen und Entdeckungen in der Troas und besonders auf der Baustelle von Troja*, Leipzig 1881

Schliemann 1884
Schliemann, H. *Troja. Ergebnisse meiner neuesten Ausgrabungen auf der Baustelle von Troja in den Heldengräbern, Bunarbaschi und anderen Orten in der Troas im Jahre 1882*, Leipzig 1884

Schliemann 1891
Schliemann, H. *Bericht über die Ausgrabungen in Troja im Jahre 1890*, Leipzig 1891

Schliemanns Gold 1993
Schliemanns Gold und die Schätze Alteuropas aus dem Museum für Vor- und Frühgeschichte. Eine Dokumentation, Mainz 1993

Schmidt 1902
Schmidt, H. *Heinrich Schliemann's Sammlung trojanischer Altertümer*, Berlin 1902

Schmidt 1904
Schmidt, H. »Troja-Mykene-Ungarn« in: *ZfE* 36, S. 608–656, 1904

Schuchardt 1891
Schuchardt, C. *Schliemann's Ausgrabungen in Troja, Mykena, Orchomenos, Ithaka im Lichte der heutigen Wissenschaft*, Leipzig 1891

Seeden 1980
Seeden, H. »The Standing Armed Figurines in the Levant« in: *PBf, Abt. I*, 1, München 1980

Seeher 1991
Seeher, J. »Die Nekropole von Demircihüyük-Sariket. Grabungskampagne 1990« in: *IstMitt* 41, S. 97–119, 1991

Seeher 1992
Seeher, J. »Die Nekropole von Demircihüyük-Sariket. Grabungskampagne 1991« in: *IstMitt* 42, S. 5–19, 1992

Siebler 1990
Siebler, M. *Troia – Homer – Schliemann. Mythos und Wahrheit*, Mainz 1990

Siebler 1991
Siebler, M. »Das Gold von Troia. Neue Rätsel um den ›Schatz des Priamos‹« in: *AntW* 2, S. 134–135, 1991

Siebler 1993
Siebler, M. »Kommt der Priamos-Schatz nach Wien?« in: *AntW* 2, Beil 1993

Siebler 1993a
Siebler, M. »Internationales Tauziehen um das Gold von Troia« in: *AntW* 4, S. 348–349, 1993

Siebler 1994
Siebler, M. *Troia. Geschichte. Grabungen. Kontroversen* Zaberns Bildbände zur Archäologie 17), Mainz 1994

Sines, Sakellarakis 1987
Sines, G.; Sakellarakis, Y. A. »Lenses in Antiquity« in: *AJA* 91, S. 191–196, 1987

Spanos 1977
Spanos, P. Z. »Zur absoluten Chronologie der zweiten Siedlung in Troja« in: *ZA* 67. I, S. 85–107, 1977

Stech, Pigott 1986
Stech, T.; Pigott, V. C. »The Metals Trade in Southwest Asia in the Third Millenium B. C.« in: *Iraq* 48, S. 39–64, 1986

fon Štern 1914
fon Štern È. *Bessarabskaja nachodka drevnostej 1912 g.* MAR 34, Sankt Petersburg 1914

Tallon 1987
Tallon, F. *Métallurgie susienne. I. De la fondation de Suse au XVIIIe avant J. C. Notes et documents des musées de France,* Paris 1987

Tarabanov 1990
Tarabanov, V. A. »Raskopki kurganov èpochi bronzy u pos. Černomorskij Severskogo rajona« in: Ždanovskij A. M.; Marčenko I. I. (Red.), *Drevnie pamjatniki Kubani,* S. 37–44, Krasnodar 1990

Terenožkin 1965
Terenožkin, A. I. »Osnovy chronologii predskifskogo perioda« in: *SA 1,* S. 63–85, 1965

Techov 1971
Techov, B. V. *Očerki drevnej istorii i archeologii Jugo-Osetii,* Tbilisi 1971

Techov 1977
Techov, B. V. *Central'nyj Kavkaz v XVI-X vv. do n. è.,* Moskau 1977

Toker 1992
Toker A. *Museum of Anatolian Civilizations. Metal Vessels,* Ankara 1992

Tölle-Kastenbein, im Druck
Tölle-Kastenbein, R. »Lapislazuli. Vorkommen – Imitation – Handel« in: *AntW 26,* im Druck

Toporov 1977
Toporov, V. N. »›Muzy‹: soobraženija ob imeni i predystorii obraza (k ocenke frakijskogo vklada)«. in: Gindin L. A.; Klepikova G. P. (Red.) *Slavjanskoe i balkanskoe jazykoznanie, 3. Antičnaja balkanistika i sravnitel'naja grammatika,* S. 28–86, Moskau 1977

Traill 1983
Traill, D. »Schliemann's Discovery of ›Priam's Treasure‹« in: *Antiquity 57,* S. 181–186, 1983

Traill 1984
Traill, D. »Schliemann's Discovery of Priam's Treasure. A Re-examination of the Evidence« in: *JHS 104,* S. 96–115, 1984

Traill 1986
Traill, D. »Schliemann's Mendacity: A Question of Methodology« in: *AnatSt 36,* S. 91–98, 1986

Traill 1988
Traill, D. »Hisarlik, 31 May 1873, and the Discovery of Priam's Treasure« in: *Boreas 11,* S. 227–234, 1988

Traill 1988a
Traill, D. »How Schliemann Smuggled ›Priam's Treasure‹ from the Troad to Athens« in: *Hesperia 57,* S. 273–277, 1988

Traill 1992
Traill, D. »›Priam's Treasure‹: Further Problems« in: *Heinrich Schliemann: Grundlage und Ergebnisse,* S. 183–190, 1992

Troia 1992
Gamer-Wallert, I. (Hg.) *Troia. Brücke zwischen Orient und Okzident,* Tübingen 1992

Černych 1965
Černych, E. N. »Rezul'taty izučenija chimičeskogo sostava metalla Bessarabskogo klada« in: *SA 1,* S. 270–272, Moskau 1965

Černych 1970
Černych, E. N. *Drevnejšaja metallurgija Urala i Povolž'ja.* Moskau 1970

Černych 1992
Černych, E. N. *Ancient Metallurgy in the USSR. The Early Metal Age,* Cambridge 1992

Vladár 1973
Vladár, R. »Osteuropäische und Mediterrane Einflüsse im Gebiet der Slowakei während der Bronzezeit« in: *SA XXXI, 2,* S. 341–344, 1973

Waldbaum 1980
Waldbaum, J. »The First Archaeological Appearance of Iron and the Transition of the Iron Age« in: Wertime T. A., Muhly J. D. (Hg.) *The Coming of the Age of Iron,* S. 69–98, New Haven 1980

Willies 1992
Willies, L. »Reply to Pernicka et al.: Comment on the Discussion of Ancient Tin

Sources in Anatolia« in: *JMA 5,* S. 99–103, 1992

Willies 1993
Willies, L. »Early Bronze Age Tin Working at Kestel« in: *AJA 97,* S. 262–264, 1993

Witte 1990
Witte, R. »Schliemann's Importance to Modern Archaeology« in: *Kat. Athen,* S. 32–47, 1990

Wolters 1983
Wolters, J. *Die Granulation. Geschichte und Technik einer alten Goldschmiedekunst,* München 1983

Yakar 1985
Yakar, J. *The Later Prehistory of Anatolia. The Late Chalcolithic and Early Bronze Age,* BAR Intern. ser., 268. I, Oxford 1985

Yalçin 1993
Yalçin, U. »Archäometallurgie in Milet: Technologiestand der Eisenverarbeitung in archaischer Zeit« in: *IstMitt 43,* S. 361–370, 1993

Yener, Goodway 1992
Yener, K. A.; Goodway, M. »Response to Merk E. Hall and Sharon R. Steadman: ›Tin and Anatolia: Another Look‹« in: *JMA 5,* S. 77–90, 1992

Yener, Vandiver 1993
Yener, K. A.; Vandiver, P. B. »Tin Processing at Göltepe, an Early Bronze Age Site in Anatolia« in: *AJA 97,* S. 207–238, 1993

Yener, Vandiver 1993a
Yener, K. A.; Vandiver, P. B. »Reply to J. D. Muhly: ›Early Bronze Age Tin and the Taurus‹« in: *AJA 97,* S. 255–262, 1993

Zápotocký 1992
Zápotocký M. *Streitäxte des mitteleuropäischen Äneolithikums.* Quellen und Forschungen zur prähistorischen und provinzialrömischen Archäologie, VI, Weinheim 1992

Zimmermann 1990
Zimmermann, J.-L. *Ancient Art from the Barbier-Mueller Museum,* New York 1990

Abkürzungsverzeichnis

Verzeichnis der Museen und Privatsammlungen

AA	Archäologischer Anzeiger
AJA	American Journal of Archaeology
AnatSt	Anatolian Studies
AN SSSR	Akademija Nauk SSSR
AntW	Antike Welt
ArchKorr	Archäologisches Korrespondenzblatt
AVA-Beitr.	Beiträge zur allgemeinen und vergleichenden Archäologie
BAR	British Archaeological Reports
BMQ	British Museum Quarterly
EAZ	Ethnographisch-Archäologische Zeitschrift
GIM	Gosudarstvennyj istoričeskij muzej
KSIA	Kratkie Soobščenija Instituta Archeologii
IstForsch	Istanbuler Forschungen
IstMitt	Istanbuler Mitteilungen
JbZMusMainz	Jahrbuch des Römisch-Germanischen Zentralmuseums, Mainz
JdI	Jahrbuch des deutschen archäologischen Instituts
JHS	Journal of Hellenic Studies
JMA	Journal of Mediterranean Archaeology
JNES	Journal of Near Eastern Studies
LIMC	Lexicon Iconographicum Mythologiae Classicae, Zürich/München
MAR	Materialy po archeologii Rossii
MASCA	Museum Applied Science Center for Archaeology, University of Pennsylvania
MIA	Materialy i issledovanija po archeologii SSSR
OxfJA	Oxford Journal of Archaeology
PBf	Prähistorische Bronzefunde
PZ	Prähistorische Zeitschrift
RA	Rossijskaja archeologija
RE	Paulys Realenzyklopädie der klassischen Altertumswissenschaft, Stuttgart
RevArch	Revue archéologique
Roscher	Ausführliches Lexikon der griechischen und römischen Mythologie, I–VI. Leipzig 1894–1937
SA	Slovenska Archeologia
SAI	Svod archeologičeskich istočnikov
ZA	Zeitschrift für Assyriologie und vorderasiatische Archäologie
ZfE	Zeitschrift für Ethnologie

Amsterdam, Allard Pierson Museum
Ankara, Museum der anatolischen Zivilisationen
Athen, Archäologisches Nationalmuseum
Athen, P. Canellopoulos Collection
Belgrad, Nationalmuseum
Belgrad, Volksmuseum
Berlin, Staatliche Museen zu Berlin – Preußischer Kulturbesitz, Museum für Vor- und Frühgeschichte
Berlin, Staatliche Museen zu Berlin – Preußischer Kulturbesitz, Antikensammlung
Bloomington, Indiana University Art Museum (Burton Y. Berry-Collection)
Cincinnati, Universitätsmuseum
Ekişehir, Museum
Istanbul, Archäologisches Museum
Istanbul, Sammlung des Prähistorischen Seminars der Universität
London, British Museum
London, South Kensington Museum
Mainz, Römisch-Germanisches Zentralmuseum
Moskau, Staatliches Historisches Museum
Moskau, Staatliches A. S. Puschkin-Museum für Bildende Kunst
München, Prähistorische Staatssammlung
New York, Barbier-Mueller Museum
New York, Metropolitan Museum of Art
New York, Nobert-Schimmel-Sammlung (im Metropolitan Museum)
Odessa, Archäologisches Museum
Odessa, Privatsammlung
Paris, Musée du Louvre
Philadelphia, Museum des Zentrums für angewandte Archäologie der Universität von Pennsylvania
Sankt Petersburg, Staatliche Eremitage
USA, Sammlung Lipchitz
Washington, N. P. Goulandris Collection
Washington, Privatsammlung